서명응과 서유구의 학문 활동

서명응과 서유구의 학문 활동

김문식 지음

(학)신구학원 신구문화사

머리말

필자가 서명응과 서유구의 학문에 관심을 가지기 시작한 것은 박사학위 논문을 작성할 때였다. 필자는 1995년에 마무리한 학위 논문에서 정조 시대의 규장각을 배경으로 활동한 성해응, 홍석주, 정약용의 경학사상과 경세론을 정리하였고, 서명응과 서유구도 같은 방식으로 다룰 수 있겠다고 생각하였다. 서명응은 세손 시절 정조의 스승이고 정조가 규장각을 건립할 때 핵심 실무자로 활동하였으며, 서유구는 정약용과 비슷한 시기에 규장각 초계문신에 선발되어 정조의 교육정책에 의해 길러진 인물이기 때문이다.

필자는 1996년에 이지형 선생님의 정년기념논총에 수록할 논문을 작성하면서 서명응의 기자 인식을 정리하려고 하였다. 그런데 서명응에 관한 기초 자료를 조사하는 과정에서 그 논문을 바로 작성하기가 어려움을 깨달았다. 당시 서울대학교 규장각에는 서명응의 문집으로 알려진 『보만재집』 이외에도 필사본 『보만재총서』와 『보만재잉간』이 소장되어 있었고, 두 책에 수록된 수많은 저술과 함께 이와 별도로 편찬된 서명응의 저술을 많이 발견하였기 때문이다. 이에 필자는 논문 주제를 바꾸어 서명응 저술의 전모를 밝히는 글을 작성하여 학계에 소개하였다. 그 다음에 필자는 서명응의 기자 인식을 다루는 논문을 작성하였고, 이 글은 조동걸 선생님의 정년기념논총에 수록하였다. 그로부터 시간은 30년 가까이 흘렀고, 논문을 올렸던 두 분 선생님은 이미 고인이 되셨다.

서유구에 관한 연구는 2009년 진단학회에서 개최한 한국고전연구 심포지엄에 참가하면서 시작되었다. 이 심포지엄에서 서유구의 『임원경제지』를 집중적으로 검토하였고, 필자는 서유구가 『임원경제지』를 편찬한 배경으로 그의 가학과 규장각 활동, 관리 생활을 다루었다. 다음 해에는 정조가 내린 십삼경(十三經) 책문에 대해 정약용과 서유구가 작성한 답변을 비교하는 논문을 작성하였으며, 이는 수년 전에 출판한 『정약용의 경학과 경세학』에 수록되어 있다.

이 책은 필자가 서명응과 서유구의 학문 활동을 다룬 논문을 모은 것이다. 기왕에 발표한 논문들을 단행본으로 묶으면서 서론과 결론은 새로 작성하였다. 서론에서는 서명응과 서유구가 활동했던 조선 후기 중앙학계의 학풍을 개괄적으로 소개하였다. 여기에서는 조선 후기 학자들에게 큰 영향을 미쳤던 '조선중화주의'와 고증학 및 서학의 도입, 수도권의 도시화와 이에 대응하여 나타난 경세학을 다루었다. 이는 두 사람이 활동한 시대적 배경에 해당한다.

제1부는 '서명응의 학문 활동'으로, 그의 생애와 교유 인물, 규장각 활동, 저술의 종류와 특징, 기자 인식, 세계지리 인식을 다루었다. 서명응은 정조 초년에 규장각 기구를 정비하고, 국가적 편찬 사업에서 핵심 실

무자로 활동하여 그의 아들과 손자들에게 큰 영향을 주었음과 서명응이 남긴 27종의 저술을 개략적으로 소개하였다. 그리고 기자 인식에서는 『기자외기』와 『주사』, 세계지리 인식에서는 『위사』를 집중적으로 분석하여, 서명응의 학문이 가진 특징을 정리하였다.

제2부는 '서유구의 학문 활동'으로, 그의 규장각 활동과 관리 생활, 지역 인식, 수원 유수 활동을 다루었다. 서유구는 정조 시대에 규장각이 주관한 많은 출판 사업에 참여하였으며, 19세기에는 지방관으로서 주목되는 활동을 하였다. 그리고 지역 인식에서는 「의상경계책」, 수원 유수 활동에서는 『화영일록』을 집중적으로 분석하여, 서유구가 농정을 개혁하고 민생을 안정시키기 위해 노력하는 모습을 강조하였다.

결론에서는 서명응과 서유구의 학문에 나타나는 특징을 정리하였다. 두 사람은 할아버지와 손자 사이로 가학적 전통을 계승한 측면이 있고, 정조가 건립한 규장각을 중요한 활동 무대로 삼았기에 많은 공통점이 나타난다. 그러나 두 사람이 활동한 시기에는 약간의 차이가 있고, 학문적 관심에도 다른 점이 있어 각자의 개성이 나타난다. 필자는 이러한 두 사람의 학문이 당대의 조선학계를 주도했던 지식인의 학문적 정보와 경세적 관심을 잘 보여주는 사례라고 생각한다.

서명응과 서유구의 학문 활동을 단행본으로 묶으면서 아쉬운 점이 있다. 정조가 건립한 규장각에서 이들과 함께 활동한 서호수, 서형수,

서유본을 본격적으로 다루지 못했고, 서명응이 남겨 놓은 많은 저술과 서유구의 『임원경제지』를 더 적극적으로 다루지 못한 것이 아쉽다. 이 책의 출판을 계기로 관련 연구자들의 후속 연구가 많이 나오기를 기대한다.

이 책은 역사문화연구소가 주관하는 '역사문화총서' 시리즈로 간행하게 되었다. 역사문화연구소의 유봉학 소장님은 학계의 선배이자 서유구 연구의 선배신데, 이 책의 간행으로 오랫동안 미뤄두었던 숙제를 해결하게 되었다. 유 선생님께 깊이 감사드린다. 김명호 선생님은 필자의 서명응 연구가 계속되지 않자 더 많은 연구가 나오기를 기대하셨다. 이 자리를 빌려 감사드린다. 본서의 편집을 맡아주신 신구문화사 최승복 편집부장님의 노고에 감사드린다.

2024년 7월

죽전동 연구실에서 필자 씀

차례

표 목차

그림 목차

서 론

조선 후기 중앙학계의 학풍

1. 명·청 교체와 '조선중화주의'

조선 후기의 지식인들은 왜란과 호란이라는 두 차례의 큰 전쟁을 경험하고, 중원에서 명나라와 청나라가 교체되는 것을 목격하면서, 전란의 후유증을 극복하고 국가를 재건해야 하는 시대적 과제를 만났다. 이에 조선 정부는 무너진 국가 기강을 다시 확립하고 흩어진 민심을 수습하기 위해 대내적으로는 예치(禮治)를 통해 성리학적 이념을 실천하고, 대외적으로는 북벌론(北伐論)과 존주론(尊周論)을 지도 이념으로 추진하였다.

그러나 청나라가 중국의 전 영역을 완전히 장악하고, 조선과 청의 외교 관계가 정상화된 이후에 북벌론을 계속 추진하는 것은 현실적으로 무리였다. 이때 북벌론은 조선의 내실을 강조하는 내수외양론(內修外攘論)으로 바뀌었다. 이는 청나라에 대한 치욕을 가슴속에 간직하면서, 조선의 국력을 비축한 후에 청의 국력이 약해지는 국제정세의 변화를 보아가면서 복수를 하자는 논리였다. 그러나 존주론은 조선을 보호해 준 명나라에 대한 의리를 지키자는 대명의리론(對明義理論)으로 변화하면서 시간이 지날수록 강화되는 추세를 보였다.

숙종은 명나라가 멸망한 지 60주년이 되는 1705년(숙종 31)에 창덕궁 후원에 대보단(大報壇)을 설치하고, 임진왜란 때 구원병을 보내준 신종(神宗) 황제에게 제사를 지냈다. 이는 송시열(宋時烈)의 제자인 권상하

(權尙夏)가 1703년에 스승의 유지를 받아 충청도 괴산에 세운 만동묘(萬東廟)를 계승한 것이었다. 영조는 대보단의 제사 의식을 강화하고, 명 태조(太祖)와 마지막 황제인 의종(毅宗)을 제사 대상에 추가하였으며, 정조는 대보단 제사를 성실하게 수행하였다.

조선 후기에 유행한 '조선중화주의(朝鮮中華主義)'는 존주론과 대명의리론을 바탕으로 성립된 사상이다. 중화사상은 화이론(華夷論)에 따라 천하 국가를 중화(中華)의 세계와 이적(夷狄)의 세계로 구분하며, 중화의 세계는 유교문화를 가지고 문화의 논리에 의존하는 세계인 반면에 이적의 세계는 유교문화를 가지지 못하고 힘의 논리에 의존하는 세계를 말한다. 조선 전기에 조선은 중화 문화를 가진 문화국가였으나 중화 국가인 명나라보다 크기가 작은 소중화(小中華) 국가라 생각했다. 그러나 명나라가 멸망한 이후에는 유교문화의 정통이 조선에 있으므로, 조선이 곧 중화이고 조선 문화가 곧 중화 문화라는 조선중화주의가 나타났다.

조선 후기의 지식인은 '조선중화주의'를 바탕으로 자국의 문화에 깊은 자부심을 느꼈다. 이들은 이적 왕조인 원나라가 편찬한 『송사(宋史)』나 청나라가 편찬한 『명사(明史)』는 사실의 기록과 정통(正統)의 파악에 오류가 있으며, 이를 제대로 편찬하는 것은 유일하게 중화 문화를 계승한 조선인의 권리이자 의무라 판단했다. 이들은 『송사』와 『명사』의 재편찬에 착수하였다. 이들은 『송사』에서 송나라 역사를 중심에 두고 요(遼), 금(金), 몽고(蒙古)의 역사를 이에 부속시켰다. 그리고 성리학에 뛰어난 학자와 원나라 치하에서 송나라에 대한 절의를 지킨 인물들의 행적을 중요하게 다루었다. 또한 『명사』에서는 명 태조부터 남명(南明)의 영명제(永明帝)에 이르는 역사를 다루어, 남명이 멸망하는 마지막 순간까지 정통을 부여하였다.

이러한 서술 방식은 송나라에서 명나라로 이어진 역사적 정통성을 조선으로 연결하고, 조선이 중시하는 성리학과 의리를 강조하기 위해서였다.

2. 청나라 고증학의 도입

청나라는 성리학을 관학으로 받아들였다. 청나라 정부는 지주와 전호 사이의 엄격한 상하관계를 기본으로 하는 사회규범과 상호관계를 중시하는 성리학의 이론이 백성을 통치하고 사회를 통합시키는 데 적합하다고 판단하였다. 그런데 청 지배하에 있는 한인(漢人) 사대부 가운데 일부는 명나라 유민(遺民)을 자처하며 청나라에 저항했고, 명나라가 멸망하기에 이른 정치 경제 사회적 실상을 검토하기에 이르렀다. 이들은 송나라 이학(理學)과 명나라 심학(心學)이 자국을 제대로 수호하지 못했음을 깨닫고 세상을 다스리는 경세학을 주창하였다. 그 대표적인 인물은 고염무(顧炎武), 황종희(黃宗羲), 왕부지(王夫之)였다. 청나라 초기의 경세학은 정치, 경제, 사회적 조건의 개선과 한족의 자주독립을 강하게 호소하였고, 청나라 정부의 억압을 받았다.

청나라 고증학은 청초의 경세학에서 육성된 학문으로, 18세기 후반에서 19세기 전반에 나타났다. 고증학은 경세학을 중시했던 청초의 학풍과는 다르게 경세학에 이르는 수단으로서 고전(古典)의 고증을 중시하였다. 여기서 고전의 고증이란 고전의 자구(字句)는 물론이고 원문의 진위(眞僞)까지 밝혀내는 작업이었다. 고증학의 연구는 경서는 물론이고, 역사서, 지리서, 음운학 등 다양한 분야를 대상으로 하였고, 금석문을 광범위하게 수집하여 고전의 원문을 분석하는 근거로 삼았다.

고증학이 성행한 것은 청나라의 사대부 정책과 관련이 있었다. 청나라는 한인 사대부의 문화적 욕구를 채워주기 위해 학술을 장려하고 일련의 문화사업을 전개했다. 이때 한인 사대부는 정부가 주도하는 문화사업에 참여하거나 중국의 우수한 학술 문화의 연구에 몰두하였다. 청나라 정부가 주도하는 문화사업에는 강희제가 주도한 『성리대전(性理大全)』, 『주자전서(朱子全書)』, 『강희자전(康熙字典)』, 『고금도서집성(古今圖書集成)』의 간행이 있었고, 건륭제 때에는 『명사(明史)』와 『사고전서(四庫全書)』의 편찬이 있었다.

조선 후기에는 주자학의 정통성이 강조되면서 주희의 『사서집주(四書集註)』를 비판하거나 이견을 제시하는 것을 매우 위험시하였다. 그러나 경학에서 주자학에 대한 비판이 꾸준히 제기되었으며, 대표적 학자로는 윤휴(尹鑴), 박세당(朴世堂), 정약용(丁若鏞), 성해응(成海應), 김정희(金正喜) 등이 있었다.

윤휴는 『상서』에서 요전(堯典) 편과 순전(舜典) 편을 하나로 합치고, 순전 편의 앞머리 28글자를 위작(僞作)으로 보았다. 윤휴는 『중용』 해석에서 주희의 『중용장구(中庸章句)』가 33장으로 구분한 것을 10장 28절의 체제로 보았고, 『대학』 해석에서 주희의 『대학장구(大學章句)』 체제를 인정하지 않고 고본대학(古本大學)을 그대로 받아들였다. 박세당은 사서(四書)와 『상서』, 『시경』을 새롭게 주석하고, 『대학』과 『중용』의 주석에서 주희와 다른 해석을 하였다. 윤휴와 박세당의 이러한 태도는 주희의 경학 해석이 절대적인 것이 아님을 보여주었다.

정약용은 육경과 사서를 독창적으로 해석하여 새로운 경학 체계를 이루었다. 그는 학문의 최종 목적을 경세학에 두고 그 학문적 기반을 마련하기 위해 경학을 연구하였다. 정약용은 한학(漢學)이 고고(考古)를 위주로 하나 분명하게 변별하는 데 부족하고, 송학(宋學)이 궁리(窮理)를 주장하나 옛것을 증거로 삼는 데 소홀함이 있다고 지적하였다. 그는 한학의 훈고와 송학의 의리를 극복하여 경전의 원래 세계를 돌아가는 것을 경학 연구의 목표로 했다.

성해응은 고증학을 수용하는 데 선구적 역할을 하였다. 그는 북학론을 주장한 성대중(成大中)의 아들로, 규장각 검서관이 되어 규장각에 소장된 자료를 두루 열람하였다. 그는 경학 연구의 목적이 경전의 원모습을 찾아 성인의 본지(本旨)를 파악하는 데 있으며, 전문성을 특징으로 하는 한학과 의리의 순수성을 특징으로 하는 송학을 절충하려고 하였다.

김정희는 조선 후기의 고증학을 집대성한 것으로 평가받는다. 그는 1809년에 북경에서 고증학자인 옹방강(翁方綱)과 완원(阮元)을 만났으며, 완원은 자신이 편찬한 『황청경해(皇淸經解)』와 『십삼경주소(十三經注疏)』를 기증하였다. 김정희는 고증학의 정수인 경학과 금석학에 관심을 가졌고, 경학 연구는 한학의 훈고와 송학의 의리를 종합적으로 보아야 한다고 주장하였다.

조선 후기에 고증학에 관심을 보인 학자는 많았으나 송학의 장점인 의리의 중요성을 부인한 학자는 없었다. 조선 학계는 성리학 계열의 학자들이 주도하는 가운데 고증학은 성리학의 한계점을 보완하는 역할을 하였다.

3. 서학의 도입

중국과 서양 국가의 만남은 서양 선교사가 중계하였으며, 특히 예수회(The Jesuit) 선교사가 그 중심이었다. 명나라 말기에 우수한 학식을 지닌 선교사가 중국을 방문하였고, 중국의 일부 지식인은 선교사가 가져온 새로운 학문과 기술에 관심을 가지고 배우려 하였다. 그 결과 한역 서학서가 많이 출판되었다. 청나라에서도 서양 선교사를 존중하는 풍토가 계속되었고, 역(曆)을 만드는 흠천감(欽天監)의 장관에 예수회 선교사를 임명하였다. 예수회 선교사들은 서양의 지도와 수학, 천문학을 소개하였고, 서양식 화기(火器)를 도입하기도 하였다.

조선과 서양 국가의 만남은 서양인이 직접 조선을 방문하여 문물을 전한 경우가 있었다. 서양인이 조선 해안에 표류한 경우로, 1627년에 영일만에서 체포된 벨테브레(Weltevree, 박연) 등 3인과 1653년에 제주도에 표류한 하멜(Hamel) 등 36인이 그들이다. 벨테브레는 훈련도감에 소속되어 홍이포(紅夷砲)의 제조법과 조종술을 가르쳤고, 하멜의 동료에는 성력(星曆)을 아는 자, 조총을 잘 쏘는 자, 포술(砲術)에 능한 자가 있었다.

조선 후기의 서양 문물은 주로 북경에 파견된 조선의 사신단을 통해 도입되었다. 1631년에 명나라를 방문한 정두원은 선교사 로드리게스(Rodriques, 陸若漢)를 만나 서양식 화포와 망원경, 한역 서학서를 기증받았다. 병자호란 때 심양에 인질로 갔던 소현세자는 북경의 흠천감에 있던 선교사 아담 샬(Adam Schall, 湯若望)을 만나 서학서, 지구의, 천주상 등을 기증받았다. 이 무렵 조선에는 아담 샬이 작성한 천문도와 역서가 도입되어 시헌력(時憲曆)을 채용하는 계기가 되었다.

조선의 학자들이 한역 서학서를 접하면서 이를 적극적으로 활용하는 사람이 나타났다. 이익(李瀷)은 한역 서학서를 통해 서학을 이해했으며, 『천학초함(天學初函)』에 포함된 『직방외기(職方外紀)』, 『천문략(天問略)』, 『기하원본(幾何原本)』, 『간평의설(簡平儀說)』, 『칠극(七克)』, 『곤여도설(坤輿圖說)』, 『혼개통헌도설(渾蓋通憲圖說)』을 보았다. 이익은 아담 샬이 만든 시헌력을 역법의 으뜸으로 보았고, 지구설을 수용하여 중국이 세계의 중앙에 있다고 생각할 필요가 없다고 하였다.

홍대용(洪大容)은 북경에서 흠천감 관리로 있던 할러스타인(Hallerstein,

劉松齡)과 고가이슬(Gogeisl, 飽友管)을 만났다. 홍대용은 이들과 필담을 나누면서 자명종, 망원경, 안경, 풍금을 구경하였고, 북경의 관상감을 방문하여 천문을 관측하는 기구를 살펴보았다. 홍대용은 귀국한 후 자기 집 뜰에 농수각이란 집을 짓고 혼천의(渾天儀), 후종(候鍾), 통천의(統天儀) 같은 관측 기구를 만들어 설치하였다.

박제가(朴齊家)는 서학의 실용적인 기술을 수용하자고 제안하였다. 박제가는 서광계(徐光啓)의 『농정전서(農政全書)』를 참고하여 농기구를 개량하자고 하였고, 매년 10인의 기술자를 북경에 파견하여 새로운 과학 지식과 기계 제조법을 배워오게 하자고 하였다. 박제가는 서양의 과학기술을 배우기 위해 서양 선교사를 조선으로 초청할 것을 제안하기도 했다.

정약용은 서양의 과학기술을 수용하기 위해 이용감(利用監)을 설치하자고 하였다. 그는 사역원에서 중국어를 잘하는 역관 2명과 관상감에서 과학기술 전문가 2인을 매년 중국으로 파견하며, 그곳에서 배워온 지식을 국내에 잘 보급하는 기술자를 지방관으로 등용하여 승진시키자고 하였다. 이러한 제안은 중인으로 고정된 역관과 과학기술자를 우대하는 방안이었다.

4. 수도권의 발달과 경세학

조선 후기는 사회가 역동적으로 변화하면서 많은 발전을 이룬 시기였다. 왜란과 호란을 거치면서 황폐해졌던 농업이 빠른 속도로 복구되었고, 토지 개간과 농법 개량을 통해 생산력이 늘어났다. 제조업 분야에도 변화가 일어나 관청에 예속되었던 관장(官匠)들이 독자적으로 수공업 제품을 생산하여 판매하였고, 교환 수단인 화폐와 수공업 제품의 원료를 조달하기 위해 광업이 발달하였다. 상품 생산이 늘어나면서 시장이 발달하고 신흥도시가 등장하였으며, 농촌을 떠난 유이민은 도시로 몰려들어 새로운 수요를 창출하고 노동력을 제공하였다.

서울은 이러한 변화의 한가운데에 있었다. 상품 생산이 늘어나고 유통 경제가 발달하여 전국 규모의 시장권이 형성되고 국제무역이 성행하면서, 서울은 정치와 군사의 중심지에서 상공업의 중심지로 발돋움하였다. 서울의 인구가 증가하면서 이들에게 막대한 식량과 연료의 공급이 필요하였고, 이를 담당한 서울 근교의 군현들이 상업 도시로 성장하였다. 개성, 수원, 광주, 양주, 포천과 같은 근교의 군현들은 육로나 수로를 통해 서울과 연결되는 지역으로, 서울 주민이 소비하는 채소와 과일의 생산기지나 땔감의 공급지로 기능하였다. 한강 변의 상업 취락도 발달하였다. 한강은 국토의 중심부를 가로지르며 충청도, 강원도, 경기도의 내륙 지역을 서울과 연결하였고, 통진, 교하, 양근, 가평, 여주 등 한강 변의 상업 취락은 수로를 이용하여 서울로 접근하기가 편리했다. 조선 후기에 서울을 중심에 두고 사방의 위성도시에 해당하는 화성(수원), 개성, 광주, 강화로 둘러싸인 수도권 지역은 정치적, 경제적, 군사적 중심지로 발달하였다.

조선 후기 수도권의 도시화가 진행되고, 이들 지역이 차지하는 정치적, 경제적 비중이 증가하면서 학계도 서울과 지방이 분리되는 현상이 나타났다. 갑술환국 이후 남인계는 영남을 중심으로 하는 영남(嶺南)과 서울을 중심으로 하는 경남(京南)으로 분화되었고, 노론계는 서울과 근교를 중심으로 하는 낙론(洛論)과 충청도를 중심으로 하는 호론(湖論)으로 분화되었다. 18세기 이후 중앙학계는 양명학과 고증학을 수용한 소론계, 주자 일변도의 노론 학풍을 비판하고 고학(古學)을 주장한 경남계,

문벌을 형성하여 정계를 주도하고 가학을 계승한 노론 낙론계 학자들이 주류를 형성하였다.

조선 후기 중앙학계의 학자들 사이에는 사상적 공감대가 형성되었다. 이들은 중화 문화의 진수를 계승한 조선의 문화에 자신감을 가졌고, 자신이 거주하던 서울 일대의 풍물과 조선 산천의 아름다움을 시와 회화로 표현하였다. 또한 이들은 청나라에서 수입된 서적이 모여들고 당대의 대표적인 장서가가 집중해 있던 수도권에 거주했으므로 가장 풍부한 학문 정보를 가지고 있었다.

조선 후기 중앙학계의 학자들은 상공업 도시로 발전하던 수도권의 변화를 목격하면서 사회 경제적 변화에 대응하는 경세 방안을 제시하였다. 이들은 북경 방문을 통해 청나라가 중국 문명의 세례 속에 문화국가로 성장한 사실을 확인하였고, 청의 선진화된 문물을 수용하여 조선 문화의 미비점을 보완하여야 할 필요성을 느꼈다. 이들은 조선 문화에 대한 자존의식을 견지하면서 명물과 훈고에 장점이 있는 고증학을 수용하였고, 부국강병(富國强兵)을 달성하기 위해 청에 있는 중화 문물을 도입하였다. 그러나 그 효과로 나타나는 강한 군사력으로 조선이 대비해야 할 첫 번째 대상이 청나라라는 문제의식도 명확히 하였다. 이들은 조선 사회가 이룩한 높은 수준의 문화를 바탕에 두고, 상대적으로 선진화된 청나라 학문이나 기술을 도입하여 조선의 미비점을 보완하자는 북학론을 주장하였다.

본서에서 다루는 서명응과 서유구의 학문 활동은 조선 후기 중앙학계에 등장한 새로운 학풍을 배경으로 하여 탄생하였다.

제 1 부

서명응의 학문 활동

제1장 생애와 교유 인물

보만재(保晚齋) 서명응(徐命膺, 1716~1787)은 18세기 소론계의 명가인 대구서씨(大丘徐氏)의 후예로 태어나 문반과 무반의 고위 관직을 두루 역임한 실무형 학자 관료이다. 그는 영조 말년부터 정조 초년에 전개된 각종 편찬 사업에 참여하였고, 1772년(영조 48)에 정조와 사제 관계를 맺은 이후 국가적 편찬 사업의 관리자로 활동하면서 많은 저술을 남겼다. 따라서 정조의 학문과 문화정책, 나아가 18세기 후반의 문화사를 이해하려 할 때 서명응의 저술과 행적을 검토하는 것은 필수적인 작업으로 이해된다.

이 글은 서명응의 생애와 교유 인물에 연구의 초점을 두었다. 제1절에서는 서명응이 32세라는 비교적 늦은 나이에 관리 생활을 시작하였으나 44년간에 걸쳐 내외의 핵심 요직을 두루 거치며 다양한 저술 활동을 하였고, 특히 규장각이 창설된 초기에 규장각 제학을 겸하면서 당대의 학문을 주도해 나갔던 생애를 정리한다. 제2절에서는 선천역(先天易)에 바탕을 둔 서명응의 독특한 학문을 이해하기 위해 그의 학문관 형성에 영향을 미친 가족과 주변 인물을 검토하기로 한다.

제1절 생애

서명응의 생애는 크게 성장기(成長期), 사환기(仕宦期), 은퇴기(隱退期)라는 세 시기로 구분하여 볼 수 있다.[1)]

1. 성장기(1716~1746)

성장기는 서명응이 서종옥(徐宗玉, 溫叔, 1688~1745)과 덕수(德水) 이씨(李集의 女)의 2남으로 태어나 영조에 의해 하급 관리로 발탁되기 이전의 시기를 말한다. 서명응은 서울 중부 경행방(慶幸坊)에서 출생하여 7세에 학문을 시작하였고, 1730년에 15세의 나이로 완산(完山) 이씨(李廷燮의 女, 1714~1786)와 결혼하였다. 부친인 서종옥이 1725년(영조 1)에 문과에 합격하여 지방관으로 부임하자 그는 부친의 임지인 용강현, 황해 감영, 전라 감영, 함경 감영, 평양 감영 등지를 따라다니며 학문을 계속하였다. 이때 서명응은 아우인 서명선(徐命善, 繼仲, 桐源, 1728~1791)과 학문을 토론하였고, 1746년(영조 22)에는 『논어』에서 인(仁)을 언급한 구절을 발췌하고 후대 학자들의 해설을 덧붙인 『인서(仁書)』를 지었다.

2. 사환기(1747~1780)

40여 년에 이르는 사환기는 네 개의 시기로 구분할 수 있다.

첫째 시기는 영조에 의해 세자익위사(世子翊衛司) 세마(洗馬, 정9품)로

1) 서명응의 생애에 대해서는 『英祖實錄』과 『正祖實錄』, 徐浩修가 기록한 行狀(『私稿』 「先考文靖公行狀」), 徐瀅修가 기록한 行狀(『明皐全集』 권15, 「本生先考文靖公府君行狀」), 徐有榘가 기록한 『保晩齋年譜』를 자료로 활용하였다. 이에 대한 細註는 생략한다.

발탁된 이후 호조 좌랑, 의흥(義興) 현감을 역임한 하급 관리기(1747~1753)이다. 서명응은 부친의 삼년상을 마치고 32세에 벼슬길을 시작하였으며, 이는 영조가 그 부친인 서종옥의 공로를 배려하여 특별히 채용한 것이다. 영조는 문과에 합격하지 못한 서명응을 불러 과거 공부에 힘쓰고 부친을 이어 자신과 동궁을 보좌해 달라고 당부하였다.[2] 서명응은 세자의 호위를 담당하는 세자익위사에 근무하면서 사도세자(思悼世子)의 서연에 참여하였고, 1751년(영조 27) 10월에는 의흥 현감으로 지방에 나갔다.

의흥에 부임한 서명응은 임지의 학정(學政)을 크게 일으켰다. 그는 향교의 측면에 향숙(鄕塾) 15칸을 세워 동편 건물을 숭인재(崇仁齋)와 친인재(親仁齋), 서편 건물을 예삼재(藝三齋)와 관선재(觀善齋)라 명명하고, 중앙의 정당 건물에는 '빈흥(賓興)'이란 현판을 달았다. 그리고 건물의 낙성식에는 읍내 인사 300명이 모여 향음주례를 거행하게 하였다. 또한 그는 향교를 운영할 경비를 조달할 토지를 마련하고, 선기(璇璣, 渾天儀)와 옥형(玉衡)을 제작하여 교재로 활용하였다. 서명응은 1753년 12월 사돈간인 이이장(李彛章, 1708~1764)이 경상감사로 부임하자 의흥 현감에서 교체되었다.[3] 자신이 관장하는 지역 및 기관의 학문을 진흥시키는 서명응의 조치는 이후 성균관 대사성과 평안 감사를 지낼 때도 나타났고, 규장각의 기구를 정비하는 것으로 최종 마무리되었다.

이 시기의 저술에는 『가례』의 핵심 구절에 주석을 단 『가례집해(家禮

---

2) 『保晩齋年譜』 권1, 「丁卯(1747), 三十二歲」.

"(十一月) 上命公進前, 敎曰, '汝父乃心王室, 予至今不忘. 今見汝, 如見汝父. 汝豈但以桂坊, 輔導東宮乎? 須勤功科業, 立身揚名, 克紹汝父之志業, 事予與東宮, 可也."

3) 윗책, 권1, 「癸卯(1753), 三十八歲」

"十二月, 以相避, 遞義興縣監. 新監司李公彛章, 與公爲親査, 在法, 當避也."

集解)』와 경서에서 악(樂)을 언급한 구절을 뽑은 『대악원류(大樂源流)』가 있다.

둘째 시기는 문과에 합격하여 영조 치하에서 내외 관직을 두루 거치며 고위직 관리로 활약한 시기(1754~1771)이다. 서명응은 1754년(영조 30) 4월에 문과에 합격하면서 본격적인 벼슬길을 시작하였다.[4] 그해 7월에 그는 대리청정을 하던 사도세자에게 학문과 정치를 위한 방략을 제시한 「진치법서(陳治法書)」를 올렸다. 이 글은 실록에 그 전문(全文)이 수록될 정도로 평가를 받은 명문이었다.[5]

이후 서명응은 국가의 학문을 관장하는 관각(館閣)의 당하관을 거쳐, 내직으로 성균관 대사성, 예조 참의, 이조 참의, 좌승지, 대사헌, 도승지, 예조 참판, 형조 참판, 형조 판서, 예조 판서, 이조 판서, 대제학 등을 역임하고, 외직으로 황해 감사, 충청 수사, 경기 감사를 역임하였다. 그는 관리로 있던 중간에 조재호(趙載浩)와 조재홍(趙載洪) 형제의 공격을 받아 용산의 서강 별장에서 기거하였고(1758~1759), 수유촌(水踰村)에 머물거나(1763), 갑산에 유배되기도 하였다(1766). 그러나 그 기간은 길어야 수개월에 불과하였고 전반적으로 순탄한 벼슬길이 이어졌다.

서명응은 1755~56년에 사은사의 서장관으로, 1769~70년에는 동지정사로 북경을 방문하여 청 절정기의 문물을 직접 확인할 수 있었다. 그

---

4) 文科 시험에서 渾天의 제도를 묻는 策問이 나왔으며, 覆試의 시험관은 南有容(1698~1773)이었다. 유봉학은 영조가 1755년에 발생한 羅州壁書 사건을 계기로 노론 주도의 탕평정국을 성립시켰을 때, 서명응은 영조의 탕평책에 협조하는 쪽으로 태도를 정했다고 보았다(『실학과 진경문화』, 신구문화사, 2013, 60면).

5) 『保晩齋集』 권3, 「陳治法書」; 『英祖實錄』 권82, 英祖 30년 7월 庚辰(3일).
「陳治法書」는 1綱(奮睿志) 8目(明講學, 務誠實, 戒逸慾, 恢聽納, 正祀典, 興學校, 改貢擧, 壯武略)으로 구성되어 있다. 8目 중에서 앞의 4목(明講學, 務誠實, 戒逸慾, 恢聽納)은 爲學之要로 體에 해당하고, 뒤의 4목(正祀典, 興學校, 改貢擧, 壯武略)은 制治之具로 用에 해당한다.

는 특히 1769년의 연행에서 『수리정온(數理精蘊)』, 『대수표(對數表)』, 『팔선표(八線表)』, 『역상고성후편(易象考成後篇)』 등 500여 권에 이르는 천문 역법 서적을 구하였고, 이 서적들은 이후 그와 자식들의 학문에 큰 영향을 미쳤다.[6] 또한 그는 1763년에 통신사 정사에 임명되어 일본을 방문할 예정이었으나 출발 직전에 조엄(趙曮)으로 교체되기도 하였다.

서명응은 이 시기부터 본격적인 저술 활동을 시작하여 『천의소감(闡義昭鑑)』, 『어제훈서(御製訓書)』, 『어제소학지남(御製小學指南)』, 『동국문헌비고(東國文獻備考)』 등 국가적 편찬 사업에 참여하고, 왕세자 입학의, 국왕의 친경의(親耕儀)와 같은 국가 전례를 정리하였다. 또한 개인 저술로 『양한사명(兩漢詞命)』, 『양한육의(兩漢六義)』, 『대학상설(大學詳說)』, 『중용미언(中庸微言)』, 『상서일지(尙書逸旨)』, 『시악요결(詩樂要訣)』, 『역선천학(易先天學)』, 『이경통해(二經通解)』[7], 『대악전후보(大樂前後譜)』 등을 편찬하였다. 이 중에서 『양한사명』은 1761년(영조 37) 9월에 왕명으로 편찬되어 영남 감영에서 간행되었다.

셋째 시기는 정조의 사부로 활동하면서 정조와 본격적 만남이 시작된 시기(1772~1776)이다. 서명응은 1761년(영조 37) 3월에 왕세손 정조의 성균관 입학식을 주관하면서 정조를 대면하였고,[8] 영조가 왕세손을 교육하는 자리에 배석하여 가르친 경우도 여러 번 있었다.[9] 서명응이 정조의 교육을 전담한 것은 1772년 3월에 세손 우빈객을 겸하면서 시작되었다.

---

6) 黃胤錫, 『頤齋亂藁』 권14, 1770년 4월 19일.

7) 『二經通解』는 『參同契』와 『道德經』을 대상으로 한 것이다. 이는 뒤에 수정되어 『參同攷』와 『道德指歸』로 편찬되었다. 본서 제1부 제3장을 참조.

8) 『英祖實錄』 권97, 英祖 37년 2월 丙申(26일).
英祖는 세손의 입학식을 위해 大司成으로 있던 趙明鼎을 파면하고 서명응을 특별히 임명하였다.

9) 윗책, 권105, 英祖 41년 4월 戊辰(23일) ; 권107, 英祖 42년 5월 戊寅(10일).

그는 정조를 위해 『계몽도설(啓蒙圖說)』, 『역학계몽집전(易學啓蒙集箋)』, 『자치통감강목삼편(資治通鑑綱目三編)』, 『주자회선(朱子會選)』과 같은 교재를 편찬하였으며, 이는 청년기 정조의 학문에 큰 영향을 미쳤다.

이때 서명응은 내직으로 공조 판서, 호조 판서, 병조 판서, 이조 판서, 우참찬 등을 역임하며, 장악원, 승문원, 예문관, 교서관, 사복시의 제조(提調)를 겸하였고, 외직으로 충주 목사와 평안 감사를 역임하였다. 또한 영조로부터 남유용(南有容)의 『명사정강(明史正綱)』을 수정하라는 명령을 받고 『명사강목(明史綱目)』과 『황극일원도(皇極一元圖)』를 편찬하여 올렸다.

넷째 시기는 정조의 즉위와 함께 규장각이 건립되고 서명응이 규장각 제학을 겸하면서 국가적 편찬 사업을 주도한 시기(1776~1780)이다. 정조는 즉위 초에 서명응을 좌의정 후보자로 추천할 정도로 신임하였으며, 이러한 정조의 신임은 그가 사망할 때까지 계속되었다.[10] 1776년 10월에 평안 감사 서명응은 규장각 제학을 겸하였다. 이때 정조는 송나라 때 지주부(知州府)가 관문전(觀文殿) 태학사를 겸했던 고사를 인용하며 그를 제학으로 임명하였다.[11] 이후 서명응은 규장각의 최고 책임자로서 창설 초기의 규장각 기구를 정비하고 국가적 편찬 사업을 주도하였다. 또한 평안 감사, 판중추부사, 수어사(守禦使), 대제학 등을 역임하였고, 평안 감사로 근무할 때 『기자외기(箕子外記)』, 수어사로 근무할 때 『남한지(南漢誌)』를 편찬하는 등 자신의 근무지와 관련이 깊은 저술을 편찬하였다.

---

10) 『正祖實錄』 권1, 正祖 즉위년 3월 己亥(28일).

『保晩齋年譜』 권4, 「丙申(1776), 六十一歲」.

"三月, … 領議政金陽澤, 方以卜相事, 來詣賓廳. 上以御筆特書公名及鄭公尊謙之名, 封授承旨, 使傳于賓廳曰, '甘盤舊誼, 終不可忘'. 於是賓廳卜入, 鄭公受點."

11) 『正祖實錄』 권2, 正祖 즉위년 10월 丙辰(18일).

정조 대 초기에 규장각과 홍문관의 책임자를 겸하면서 절정에 올랐던 사환기는 1779년 12월에 결정적 위기를 맞았다. 서명응은 이미 1777년에 역모죄로 옥사한 홍계능(洪啓能)과 내통하였다는 혐의를 받아 위기에 빠졌으나 정조 즉위의 일등 공신인 아우 서명선의 공로로 모면한 적이 있었다.[12] 그러나 1779년에 그는 홍국영(洪國榮)과 심각한 대립 관계에 있었고, 영의정 서명선과 함께 당대의 권력을 독점한다는 불만을 가진 사람이 늘어났다. 임득호(林得浩), 이보행(李普行), 윤필동(尹弼東), 이의필(李義弼), 채제공(蔡濟恭)으로 이어지는 공격이 해를 넘겨 계속되었고, 결국 홍국영이 정계에서 축출되고 서명응이 관직에서 은퇴하는 것으로 마무리되었다.[13] 서명응은 자신에 대한 탄핵이 시작되자 서울을 떠나 한강 변의 용호(龍湖), 과천의 만산(晩山) 등지로 거처를 옮겼고, 과천에 있을 때 『아악도서(雅樂圖書)』를 편찬하였다.

---

12) 서명응은 1764년을 전후하여 新村에 살았고 洪啓能의 집이 그 이웃에 있었다. 당시 서명응은 홍계능과 교유하면서 아들 徐浩修를 그의 제자로 보냈고, 훗날 이것이 빌미가 되어 정치적 공격을 받았다. 노론 낙론계 산림인 홍계능이 경주 김씨 척족과 연결되어 있었으며, 정조에 의해 처단된 사실에 대해서는 유봉학, 『조선후기 학계와 지식인』, 신구문화사, 1998, 50~52면 참조.

『正祖實錄』 권4, 正祖 1년 8월 辛酉(28일). "伏念, 臣家本與啓能凶賊, 風雨馬之不相及也. 越在甲申年, 偶卜郊居於新村, 以其家近之, 故時或相見. 而臣身從宦, 未暇訓子, 故以塾師之例, 俾問句讀之疑. 初未嘗執贄請業, 而特因問字之日久, 人皆以相親目之."

13) 서명응은 1780년(정조 4) 3월 21일에 창덕궁 인정전에서 정조가 참석한 가운데 은퇴식을 거행했다(『日省錄』 正祖 4년 3월 21일).

3. 은퇴기(1780~1787)

은퇴기는 서명응이 벼슬길에서 물러나 자신의 저술을 정리하고 국가적 편찬 사업에도 꾸준히 참여한 시기이다. 정조는 봉조하(奉朝賀) 서명응의 공적을 평가하여 1781년에는 '보만(保晩)'이란 호를 지어주었고, 1782년에는 『보만재집(保晩齋集)』 24권을 읽고 소감을 읊은 어제시(御製詩)를 하사하였다.[14] 이때 정조가 준 어제시는 훗날 서명응의 문집인 『보만재집』의 제일 앞에 수록되었다.

이 시기에 서명응은 자신의 평생 저술을 정리하기 시작하여 『보만재총서(保晩齋叢書)』와 『보만재잉간(保晩齋剩簡)』을 완성하였고, 새로 『홍범오전(洪範五傳)』을 편집하였다. 그리고 70세가 되던 1785년에는 기로소(耆老所)에 들어갔다.

서명응은 국가의 공직에서 공식적으로 물러났으나 공적인 활동까지 끝난 것은 아니었다. 그는 규장각 학문 활동의 신호탄이 되는 1781년 이문원(摛文院)에서 열린 『근사록』 강의에 원임 제학의 자격으로 참여하였고, 『국조시악(國朝詩樂)』, 『시악화성(詩樂和聲)』, 『천세력(千歲曆)』을 편찬하거나 『국조보감』을 교정하는 등 국가적 편찬 사업을 계속 참여하였다.

서명응은 1787년 12월에 서울에서 72년의 생애를 마감하였다. 그의 유해는 1788년 3월에 선영이 있던 장단(長湍) 금릉리(金陵里)에 묻혔고, 정조는 '문정(文靖)'이란 시호를 내렸다. 정조는 그의 일주기가 되자 어제제문을 내리고, 규장각의 관리를 파견하여 제사를 올리게 하였다.[15]

---

14) 정조는 1781년 봄에 蔡濟恭의 문집을 읽고 난 후 어제시를 하사하였다. 정조의 어제시는 『樊巖集』 卷首에 수록되어 있다(『樊巖集』 卷首, 「御製御筆書樊菴詩文稿」). 1781년과 1782년에 정조가 채제공과 서명응의 문집을 읽고 어제시를 내린 것은 음미할 필요가 있다.

이상에서 보듯 서명응의 규장각 활동은 1776년 규장각 창설과 함께 시작되어 생애의 말년까지 계속되었다. 규장각과 관련한 그의 구체적인 행적에 대해서는 제2장에서 검토한다.

제2절 교유 인물

서명응은 특별한 사승 관계가 없이 학문을 습득하였기 때문에 매우 독특한 학풍을 가졌다. 정조는 『국조보감』을 편찬하면서 "서명응의 문체는 다른 사람과 확연히 달라 다른 사람의 글과 합칠 수가 없다."고 하였다. 이는 정조가 세손 시절부터 서명응을 측근에 두고 그의 독특한 학풍과 문체를 익히 알았기 때문에 한 말이었다.[16] 또한 아들인 서호수는 "부친의 학문은 자득을 위주로 하고 문장은 답습하길 좋아하지 않았으며, 선천역의 이치를 깨닫고 음률과 역법(曆法)에도 회통하여 경전의 본지를 밝힘으로써 훈고가(訓詁家)의 진부함에서 벗어났다."고 평하였고, 『보만재연보(保晩齋年譜)』에서는 "경학은 이전 사람을 답습하지 않고 한결같이 조화로 재단하여 은미한 뜻을 홀로 터득한 것이 많았다."고 하였다. 이는 모두 서명응의 학풍이 특이함을 잘 보여주는 발언이다.[17]

---

15) 『弘齋全書』 권21, 「文靖公徐命膺致祭文」.

16) 『國朝寶鑑監印廳儀軌』 「纂輯事實」, 辛丑(1781) 7월 25일.

"上曰, '命膺撰修文字. 必與兩重臣(金尙喆, 蔡濟恭을 말함), 文體顯異, 似不可合付矣, 使之校正爲好.'"

17) 徐浩修, 『私稿』 「先考文靖公行狀」.

"公之學, 以沈造自得爲主, 而不喜捃摭. 公之文, 以理致精采爲本, 而不喜蹈襲. 至於妙契先天, 會通律曆, 以是而推明經旨, 超脫訓詁家陳腐. 以是而發爲詞章, 淵然自露."

『保晩齋年譜』 권2, 「甲申(1764), 四十九歲」.

서명응의 학풍이 이처럼 독특한 것이라면 그의 학문에 영향을 미친 인물은 주로 가계에서 찾을 수밖에 없다. 다음의 〈그림 1〉은 서명응의 가계도로 그의 친가와 외가, 혼인으로 맺어진 인척을 표시한 것이다. 이를 보면 서명응은 이집(李㙫)–이주진(李周鎭)–이은(李溵) 집안을 외가

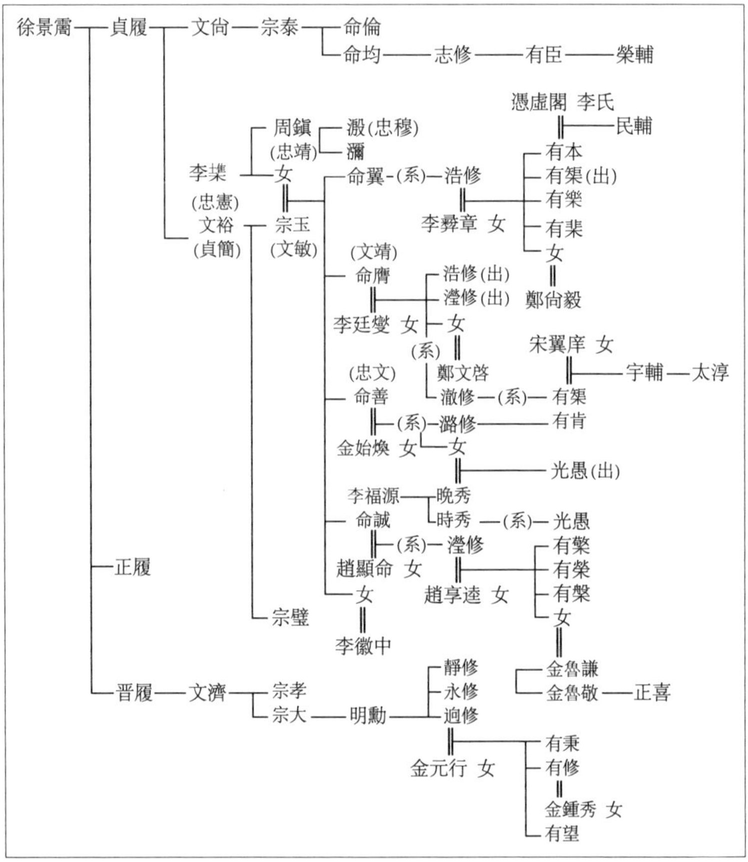

〈그림 1〉 서명응의 가계도

"(十二月) 『尙書逸旨』·『詩樂要訣』成. … 盖公之經義, 未嘗蹈襲前人. 一裁之以造化, 多造詣獨得之微旨云."

로 하고, 형제는 조현명(趙顯命)과 이휘중(李徽中) 집안, 자식은 이이장(李彛章), 이복원(李福源)－이만수(李晩秀)·이시수(李時秀) 집안과 혼인을 하였다.

1. 친가

서명응의 고조부인 서경주(徐景霌, 1579~1643)는 정신옹주(貞愼翁主)와 혼인하여 선조의 부마가 되면서 '달성위(達城尉)'에 봉해진 인물이고, 조부 서문유(徐文裕, 貞簡, 1651~1707)는 1704년(숙종 30)에 사은 부사로 북경을 다녀오고 형조 판서와 예조 판서를 역임한 인물이다. 이들은 서명응의 집안을 명가로 만들었으나 서명응이 태어나기 전에 사망하였으므로, 서명응에게 직접 영향을 주지는 못하였다.

서명응에게 큰 영향을 준 인물은 부친 서종옥(徐宗玉, 訒齋, 文敏, 1688~1745)이다. 서종옥은 38세(1725, 영조 1)에 문과에 급제하여 58세로 사망하기까지 21년간을 영조 치하에서 보냈다. 그는 내직으로 성균관과 삼사의 고위직과 육조의 판서를 두루 거쳤고, 외직으로 전라 감사, 함경 감사, 경기 감사, 평안 감사를 역임하였다. 영조는 자신의 집권 전반기 20여 년을 성실하게 보좌해 준 서종옥의 공로를 높이 평가하여 부친상이 끝난 서명응을 특채하였다.[18] 그리고 실록의 서종옥 졸기(卒記)에서는 '지위가 현달하였으나 별다른 비방이 없었고, 임금이 근후(謹厚)하다고 칭찬하였다.'라고 평하였다.[19]

---

18) 『保晩齋集』 권12, 「先考文敏公府君墓表」.

"丁卯(1747), 命膺以東宮洗馬入侍, 上呼語之曰, '汝父乃心王室, 吾至今不忘. 今見汝, 若汝父之具.' 太常議謚文惠·文敏, 上曰, '是嘗應事有功, 可予文敏.' 嗚呼! 此可以觀君臣矣."

서명응은 국가의 제도를 정비하거나 백성을 다스릴 때 부친이 사용한 방법을 자주 활용하였다. 그는 1754년에 올린 「진치법서(陳治法書)」에서 사도세자에게 성실을 강조하면서 영조와 서종옥이 서로 권면한 것이 성실이었다고 하고, 국가의 사전(祀典)을 바로잡자고 건의할 때도 서종옥이 생전에 마련해 둔 방안을 제시하였다.[20]

서명응은 지방에 나가서도 부친의 정책을 계승한 경우가 많았다. 평안 감사 서명응이 다양한 학정(學政)을 시행하거나 옥사를 처리할 때 곤장 10대를 넘지 않도록 한 것도 모두 부친의 방식을 따른 것이다.[21] 서명응은 부친과 자신의 정책적 연관성을 강조하여 "부친은 자식의 사업을 시작하였고, 자식은 부친의 사업을 마무리하였다."라고 표현하였다.[22]

다음으로 거론할 인물은 아우 서명선(徐命善)과 아들 서호수(徐浩修)와 서형수(徐瀅修), 손자 서유본(徐有本)과 서유구(徐有榘)이다. 서명응의 아우인 서명선은 정치적으로 든든한 후원자였다. 서명선은 1775년(영

---

19) 『英祖實錄』 권61, 英祖 21년 5월 庚子(29일).

20) 『保晩齋集』 권3, 「陳治法書」.

"況壬子年間(1732), 臣父爲大司成時, 我殿下手書'務誠實'三字, 訓飾館學諸生, 而己卯年間(1759), 臣父爲大司憲時, 又以'无妄之誠', 仰勉于殿下, 殿下虛心開納. 前後二十年間, 君臣之所相勉, 不越乎誠之一字. 是不惟邸下之家法, 有自來焉, 卽臣亦有所受矣. … 若夫樂歌之節, 則昔年臣父, 以兵曹判書, 入侍筵席, 與聞廟樂釐正之事. 故臣亦得聞其一二於臣父矣. … 此是臣父昔年講究, 未及上聞者. 今幷附陳於此."

21) 『保晩齋年譜』 권4, 「丙申(1776), 六十一歲」.

"(七月)先是公先考文敏公, 歷按五道, 課文講武, 以爲爲治之經, 因俗說敎, 以爲爲治之緯. … 又以文敏公, 欲刱講武之所, 與三益爲對, 而以遞歸未果. 遂建五謹堂於訓鍊院東, 選武士肄業. … (九月)盖公常遵文敏公遺規, 棍治有罪者, 不過十度. 前後按莅營邑, 未嘗杖殺一人, 而威行如秋, 民自不犯."

22) 『保晩齋集』 권7, 「宣賜御書序」(1762).

"勉勉我王, 自求多福. 寶壽靈長, 享有期耋. 其於臣鄰, 使爲父者, 始其子之事. 爲子者, 終其父之事."

조 51)에 세손의 대리청정을 반대하는 홍인한(洪麟漢)과 정후겸(鄭厚謙) 일파에 맞서 정조의 옹립에 결정적으로 기여하고, 이후 영조와 정조의 절대적인 신임을 받으며 영조 말년에 예조 판서, 병조 판서, 이조 판서를, 정조 초년에 수어사(守禦使), 총융사(摠戎使), 우의정, 좌의정, 영의정 등 국가의 핵심 요직을 맡으며 당대의 권력을 좌우하였다.[23] 앞서 보았듯이 서명응이 1777년에 홍계능의 옥사로 정치적 위기를 맞았다가 빠져나올 수 있었던 것도 바로 서명선 때문이었다.[24] 서명응 형제의 권력은 1779년(정조 3) 11월에 정점에 올라 동생은 영의정, 형은 대제학을 역임하면서 국가의 조권(朝權)과 문권(文權)을 장악하였다.[25] 서명선은 서명응이 정계에서 은퇴한 이후에도 중앙 정계의 핵심 인물로 활동하면서 든든한 버팀목이 되었다. 1782년(정조 6)에 서명선은 관상감 제조로 『천세력』이란 역서를 편찬하였으며, 이는 서명응이 범례와 규모를 제시해 만든 책이었다.[26]

서명응의 아들인 서호수(養直, 1736~1799)와 서형수(幼淸, 明皐, 1749~1824), 손자인 서유구(準平, 楓石, 1764~1845)는 그의 학문을 계승

23) 徐瀅修는 정조가 즉위한 이후에도 서명선이 3차례나 더 정조를 보호하였다고 기록하였다(『明皐全集』 권17, 「仲父忠文公府君墓表」, "公又罔恤其家, 罔擇夷險. 見無禮於吾君者, 盱衡扼腕, 造言退牘, 誓不與俱生. 如己亥(1779)之逆折權奸, 申丑(1781)之聲罪凶疏, 壬寅(1782)之倡討, 三案, 此其大者. 雖其說, 不盡行於當世, 國之名義, 與有立焉, 夫孰非公之力也.").

24) 『正祖實錄』 권8, 正祖 3년 12월 정축(27일).
"(批曰) 況能賊作逆, 在於重臣弟抗章之後, 寧有爲讐家而爲讐人黨與之理乎? 嗚呼. 世變雖無窮已, 胡知斯人之家, 而有是遭罹也?"

25) 『保晩齋年譜』 권4, 「己亥(1779), 六十四歲」
"公謂議政公曰, 兄弟一時, 並領朝權文權, 寧有不敗之理乎?"

26) 본서 제1부 제3장을 참조.

한 인물이다.[27] 서호수는 1765년(영조 41)에 관리가 된 이후 청직을 두루 거쳤고, 특히 1780년(정조 4)에는 규장각 직제학에 임명되어 부친과 비슷한 경력을 가지게 되었다. 이때 서명응과 서호수는 『동국문헌비고(東國文獻備考)』, 『송사전(宋史筌)』, 『규장총목(奎章總目)』, 『국조보감』의 편찬에 부자가 함께 참여하였다. 또한 1781년(정조 5) 규장각의 인재 양성을 본격화하는 의미가 있던 이문원 강의에는 서명응과 서호수 부자는 물론이고 서명선까지 함께 참여하였다.[28]

서형수는 1783년(정조 7)에 관리 생활을 시작하고, 서유구는 1790년(정조 14)에 시작하였기 때문에 규장각에서 진행한 편찬 사업에 서명응과 함께 참여한 적은 없다. 그러나 서형수는 규장각 초계문신 출신이고, 서유구는 초계문신 출신에 규장각 대교를 역임하였기 때문에, 서명응이 사망한 이후 규장각의 편찬 사업에 참여하였다. 그리고 초계문신을 대상으로 한 정조의 경사강의(經史講義)는 대부분 숙질간인 서형수와 서유구가 정리하였다.[29] 서형수는 특히 경학과 주자학에 밝아 정조 대에 정리된 경서 및 총서류의 범례를 다수 작성하였고, 주자서를 종합 정리하려는 정조의 핵심 참모로 활동하였다.[30]

18세기 후반에서 19세기 전반에 걸쳐 중앙학계에서 활동한 서호수,

---

27) 徐命膺에서 徐有榘로 이어지는 家學에 대해서는 유봉학, 『燕巖一派 北學思想 硏究』, 一志社, 1995, 189~195면 참조.

28) 『正祖實錄』 권11, 正祖 5년 3월 辛卯(18일).

29) 서형수와 서유구는 정조의 經史講義 중 四書 강의, 三經 강의, 春秋左傳 강의를 정리하였다. 金文植, 『朝鮮後期 經學思想硏究 - 正祖와 京畿學人을 중심으로』, 一潮閣, 1996, 254면 〈附表 2〉 참조.

30) 正祖 대에 간행된 『奎章總目』, 『群書標記』, 『大學類義』, 『周公書』, 『奎章閣志』의 범례는 서형수가 작성하였다. 정조가 주도한 주자서 편찬에 서형수가 참여한 것은 김문식, 『정조의 경학과 주자학』, 문헌과해석사, 2000, 233~250면 참조.

서형수, 서유구는 서명응의 다양한 학문을 가학으로 계승하고, 서호수는 천문학, 서형수는 경학, 서유구는 농학 분야에서 특히 두드러진 활동을 보였다. 이들은 『보만재집』을 비롯한 서명응의 저술을 함께 편집하였고, 서유구는 정계에서 은퇴한 조부를 모시고 살면서 『보만재총서』와 『보만재잉간』 등 조부가 남긴 방대한 저술을 정리하였다.[31)]

2. 외가와 인척

서명응 학문의 또 다른 줄기는 그의 외가에서 나왔다. 외조부 이집(醉村, 1664~1733)은 경종 연간에 세제(世弟) 영조의 옹립을 반대하는 유봉휘(柳鳳輝)를 공격하여 영조의 신임을 받은 인물로 좌의정을 역임하였고, 외삼촌 이주진(炭翁, 1691~1749)은 영조 대에 이조 판서를 역임하였다. 이집에 대한 영조의 신임은 1763년 서명선이 문과에 급제하였을 때 내려준 "사이부조 일공사여(思爾父祖 一公事予)"라는 여덟 글자에 잘 나타나 있다. 여기서 '부조'란 바로 서명선의 부친인 서종옥과 외조부인 이집을 지칭한 것이다.[32)]

서명응 형제는 어린 시절에 외가에서 자라며 이집과 이주진의 교육을

31) 徐有榘, 『楓石鼓篋集』 「祭王父保晩齋先生文」; 『金華知非集』 권9, 「保晩齋集跋」. 서호수의 맏아들인 徐有本도 『保晩齋集』이나 杜甫의 시를 문체별로 분류하여 주석한 『詩史八箋』의 편집에 서유구와 함께 참여하였다(『保晩齋集』 권7, 「詩史八箋序」).

32) 『保晩齋集』 권7, 「宣賜家弟命善御書序」.
"上之三十有九年癸未(1763), 家弟命善, 射策增廣試, 爲乙科第六人唱名. 翌日, 詣闕謝恩, 上親書, '思爾父祖, 一公事予'八言以賜之. 將退, 上呼語之曰, '祖則爾外祖忠憲公也.' 於是命善懷而歸, 示其兄命膺及其內兄李溵, 三人者, 相與感泣, 期無負於一公之道焉."

받았다.[33] 또한 1776년(정조 즉위)에 서호수가 사은 부사의 자격으로 북경을 방문하여 『고금도서집성(古今圖書集成)』의 완질인 5,022책을 구할 때, 사은 정사는 이주진의 아들인 이은(1722~1781)이었다.

서명응 집안과 혼인으로 맺어진 조현명, 이휘중, 이이장, 이복원 집안도 당대의 명문가로 서명응의 학문과 일정한 관련이 있다. 특히 이복원(雙溪, 1719~1792)은 국가의 문한(文翰)을 담당하는 요직을 두루 거친 후 정조 대에 우의정을 역임한 인물로 국가적 편찬 사업에도 다수 참여하였고, 1782년에는 서명응과 함께 『국조보감』의 교정을 맡으면서 그의 학문을 극찬하였다.[34] 또한 이복원의 아들이자 서명선의 사위인 이만수(屐園, 1752~1820)는 오랫동안 규장각 각신으로 근무하였고,[35] 이만수의 아우인 이시수(及健, 1745~1821)는 1781년에 규장각 초계문신을 거쳐 순조 대에 영의정을 역임한 인물이다. 따라서 이복원 집안도 당대의 중앙 학계에서 또 하나의 명가를 이룩하였다.

3. 영조와 정조

서명응에게 정치적으로 가장 큰 영향을 준 사람은 국왕 영조와 정조였다. 앞서 보았듯이 영조는 집권 초기 왕권을 확립하는 데 도움을 주었던 이집과 서종옥에 대한 신뢰를 바탕으로 서명응과 서명선 형제를 발탁

---

33) 『保晩齋集』 권8, 「直軒記」.
윗책, 권12, 「吏曹判書忠靖李公墓誌」 "命膺, 於公爲姉之子. 自幼養育, 又多在公門."

34) 『保晩齋年譜』 권6, 「壬寅(1782), 六十七歲」.
"(三月) 右議政李福源曰, '奉朝賀編書之法, 如大匠之斲輪, 若無難事矣."
李福源은 정조대에 간행된 『文苑黼黻』, 『奎章閣題名記』, 『大典通編』, 『璿源譜略』, 『宮園儀』, 『奎章閣志』 등의 序와 跋을 작성하였다.

35) 李晩秀는 1789년에 규장각 直閣, 1795년에 直提學, 1800년에 提學을 역임하였다.

하였다. 이후 서명응은 영조 대 내내 순탄한 관리 생활을 하면서 『동국문헌비고』와 같은 국가적 편찬 사업이나 국가 전례를 정비하는 작업에 종사하였고,[36] 세손 정조의 사부로 발탁되기도 하였다. 서명응은 영조와의 각별한 관계를 바탕으로 『영조실록』의 부록에 수록된 「영종대왕행장(英宗大王行狀)」을 지었다.

정조와 서명응 사이에 있었던 군신 간의 지우(知遇)는 유례를 찾기 어려울 정도였다. 서명응은 1772년에 세손 빈객으로 정조와 인연을 맺은 후 생애 말년까지 정조를 측근에서 보좌하였고, 특히 규장각과 관련한 사업에서 핵심 인물로 활동하였다. 정조가 은퇴하는 서명응에게 보인 예우도 특별하였다. 1780년 3월에 정조는 창덕궁 인정전에서 서명응의 은퇴식을 거행하였다. 정조는 1781년에 서명응에게 '보만재(保晚齋)'란 호를 지어주었으며, 이는 그의 만절(晚節)이 탁월함을 칭찬한 것이었다. 정조가 평가한 서명응의 만절은 5가지가 있었다. 첫째 1772년에 한창 위세를 부리던 정후겸(鄭厚謙)이 대제학 되는 것을 막은 것, 둘째 1779년에 막바지에 이른 홍국영의 세도를 끝장낸 것, 셋째 조정에서 수십 년간 청현직(淸顯職)을 역임한 후 아들 서호수가 다시 정경(正卿)이 되어 국왕을 보좌한 것, 넷째 서명선과 함께 온 힘을 다해 왕실을 보호한 것, 다섯째 은퇴 후에도 국가적 편찬 사업에 참여하여 문치(文治)를 빛낸 것 등이었다.[37]

정조는 1782년에 『보만재집』(24권)을 열람하고 그 감회를 읊은 칠언율시 1편을 보냈다. 정조가 보낸 시의 전문은 다음과 같다.[38]

---

36) 서명응의 초기 저술인 『皇極一元圖』, 『國朝樂章』, 『兩漢詞命』은 영조의 명에 의해 편찬되었다.

37) 『保晚齋年譜』 권6, 「申丑(1781), 六十六歲」. "九月, 上特賜公號, 曰'保晚齋'."

〈그림 2〉『보만재집』 권수에 수록된 정조의 어제시

雨過簾幕午風徐	비 지나간 방안에 남풍 솔솔 부는데
閒閱恬溪十軸書	염계(恬溪)[39]의 열 축 글 한가롭게 펼쳐본다.
悟解多從三易邃	깨달음은 대부분 삼역(三易, 連山易 歸藏易 周易)의 깊은 곳에서 나왔고
典刑猶見四佳餘	법식은 사가(四佳, 徐居正)의 자취를 보는 것 같다.

陰陽綜錯心頗契	음양의 깊은 이치를 마음 깊이 깨달으니
雲水流行質本虛	구름 물 흘러가듯 본 바탕은 텅 비었다.
保晩堂中求草早	보만당(서명응)의 초고를 일찌감치 구해 보니
文園當日較何如	문원(文園, 司馬相如) 당시의 일과 비교하면 어떨까.

---

38) 『弘齋全書』 권5, 「求見保晩齋稿吟寄一律」.
정조는 南有容의 『雷淵集』에 하였던 것처럼 『保晩齋集』의 어제 서문을 내리려 하였으나, 『雷淵集』과 同例에 둘 수 없어 어제시를 지었다고 한다(『保晩齋年譜』 권6, 「壬寅(1782), 六十七歲」 五月).

39) '恬溪'란 원래 서명응의 號였다. 正祖는 이 호가 周濂溪와 음이 같다는 이유를 들어 '保晩齋'란 호를 지어주었다.

정조는 이 시에서 서거정(徐居正)의 후손이면서 역학에 뛰어난 서명응의 학문을 강조하였고, 규장각 직제학으로 있던 정지검(鄭志儉)이 정조의 어제시를 필사하여 서명응에게 주었다.[40] 서명응은 집안에 제광정(濟光亭)이란 정자를 지어 정조의 시를 모셨고,[41] 서유구는 1834년(헌종 4)에 『보만재집』을 간행하면서 이 시를 판각하여 문집의 제일 앞에 배치함으로써 정조와 서명응의 특별한 관계를 후세에 알렸다.

이상에서 보듯 서명응 집안은 영조 대 전반에 이집과 서종옥, 영조 대 후반과 정조 대 전반에 서명응과 서명선, 정조 대 후반에 서호수와 서형수가 중앙학계에 포진하여 당대의 학문을 주도한 대표적인 경기학인(京畿學人)이었다. 이런 가학적 배경 속에서 서명응은 영조와 정조의 신임을 받으며 다양한 국가적 편찬 사업에 참여하고, 방대한 개인 저술도 남겼다.

서명응은 비교적 늦은 나이에 부친 서종옥과 외조부 이집의 공적을 평가한 영조의 특채로 발탁되었다. 이후 40여 년 동안 그는 관리로 있으면서 당대의 문풍을 좌우할 정도로 많은 활동을 하였다. 그가 영조 대 후반과 정조 대 초년에 내외의 요직을 거치면서 활동한 것은 세손 시절 정조와 맺은 사제의 인연 때문이었다. 그러나 그의 학문적 수준과 행정실무 능력을 전폭적으로 지지한 영조와 정조의 신임이 크게 작용하였다. 또한 반대 세력의 압력을 물리치고 정조를 국왕으로 옹립한 동생 서명선의 공로도 무시할 수 없는 배경이었다.

정조는 서명응과 서명선 형제를 신임하고, 다음 세대인 서호수와 서

---

40) 정조의 御製는 당시 鄭志儉이 쓰는 경우가 많았는데, 1782년에 편찬된 『國朝寶鑑』의 어제 서문, 1784년 太祖의 능인 健元陵의 재실 벽에 건 정조의 어제시는 모두 정지검의 필체였다.

41) 『保晩齋集』 권8, 「濟光亭記」.

형수 형제도 신임하였다. 서명응 가문에 대한 정조의 신임이 대를 이어 계속된 것은 1780년 3월에 서명응이 규장각 제학에서 물러나 정계에서 은퇴하자, 그해 6월에 서호수를 규장각 직제학으로 발탁하여 부친이 담당했던 국가적 편찬 사업을 계승하게 한 것에서 잘 나타난다.

서호수는 영조 말년에 발탁되어 6조의 판서와 홍문관 제학을 역임하는 등 부친과 비슷한 경력을 가지면서 당대의 문풍을 발전시키기 위해 노력하였고, 부자가 함께 국가적 편찬 사업에 참여하는 경우도 많았다. 특히 활자 주조나 『규장각지』와 『규장총목』의 편찬과 같이 규장각의 기구를 정비하는 사업, 영조와 정조의 어제를 편찬하는 사업에는 두 사람이 동시에 혹은 연속해서 참여하였다. 또한 서형수는 관리로 크게 현달하지는 못하였으나 경학에 조예가 깊어 정조가 만년에 추진한 경서와 주자서의 정리에서 핵심적인 역할을 하였다.

정조의 절대적 신임을 바탕으로 당대의 문화 활동을 주도한 서명응 가문은 19세기에 들어와 새로운 고비를 맞았다. 서명응, 서명선, 서호수는 이미 세상을 떠났고, 숙질간인 서형수와 서유구가 남은 상황에서, 순조 초년에 있었던 벽파 정권의 몰락과 함께 심각한 타격을 입은 것이다. 이에 따라 서형수는 1806년에 유배를 떠나 1824년에 유배지에서 죽었고, 서유구는 서형수가 세상을 뜬 이후에 다시 벼슬길이 열렸다. 정조는 1787년(정조 11)에 서명응이 사망한 직후 그의 문집인 『보만재집』을 간행하게 하였다. 그러나 『보만재집』은 1838년(헌종 4)에 가서야 간행되었다. 또한 서명응의 다른 저작과 서형수의 문집은 필사본으로만 전해지고, 서호수의 문집이 현재까지 발견되지 않는 것도 이러한 정치적 사정과 관계가 있다.

정조는 조선 문화의 우수성에 대한 자신감을 바탕으로 하고 규장각을 중심 기관으로 하여 18세기 후반의 문화정치를 주도하였다. 이에 따라 정조의 사망을 전후한 빛과 그림자도 확연히 구분되었다. 서명응 집안은 18세기의 탕평 정국에서 학문적 이론과 행정적 실무 능력을 겸비하여 국왕의 측근 세력으로 성장하였다. 그러나 19세기에 들어와 소수의 척신이 권력을 장악한 상황에서 정치적 위기를 맞았고, 고난 속에서 당대의 과제를 해결할 방안을 모색하였다.

제2장 규장각 활동

제1장에서 보았듯이 서명응은 영조 말년에서 정조 초년에 전개된 국가적 편찬 사업에 참여하고, 정조와 사제 관계를 맺은 후 편찬 사업의 관리자로 활동하면서 많은 저술을 남겼다. 또한 서명응은 문집만 해도 4종 200권에 이르는 방대한 학문 세계를 구축하였고, 그의 학문은 경학과 사학은 물론이고 천문, 지리, 농학, 음악, 언어학 등 거의 전 분야를 다루었다.

이 글에서는 서명응이 규장각을 설립하여 제도적 장치를 갖추고, 규장각에서 주도하는 국가적 편찬 사업에 참여하여 어떤 활동을 하였는지를 정리한다. 이하 제1절에서는 규장각이 창립되는 초기에 제도적 장치를 갖추어 완전한 기구로 정비해 나가는 조치를 살펴보고, 제2절에서는 서명응이 규장각에서 주도한 국가적 편찬 사업에서 담당한 역할을 검토한다.

제1절 규장각 기구의 정비

1. 규장각 설립 이전의 행적

정조는 1759년에 8세의 나이로 세손에 책봉되었고, 1762년에 부친(사도세자)의 사망과 함께 동궁이 되어 왕실의 대통을 계승할 신분이 되었다. 이때 정조는 처소를 경희궁(慶熙宮)으로 옮겼고, 왕위에 오를 때까지 줄곧 이곳에서 머물렀다. 동궁은 경희궁에 특별한 기구를 세웠다. 희정당(熙政堂)의 동남쪽에 2층 건물을 세워 위층을 주합루(宙合樓), 아래층을 존현각(尊賢閣)이라 하였으며, 이곳을 강학의 중심지로 삼았다. 또한 주합루 곁에 정색당(貞賾堂)이라는 서재를 만들어 도서를 보관하고, 비서관(秘書館)이란 기구를 두어 이를 관리하게 하였다.[1] 말하자면 정조는 장차 설립하게 될 규장각의 축소된 형태를 경희궁 시절에 미리 갖춘 것이다.

서명응은 1772년에 스승과 제자로 정조를 만났고, 정조의 교육을 위한 교재를 편찬하였으며, 경희궁 일대를 학문 수련의 장으로 만드는 일에도 참여하였다. 서명응은 정색당과 주합루, 정조의 호인 '홍재(弘齋)'에 대한 기문(記文)을 남겼다. 정조는 존현각에서 매일 2차례 강학을 한 다음 주합루에 서적을 쌓아두고 여가가 날 때마다 독서에 몰두하였다. 이때 '주합(宙合)'이란 이름은 『관자(管子)』의 편명에서 따온 것이었다.[2] 서명응은 책에 국가를 다스리는 깊은 이치가 담겨 있으므로 서적을 수집하여 보관하는 일이 중요하나, 정조가 자신의 마음을 수양하여 덕(德)을 좋아하고 욕(慾)을 물리치는 일이 더욱 긴요하다고 강조하였다.[3]

서명응은 정조가 경희궁에 머물던 시절에 만나 장차 문운(文運)을 크게 일으키려는 의도가 있음을 파악하였고, 정조가 규장각을 설립하여 본격적인 학문진흥책을 추진할 때 가장 믿고 맡길 수 있는 핵심 측근이 되었다. 정조가 국왕이 된 직후 서명응의 행적은 규장각의 설립과 관련하여 매우 흥미롭다.

---

1) 李泰鎭, 『奎章閣小史』, 서울대학교 규장각, 1990, 12~13면.

2) 『保晩齋集』 권8, 「宙合樓記」.

3) 윗책, 권8, 「貞賾堂記」.

서명응은 영조가 사망하기 직전인 1776년 2월에 평안 감사로 부임하여 평양에서 정조의 즉위를 맞았다. 서명응은 1776년 6월에 평양에 기자(箕子)를 모신 인현서원(仁賢書院)을 수서원(首書院)으로 하여 인근의 서원을 통솔하게 하고, 삼익재(三益齋)와 오근당(五謹堂)이란 건물을 세워 문사(文士)와 무사(武士)를 양성하였다. 그리고 기자의 정전을 단장한 구삼원(九三院)에서 향약 강독회를 실시하는 등 학정(學政)을 크게 일으켰다. 그런데 이때는 아직 정조가 창덕궁 후원에 규장각의 창설을 명령하고 주합루 건물이 세워지지 않은 시기였다. 서명응은 평양에서 자신이 한 조치들이 정조에 의해 채택될 것이라 예상하였다.[4] 그의 예상은 적중하여 1776년 10월에 서명응은 정조의 특명으로 규장각 제학을 겸임하였고, 설립 초기 규장각의 기반을 확고하게 다지는 작업에 본격적으로 참여하였다.[5]

2. 규장각 운영 경비의 논의

정조는 1776년 3월에 국왕이 되자마자 규장각을 창설하라고 명하였고, 9월에는 제학 이하 관원들을 임명하였다.[6] 그러나 규장각은 아직 초창기라 각종 제도가 미비한 상태였고, 1777년이 되어서도 소속 관원의 봉급을 지급할 재원을 마련하지 못하였다. 정조는 서명응과 그 대책을 논의하였다.

---

4) 본서 제1부 제4장 제3절 참조.

5) 『奎章閣志』 권1, 「差除」.

"或以提學·直提學授外任, 或以外任授提學·直提學. … 其後丙申(1776), 平安道觀察使徐命膺之爲提學也. 上引宋朝故事, 命以觀察使兼帶."

6) 『正祖實錄』 권2, 정조 즉위년 9월 癸巳(25일).

1777년(정조 1) 8월 20일, 정조는 서명응을 희정당(熙政堂)으로 불러 규장각 소속 관리인 당상(堂上), 낭청(郎廳), 이예(吏隷)의 봉급을 줄 재원에 대해 질문하였고, 서명응은 미리 구상해 둔 방안을 올렸다.[7)] 서명응이 제안한 방안은 관서 지역의 유고곡(留庫穀, 창고에 비축해 둔 곡식) 37만 석 가운데 5만 석을 환곡에 가분(加分)하여 방출하면 이자로 1만 5천 냥의 수입이 나오므로, 그중 1만 냥을 비축하여 서적을 인쇄하는 등 공용비로 사용하고, 나머지 5천 냥은 요포(料布) 등 당장 필요한 경비로 사용하자는 것이었다. 이 방안은 당시 보민사(保民司)가 관서 지역의 유고곡 4만 석을 가분하여 생긴 이자인 1만 2천 냥으로 형조와 한성부의 서리직 봉급을 충당하는 것을 원용한 것이었다. 서명응은 규장각의 위상이 형조나 한성부보다 높으므로 그렇게 할 수 있다고 판단하였다.[8)]

그러나 서명응의 제안은 결국 실현되지 못하였다. 관서 지역에 군사용으로 비축해 둔 곡식을 다른 용도로 전용하지 못한다는 명분 때문이었다. 이에 대해 가장 먼저 반대한 사람은 당대의 세도를 장악한 홍국영(洪國榮, 1748~1781)이었다. 정조는 서명응의 건의가 있자 홍국영에게 견해를 들었다. 그때 홍국영은 관서 지역에 비축해 둔 곡물은 비상시를 대비한 것으로 이를 이용하여 돈을 만드는 것은 폐단이 생길 수 있다고 하여 반대하였다.[9)]

---

7) 1777년 8월 20일에 정조와 서명응 사이에 있었던 논의는 『日省錄』과 『保晩齋年譜』의 해당 일자에 기사가 나온다. 이하 細注는 생략함.

8) 『保晩齋年譜』 권4, 「丁酉(1777), 六十二歲」.

"(八月) 承命入侍, 下詢奎章閣設施便宜. … 況此奎章閣, 乃是我聖上積峙圖書, 妙選學士, 日與講究禮樂政法, 以立出治之本者. 其爲重且大, 何遽不若秋曹·京兆."

9) 『日省錄』 正祖 원년 8월 20일.

"國榮曰, 關西之多留穀物, 實爲不虞之備. 且取耗作錢, 亦難保其永久無弊, 更加商量而處之, 似好矣."

서명응의 제안이 확실하게 좌절된 것은 1777년 10월에 서명응이 연안부(延安府)에 유배된 사건이었다. 사건의 발단은 평안도 암행어사 심념조(沈念祖)가 서명응이 감사로 있으면서 도내에 비축된 군량곡을 환곡으로 가분한 것이 10여 만 석이나 된다는 사실을 보고하면서 시작되었다.[10] 평안도의 군량곡을 처음 환곡으로 가분한 것은 서명응의 전임자였던 채제공(蔡濟恭)이었으나, 서명응은 이를 환수하지 못한 책임을 지고 중도부처(中道付處)된 것이다.[11] 서명응은 바로 다음달에 방면되어 서울로 돌아왔으나 규장각의 운영 경비를 평안도 비축미에서 마련하려던 계획에는 제동이 걸렸다.

1777년 12월에 정조와 서명응은 다시 이 문제를 의논하였다. 서명응은 규장각 창설은 정조 원년의 대사업이자 주나라의 영대(靈臺)나 벽옹(辟雍)과 같은 것이므로 비용을 아낄 것이 없다면서 이전 주장을 꺾지 않았다. 그러나 정조는 규장각 경비로 군량미를 활용하는 것은 명분에 합당하지 않다면서, 규장각 소속 하급 관리의 봉급은 호료(戶料)나 병포(兵布)에서 마련하고, 규장각의 땔감이나 기름은 궐내각사(闕內各司)의 예에 따라 지급하는 것으로 결정하였다.[12] 서명응이 관서 지역의 비축미를 활용하여 규장각 운영 비용을 충당하려던 제안은 실현되지 않았으나 그가 설립 초기의 규장각 운영을 주도한 사실은 잘 나타나는 사건이었다.

---

10) 윗책, 正祖 원년 10월 9일.

11) 『保晩齋年譜』 권4, 「丁酉(1777), 六十二歲」
"十月, 以關西列邑還穀加分事, 命付處公於延安府."

12) 『日省錄』 正祖 원년 12월 11일.

3. 활자 주조 및 교서관 합속

규장각 운영과 관련하여 서명응의 활약이 가장 두드러진 분야는 활자를 주조하고 교서관(校書館)을 규장각의 외각(外閣)으로 합속(合屬)한 일이었다.

18세기 후반에서 파악하는 조선 전기의 대표적 활자는 태종 대의 계미자(癸未字)와 세종 대의 갑인자(甲寅字)였다. 계미자는 1403년(태종 3)에 제작한 활자로 『시경』, 『서경』, 『춘추좌전』의 주소(注疏)를 바탕으로 하여 10만 자를 주조하였고, 갑인자는 1434년(세종 16)에 제작한 동활자로 『효순사실(孝順事實)』과 『위선음즐(爲善陰騭)』 등을 바탕으로 하여 20만 자를 주조하였다.[13] 갑인자는 왕희지(王羲之)에게 글씨를 가르친 진(晉)나라 위부인(衛夫人)의 필체를 닮았다고 하여 흔히 '위부인자(衛夫人字)'라고 불렀다. 그러나 서명응은 갑인자는 명나라 초기의 한림학사가 쓴 『위선음즐』에서 나왔으므로 '위부인자'란 명칭은 적합하지 않다고 생각하였다.[14] 계미자와 갑인자는 세월이 흐르면서 관리가 부실하여 글자 모양이 문드러졌고, 인쇄에 사용할 수 없는 상황이 되었다.

서명응은 1772년의 임진자(壬辰字)부터 활자를 주조하였다. 세손 정조는 서명응에게 갑인자를 자본(字本)으로 한 활자를 주조하게 하였고, 서명응은 갑인자를 주조할 때 사용한 목본(木本) 3만여 자를 찾아내고, 정조가 하사한 내장고본(內藏古本) 『심경』 5질을 바탕으로 하여 15만 자

---

13) 『春秋左氏傳』 卷末, 「鑄字事實」.

14) 『保晩齋集』 권8, 「奎章字瑞記」.

"雖然, 臣嘗疑世宗朝活字俗名'衛夫人字'. 衛夫人, 李充之母, 而王羲之所學書者也. 今之活字, 乃是明初翰林學士所書『爲善陰騭』也. 其書與人, 不啻燕越之殊, 奈何冒其名, 以爲名乎?"

를 주조한 후 교서관[芸閣]에 보관하였다. 이것이 '임진자'이다.[15] 1777년에 정조는 다시 서명응에게 임진자를 주조할 때 미비된 글자를 추가로 만들게 하였고, 서명응은 임지인 평양 감영에서 15만 자를 주조하여 규장각에 보관하였다. 이것이 '정유자(丁酉字)'이다. 1773년에 호조판서 서명응은 관서 지방의 미가(米價)에서 누락분을 추징하여 관서 지역에 2천 석, 호조에 생동(生銅) 1,060근을 비축해 두었다. 그가 임진자를 주조할 때 이를 재원으로 활용하였다.[16] 이상 두 차례에 걸쳐 서명응은 총 30만 자의 활자를 만들었고, 정조는 갑인자를 만들었던 세종의 뜻이 계승된 것으로 평가하였다.[17]

규장각에는 임진자와 정유자 이외에도 1782년에 만든 '임인자(壬寅字)'가 있었다. 임인자는 서명응이 주조한 활자보다 글자 크기가 작아 자부(子部)와 집부(集部)의 서적을 인쇄할 때 사용하였고, 조선인 한구(韓構)의 필체를 자본으로 하여 만든 활자였다. 임인자는 서호수가 부친의 뒤를 이어 평안 감사로 있으면서 8만 자를 만든 것이다.[18] 결국 규장각이 소장한 3종의 활자는 서명응과 서호수 부자가 제작한 것이다.

한편 서명응은 출판 기능을 가진 교서관을 규장각에 합속시켜 그 기능을 강화하는 정책을 추진하였다. 1777년 12월에 그는 교서관을 규장각의 외각으로 만들어야 체(體)와 용(用)이 겸비된다며, 교서관을 궁궐 밖 가까운 곳으로 이전하자고 건의하였다. 이에 정조는 규장각 각신이

---

15) 『奎章閣志』 권2, 「雜式」; 『保晩齋集』 권8, 「奎章字瑞記」.

16) 『保晩齋年譜』 권4, 「丙申(1776) 六十一歲」 "十月, 兼奎章閣提學."

17) 『日省錄』 正祖 元年 8월 초3일.

"從此, 凡所活印, 不特不艱辛, 亦可以壽傳我英廟之志事於幾千百載, 豈是等閒勞役之比, 況有已例者乎?"

18) 『奎章閣志』 권2, 「雜式」.

교서관 관리를 겸하면 좋겠다고 하면서 상세한 사항을 정리하여 올리라고 하였다.[19]

1777년 12월 21일에 교서관이 규장각에 합속되었다. 당시 정조는 문형(文衡, 홍문관 대제학)이 교서관 제조를 겸하면 어떠냐고 물어 서명응과 약간의 견해차를 보였다. 그러나 서명응은 규장각 당상이 교서관을 주관하여야 함을 주장하였고 정조가 이를 수용하였다.[20] 서명응은 규장각이 '체'라면 교서관은 '용'에 해당하며, 규장각 당상이 교서관의 제조를, 규장각 낭청이 교서관의 교리를 겸하여 규장각이 서적을 간행하는 업무를 전담 관리해야 한다고 강조하였다.[21] 또한 서명응이 교서관을 궁궐 가까운 곳으로 옮기자고 건의한 것은 1782년에 남부 훈도방(薰陶坊)에 있던 것을 창덕궁 돈화문 밖으로 이전하는 것으로 실현되었다.[22]

4. 『규장각지』와 『규장총목』의 편찬

규장각의 기구를 정비한 서명응은 『규장각지(奎章閣志)』의 편찬을 주도하였다.[23] 1777년 8월 20일에 정조는 규장각 운영 경비를 논의하는

---

19) 『日省錄』 正祖 元年 12월 11일.

20) 『日省錄』 正祖 元年 12월 21일.

21) 『保晩齋集』 권5, 「請以校書館爲奎章外閣箚」; 『正祖實錄』 권4, 正祖 원년 12월 癸丑(21일).

"盖以外閣爲用, 內閣爲體, 體必統用然後, 事權不分, 庶務乃立. 我國文衡之兼三館, 亦此意也. 今館與閣, 旣已具備, 可令館自館而閣自閣. 以奎章閣堂上, 例兼芸閣提調, 奎章郎廳, 例兼芸閣校理. 而芸閣衙門, 與時御附近之公廨, 互換移設. 凡外閣之印書刊書等事, 皆內閣堂郎, 主管擧行, 則庶可爲辨館閣·兼體用·一內外之道."

22) 『奎章閣志』 권1, 「建置」 外閣.

23) 서명응이 1777년에 편찬한 『奎章閣志』를 『일성록』에서는 '奎章閣誌'라 기록하였다.

자리에서 서명응에게 『규장각지』를 편찬하라고 명하였다. 이때 정조는 자신이 평소에 정리해 두었던 『규장각지』의 초본을 내어주며 이를 바탕으로 편찬하라고 하였다.[24)]

서명응은 이내 『규장각지』를 편찬하여 올렸으며, 정조는 기사관(記事官) 서용보(徐龍輔)에게 「장서의(藏書儀)」를 읽게 하고는 내용이 매우 좋다고 칭찬하였다.[25)] 당시 정조는 『규장각지』를 매우 흡족히 여겼으며, 이는 당시 병권을 장악한 홍국영의 발언에서 잘 나타난다.[26)] 그러나 서명응이 편찬한 『규장각지』는 간행으로 이어지지 않았다. 『규장각지』를 편찬했을 때는 아직 규장각 제도가 갖춰지지 못한 때이고, 규장각이 담당하는 업무가 계속 확대되었기 때문이다.[27)] 실제로 1778년 3월에 정조는 서명응에게 교서관을 규장각에 합속한 사실을 『규장각지』에 추가하라고 명령하기도 하였다.[28)] 『규장각지』는 1779년(정조 3)에 그 초본이 마무리되었고, 정조는 그 서문을 지었다.[29)]

---

24) 『日省錄』 正祖 元年 8월 20일.

"予曰, '方欲爲『奎章閣誌』, 而卿(徐命膺)旣上來, 規模節目, 當相議講定矣.' … 予曰, '予嘗留意於奎章誌. 每於機務之暇, 隨思輒記, 略有所構草者, 從當出送. 卿須因此. 而添刪潤色, 以爲成書, 好矣.'"

25) 『日省錄』 正祖 元年 9월 15일.

26) 『保晩齋年譜』 권4, 「丁酉(1777), 六十二歲」.

"九月, 撰進『奎章閣志』. 洪國榮來見公, 語之曰, '上覽『閣志』, 大加歎賞, 仍責賤臣曰, 卿輩爲國事, 能如是否? 賤臣以人各有所長, 殿下當以軍國之事, 責臣等, 文學之事, 責判府之意, 仰對.' 云云."

'判府'는 당시 判中樞府事로 있던 서명응을 지칭한 것이다.

27) 『弘齋全書』 권8, 「奎章閣志序」(1784).

"予卽位之初, 建奎章閣. 旣而命閣臣撰之, 迄五六年, 不成. 不惟屬撰之緩, 制度儀式未立, 故也."

28) 『日省錄』 正祖 2년 3월 25일.

29) 『弘齋全書』 권8, 「奎章閣志序 · 草本」(1779).

현재 규장각에는 2종의 필사본 『규장각지』 초본이 있다.[30] 이들의 표지에는 "초초(初草)"(규1400) "재초(再草)"(규734)라고 표시되어 있으나, 본문 내용을 검토하면 규734본은 1779년에 작성되었고, 규1400본은 1782년에서 1784년 6월 사이에 작성된 것으로 판단된다.[31] 또한 2종의 필사본은 모두 권수(卷首)에 정조의 서문을 수록하였으나 목차, 본문 내용, 필체 등에서 차이를 보인다.

규734본은 단정한 해서체로 필사하여 어람용으로 판단된다. 여기에는 1781년에 확정된 초계문신 규정이 빠져 있고, 권수의 「봉교편열시원임각신(奉教編閱時原任閣臣)」에 나오는 각신도 1779년에 임명된 관리가 하한선이다. 따라서 이는 1779년에 작성된 필사본이 확실하다.[32] 그러나 규1400본은 행서체에 가까운 속필로 기록한 것을 오려 붙인 다음에 다시 주묵(朱墨)으로 수정한 상태이며, 최종본을 위한 저본(底本)으로 판단된다. 그리고 「문물(文物)·고실(故實)」에는 1782년에 서호수가 임인자를 주조한 기사까지 수록되어 있다. 따라서 서명응이 1777년에 올린 『규장각지』는 규734본에 가까운 것으로 판단되며, 각신 목록에서도 서명응의 이름이 제일 앞에 나타난다.

『규장각지』는 1784년(정조 8) 6월에 최종본이 완성되어 임인자로 인쇄

---

30) 李離和, 「奎章閣小考 — 奎章閣志를 중심으로 본 개관」 『奎章閣』 3, 1979, 153~157면.

31) 필사본 『奎章閣志』의 작성 시기에 대해 다음의 논문에서 논의된 바 있다.
鄭玉子, 「奎章閣 招啓文臣 硏究」 『奎章閣』 4, 1981, 4~6면.
宋日基, 「奎章總目考—特히 徐命膺·徐浩修 父子의 活動을 中心으로」, 중앙대학교 석사학위논문, 1982, 25~28면.

32) 閣臣의 명단에는 提學에 徐命膺·蔡濟恭·黃景源·李福源·洪國榮이, 直提學에는 兪彦鎬·鄭民始가, 直閣에는 李秉模·鄭志儉·金熹·金宇鎭이, 待教에는 徐龍輔·金勉柱가 들어 있다. 서명응의 직함에 南漢守禦使가 있다. 서명응이 守禦使를 역임한 것은 1779년 1월 12일~11월 24일이다.

하여 배포되었다.[33] 서명응은 그 발문(跋文)에서 『대학』 치국전(治國傳)에 나오는 효(孝)·제(悌)·자(慈)를 주제로 하여 주공(周公)이 이를 향당의 향음례에서 실천하였듯이 정조가 규장각에서 실천하게 되기를 기대하였다.[34]

한편 『규장총목(奎章總目)』은 서명응이 편찬하기 시작하여 서호수가 완성하였다.[35] 1781년 2월, 정조는 규장각의 규모가 갖춰진 상황에서 소장 도서를 정리하게 하고, 원임제학 서명응을 불러 『규장총목』을 편찬하라고 명령하였다.[36] 이러한 상황은 『규장각지』에도 반영되어, 「장서(藏書)」조에 1781년에 정조가 서명응에게 『규장총목』을 편찬하게 한 사실과 그 범례를 수록하고 있다.[37] 그러나 편찬에 착수한 지 4개월 만에 『규장총목』을 편찬하여 올린 사람은 규장각 직제학 서호수였다. 서명응이 『규장총목』을 편찬하기 시작하였으나 완성한 사람은 서호수이며, '서호수에게 『규장총목』을 작성하도록 하였다'는 『규장각지』의 기사는 이를 반영한 것으로 보인다.[38]

『규장총목』의 권수도 문제가 된다. 실록에는 『열고관서목(閱古觀書目)』 6권과 『서서서목(西序書目)』 2권을 합하여 총 8권의 『규장총목』을 작성하였다고 하였다. 그러나 현재 규장각에는 '규장총목(奎章總目)'이란 표제가 붙은 『개유와서목(皆有窩書目)』 4권만 남아 있기 때문이다. 그러

33) 『正祖實錄』 권17, 正祖 8년 6월 甲申(1일).

34) 『保晩齋集』 권9, 「奎章閣志跋」; 『奎章閣志』 권2, 「跋」.

35) 『奎章總目』의 편찬 배경에 대해서는 鄭萬祚, 「正祖代 『奎章總目』의 編纂과 그 特徵」 『同大史學』 1, 1995, 112~117면.

36) 『正祖實錄』 권11, 正祖 5년 2월 丙辰(13일).

37) 『奎章閣志』 권1, 「藏書」.
"辛丑(1781), 命原任提學徐命膺, 撰『奎章總目』."

38) 『奎章閣志』(규1400) 권1, 「尊閣·藏書」. "辛丑秋, 命原任直提學徐浩修, 撰『奎章總目』."

나 당시에는 열고관과 개유와가 혼용되고,[39] 도서의 분류 방식이 실록의 기록과 일치하는 점, 『홍재전서』의 기록에 『규장총목』이 필사본 4권으로 나오는 점 등을 고려하면 『개유와서목』 4권이 바로 『열고관서목』을 말하는 것으로 판단된다. 그리고 『서서서목』 2권은 별도로 있었거나 편찬할 계획만 있었던 것으로 보인다.[40]

『규장총목』이 작성될 당시 규장각에는 개유와(열고관 포함)에 중국본 2만여 권, 서서(西序)에 조선본 1만여 권을 합하여 총 3만여 권의 도서가 있었다. 이는 정조가 경희궁 시절에 정색당에 보관한 서적, 홍문관 소장본을 이전한 것, 강화부 행궁에 보관한 명나라 서적, 『내각방서록(內閣訪書錄)』을 바탕으로 하여 북경에서 구매한 서적을 모두 합한 것이었다. 또한 규장각 도서는 4부로 분류하여 경서(經書)는 붉은색, 사서(史書)는 푸른색, 자서(子書)는 노란색, 집서(集書)에는 흰색 첨(籤)을 붙여 정리해 두었다.[41] 서형수는 『규장총목』의 범례에서 중국의 총서류를 세 가지로 분류하여 개관한 후, 『규장총목』의 4부(部) 34류(類)는 이들을 절충하여 새로 구성한 것으로 비록 수천만 권의 책이 나와도 모두 분류하여 정리

39) 『弘齋全書』 권183, 「群書標記」 命撰.
"奎章總目四卷. 秘府藏書之所, 華本在閱古觀, 東本在西庫. 是書所錄者, 閱古觀之華本也."

40) 愼鏞廈, 「奎章總目 解題」 『奎章閣』 4, 1981, 93~96면.
宋日基는 필사본에 나오는 '辛丑秋'라는 기록을 근거로 하여 1781년 6월에 『閱古觀書目』 6권, 『西序書目』 2권이 작성되었으며, 그 이후(7~9월)에 다시 『皆有窩書目』 4권이 작성되었다고 주장하였다(「奎章總目考-特히 徐命膺·徐浩修 父子의 活動을 中心으로」, 1982, 37~44면).

41) 『正祖實錄』 권11, 正祖 5년 6월 更子(29일).
『弘齋全書』 권183, 「群書標記」 命撰.
"奎章總目四卷. … 予於丙申初載, 肇建奎章閣于內苑, 以奉謨訓·峙圖籍. 既又購求九流百家之昔無今有者, 幾數千百種."

할 수 있다고 자신감을 보였다. 서형수의 『규장총목』 체제에 대한 자신감은 이후 부친의 문집인 『보만재총서』를 4부 체제로 편집하는 것으로 이어졌다.[42)]

이상에서 보듯 서명응은 규장각이 창설된 직후 규장각 제학이 되어 규장각 기구를 정비하는 일을 주도하였고, 정계에서 은퇴한 1780년 이후로는 서호수와 서형수 형제가 부친의 사업을 계승하여 활동하였다.

제2절 국가적 편찬 사업

서명응은 규장각에서 진행한 국가적 편찬 사업에도 적극 참여하였다. 서명응이 규장각의 기구를 정비했던 시기와 편찬 활동에 종사한 시기는 뚜렷하게 구분된다. 규장각 기구의 정비는 그가 규장각 제학으로 근무한 1776~1780년에 집중되고, 편찬 사업은 그가 정계에서 은퇴한 1780년 이후에 집중되어 있다. 정조는 1781년이 되자 규장각의 제도적 정비를 마무리하고 인재 양성과 서적 편찬을 본격화하였고, 서명응은 원임 제학의 자격으로 이 사업에 참여하였다. 이하에서는 서명응이 규장각에서 전개된 국가적 편찬 사업에 참여하여 편찬한 서적을 검토한다.

---

42) 『奎章總目』 卷首, 「奎章總目凡例」; 『明皐全集』 권9, 「奎章總目敍例」.
"凡書分四部, 自魏之荀勗始. 而部各有類, 類各異例, 太細則眩於割裂, 太簡則傷於糢糊, 究厥流品之相嬗, 實惟折衷之爲難, 故此書爲類凡三十四. … 從此, 購刊之書, 雖不知爲幾千萬卷, 而其宏綱大目, 皆卽此乎在. 不必如唐之『訪書錄』, 宋之『求書錄』, 隨得隨志, 紛紜無統也."
金文植, 『朝鮮後期 經學思想 硏究』, 1996, 81~83면.

1. 『영조실록』과 『국조보감』의 편찬

규장각은 정조가 국왕이 된 직후에 영조의 어제를 편찬하고 전국에 있는 영조의 어제를 모으고 필사하여 보관하도록 한 장소였다. 따라서 규장각은 설립 초부터 영조 어제와 밀접한 관련이 있었다.[43] 규장각 제학 김종수(金鍾秀)는 영조 어제와 규장각의 각별한 인연을 언급하면서, 옛 종부시(宗簿寺)에 걸려 있던 숙종 어필의 '규장각(奎章閣)' 현판이 만들어진 것이 영조가 탄생한 1694년(숙종 20)임을 강조하였다. 그리고 정조는 이 현판을 창덕궁의 규장각으로 옮기게 하였다.[44] 정조가 규장각의 첫 사업으로 영조의 어제를 편찬하게 한 것은 영조를 계승한 자신의 정통성을 강조하려는 의도가 있었다.

1776년 7월에 편찬하기 시작하여 1781년 7월에 완성된 『영조실록(英祖實錄)』도 정조의 정통성과 관련이 있었다. 대제학 서명응은 1778년 2월 6일에 지실록사(知實錄事)를 겸하면서 『영조실록』의 편찬에 참여하였다가 3월에 실록을 편찬하는 임무에서 벗어났다. 이때 서명응에게 영조의 행장(行狀)을 편찬할 임무가 주어졌기 때문이다. 당시 정조는 영조

---

43) 『奎章閣志』 권1, 「建置」.
"逮當宁丙申(1776년)初載, 首命先朝編次人具允明·蔡濟恭等, 開局編英考御製, 鋟于梓模, 英考御墨, 刻于石. 又以御製之散在中外, 未及鋟梓者, 設局謄寫, 一本奉藏于陵寢, 一本權安于大內別殿. 召大臣敎曰, 我先大王雲章寶墨, 皆敎詔予小子之篇, 所以尊信敬謹, 豈尋常懷簡之比. 宜建一閣, 以追宋朝虔奉之制. 而列朝御製御筆之未及尊閣者, … 同奉一閣, 實爲省費祛繁之道. 咨爾有司, 其卽昌德之北苑, 而營度之."

44) 『奎章閣志』 권2, 「紀蹟」.
"提學金鍾秀撰「奎章閣璇題記」曰, 上之初卽位, 建奎章閣于禁苑北, 奉英宗大王御製也. … 臣鍾秀, 因看詳閣志, 取考宗簿寺故事, 寺有奎章閣, 以奉列朝御製. 肅宗大王二十年, 刱建御書扁額, 實英宗誕降之歲也. 臣鍾秀以奏. 上曰, 噫. 命之矣. 宜幷與舊額, 移奉于新閣."

〈그림 3〉 숙종 어필의 '奎章閣' 현판

의 행장을 만드는 것이 급선무라 판단하고, 서명응이 행장 작성에 전념할 수 있도록 실록의 편찬은 물론이고 대제학의 임무까지 면제해 주었다.[45] 또한 정조는 서명응에게 영조 재위 중에 궁중에서 일어난 일을 잘 기록하라고 당부하며, 자신이 여가마다 기록해 둔 영조의 유사(遺事) 66조를 주어 참고하게 하였다.[46] 서명응은 1778년 7월에 영조의 행장을 완성하였다. 서명응은 30여 년에 걸쳐 영조의 근신으로 활동한 경험과 정조가 기록한 유사를 바탕으로 행장을 지었으며, 경종－영조－정조 3대에 걸쳐 제왕의 정통이 면면히 이어짐을 강조하는 것으로 글을 맺었다.

> 지금 사왕(嗣王, 정조) 전하께서 신(臣, 서명응)이 학문이 없다 하지 않으시고, 유사(遺事)를 따라 행장을 만들라고 하시니, 신은 황공하여 넘어질 것 같아 책임을 다할 방도를 모르겠다. 혼자 가만히 생각건대 제왕(帝王)의 대절

---

45) 『日省錄』 正祖 2년 3월 23일 ; 正祖 2년 3월 25일.
『英宗大王實錄廳儀軌』에 의하면 서명응은 實錄廳 都廳堂上으로 24일간 근무하였다(「校讐廳謄錄」 辛丑 7월 초6일).

46) 『英祖實錄』 권127, 卷末, 「行狀」.
"敎曰, 於戱. 我先王盛德大業, 在今在臣民, 在後在方策. 固非有大於狀. 乃若宮中之事, 外人不與知者. 予不穀不言之, 夫孰能宣昭乎? 肆予不穀, 永思前烈, 萬幾之暇, 綴遺事六十六, 則咨爾太史之臣, 旁采訓謨, 撰次爲狀, 以附實錄之後."

(大節)은 오직 마땅한 사람에게 종사를 부탁하는 것뿐이다. 따라서 우사(虞史)가 「요전(堯典)」을 만들 때 순(舜)에게 전위한 일을 반복하여 상세하게 말한 것이 한 편의 절반이니, 세상에서 우사를 천고(千古) 사신(史臣)의 근본이라 하는 것도 이 때문이다. 신은 감히 경묘(景廟, 경종)께서 왕(영조)에게 전부를 맡기시고, 왕께서 전하(정조)에게 전부를 맡기신 것을 한 편의 위아래에 모두 실었으니, 「요전(堯典)」의 단례(斷例)를 따라 들은 바를 존중하는 것이다.[47)]

정조는 『영조실록』이 완성되자 곧바로 『국조보감(國朝寶鑑)』을 편찬하였다. 정조가 『국조보감』을 편찬한 것은 영조의 50년 공적이 실록에 잘 정리되었으나 이는 공개되지 않는 기록이므로 영조의 업적 가운데 중요한 것을 뽑은 보감을 만들어 세상에 알리는 것이 중요하다고 판단하였기 때문이다.[48)] 또한 정조는 이 기회에 보감이 없는 열두 국왕의 보감도 새로 만들고, 체제가 서로 다른 기왕의 세 보감을 재편집하여 『국조보감』의 완질을 만들었다.[49)]

---

47) 윗글.

"今嗣王殿下, 不以臣不文, 命因遺事攟摭爲狀, 臣惶恐隕越, 不知所以稱塞. 獨竊聞帝王大節, 惟付托之得人是已. 故虞史爲「堯典」, 其言傳舜以位之事, 反復詳悉, 蓋一篇而半之, 世稱虞史爲千古史臣之宗, 以此也. 臣敢以景廟之全付於王, 王之全付於殿下者, 該載一篇之上下, 以追「堯典」之斷例而尊其所聞云."

48) 『正祖實錄』 권12, 正祖 5년 7월 庚戌(10일).

『弘齋全書』 권8, 「國朝寶鑑序」(1782).

"實錄與寶鑑, 皆史也, 而其體不同. 事巨細得失無不筆, 藏之名山, 以竢天下萬世者. 實錄是已. 取其訓謨功烈之大者. 特書而昭揭爲後嗣王監法者, 寶鑑是已. 故實錄秘而寶鑑彰, 實錄期乎遠而寶鑑切於今. 是二者, 皆不可闕."

49) 『國朝寶鑑監印廳儀軌』 「國朝寶鑑總敍」.

"光廟朝撰成寶鑑後, 只有宣廟·肅廟兩寶鑑, 其餘十二條, 尙爲闕文. 非但三寶鑑, 不得成一統文字, 且聞國朝寶鑑, 間佚不傳, 百餘年前, 始得於故老家, 印行于世云. 諸寶鑑.

당시에 『국조보감』은 『국조보감』 3권(태조, 태종, 세종, 문종), 『선묘보감(宣廟寶鑑)』 4권, 『숙묘보감(肅廟寶鑑)』 15권 등 3종이 있었다. 조선의 국왕 가운데 왕위에서 축출된 연산군과 광해군을 제외하면, 정종, 단종, 세조, 예종, 성종, 중종, 인종, 명종, 인조, 효종, 현종, 경종 등 열두 국왕의 보감이 없는 상태였다.[50] 이에 정조는 『영조실록』 편찬을 뒤이어 『영묘보감(英廟寶鑑)』을 편찬하고, 태조에서 영조에 이르는 역대 보감을 같은 체제로 완성함으로써 『국조보감』의 일통문자(一統文字)를 만들었다. 정조가 『국조보감』의 완질을 편찬한 것도 영조의 유업을 완수하려는 의도가 있었다.[51]

서명응은 『국조보감』의 편찬이 시작되면서 편찬 당상에 임명되었으나 곧 교정을 전담하게 된다. 그의 시력이 떨어지고, 은퇴한 신하가 겸직하기 어려우며, 문체가 다른 사람과 다르다는 등의 이유 때문이었다.[52] 서명응은 우의정 이복원(李福源)과 함께 집 안에 머물면서 새로 편찬된 『영묘보감』과 열두 국왕의 보감 교정을 보았다. 이는 영조 대에 『숙묘보감』을 편찬한 윤순(尹淳)과 이덕수(李德秀)가 이용한 방법을 원용한 것이다.[53]

不相聯屬, 各自孤行, 時移事往, 安知又不如國朝寶鑑之間逸不傳也耶. 今因此會, 并編十二朝寶鑑, 與三寶鑑, 及英廟寶鑑, 合成一書, 則其於闡揚列朝之德業, 成就列朝之志事, 庶乎可以兩得之."

50) 조선시대의 『國朝寶鑑』 편찬에 대해서는 鄭亨愚, 『朝鮮時代 書誌史研究』, 韓國研究院, 1982, 187~213면.

51) 『國朝寶鑑』 卷首, 「凡例」.
"英宗卽祚之五年, 欲撰成國朝寶鑑. 命考列朝實錄, 選諸臣中有文學者, 而竟未之就, 惟我聖上, 方當英廟寶鑑纂輯之時, 乃有國朝寶鑑並編之命, 盖不惟修明列朝之曠典而已, 亦所以成就英宗朝志事於五十年之後也."

52) 『國朝寶鑑監印廳儀軌』 「纂輯廳事實」 辛丑(1781) 7월 25일.

53) 『正祖實錄』 권14, 正祖 6년 11월 丁巳(24일).

다음의 〈표 1〉은 정조 대에 편찬된 『국조보감』의 편찬자와 교정자 명단을 정리한 것이다.

〈표 1〉 『국조보감』 편찬자와 교정자 명단

<table>
<tr><th rowspan="2">담당자
보감</th><th colspan="2">편찬자</th><th colspan="2">교정자</th></tr>
<tr><th>당상</th><th>낭청</th><th>당상</th><th>낭청</th></tr>
<tr><td>정종, 단종,
예종, 인종, 경종</td><td>趙 璥</td><td>魚錫光</td><td>李福源</td><td>趙城鎭</td></tr>
<tr><td>세조</td><td>鄭昌聖</td><td>李 燁</td><td rowspan="7">徐命膺</td><td rowspan="7">尹行元
尹履相</td></tr>
<tr><td>성종</td><td>金魯鎭</td><td>許 晪</td></tr>
<tr><td>중종</td><td>洪良浩</td><td>李顯道</td></tr>
<tr><td>명종</td><td>徐有隣</td><td>徐配修</td></tr>
<tr><td>인조</td><td>閔鍾顯</td><td>宋 銓</td></tr>
<tr><td>효종</td><td>金 熤</td><td>朴長卨</td></tr>
<tr><td>현종</td><td>李命植</td><td>吳翼煥</td></tr>
<tr><td>영조</td><td>趙 璥
李命植
金 熤</td><td></td><td>李福源
徐命膺</td><td>趙城鎭
尹行元
尹履相</td></tr>
</table>

〈표 1〉을 보면 서명응은 이복원과 함께 『국조보감』의 교정을 담당하였다.[54] 그리고 서명응은 『국조보감』의 범례와 체제를 만들 때도 주도적 역할을 하였다. 서명응은 『국조보감』 범례를 확정하였다. 1781년 7월에 『국조보감』의 편찬이 시작될 때, 그는 범례가 먼저 정해야 편집할 수 있다면서 기왕에 편찬된 3종의 보감에서 어휘(御諱)와 어자(御字)를 기록하는 방식을 통일시켜야 한다고 주장하였다. 서명응은 그 해결책으로 『소미통감(少微通鑑)』의 방식을 따라 각 왕의 휘호(徽號) 아래에 어휘,

54) 徐命膺은 1782년(정조 6) 3월에 「國朝寶鑑」 68권의 교정을 완료하여 편찬 사업을 총괄하던 金尙喆에게 보냈다(『保晩齋年譜』 권6, 『壬寅(1782), 六十七歲』. 三月).

어자, 재위년, 능호(陵號)를 모두 기록하고, 편목(篇目)에서는 '대조조(太祖朝)'와 같이 '조(朝)'자를 붙이자고 하였다. 서명응의 건의는 모두 채택되었다.[55] 또한 그는 김종수의 발문에서 『국조보감』의 편찬을 당 태종이나 명 황제의 업적에 비견한 것은 적절치 못한 것이므로 삭제하자고 건의하였다. 정조는 이 건의도 수용하였다.[56]

정조와 서명응은 영조의 보감에 수록할 기사의 범위를 놓고 견해차가 있었다. 정조는 『국조보감』의 편찬 목적이 영조의 치적을 최대한 드러내는 데 있으므로,[57] 영조의 어제나 행적이 많을수록 좋다고 생각하였다. 그러나 서명응은 핵심적인 것만 뽑아서 수록하면 되며, 자신이 영조의 행장에서 언급한 어제는 『국조보감』에 다시 수록할 필요가 없다고 보았다.[58]

정조는 서명응과 다른 생각이 있었으나 서명응의 학문을 크게 신뢰하였다. 이는 『국조보감』의 인쇄 과정에서 범례를 별권으로 처리할지를 서명응과 의논하여 결정하라는 발언에서도 잘 나타난다.[59] 『국조보감』을 편찬할 때는 서호수가 편집 당상으로 활동하여 국가적 편찬 사업에 부자가 함께 참여하는 영광을 누렸다. 1782년 11월에 완성된 『국조보감』은 정조의 의도대로 목판으로 번각되어 보급되었고, 세조 대에 『경국대전』

---

55) 『國朝寶鑑監印廳儀軌』 「纂輯事實」 辛丑(1781) 7월 26일.
『國朝寶鑑』 卷首, 「凡例」.

56) 윗책, 「監印事實」 壬寅(1782) 7월 15일.

57) 『弘齋全書』 권8, 「國朝寶鑑序」(1782).
"逮予嗣服之五年辛丑九月, 先大王實錄成, 議將纂修寶鑑. 仍竊惟念, 先大王道本孝弟, 政先鰥寡, 五紀憂勤, 一念繼述, 用咸和臣, 庶允升于大猷. 苟有以揄揚萬一, 其爲後嗣監也, 無以尙之."

58) 『國朝寶鑑監印廳儀軌』 「纂輯事實」 辛丑(1781) 9월 초1일.

59) 윗글, 壬寅(1781) 7월 4일.

을 편찬하여 종묘에 올린 전례를 따라 성대한 의식과 함께 종묘에 봉안되었다.

2. 정조 어제의 편찬

규장각은 역대 국왕의 어제를 편찬하여 보관하는 곳이고, 『영조실록』과 『국조보감』은 영조의 어제를 편찬하는 작업에서 촉발된 사업이었다. 이를 이어 규장각은 당대의 국왕인 정조의 어제를 편찬하는 임무가 있었다. 규장각은 설립 초부터 당대 국왕의 어제를 분류 정리하는 회췌(會稡) 기능을 가졌다. 규장각에서는 정조의 어제를 22목(目)으로 분류하여 정리하였으며, 구체적으로는 시(詩), 수서(手書), 유서(諭書), 봉서(封書), 논(論), 서인(序引), 제발(題跋), 기(記), 비명(碑銘), 행장(行狀), 행록(行錄), 제문(祭文), 잡저(雜著), 책문(策問), 윤음(綸音), 전교(傳敎), 비망기(備忘記), 비답(批答), 판부(判付), 경사강의(經史講義), 일성록(日省錄), 일득록(日得錄) 등이었다. 이 중에서 별도의 책으로 편찬된 『일성록』을 제외하면, 나머지 21목의 글은 모두 『홍재전서(弘齋全書)』에 편집되었다.[60]

서명응은 1777년 12월에 정조의 어제를 편찬하였다. 당시 정조는 서명응을 만나 자신이 지은 문자들이 점점 사라질 우려가 있으므로 어제를 수정하여 올리라고 명령하고, 최근에 지은 글로 일기에 있는 것도 모두 포함하라고 하였다.[61] 이에 서명응은 정조가 즉위하기 전에 지은 시문

60) 『奎章閣志』 권1, 「會稡」.

61) 『日省錄』 正祖 원년 12월 21일.

"予曰, 予之所製文字, 漸有闕失之患, 此甚可悶, 卿須自今日, 入直本閣, 修整以出. 而其中有可以稟定者, 勿憚頻繁而爲之, 好矣. 命膺曰, 此乃臣之職責, 敢不恪謹奉行乎?

을 모은 『홍재전편(弘齋全編)』(12권)을 편집하여 올렸다.[62] 이는 『홍재전서』의 제일 앞에 편집된 『어제춘저록(御製春邸錄)』의 저본이 된 것으로 판단된다.

이후에도 규장각을 통해 정조의 어제를 편찬하는 작업은 계속되어 1787년 8월에는 어제(御製) 60권이 편찬되었다. 정조는 10년마다 어제를 편찬한 영조의 고사를 따라 자신이 집권한 10년(1776~1785) 동안 작성된 어제를 편찬하게 하였다. 여기에는 『어제춘저록』(4권)을 비롯하여 시(1권), 서·기·발·명(銘)(1권), 비·비명·행장·잡저(1권), 제문(2권), 책문(2권), 강의(26권), 윤음(3권), 전교(3권), 비망기(1권), 비답(3권), 판부(1권), 수서·봉서·유서(1권), 돈유(敦諭)·문의(問議)(1권), 심리록(審理錄)(10권) 등이 망라되어 있었다.[63] 현재 규장각에 소장된 필사본 『홍재전서』(65권 38책)는 세부 내용에서 실록의 기록과 차이가 있으나 1787년에 편찬된 원본으로 판단된다.[64] 그리고 1787년에 편찬된 정조 어제는 다시 『홍재전서』의 저본이 되었다.

서명응이 정조의 어제 60권이 올리던 날, 그는 영조와 정조의 어제를 편찬한 공로를 인정받아 특별히 음식물을 하사받았다.[65] 당시 서명응은

予曰, 先朝御製一句箚錄有之. 予之賡韻, 亦有散錄於日記中者, 此亦抄出, 同入好矣."

62) 『保晩齋年譜』 권4, 「丁酉(17777) 六十二歲」.

"(十二月) 入直內閣, 編次御製. 上以卽位前御製詩文, 付公. 直宿內閣, 編次以進. 因上教, 名曰'弘齋全編', 凡十有二卷."

63) 『日省錄』 正祖 11년 8월 26일.

"命御製進書, 以便殿爲之. 內閣啓言, 自丙申至乙巳, 御製六十卷, 繕寫告完."

『正祖實錄』 권24, 正祖 11년 8월 甲子(29일).

64) 필사본 『弘齋全書』(규4465)에는 傳敎, 講義에서 1~2권씩 차이가 나고, 日得錄 4권이 포함되어 있다. 현존하는 『홍재전서』의 판본과 그 내용 구성에 대해서는 金文植, 「弘齋全書 해제」 『국역홍재전서』 1, 민족문화추진회, 1998, 5~9면 참조.

65) 『日省錄』 正祖 11년 8월 29일.

집에서 말년을 보내는 중이었고, 아들 서호수가 원임 직제학의 자격으로 이 사업에 참여하였다. 이후 1798년 가을에 서호수는 『홍재전서』 편찬을 총괄하는 책임자로 임명되었으니, 규장각에서 진행한 영조와 정조의 어제 편찬은 서명응·서호수 부자가 주도한 셈이다.[66)]

3. 국가 전례의 정비와 악서 편찬

서명응은 1754년(영조 30)에 올린 「진치법서(陳治法書)」에서 정치의 첫 번째 도구가 '사전(祀典)을 바로잡는 것[正祀典]'이라 하여 일찍부터 국가 전례와 전례 음악에 깊은 관심을 보였다.[67)] 또한 1764년 1월에 그는 적전(籍田)에서의 친경(親耕)을 앞두고 『국조오례의』에 수록된 친경의(親耕儀)가 당의 개원례(開元禮)를 답습하여 복식과 의식 절차가 삼대 것이 아님을 지적하고 의식 절차를 재정비하고 도설을 붙여 올렸다.[68)] 그리고 1764년 3월의 대보단(大報壇) 제향에서는 '천과 천자에 대한 제사'라는 기준을 따라 제사 일자와 연주 음악을 제시함으로써 영조의 칭찬을 받았다.[69)]

이후 서명응은 국가 전례의 음악에도 관심을 두어 1765년에는 조선의 역대 악장을 모은 『국조악장(國朝樂章)』을 편찬하고, 1770년에는 『동국

---

66) 『弘齋全書』는 1799년, 1801년, 1814년 3차에 걸쳐 정리되었다.

67) 『英祖實錄』 권82, 英祖 30년 7월 庚辰(3일).

68) 『保晚齋年譜』 권2, 「甲申(1764) 四十九歲」.

"(正月) 公以爲, 親耕, 三代之禮也. 況卲齡親行, 當遵三代之本禮. 而『五禮儀』所載親耕儀, 皆綴拾唐開元陋制, 冠服節文, 多違三代也. 乃撰「原續五禮親耕儀辨」, 隨疏以聞. 上十行批旨, 深嘉其誠, 而以望八暮齡, 不可改五禮之文, 不許其請."

『英祖實錄』 권103, 英祖 40년 정월 戊辰(16일).

69) 『保晚齋年譜』 권2, 「甲申(1764) 四十九歲」.

문헌비고(東國文獻備考)』의 「악고(樂考)」를 전담 집필하였으며, 같은 해에 장악원 제조를 겸하면서 세종 대와 세조 대의 악보를 집성한 『대악전후보(大樂前後譜)』를 편찬하였다.[70] 그는 『동국문헌비고』를 편찬하는 동안 강화도 정족산성의 실록을 검토하면서 종묘 제례의 음악이 세종 대까지 아악이다가 세조 대에 속악으로 바뀐 사실을 밝혀냈다.[71] 이에 서명응은 종묘에서는 아악을 연주해야 한다는 생각을 굳혔고, 1772년 7월에 왕세손 정조까지 참여한 경연에서 이 문제를 거론하였다.[72]

정조는 서명응이 영조 말년에 국가 전례와 악제(樂制)의 정비를 위해 노력하는 것을 보았기 때문에 그에게 악제 정비의 임무를 맡겼다. 1778년 11월, 정조는 사직 대제를 앞두고 서명응과 장악원 제조 이중호(李重祜)와 김용겸(金用謙)이 배석한 자리에서 악공(樂工)과 악생(樂生)의 연주를 검열하였다. 이때 정조는 악기의 상태, 연주, 복식이 모두 마음에 들지 않았다. 정조는 서명응에게 『동국문헌비고』의 「악고」를 편찬한 경험을 살려 중국의 제도를 종합하고 조선의 현실에 적합한 악제를 정립할 것을 주문하였다.[73] 또한 1779년 여름에 약제(禴祭)의 준비 상황을 검열하던 정조는 음악의 곡조가 슬프고 낮은 것은 결코 치세(治世)의 음이 아니라고 결론짓고 서명응에게 『악서』의 편찬을 부탁하였다.[74]

서명응이 정조의 요구에 화답한 것은 1780년 3월이었다. 당시 그는

---

70) 서명응의 樂書 편찬에 대해서는 송지원, 『정조의 음악정책』, 태학사, 2007, 89~98면.

71) 본서 제1부 제3장 제4절 참조.

72) 『保晩齋年譜』 권3, 「壬辰(1772) 五十七歲」. "七月, 以經筵, 入侍書講."

73) 『日省錄』 正祖 2년 11월 29일 ; 『正祖實錄』 권6, 正祖 2년 11월 乙卯(29일).

74) 『保晩齋年譜』 권5, 「庚子(1780) 六十五歲」.

"三月, 『雅樂圖書』成. 先是, 己亥(1779)夏, 禴肄儀時, 上御儲承殿舊基, 引見公. 親閱樂儀, 歎樂聲噍殺, 不似治世之音. 復命公, 入侍誠正閣, 縱論樂理, 以及於宮軒二制. 敎曰, '何由撰成一部樂書?' 盖欲公撰成, 以備一王之制也."

홍국영 일파의 공격을 받아 과천의 만산(晩山)에 머물러 있었으며, 저술에 몰두할 시간이 많아지면서 『한창려문집(韓昌黎文集)』과 악서(樂書)들을 집중적으로 검토하여 『아악도서(雅樂圖書)』를 편찬하였다. 서명응은 이 책에서 당상악(堂上樂)은 일전(日躔, 태양의 궤도)을, 당하악(堂下樂)은 월건(月建, 매월의 간지)을 형상화한 것이고, 음악은 천지인(天地人)의 상(象)과 수(數)를 형상화한 것이라는 독특한 해석을 하였다.[75)]

1780년 윤5월에 서명응은 전례 음악을 정비하는 일에 다시 참여하였다. 당시 정조는 관예례(觀刈禮)를 거행할 예정이었다, 그런데 행사에 사용할 악장은 1747년에 지어진 것이 있었으나 송(宋)과 명(明)의 7장에 미치지 못하는 2장으로 되어 있었고, 악장의 내용도 관예가 아닌 친경(親耕)에 관한 것이었다. 이에 정조는 서명응에게 관예 악장 7장을 지어 올리게 하였고, 선농단(先農壇)에서 관예례를 거행할 때 서명응이 지은 악장을 사용하였다.[76)]

1781년 7월에 서명응은 국가 전례에 사용되는 악장을 종합한 『국조시악(國朝詩樂)』을 편찬하였다. 이는 1780년의 관예례가 계기가 되었다.[77)] 정조는 관예 악장을 올린 서명응에게 『국조악장』이 아악(雅樂)과 속악(俗樂)을 구분하지 않고 풍운뢰우(風雲雷雨)에 관한 악장이 빠져 있는 등

---

75) 윗글.
"如堂上樂之象日躔, 堂下樂之象月建, 變宮·變徵之象冬夏二至, 宮懸·軒懸之象圖書二形, 與凡旋宮轉調之理, 塤篪擊拊之制, 六成·八成·九成, 各象天地人之象數. 凡若此類, 皆警發自得, 多有先儒所欲言而未及形容者."

76) 『正祖實錄』 권11, 正祖 5년 윤5월 丁未(5일) ; 戊申(6일) ; 庚戌(8일).
『保晩齋年譜』 권6, 「辛丑(1781) 六十六歲」. "閏五月, 承命撰進親臨觀刈樂章."
『保晩齋集』 권1, 「樂歌」 親臨觀刈樂章.

77) 『國朝詩樂』의 내용에 대해서는 송지원, 「徐命膺의 國朝詩樂」 『문헌과 해석』 5, 문헌과해석사, 1998을 참조.

단점이 있다고 지적하고 수정본을 올리라고 명령하였다. 이에 서명응은 국가 전례에서 연주되는 악장을 오부(雅樂, 俗樂, 唐樂, 鄕樂, 鐃歌樂[78])로 분류하여 편집한 『국조시악』을 편찬하였다. 서명응은 종묘에서 연주되는 악장을 아악에 편입시킴으로써 오랜 숙원사업을 해결하였다.[79]

서명응은 『국조시악』과 함께 『시악화성(詩樂和聲)』을 편찬하였다. 그는 규장각의 초계문신을 중심으로 하는 인재 양성책이 본격화되는 상황에서 정조가 규장각 이문원(摛文院)에 종경(鍾磬)과 금슬(琴瑟)을 하사한 것은 초계문신에게 육예를 학습시키려는 의지가 있는 것으로 이해하였다. 이에 그는 아악의 율려(律呂)와 절주(節奏)를 상세히 서술한 『시악화성』을 편찬하여, 정조의 인재 양성을 뒷받침하고 선조(宣祖) 이래로 미완의 과제로 남은 악제의 정비를 마무리하려 하였다.[80]

4. 기타 편찬 활동

18세기의 조선 지식인은 조선중화주의에 입각하여 조선 문화에 대한 자신감을 가졌다. 이들은 이적 왕조인 원(元)과 청(淸)에 의해 편찬된 송사(宋史)와 명사(明史)는 본래의 모습을 보여주지 못하며, 중화 문화의 정통성을 온전히 계승한 조선만이 제대로 된 역사서를 편찬할 수 있다고 생각하였다. 이에 따라 송사와 명사가 활발하게 편찬되었고, 18세기 후반에는 정조가 편찬 사업을 주도하였다.[81] 정조는 1772년에 송사인 『송

---

78) 鐃歌樂은 징을 두드리면서 연주하는 악장으로 軍樂을 말한다.

79) 『國朝詩樂』 卷首, 「國朝詩樂序」.
『弘齋全書』 권179, 「群書標記」 御定, 國朝詩樂五卷.

80) 『保晩齋年譜』 권6, 「辛丑(1781) 六十六歲」. "七月, 編進『國朝詩樂』·『詩樂和聲』."
『詩樂和聲』 권1, 「樂制源流」.

사전(宋史筌)』(150권)과 『송사촬요(宋史撮要)』(3권), 1773년에는 송사인 『신정자치통감강목속편(新訂資治通鑑綱目續編)』(27권)과 명사인 『자치통감강목신편(資治通鑑綱目新編)』(20권), 『명기제설(明紀提挈)』(20권)을 편찬하였다.

서명응은 정조가 주도한 중국사 편찬에 참여하여 1772년 8월에 『자치통감강목신편』을 편찬하였고, 1780년 10월에는 『송사전』을 교열하고 그 전문(箋文)과 서문을 작성하였다.[82] 서명응이 명사 편찬에 참여한 것은 1771년(영조 47) 12월에 영조의 명령으로 시작되었다. 당시 조선에는 이현석(李玄錫)의 『명사강목(明史綱目)』이 보급되었으며, 여기에 조선을 무시하는 주린(朱璘)의 발언이 인용되자 영조가 서명응에게 새로운 명사를 편찬하라고 명령하였다.[83] 이후 영조는 남유용(南有容)에게 『명사정강(明史正綱)』을 편찬하게 하였으나 역시 불만이 있었고,[84] 책의 판각을 불태워버리게 하였던 『명사강목』을 서명응에게 다시 간행하게 하였다.[85] 이 시기에 동궁 정조는 기왕에 편찬된 명사의 체제, 정통론, 사실의 기록

81) 金文植, 「18세기 후반 서울 學人의 清學認識과 清 文物 도입론」 『奎章閣』 17, 1994, 3~5면.

82) 『宋史筌』 卷首, 「御定宋史筌箋」 「御定宋史筌序」.
『保晩齋集』 권7, 「御定宋史筌後敍」.
"粤在春宮, 硏精九經, 微辭奧旨, 咸造其極. 先使在中之權度, 卓然有立, 遂以是權度, 裁量十七史治亂之蹟. …(宋史) 於是親自檃栝, 積以歲年, 累十易藁, 篇簡溢於箱簏. 及夫光御九五, 憂勤萬幾, 則藏弆內閣者, 且三四年矣. 屬因閣臣, 陳白復命, 曾經賓僚十數臣, 校閱爬櫛, 釐爲七十有八卷, 名曰'宋史筌'. … 旣成, 以臣命膺, 亦與校閱, 命爲之序."

83) 『保晩齋年譜』 권3, 「辛卯(1771) 五十六歲」.
"(十二月) 皇明編年史, 不可無於我國, 命公撰出皇明統鑑, 以代李玄錫之『明史綱目』."

84) 『英祖實錄』 권118, 英祖 48년 1월 壬戌(26일).

85) 윗책, 권118, 英祖 48년 3월 壬戌(27일).

에서 심각한 오류를 발견하고, 서명응이 『자치통감강목삼편』을 편찬함으로써 이를 해결하였다.[86] 또한 서명응은 1781년에 『자치통감강목신편』을 수정한 『자치통감강목삼편(資治通鑑綱目三編)』을 편찬하였다.[87]

한편 서명응은 1779년(정조 3) 9월에 『규장운서(奎章韻瑞)』(8권)와 『방언류석(方言類釋)』(4권)을 편찬하였다. 『규장운서』의 편찬은 1778년 3월에 정조가 역대의 운서(韻書)를 절충한 책을 편찬하여 고열에 편리하게 하라고 주문한 데서 시작되었다.[88] 정조는 조선과 중국의 운서에 나오는 평측(平仄)이 다르고, 조선에서 사용하는 운서에도 착편(錯編)이 있고 3성(平聲, 上聲, 去聲)에 대한 규정이 혼란스러운 것을 보며, 이를 바로잡으라고 지시하였다. 이에 서명응은 운서의 원류로 이해되는 심약(沈約)의 『사성운보(四聲韻譜)』가 『예부운략(禮部韻略)』, 『운부군옥(韻府群玉)』, 『월하등(日月燈)』 등에 전해지는 것으로 보고, 이를 비교하여 정리한 『규장운서』를 편찬하였다.[89] 서명응이 『규장운서』를 편찬하는 동안 정조는 수시로 진행 상황을 확인하여 운서 편찬에 대해 관심을 보였다.[90]

『방언류석』은 역관들이 사용하는 언어가 현실과 점차 괴리되는 것을 우려한 정조의 명에 의해 서명응이 주도적으로 편찬한 대역(對譯) 어휘집이다.[91] 서명응은 한학역관(漢學譯官) 홍명복(洪命福)을 비롯한 사역

---

86) 『弘齋全書』 권179, 「群書標記」 御定, 資治通鑑綱目新編二十卷.

87) 『資治通鑑綱目三編』 卷首, 「綱目三編序」.

88) 『日省錄』 正祖 2년 3월 25일.

89) 『弘齋全書』 권183, 「群書標記」 命撰, 奎章韻瑞八卷.
『保晩齋年譜』 권4, 「辛卯(1771) 五十六歲」. "(九月)承命, 編進『奎章韻瑞』·『方言類釋』."

90) 『日省錄』 正祖 2년 11월 27일 ; 正祖 3년 5월 4일.

91) 『保晩齋年譜』 권4, 「辛卯(1771) 五十六歲」.
"(九月)上又慮舌官輩所習方言, 日漸差訛, 命公裒輯. 公以漢淸蒙倭四國方言, 釐以東

원 역관을 동원하여 당시에 사용되던 한어(漢語), 청어(淸語), 몽고어, 일본어의 방언을 채집 분류하고, 여기에 언문(諺文) 번역을 붙여 해외에 파견되는 사신들이 편리하게 사용할 수 있게 하였다. 『방언류석』은 당시 민간에서 사용하던 속어까지 포함한 것이 특징이며, 서명응은 우리 언문이 벌레 소리나 새소리까지 형용할 수 있는 우수한 언어이므로 각국의 방언을 자유자재로 표현할 수 있다고 주장하였다.[92] 『방언류석』은 1779년에 정조에게 올려졌으나 간행되지 못하고, 서명응은 1783년에 책 이름을 '방언집석(方言集釋)'으로 바꾸어 『보만재잉간』에 포함시켰다.[93]

이상에서 보듯 서명응은 정조 초년에 규장각의 기구를 정비하고 국가적 편찬 사업에 핵심 실무자로 참여하였으며, 아들 서호수와 서형수 형제가 부친의 작업을 계승하였다. 서명응, 서명선, 서호수, 서형수로 이어지는 서명응 가문의 인물들은 정조의 전폭적 신뢰를 바탕으로 규장각의 편찬 사업을 실무적으로 주도하였으며 학문적으로 많은 업적을 남겼다.

音, 爲『方言類釋』."

92) 『保晩齋集』 권7, 「方言類釋序」.

93) 『方言集釋』 卷首, 「方言集釋序」.

제3장 저술의 종류와 특징

서명응은 1772년(영조 48)에 세손 빈객으로 정조와 사제 관계를 맺은 이후 정조에 의해 주도된 편찬 사업의 핵심 관리자이자 실무자로 활동하면서 많은 저술을 남겼다.

서명응의 저술은 현재 전해지는 형태에 따라 '문집에 수록된 저술'과 '독립 저술'로 구분할 수 있다. '문집에 수록된 저술'은 서명응의 문집인 『보만재집(保晩齋集)』, 『보만재사집(保晩齋四集)』, 『보만재총서(保晩齋叢書)』, 『보만재잉간(保晩齋剩簡)』에 수록된 저술을 말한다. 그러나 현재까지 『보만재사집』은 발견되지 않았고, 『보만재잉간』에 수록된 저술도 일부는 결본이라 그 제목과 개략적인 내용만 파악할 수 있다. '독립 저술'은 서명응이 단독으로 편찬하였거나 주도적으로 편찬한 저술로 그의 문집에 수록되지 않은 것을 말한다. 서명응의 독립 저술은 영조 말년에서 정조 전반에 왕명으로 편찬되거나 간행되어 비교적 널리 보급되었다.

이 글에서는 서명응의 문집 종류와 각각에 수록된 저술을 소개하였다. 그리고 서명응의 개별 저술을 경사자집(經史子集)의 사부 체제로 분류하고, 편찬 연도를 확인할 수 있는 것은 그 시간적 순서를 따라 정리하였다. 사부 체제의 분류는 『보만재총서』와 『보만재잉간』의 방식을 따랐고,[1] 저술의 내용은 세부 목차를 제시하였다. 또한 현재까지 제목과

1) 내용상 명백히 연결되는 저술인데도 분류가 다르게 된 경우에는 필자 임의로 재분류하였다. 가령 『國朝詩樂』의 경우 『保晩齋剩簡』에서는 集部에 있으나 子部로 옮겼다.

개략적인 내용만 전해지는 저술은 상호 연관되는 것으로 판단되는 저술의 전후에 덧붙여 소개하였다.

제1절 문집의 종류와 저술

서명응의 문집에는 『보만재집』, 『보만재사집』, 『보만재총서』, 『보만재잉간』 등 4종이 있었다. 이 중에서 『보만재사집』을 제외한 나머지 3종은 현재까지 전해진다. 이하에서는 문집의 종류와 각 문집에 수록된 저술을 검토한다.

1. 『보만재집』, 『보만재사집』

『보만재집(保晩齋集)』(16권 8책)은 현재 가장 많이 보급된 서명응의 문집이다. 이 문집은 1838년(헌종 4) 가을에 서명응의 손자인 서유구가 규장각에서 취진자(聚珍字)로 간행하였다.

1780년(정조 4) 3월, 65세가 된 서명응이 사직 상소를 올리고 벼슬길에서 물러나자, 정조는 그의 공적을 높이 평가하는 몇 가지 조치를 하였다. 1781년 9월에 정조는 서명응에게 '보만(保晩)'이란 호를 지어 주었고, 1782년 5월에는 서명응의 시문을 열람한 뒤 감회를 읊은 어제시를 하사하였다. 1787년 12월에 서명응이 사망하자 정조는 규장각에서 그의 문집을 간행하라고 명령하였다.

서명응의 아들인 서호수와 서형수 등은 정조의 명령을 받고 기왕에 편집되어 있던 『보만재사집(保晩齋四集)』 중에서 고금체시(古今體詩)를 선별한 시집 2권과 소(疏), 차(箚), 서(序), 기(記), 비지(碑誌), 잡문 등을 선별한 문집 14권을 합하여 총 16권을 편집하였다. 그러나 1787년에 편집이 끝난 『보만재집』은 즉시 간행되지 못하고 40여 년이 지난 1838년(헌종 4)에 가서야 취진자로 간행되었다.[2)]

『보만재집』의 내용은 다음과 같다. 권수에는 1782년에 정조가 내린 시를 규장각 직제학 정지검(鄭志儉)이 쓴 '선사신조(宣賜宸藻)'와 같은 해 우의정 이복원(李福源)이 지은 「서문」이 있다. 서유구는 정조와 서명응의 지우(知遇)를 알리고 편집에서 간행까지 40여 년이 흐른 감회를 나타내기 위해 정조의 어제시를 제일 앞에 두었다고 하였다.[3)] 어제시와 서문에는 '규장지보(奎章之寶)' '어(御)' '만기(萬機)' 등 규장각에서 편찬된 도서에 찍혔던 도서인을 함께 넣어, 『보만재집』의 간행이 정조의 명령에 따라 규장각에서 편찬된 것임을 분명히 하였다.

『보만재집』의 본문은 권1 사(辭)·악가(樂歌)·시, 권2 시, 권3~4 소차(疏箚), 권5 소차·계(啓), 권6 서(書), 권7 서(序), 권8 기(記), 권9 제발(題跋)·잡저, 권10 옥책문(玉冊文)·죽책문(竹冊文)·반교문(頒敎文)·전문(箋文)·상량문·제문, 권11 비(碑)·묘갈(墓碣), 권12 묘표(墓表)·묘지(墓誌), 권13~14 행장, 권15 시장(諡狀), 권16 여측편(蠡測篇) 등으로 구성되었다. 권말에는 서유구의 「발문」(1838년 가을)이 수록되어 있으며, 판본에 따라 약간의 차이가 있다.[4)]

『보만재집』이 가진 또 하나의 문제는 그 저본으로 사용된 『보만재사

---

2) 徐有榘, 『保晚齋集』 卷末, 「保晚齋集跋」(1838).

3) 윗글.

"亟以丁未(1787)編定本, 用聚珍字擺印, 敬摹宣賜宸藻, 揭諸卷首. 俛仰今昔, 攀髯泣弓之慟, 風靜樹悲之思, 觸緖紛來, 涕不勝抆云."

4) 奎章閣에 소장된 『보만재집』을 근거로 할 때, 규4376本에는 하나의 跋文만 있고, 후대에 影印된 古3428-510本은 이 跋文 다음에 「後跋」이 追記되어 있다. 徐有榘의 『金華知非集』에는 두 跋文이 모두 수록되어 있다(권9, 「保晚齋集跋」).

집』의 존재이다. 서유구는 『보만재집』의 「발문」에서 '서명응의 저술은 사집(四集) 64권, 총서(叢書) 60권, 잉간(剩簡) 수십 권 등이 있다.'고 하였고, 추기한 발문에서 『보만재사집』의 내용을 일부 소개하기도 하였다.[5] 또한 서형수는 『보만재사집』의 체제를 선천학의 원리로 설명함으로써 그 존재가 다시 확인된다.[6] 그러나 현재까지 『보만재사집』은 발견되지 않았다.

이상의 자료를 근거로 『보만재사집』의 내용을 재구성해 보면 다음과 같다.

① 保晩齋前集 : 致仕(1780) 이전의 시문집

② 保晩齋後集 : 致仕(1780) 이후의 시문집

③ 保晩齋左集 : 風簷考, 暘谷志, 月令義, 啓蒙通, 爐熏筆, 竹林話

④ 保晩齋右集 : 鍾律全書, 韻瑞三秤

---

5) 윗글.

"此我王考文靖公詩文鈔本也. 公窮經硏藝, 著有四集六十四卷, 叢書六十卷, 佗剩簡零編之自爲一書者, 又毋慮數十百卷. 是編, 卽崑山片玉也."

徐有榘, 『保晩齋集』 卷末, 「保晩齋集後跋」.

"先王考著述, 四集爲內編, 叢書爲外編. 四集之目曰, 前後左右. 休致前詩文爲前集, 休致後詩文爲後集, 此卽丁未編定之原本也. 風簷考·暘谷志·月令義·啓蒙通·爐熏筆·竹林話, 爲左集. 鍾律全書·韻瑞三秤, 爲右集."

6) 徐瀅修, 『明皐全集』 권7, 「保晩齋四集編例題辭」.

"保晩齋四集總目, 家兄浩修, 與家侄有榘所講定, 而瀅修亦嘗與聞於次輯之意. 四集本四象也. 五十有五卷, 本河圖全數也. 前集居于右, 本卦圖純乾位於右而左旋也. 右集居于左, 本卦圖純坤位於左而右旋也. 後集居前集之次內, 左集居右集之次內, 本卦圖, 六子包在乾坤之內, 爲乾坤之兩端, 而震四巽五, 交位中央, 以主行變化之事也. 大抵, 略倣保晩齋叢書之規模, 欲與叢書, 備內外二編, 於以見家大人硏窮先天學之門路也."

이상에서 보듯 『보만재사집』의 전집, 후집, 좌집, 우집을 합한 것이고, '전집'과 '후집'은 시문집으로 취진자본 『보만재집』의 저본이 되었고, '좌집'과 '우집'은 독립된 저술을 편집한 것이었다. 또한 『보만재사집』은 '내편(內編)', 『보만재총서』는 '외편(外編)'이라 하여 서로 짝을 이루며, 사집의 '4'는 역(易)의 4상(太陽, 小陽, 太陰, 小陰)을, 총 권수 '55'는 하도(河圖)의 55점을 상징하는 것으로 해석하기도 하였다.[7)]

『보만재사집』의 총 권수에 대해 서형수는 '55권', 서유구는 '64권'이라 하여 차이를 보이고, 1782년 정조가 열람한 시문은 '보만재집 24권'이란 기록이 있어,[8)] 전집과 후집은 총 24권이었던 것으로 추정되기도 한다. 그러나 『보만재사집』의 원문이 발견되지 않는 현재로서는 그 권수와 내용을 확정할 수가 없다.

2. 『보만재총서』

『보만재총서(保晩齋叢書)』(60권 31책)는 1783년(정조 7)에 서명응의 저술을 종합 정리한 문집이다. 서명응은 평생 동안 육경은 물론이고 천문, 지리, 예악(禮樂), 정법 등에 관심을 가지면서 저술에 몰두하여 독창적 견해를 계발한 것이 많았다. 서명응은 평소 이 저술을 상자 속에 보관하면서 주위 사람에게 전혀 보여주지 않았고, 1780년 벼슬길에서 물러난 이후에 비로소 꺼내어 재정리하고 편집한 것이 『보만재총서』다.[9)]

---

7) 河圖에 나타나는 陽의 白點(1, 3, 5, 7, 9)과 陰의 黑點(2, 4, 6, 8, 10)을 합하면 55가 된다.

8) 『保晩齋年譜』 권6, 「壬寅(1782) 六十七歲」.
"五月, 上取覽保晩齋集二十四卷, 御製七言律詩一篇, 以賜之."

9) 『保晩齋年譜』 권6, 「癸卯(1783) 六十八歲」.
"保晩齋叢書成, 公自少至老, 硏窮六經, 以及於天文·地理·禮樂·政法. 遇有所思, 至忘

1786년(정조 10)에 정조는 승지로 있던 서호수에게 부친의 『보만재총서』를 올리라고 명령하였고, 이를 열람한 후 '조선의 400년 역사 동안 이처럼 거편(鉅篇)은 없었다.'고 칭찬하였다.[10] 서명응은 정조의 칭찬에 크게 고무된 것으로 보인다. 그는 1787년에 작성한 『보만재총서』의 제문(題文)에서 이 책이 개인 문집으로는 유일하게 '총서'라는 이름에 부합하는 저술이라 자부하였다.

> 명나라에 『한위총서(漢魏叢書)』·『당송총서(唐宋叢書)』·『격치총서(格致叢書)』가 있으나 모두 여러 사람의 저술을 모아서 만든 것으로 한 사람의 말이 아니다. 한 사람의 말로 총서로 만든 것은 당나라 사람 육구몽(陸龜蒙, 天隨)의 『입택총서(笠澤叢書)』만 있다. 그러나 이는 시문(詩文)뿐이고 저술은 거의 없으니 어찌 '총서'라 하겠는가?
>
> 나는 어려서부터 육경(六經)의 본지(本旨), 천지의 법칙, 예악(禮樂)과 정법(政法)의 유래를 궁구하였고, 이를 서술한 글들이 모여서 저술이 되었다. 나이가 들자 여러 자식과 손자들을 시켜 이를 합치고 교정 대조하여 『보만재총서』를 만들었다. '보만재(保晩齋)'란 우리 성상(聖上, 正祖)께서 나에게 내려주신 호이다.[11]

寢食, 或出入之時, 馬上思索, 則與人相逢, 不辨爲誰某, 盖其用心, 專一如此. 故晩年自得, 多先儒所未發者. 述之爲書, 積成卷帙, 然深藏箱篋, 未嘗一示諸人. 至是, 始合編爲保晩齋叢書."

10) 윗글.

"後四年丙午(1786), 公子浩修, 以承旨入侍. 上命入叢書覽之, 敎曰, 我東數百年, 想無如此大篇."

徐有榘, 『保晩齋集』 卷末, 「保晩齋集跋」.

"丙午, 宣覽叢書, 諭曰, 我東四百年, 無此鉅篇."

11) 『保晩齋集』 권9, 「題保晩齋叢書」.

같은 글이 『保晩齋叢書』의 첫머리에는 「保晩齋叢書引」이란 제목의 隸書體로 쓰여 있다.

이 글을 보면, 서명응은 『보만재총서』가 단순히 시문집에 그치는 것이 아니라 육경·천문·지리 등 다양한 방면의 연구를 망라하는 종합 저술임을 강조하였다.

『보만재총서』의 또 다른 특징은 그 체제를 사부 체제로 구성하였다는 점이다.[12] 『보만재총서』의 체제는 기본적으로 『한위총서(漢魏叢書)』의 체제인 경익(經翼), 별사(別史), 자여(子餘), 재적(載籍)을 참조하여 윤색하였고,[13] 실제 내용은 선천의 사상(四象)인 태양(太陽), 소양(少陽), 태음(太陰), 소음(少陰)을 따랐다. 서명응은 「보만재총서범례(保晩齋叢書凡例)」에서 선천의 사상이 천(天)에서 일월성신(日月星辰), 지(地)에서 수화토후(水火土后), 인(人)에서 예악정교(禮樂政敎)가 되듯이 서(書)에서는 경사자집(經史子集)이 된다고 하여, 선천학의 원리를 사부 체제에 적용하였다.[14]

『보만재총서』는 현재 2종의 필사본이 고려대학교 도서관과 서울대학

『四庫全書總目』에 따르면 『漢魏叢書』는 明 何鏜(振卿)이 편집한 것으로 四部 100책이고, 『唐宋叢書』는 明 鍾人傑이 편집한 것으로 43책이다. 『格致叢書』는 明 胡文煥이 편집한 것으로 권수가 일정치 않으며, 『笠澤叢書』는 本文 4권, 補遺 1권이다.

12) 『保晩齋叢書』의 四部체제에 대해서는 李林起, 「『保晩齋叢書』에 나타난 徐命膺의 四分法始源論」 『書誌學研究』 2, 韓國書誌學會, 1987 참조.

13) 徐瀅修, 『明皐全集』 권5, 「答成秘書大中」.

"示喩叢書編摩之相助, 意甚盛也. 彼以小品譏之者, 豈足以知叢書哉? 盖叢書之名, 起自何鏜之輯漢魏, 而舊目百種, 皆非小品也. 經翼以考淵源, 別史以博譎怪, 子餘以辨門戶, 載籍以資逍遙, 則勿論其假托標竊, 有賴於援古證今之學, 尙不淺尠矣. … 其門目, 只當以漢魏爲宗."

14) 『保晩齋叢書』 卷首, 「保晩齋叢書凡例」.

"書分四目, 曰經翼, 曰史別, 曰子餘, 曰集類, 是雖因唐四庫·漢魏叢書等目錄, 參互潤色. 然其實, 乃是先天之四象. 先天之四象, 在天爲日月星辰, 在地爲水火土后, 在時爲溫熱冷寒, 在人爲禮樂政敎, 在書爲經史子集, 其理一也."

교 규장각에 전해진다. 이 중에서 규장각 소장본은 성낙서(成樂緖) 소장본을 저본으로 하여, 1935년 3월부터 11월까지 필사한 후사본이다.[15) 『보만재총서』의 권수에는 「보만재총서인(保晩齋叢書引)」, 「보만재총서범례」, 「보만재총서총목(保晩齋叢書總目)」이 있고, 본문에는 13종의 저술이 사부 체제로 편집되어 있다. 『보만재총서』의 체제별 목록을 표시하면 다음과 같으며, 괄호 안의 숫자는 각 저술의 권수를 표시한 것이다.[16)]

① 經翼 : 先天四演(2), 尙書逸旨(2), 詩樂妙契(2), 大學直指(1),
中庸經緯(1)

② 別史 : 疇史(2), 緯史(12), 本史(12)

③ 子餘 : 髀禮準(2), 先句齊(2), 元音鑰(4), 參同攷(6)

④ 集類 : 攷事十二集(12)

『보만재총서』의 편집은 『선천사연(先天四演)』의 교열에서 보듯, 서명응의 아들인 서호수와 서형수, 손자인 서유본과 서유구가 주로 담당하였다.[17)] 성대중(成大中)과 박지원(朴趾源) 등은 각 저술의 인문(引文)을 보충하는 데 참여하였고, 이덕무(李德懋)는 분량이 너무 많은 저술을 줄여서 편집하는 것이 좋겠다는 견해를 서형수에게 피력하였다.[18)] 따라서

15) 규장각 소장본에는 각 책의 마지막 장에 필사된 年月이 기록되어 있다. 가령 1책에는 "昭和十年三月咸樂緖氏所藏寫本ヨリ謄寫ス"로 기록하고 제본 번호를 'N588'로 표시하였다. 고려대와 규장각의 소장본은 모두 제25책(권47~48, 參同攷의 권5~6 부분)이 缺本이다. 이 결본은 현재 간송미술문화재단에 소장되어 있다.

16) 『保晩齋叢書』에 포함된 저술에 대해서는 기왕의 연구에서 일부 소개한 논문이 있다. 任侑炅, 「徐命膺의 『保晩齋叢書』에 대하여」 『季刊 書誌學報』 9, 韓國書誌學會, 1993.

17) 본서 제3장 제2절 1항의 『先天四演』을 참조.

18) 徐瀅修, 『明皐全集』 권5, 「答成秘書大中」.

『보만재총서』의 편찬은 서명응 개인의 문집을 편찬하는 것에서 끝나는 것이 아니라 18세기 후반 중앙학계의 지식인에게 새로운 학문적 자극을 주었다. 서명응은 『보만재총서』에 포함된 저술의 성격을 학(學), 집(輯), 찬(撰), 중정(重訂) 등으로 구별하고, 교열자도 달리 표현하였다. 이에 대해서는 이하에서 각 저술별로 표시한다.

3. 『보만재잉간』

『보만재잉간(保晩齋剩簡)』(64권 25책)은 1784년에 서명응의 저술 중 『보만재총서』의 편집에서 빠졌던 저술을 편집한 것이다. 서명응은 『보만재잉간』에 포함된 저술은 한가할 때 유희로 편찬하거나 왕명으로 편찬한 뒤 출판하지 못한 것이며, 이들을 경사자집으로 재분류하여 편집하였다고 밝혔다.[19] 현재 규장각에는 『보만재잉간』 필사본이 유일본으로 전해지며, 총목에 기록된 8종 64권 중에서 5종 32권만 남은 결본이다. 이 중에서 『주역사전(周易四箋)』, 『천공구지(天工九志)』, 『참동직전(參同直詮)』은 전질이 망실되었다.[20]

"而各種中本無引序者, 吾兩人(徐瀅修·成大中), 與李君稷(李田秀)·朴美仲(朴趾源)·家姪準平(徐有榘), 分撰小引以冠之. 其卷帙稍夥者, 李懋官(李德懋)則謂當抄輯, 而鄙意不然. 漢魏中, 如『說苑』·『論衡』·『鴻烈解』諸篇, 豈不至六七冊乎?"

奎章閣 소장본을 보면, 『說苑』은 20권 4책, 『論衡』은 30권 8책, 『淮南鴻烈解』는 21권 6책에 달한다.

19) 『保晩齋剩簡』 卷首, 「保晩齋剩簡目錄引」.

"余自退居以來, 杜門無事, 揀取平日所著書, 釐爲保晩齋叢書. 其或晴窗爐霏, 游戲編成, 及承命撰次, 未登繡梓, 凡若此類, 不載於叢書者, 削藁則可惜, 散帙則易至於脫誤雌黃. 遂就其中, 復以經史子集爲類別, 名曰保晩齋剩簡. 言其鈔爲叢書而有餘剩也."

20) 현재 전하는 것은 『洪範五傳』 5권, 『資治通鑑綱目三編』 16권, 『道德指歸』 2권, 『國朝詩樂』 5권, 『方言輯釋』 4권이다.

『보만재잉간』은 다른 문집의 편집이 끝난 뒤에 버려두기 아까운 저술을 재편집한 것이므로 정본(定本)의 형태가 아니며, 포함되는 저술의 종류와 내용에서 계속되는 수정이 있었던 것으로 보인다. 『보만재잉간』에 관한 자료가 서로 다르다는 사실이 이러한 판단을 가능하게 한다. 가령 『보만재연보(保晩齋年譜)』에서는 사부의 순서가 없는 상태에서 『주역사전』이 누락되고, 『방언집석(方言輯釋)』은 『방언류석(方言類釋)』, 『천공구지(天工九志)』는 『천공익지(天工翼志)』로 표현되었다. 또한 같은 곳에 추록한 기록에는 일단 사부로 분류되었으나 『참동직전』이 누락되고, 『강목삼편(綱目三編)』은 『강목신편(綱目新編)』, 『도덕지귀(道德指歸)』는 『도덕지귀(道德持歸)』, 『국조시악(國朝詩樂)』은 『시악집정(詩樂集訂)』으로 표현되었다. 또한 자간부(子簡部)에는 『아악도서(雅樂圖書)』와 『운서삼칭(韻瑞三秤)』이 추가되었는데, 『운서삼칭』은 『보만재우집』에 포함되었던 저술이었다.[21)]

현전하는 『보만재잉간』은 제목이나 권수가 수정된 곳이 많다. 가령 『주역사전』의 권수는 15권에서 19권으로, 『천공구지』 4권은 『시사팔전(詩史八箋)』 10권으로 수정되고, 『국조시악』의 제목은 총목에서 '시악집성(詩樂集成)'이었다가 '시악화성(詩樂和聲)'으로 수정된 것 등이 그 사례이다.

이제 신빙성이 큰 자료를 바탕으로 『보만재잉간』의 체제별 저술과 권수를 정리하면 다음과 같다.

---

21) 『保晩齋年譜』 권6, 「甲辰(1784) 六十九歲」.

"十二月, 保晩齋剩簡成. 公旣成叢書, 又以叢書之所不載者, 編爲剩簡. 曰洪範五傳, 曰道德指歸, 曰參同直詮, 曰綱目三編, 曰方言類釋, 曰國朝詩樂, 曰天工翼志, 蓋皆晴窓鑪霏, 游戲編成, 及承命撰次, 未登繡梓者也. 其經簡, 曰周易四箋, 曰洪範五傳. 其史簡, 曰綱目新編, 曰天工九志. 其子簡, 曰雅樂圖書, 曰韻瑞三秤, 曰道德持歸. 其集簡, 曰詩樂集訂, 曰方言輯釋. 共六十四卷."

『雅樂圖書』가 『保晩齋右集』의 『鍾律全書』와 같은 책인지는 확인되지 않는다.

① 經簡 : 洪範五傳(5), 周易四箋(15)

② 史簡 : 資治通鑑綱目三編(20), 天工九志(4)

③ 子簡 : 道德指歸(2), 參同直詮(5)

④ 集簡 : 國朝詩樂(5), 方言集釋(4)

이상에서 보듯 서명응에게는 4종의 문집이 있었고, 시문집인 『보만재집』을 제외하고 저술만 대상으로 할 때, 『보만재사집』에는 8종 40여 권,[22] 『보만재총서』에는 13종 64권, 『보만재잉간』에는 8종 64권, 총 29종 160여 권이라는 방대한 저술이 있었다. 그러나 현재는 『보만재사집』 전체와 『보만재잉간』에 수록된 3종의 저술이 없어졌고, 나머지 저술도 부분적으로 결본이 있는 상태이다.

그러나 서명응은 영조 말년부터 정조 초년에 이르는 10여 년 동안 국가적 규모의 편찬 사업에 주도적 역할을 하였고, 이 시기에 편찬된 상당수의 '독립 저술'이 현재까지 전해진다. 이하에서는 서명응의 저술 가운데 '문집에 수록된 저술'과 '독립 저술'을 합하여 현존하는 저술을 대상으로 그 선후 관계와 판본 상태, 내용 등을 개관해 보겠다.

제2절 경부(經部) 관계 저술

1. 『역학계몽집전』, 『계몽도설』, 『선천사연』

서명응의 역학(易學) 관계 저술에는 『역학계몽집전(易學啓蒙集箋)』,

22) 『保晩齋四集』의 40여 권은 총 64권에서 詩文集인 前集과 後集을 24권으로 본 것이다.

『계몽도설(啓蒙圖說)』, 『선천사연(先天四演)』이 현재 전해진다. 이보다 앞선 1766년(영조 42) 11월에 서명응은 '선천사도(先天四圖)'[23]에 담긴 이치를 해석한 『역선천학(易先天學)』(12편)을 저술하였으나 현재까지 발견되지 않는다.[24] 서명응은 문왕(文王)의 후천역은 복희(伏羲)의 선천역에서 나왔으나 주희(朱熹)의 『역학계몽(易學啓蒙)』은 선천사도의 이치를 조금만 언급하여 후학들이 선천역을 제대로 습득할 수 없게 하였다고 보았다. 그는 진단(陳摶, 字 圖南, 號 希夷先生)의 발언과 공자의 『역계사전(易繫辭傳)』에 선천역의 실마리가 있는 것으로 파악하였다.[25] 서명응은 특별한 사승 관계가 없이 역학을 습득하였으며, 공자와 진단의 기록을 바탕으로 선천역에 대해 자득한 내용을 가지고 『역선천학』을 저술하였다. 『역선천학』의 본문은 「도(圖)」, 「입괘(立卦)」, 「전학(傳學)」 등으로 구성되어 있었다.[26] 현재까지 『역선천학』의 원문이 발견되지 않았으므로 확언할 수는 없지만, 이는 선천사도를 선천의 4도(道)로 해석하였던

---

23) '先天四圖'는 朱熹의 『周易本義』 卷首에 있는 「伏羲八卦次序之圖」「伏羲八卦方位之圖」「伏羲六十四卦次序之圖」「伏羲六十四方位之圖」를 말한다. 徐命膺은 이를 각각 '八卦圖' '方位圖' '次序圖' '方圓圖'라 표현하였으며, 이들이 모두 河圖에서 나온 것으로 보았다(『先天四演』 卷上, 「箋演·河圖言箋」).

24) 별도로 『周易嗣箋』의 零本(2책, 필사본)이 있다고 하나 확인하지 못하였다(寥名春 著, 沈慶昊 譯, 『주역철학사』, 예문서원, 1994, 38면).

25) 『保晩齋年譜』 권3, 「丙戌(1766) 五十一歲」.

"(十一月)易先天學成. 公嘗謂, 文王後天之易, 實原於伏羲先天四圖, 而先天四圖之理, 易學啓蒙, 只說一二分. 後學反復推究, 終未得其門路也. 嘗以陳希夷所稱, 先天之易, 意·言·象·數, 不可缺一. 及繫辭傳中, 凡言先天, 皆稱八卦, 凡言後天, 皆稱六十四卦者, 推演發揮, 深得關鍵之妙."

26) 『保晩齋集』 권7, 「易先天學序」.

이 글을 따르자면 『易先天學』은 「圖」 4篇, 「立卦」 8篇, 「傳學」 3篇 등 15篇으로 구성되어 『保晩齋年譜』의 12篇과 차이를 보인다.

『선천사연』의 저본이 된 것으로 판단된다.

『역학계몽집전』(4권 2책)은 1772년 11월에 세손 정조가 정한 의례에 따라 서명응이 편찬한 『역학계몽』의 주석서이다. 『역학계몽집전』은 이해에 주조가 완료된 임진자로 간행한 최초의 서적이라는 의미도 있다.

복희의 선천역은 공자가 크게 발휘한 이후 사라졌다가 송나라 때 다시 나타났고, 1186년에 주희가 『역학계몽』(4권)을 편찬하였다. 『역학계몽』 이후 중국에서는 『계몽통석(啓蒙通釋)』, 『속찬익전(續撰翼傳)』, 『본의계몽통석(本義啓蒙通釋)』, 『주자성서(朱子成書)』 등이 저술되었고, 명나라 영락 연간(1403~24)에는 『계몽통석익전(啓蒙通釋翼傳)』과 『주자성서』의 내용을 부주(附註)로 단 『역학계몽부주(易學啓蒙附註)』가 간행되었다. 한편 조선에서는 세조가 세자로 있을 때 『역학계몽요해(易學啓蒙要解)』를 편찬하였고, 1465년(세조 11)에 최항(崔恒) 등 9명의 학자를 동원하여 '보해(補解)'를 덧붙인 『역학계몽요해(易學啓蒙要解)』(4권 2책)를 임진자로 간행하였다. 그리고 1557년(명종 12)에 이황은 『역학계몽』에 변설(辨說)을 붙인 『계몽전의(啓蒙傳疑)』를 편찬하여 목판으로 간행하였다.[27]

1772년 『역학계몽부주』로 강의를 받던 정조는 부주 외에 요해, 보해, 전의 등이 각각의 편을 이루어 서로 통하지 않고, 부주는 문의(文義)를 위주로 하고 의(意)와 상(象)에 대해서는 소략하여 선천의 의미를 제대로 전달하지 못하는 단점을 발견하였다. 따라서 정조는 보유(補遺)와 전의를 부주의 아래에 분류하여 편입시킨 후 그 서명(書名)을 밝히며, 선천의 의(意)와 상(象)을 계발한 학자들의 견해를 채록하여 주를 증보하도록 하

27) 『弘齋全書』 권183, 「易學啓蒙集箋四卷」.
『保晩齋集』 권7, 「易學啓蒙集箋後敍」(1772).

였다.[28] 서명응은 역의 사도(四道)인 의(意)·언(言)·상(象)·수(數)는 한 가지도 빠뜨릴 수 없는데, 부주는 언(言)에만 치중한 사실을 지적하고, 『역학계몽집전』의 편찬을 통해 사도를 파악하여 복희와 공자의 도를 조선에서 밝힌 것으로 자부하였다.[29] 현전하는 『역학계몽요해』와 『역학계몽집전』을 비교하면, 정조가 제시한 편찬 의례가 고스란히 반영된 것을 확인할 수 있다.

『역학계몽집전』의 내용은 권수에 「어제역학계몽요해서(御製易學啓蒙要解序)」(세조), 「역학계몽서(易學啓蒙序)」(주희), 「역학계몽집전범례(易學啓蒙集箋凡例)」, 「인용선유성씨(引用先儒姓氏)」가 있다. 본문은 권1 「본도서(本圖書)」, 권2 「원괘화(原卦畫)」, 권3 「명시책(明蓍策)」, 권4 「고변점(考變占)」이 있으며, 권말에 「부서의(附筮儀)」, 「역학계몽요해발(易學啓蒙要解跋)」(崔恒), 「역학계몽집전발(易學啓蒙集箋跋)」(徐命膺)이 있다. 『역학계몽집전』은 『역학계몽요해』를 저본으로 하고, 권수의 「범례」와 「인용선유성씨」, 권말에 있는 서명응의 「발문」, 본문에 이황의 '전의(傳疑)'와 여러 학자의 견해를 채록한 '고이(考異)'가 추가되었다. 그 대신에 『역학계몽요해』 권4의 뒤에 있던 「옥재호씨통석부도(玉齋胡氏通釋附圖)」가 삭제되었고,[30] 본문에도 삭제된 부분이 일부 나타난다.

『계몽도설』(6권 3책)은 1772년 5월에 세손 우부빈객(右副賓客) 서명응

28) 『弘齋全書』 권183, 「易學啓蒙集箋四卷」.
"(要解·補解·傳疑) 而惟是各一其編, 无以見旨義之會通. 壬辰, 余將講啓蒙附註, 使賓客徐命膺, 取補解·傳疑, 分類編入於附註, 而標以書名. 諸儒後出之言, 如有附註之所未及發者, 隨加采掇, 別爲增註."

29) 『保晩齋集』 권7, 「易學啓蒙集箋後敍」(1772).

30) 「玉齋胡氏通釋附圖」는 伏羲則河圖以作易圖, 大禹則洛書以作範圖, 先天八卦合洛書數圖, 後天八卦合河圖數圖, 伏羲六十四卦方圖, 邵子天地四象圖, 朱子天地四象圖, 掛扐過揲總圖, 近世揲蓍後二變不掛圖 등으로 구성되어 있다.

이 정조의 역학 교육을 위해 『역학계몽』에서 도설만 발췌하여 편집한 것으로, 『역학계몽집전』과 짝을 이룬다. 서명응은 주희의 『역학계몽』이 주렴계(周濂溪)와 소옹(邵雍)의 학문을 계승하고, 선천학의 실마리를 이어준 공로가 있다고 보았다. 그러나 그 말이 너무 은미하여 학자들이 제대로 이해하기 어려운 단점이 있음을 지적하고, 정조의 교육을 위해 『계몽도설』을 편찬하였다고 밝혔다.[31)] 『계몽도설』은 『역학계몽』의 편목을 따라 작성되었고, 역학의 새로운 의미를 밝혀준 저술로 평가받기도 하였다.[32)]

『계몽도설』은 규장각에 필사본이 전해진다. 그 내용은 권수에 「계몽도설목록(啓蒙圖說目錄)」이 있고, 본문의 권1 「본도서(本圖書)」(篇敍, 21도), 권2~4 「원괘화(原卦畵)」(篇敍, 75도, 說卦衆, 附梅花數衆), 권5 「명시책(明蓍策)」(篇敍, 8도), 권6 「고변점(考變占)」(篇敍, 8도)이 있으며, 권말에 「계몽도서발(啓蒙圖說跋)」(서명응)이 있다.

『선천사연』(2권 1책, 1-1, 學)[33)]은 서명응이 복희의 선천사도를 선천

31) 『啓蒙圖說』 卷末, 「啓蒙圖說跋」.
"(易學啓蒙) 顧其爲書, 微發端倪, 令後學自思. 故其辭婉, 其旨遠, 不得其門而入, 無以見宗廟之美, 百官之富, 讀者恨之. 今我春宮邸下, 聰明天得, 問學夙就, 六經諸子, 貫穿幾遍. 將欲就講周易, 而先之以啓蒙, 以臣有農馬專智, 屢被顧問. 然臣所謂記問之學, 無得於心者, 未有一言半辭, 發難裨益, 蚤夜祇慄, 惟不能報答, 是憂是懼. 公退之暇, 竭其心思, 爲圖說六篇, 獻諸离陛, 以備省閱."

32) 『保晩齋年譜』 권3, 「壬辰(1772) 五十七歲」.
"(五月)撰進啓蒙圖說於春宮. … 公於胄筵, 屢以圖書先後天之綱領凡例, 眷眷敷陳. 因依易學啓蒙篇目, 撰成圖說, 推演發揮, 啓蒙所不言之微旨, 以進于春宮."

33) 『先天四演』을 '1-1'이라 표현한 것은 이 저술이 『保晩齋叢書』 '經翼의 첫 번째 저술'임을 의미한다. 앞의 숫자에서 1은 經翼, 2는 別史, 3은 子餘, 4는 集類를 표시하며, 이는 서명응이 『보만재총서』에서 사용한 방법이다. '學'이라는 글자는 『保晩齋叢書』에 포함된 저술의 성격을 표현한 것이다.

의 4도(言·象·數·意)로 해석한 책으로 『보만재총서』의 첫 번째 저술이다. 서명응은 『보만재총서』가 바로 선천의 전서(全書)이므로 여기에 수록된 저술의 주재(主宰)와 강기(綱紀)는 바로 '선천'이며, 『선천사연』은 '일본(一本)'에 해당하고, 나머지 12종의 저술은 '만수(萬殊)'에 해당한다고 규정하였다. 따라서 일본이 만수를 총괄하듯이, 12종 저술의 으뜸이 되는 『선천사연』을 『보만재총서』의 제일 앞에 편집하였다.[34)]

서명응은 복희의 선천사도가 공자 이후 은사(隱士), 진단, 주렴계, 소옹을 거쳐 주희에 의해 본격적으로 표장되었고, 천지의 4덕(元·亨·利·貞)과 마찬가지로 선천의 4도(言·象·數·意)와 후천의 4도(辭·變·象·占)가 있다고 파악하였다.[35)] 그리고 공자는 은사에게 선천사도와 함께 그 운용법인 연도지법(演圖之法)까지 전해주었으나 진단이 세상에 알린 것은 4도뿐인 것이 문제였다. 서명응은 수년간 선천역을 연구한 끝에 그 운용법을 깨달았고, 만년에 이르러 자신이 터득한 바를 세상에 알리기 위해 『선천사연』을 저술하였다.[36)] 그리고 그의 아들(서호수, 서형수)과

---

34) 『保晩齋叢書』 卷首, 「保晩齋叢書凡例」.

"一. 古人編書, 必有所以主宰綱紀之者. … 是書凡十有三種, 雖各自爲一書, 門戶殊別. 然皆以先天, 爲之主宰綱紀, 故以先天四演冠于首. 先天一本也, 十有二種萬殊也. 一本貫于萬殊. 故先天冠于十有二種. … 一. 包犧氏所受河圖之文, 乃是萬世人文之所由本. 故握奇家, 何與於文事? 而亦必取河圖數法, 布之爲陣圖. 況是書, 乃先天之全書乎?"

35) 『先天四演』 卷上, 「箋演·先後天箋」.

"伏羲之易, 謂之先天. 文王之易, 謂之後天. 後天之易, 自孔門傳于商瞿驕庇, 以及田何, 遂盛行於世. 而其先天四圖, 則自孔門, 傳于隱逸家, 千五百年之後, 希夷先生陳摶圖南, 得之於魏眞人伯陽, 以傳于康節先生邵雍堯夫. … 先後天, 與天地同如此. 故天地有元亨利貞之四德, 先天有言象數意之四道, 後天有辭變象占之四道."

36) 윗책, 卷首, 「先天四演序」.

"雖然, 四圖之顯, 今固無憾. 若其演圖之法, 則愈往而愈晦. 世徒以四圖爲紙上之一玩物, 茫然不知其發揮運用, 反不若寄寓丹竈之爲近實, 孔夫子辛勤別傳之意, 豈止於是而

손자(서유본, 서유구)들은 이 책의 교열에 공동으로 참여하였다.[37]

『선천사연』의 내용은 권수에 서명응의 서문이 있고, 상권(箋演)에서 하도(河圖)와 선천사도를 4도(言·象·數·意)로 풀이하고, 하권(圖演)에서는 상권에서 서술한 내용을 이해하기 쉽게 도설로 설명하였다. 이제 상권과 하권의 세목을 제시하면 다음과 같다.

上卷(箋演)：先後天箋, 河圖言箋, 河圖象箋, 後天象箋, 河圖數箋, 河圖意箋, 經卦四箋, 方位四箋, 次序言箋, 次序象箋, 次序數箋, 次序意箋, 方圓言箋1~9, 方圓象箋1~8, 方圓數箋1~7, 方圓意箋1~6

下卷(圖演)：河圖兩儀1~2, 河圖四象1~2, 河圖後天1~2, 經卦四道1~2, 次序綜錯1~3, 方圓位置, 方圓互卦, 方圓順逆1~2, 方圓六六1~2, 方圓立極, 方圓赤經, 方圓黃緯, 方圓平弧, 方圓體用1~2, 方圓句股, 方圓比例

2. 『상서일지』, 『홍범오전』

서명응의 『상서』 관계 저술에는 『상서일지(尙書逸旨)』와 『홍범오전(洪範五傳)』이 있다.

『상서일지』(2권 1책, 1-2, 學)는 『상서』 58편에 담겨 있는 고대 역상

已哉? … 嗚呼! 爲先天而不知演圖之法, 惡乎爲先天哉? 愚於先天, 始焉, 若隨深井中焉, 如攻堅木, 彷徨岐路. 蓋亦有年, 及得演圖之法, 恍然, 如披雲霧而覩青天, 洗心從事, 樂而忘憂, 不知歲月之逾邁. 及今景迫桑楡, 苟不必其所得以與學先天者共之, 則豈所謂公天下之心哉?"

37) 『先天四演』에는 이를 '徐命膺學 浩修·瀅修同校 有本·有榘同閱'로 기록하였다.

법의 제도를 정리한 저술로, 1764년(영조 40)에 편찬되었고 『보만재총서』가 편집될 때 경익(經翼)에 포함되었다. 서명응은 명(名)은 있으나 문(文)이 없는 '일편(逸篇)'과 문(文)은 있으나 법(法)이 없는 '일지(逸旨)'를 구분하여, 『상서』 90편 중에서 편명만 남은 32편은 '일편'이고, 원문이 현재까지 전해지는 58편은 '일지'라 규정하였다. 서명응은 한나라 이후 보이지 않는 32편은 후대에 거론할 것이 없으나, 원문이 남은 58편은 주희가 3편(堯典, 舜典, 大禹謨)을 주석하고 제자인 채침(蔡沈)이 그 나머지를 주석하였다. 그러나 주희와 채침의 주석은 맹자 이래로 없던 것이고, 고대의 제도를 제대로 보여주지 못한다는 점에서 한계가 있었다.[38)]

서명응은 고대의 역상법이 수(數)와 기(氣)로 이뤄지며, 주비(周髀)와 구고(句股)는 수에 해당하고, 개천(蓋天), 혼천(渾天), 기형(璣衡), 규표(圭表) 등은 기에 해당한다고 보았다. 그러나 이는 전국 시대 이후 중국에서 사라져 버렸고, 명나라 말기에 서양에서 들어왔기 때문에 주희와 채침으로서는 알 수가 없었다. 서명응은 서양의 제도를 수용하여 고대의 역상법을 파악함으로써 주희와 채침의 미비점을 채워야 하며, 이러한 작업이 바로 '리(理)'의 해석에 뛰어났던 송학의 성과에 '법(法, 제도)'의 측면을 보완하는 의미가 있다고 생각하였다. 그는 『상서』에 나오는 역상법의 제도를 정리하고, 「우공」편의 지리와 「홍범」편의 낙서(洛書)에서 채침이 밝히지 못한 내용을 보완하여 『상서일지』를 편찬하였다.[39)]

38) 『保晩齋集』 권7, 「尙書逸旨序」.

39) 윗글.

"唯是上古曆象之法, 至精至妙, 以數則周髀·句股, 以器則蓋天·渾天·璣衡·圭表. 而皆逸于戰國, 至明季乃出. 故朱門講說, 自天人性命, 以至異端瑣瑣事, 蓋無不語及. 而獨於六者之法, 一不槩見者. 誠以法與理殊, 理可以觸類伸長, 法雖亞聖大賢, 旣不得其端倪, 則無以扣發神知也. … 然今曆象之法出, 已久矣. 尙無人參互經旨, 表章發揮, 則朱子之志, 其將不行於後人歟. 愚讀尙書, 竊有一二記疑, 大抵皆曆象新法. 又附以禹貢地

서명응은 『상서』 58편을 모두 원문으로 보아 위고문(僞古文)에 대해서는 제대로 인식하지 못하였다.[40] 그러나 그는 「우공」편의 지리를 역상법의 수(數, 勾股弦)와 기(器, 玉衡·璿璣)에 따라 해석하였으며,[41] 이는 역상법을 본격적으로 다룬 『비례준(髀禮準)』과 『선구제(先句齊)』를 저술하는 바탕이 되었다. 또한 그는 『주역』을 하도로 해석하듯이, 『상서』 「홍범」편을 낙서로 해석해야 하며, 기자의 홍범이 우 임금을 거쳐 낙서에 소급된다는 사실을 강조하였다.[42] 이에 따라 그의 역학 저술은 후술하는 기자 연구와 연결되었다.

『상서일지』의 내용은 권수에 서명응의 서문이 있고, 상권에서 『상서』의 성격을 정리한 「서례총서(書例總敍)」와 요전(堯典), 순전(舜典), 대우모(大禹謨), 고요모(皐陶謨), 익직(益稷)편의 주요 구절을 풀이하였다. 그리고 하권에서 우공(禹貢), 홍범(洪範)편의 주요 구절을 풀이하였다. 그

理, 洪範洛書, 蔡傳之所未備者, 名曰尙書逸旨. 匪敢與議於後人之責, 將欲因此起後人之發難, 以卒朱門未卒之旨云."

『保晩齋年譜』 권2, 「甲申(1764) 四十九歲」.

"(十二月)尙書逸旨·詩樂要訣成."

40) 『尙書逸旨』 卷上, 「書例總敍一」.

"宇宙載籍, 惟易卦尙書, 爲邃古之書. 然易卦, 但畵而已, 未有文. 文, 自尙書始也. 故尙書五十八篇, 爲後世經傳之本原, 爲後世史記之本原, 爲後世文章之本原."

이 글에서 徐命膺은 『尙書』 58편을 하나의 단위로 취급하여 그 속에 僞古文이 포함되어 있음을 의식하지 못하고 있다.

41) 윗책, 卷下, 「禹貢五服九」.

"禹之治水, 以數則用勾股弦, 以器則用玉衡璿璣矣."

42) 윗책, 卷下, 「洪範初一五行五」.

"自一至九, 此洛書之本數, 而其初次, 則大禹之所第也. 自'初一曰五行'以下六十五字, 此大禹所敍洪範之經. 而其'一五行'以下, 則又箕子所述洪範之傳也. 故以箕子之傳, 而例之於大禹之經, 以大禹之經, 以本之於洛書之數, 其於範疇, 可庶幾也. 夫讀易而不本於河圖, 則易非易矣. 讀範而不本於洛書, 則範非範矣."

세목은 다음과 같다.

上卷 : 書例總敍1

堯典 - 統論1, 曰若稽古2, 命羲和3~6, 朞三百7, 咨若時8, 咨洪水9~10, 咨巽位11, 篇義12

舜典 - 曰若稽古1, 愼徽五典2, 璿璣玉衡3~6, 三載考績7, 篇義8~9

大禹謨 - 人心道心1~4, 來禹5

皐陶謨 - 謨明弼諧1, 九德2, 天敍有典3, 篇義4~5

益稷 - 臣作股肱1, 夔曰2~3, 帝庸作歌4~5

下卷 : 禹貢 - 冀州1~2, 八州疆界3, 八州田賦4, 兗州5, 江河6, 河源7, 江源8, 五服9

洪範 - 王乃言1, 箕子乃言2~4, 初一五行5~10, 二五事11~12, 三八政13~14, 四五紀15~16, 五皇極17~24, 六三德25~27, 七稽疑28~30, 八庶徵31~35, 九福極36

『홍범오전』(5권 2책)은 1782년 8월에 편찬한 저술로 『보만재잉간』의 경간(經簡)에 포함되어 있다. 서명응은 1776년(정조 즉위) 겨울에 『기자외기(箕子外紀)』를 편찬하였으며, 이때 「홍범」편을 주석한 「서홍범편(書洪範篇)」을 도학목(道學目)에 편입시켰다.[43] 서명응은 기자의 도가 「홍범」편에 담겨 있으므로 「홍범」의 뜻을 제대로 밝히면 기자의 도까지 밝혀지며, 「홍범」편의 문장이 심오하고 리(理)·수(數)가 은미하여 선유들

43) 『箕子外紀』에 대해서는 후술함. 서명응은 「書洪範篇」을 '洪範箋解' '洪範集傳'으로 표현하기도 하였는데, 현전하는 『箕子外紀』에 의거하여 '書洪範篇'으로 하였다.

의 주석이 여럿 있으나 모두 한쪽으로 기울었던 것으로 이해하였다. 따라서 그는 「홍범」에 관한 기왕의 주석들을 절충하여 「서홍범편」을 편찬하였다.[44]

『기자외기』를 편찬한 이후 서명응은 성인(聖人)의 경(經)인 「홍범」을 『기자외기』에 포함시킨 것은 경전을 존중하는 태도가 아니고, 「홍범」에 담긴 은미한 리·수의 요령을 터득하려면 기왕의 주석들을 참고해야 한다고 하였다. 그는 선배의 학설을 존중한다는 의미에서 한 공안국(孔安國), 송 채침과 김이상(金履祥), 원 오징(吳澄)의 「홍범」 주석을 모아서 『홍범오전』을 편집하였다.[45] 이미 『상서일지』에서 「홍범」은 낙서에서 나온 것으로 규정한 서명응은 공안국과 채침의 주석이 낙서에 근거하지 않았고, 김이상과 오징의 주석은 낙서에 근거했으나 그 자연지리(自然之理)를 따르지 않으며 자구를 빠트리거나 경문의 순서를 바꾼 경우까지 있다는 한계점을 지적하였다. 이에 따라 그는 먼저 자신의 「서홍범편」을 음미하고, 다음에 선배 학자들의 주석을 참고하여 득실을 평가한다면, 우, 기자, 무왕으로 전수된 대법을 깨달을 수 있다고 하였다.[46]

---

44) 『保晩齋年譜』 권6, 「壬寅(1782) 六十七歲」.

"(八月)洪範五傳成. 公積久用工於範學. 丙申(1776)冬, 在箕營, 撰成箕子外紀. 時別爲洪範箋解, 以編入於皇極一疇."

『洪範五傳』 卷首, 「洪範五傳序」.

"箕子之道, 具於洪範. 洪範明, 則箕子之道, 明矣. 盖洪範爲書, 其文奧, 其理微, 其數隱, 故先儒傳註, 各得其一偏甚. 或顚倒經文, 以就己意, 故愚嘗折衷羣言, 撰成洪範集傳, 編入於箕子外紀."

45) 윗글.

"旣而病洪範雜厠衆說之中, 殊非尊經之義, 特表出別爲一書. 又恐不參互先儒傳註, 以博其識, 則其於理數之隱微, 未必得其要領, 且非恭畏前輩之道. 故孔·蔡·金·吳四先儒之所傳註者, 各以世代, 附于集傳之後."

46) 윗글.

『홍범오전』의 내용은 권수에 서명응의 「홍범오전서(洪範五傳序)」와 「기자세가(箕子世家)」가 있다. 이 「기자세가」는 「기자외기(箕子外紀)」의 서술목(敍述目)에 '기자본기(箕子本紀)'란 이름으로 포함되어 있었다.[47] 『홍범오전』의 본문은 권1 서명응 주석의 「서홍범편(書洪範篇)」, 권2 「홍범」 한 공씨안국전(孔氏安國傳), 권3 「홍범」 송 채씨침전(蔡氏沈傳), 권4 「홍범」 송 김씨이상전(金氏履祥傳), 권5 「홍범」 원 오씨징전(吳氏澄傳) 순으로 구성되고, 권말에 「홍범후설(洪範後說)」이 있다. 「홍범후설」에는 역대 학자들의 역설을 정리하였으며, 소옹, 주희, 동수(董銖), 채침 등 송나라 학자의 설이 대부분을 차지한다.

3. 『시악묘계』

서명응의 『시경』 관계 저술에는 『시악묘계(詩樂妙契)』가 있다. 비슷한 이름의 저술로 『시악화성(詩樂和聲)』이 있으나, 이는 악학(樂學)만 다룬 것이므로 음악 관계 저술에서 서술하기로 한다.

『시악묘계』(2권 1책, 1-3, 學)는 서명응이 『시경』의 일부 작품과 풍(風)·아(雅)·송(頌)의 편의(篇義)를 논하고, 풍(風)·소아(小雅)·대아(大雅)·송(頌)의 시를 한 편씩 뽑아 그 악보를 정리한 것이다. 『보만재총서』의 경익(經翼)에 포함되어 있다. 서명응은 시는 인심(人心)에서 나오고 악은 천심(天心)에서 나오며 서로가 용(用)이 된다고 하여 시와 악의 긴밀성을 강조하였고, 오랫동안 시악을 연구한 결과 풍·아·송에 맞는 성

"孔·蔡二傳, 旣不以洛書爲本. 金·吳二傳, 雖本洛書, 亦不順洛書自然之理, 往往泥字句, 割經文. 讀是書者, 須知此意, 先味集傳, 次觀傳註, 卽夫同異之際, 辨其得失之分. … 而禹·箕·武三聖授受之大法, 必有恍然覺悟於俯讀仰思之際, 豈孤守一說之比哉?"

47) 『箕子外紀』의 '箕子本紀'는 『疇史』에서 '箕子世家'로 수정된다.

율[腔調]을 터득하여 『시악묘계』를 저술하였다고 밝혔다.[48] 그는 시가 성정(性情)에서 나오므로 '시는 바로 심학'이며, 시를 지은 사람의 마음이 다르므로 이남(周南, 召南)·소아·대아·송시(頌詩)의 특징도 다르다고 지적하고, 시를 읽을 때는 선악만 따질 것이 아니라 그 특징들을 잘 음미하면 읽는 사람의 성정도 함양할 수 있다고 하였다.[49] 또한 서명응은 국풍(國風), 소아, 대아, 주송의 시를 각각 각조(角調), 징조(徵調), 궁조(宮調), 우조(羽調)에 비정하고, 이를 다시 오행과 오상(五象)에 연결시켜 해석하였다. 이는 주희의 견해를 따른 것이었다.[50]

서명응은 시 삼백편은 『시경』인 동시에 『악경』의 전(傳)이라는 독특한 주장을 하였다. 그는 『시경』의 주시(周詩)에 상조(商調)에 해당하는 것이 전혀 없고, 상송(商頌)만이 상조를 사용하면서 위치까지 구분된 것은 은을 멸망시킨 주나라가 음악에서 상음(商音)을 모두 제거하였기 때문이라고 하였다. 이 때문에 그는 『시경』을 『악경』의 전으로 볼 수 있다고 하였다.[51] 따라서 서명응의 『시악묘계』는 『시경』과 음악을 동시에 다룬 저

---

48) 『詩樂妙契』 卷首, 『詩樂妙契序』.

"聖人制作, 詩必倡樂, 樂必和詩, 似若有相待者, 其旨何在? 詩出於人心之中, 樂出於天心之中, 而交相爲用也, 是有以焉. … 愚於詩樂, 講之有年, 時或憤悱之甚, 忘寢與食者久. 及夫一朝, 恍然有省, 以至風雅頌腔調, 節節皆通. 乃述詩樂二篇, 取橫渠妙契疾書之語, 名曰'詩樂妙契'."

49) 윗책, 上篇, 「詩道總敍一」.

이 글에서 서명응은 二南의 詩는 平談中正, 小雅의 시는 從容和悅, 大雅의 시는 莊整齊肅, 頌의 시는 深密謹嚴, 變風·變雅의 시는 抑揚噍舌 悲憫激切한 것으로 지적하였다.

50) 윗책, 下篇, 「均調總敍」.

徐命膺은 國風·小雅·大雅·周頌을 五行으로는 木·火·土·水에, 五象으로는 民·事·君·物에 비정하였다.

51) 윗글.

"其序周詩, 獨無商調者, 蓋周以木德, 代商之專用商調. 故不特祭祀之樂無商音, 凡朝廷

술이라고 할 수도 있다.

『시악묘계』의 내용은 권수에 서명응의 「시악묘계서(詩樂妙契序)」와 「후서(後序)」가 있다. 본문 상편은 「시계(詩契)」로 이남(二南), 빈풍(豳風), 소아, 대아, 주송의 대표적인 시 몇 수를 뽑아 해석하였고, 하편은 「악계(樂契)」로 국풍, 소아, 대아, 주송을 각각 각조, 징조, 궁조, 우조에 비정하고 각 조에 해당하는 시를 한 수씩 뽑아 12균(均)의 악보를 정리하였다. 또한 12균의 도설은 '『원음약(元音鑰)』의 「율동(律同)」편을 참고하라'고 기록하여, 『시악묘계』가 음악에 관한 『원음약』과 연결되는 저술임을 알 수 있다.[52)]

『시악묘계』의 세목은 다음과 같다.

上篇(詩契) : 詩道總敍1~4

周南 – 關雎1, 兎罝2, 芣苢3, 篇義4

召南 – 鵲巢5, 採蘩6, 采蘋7, 小星8, 篇義9,
二南篇義10~11, 變風諸什1~5

豳風 – 統論1, 七月2~4, 鴟鴞5~6

小雅 – 統論1, 鹿鳴2~3, 篇義4

大雅 – 文王1~2, 大明3, 綿5~8, 旱麓9, 思齊10, 靈臺11~12, 篇義13, 變雅衛詩14

周頌 – 淸廟1~2, 有客3, 篇義4, 三頌篇義5

之樂, 皆去商音, 荀卿所謂'太師審商音', 是也. … 然若論樂之全體, 則不可無商調. 故以商頌之專用商調者, 居于周詩之外, 若別譜然. 嗚呼, 微哉! 是則, 三百篇, 不可但名爲詩經, 亦便是一樂經傳稱. 孔子自衛返魯而樂正, 雅頌各得其所, 蓋謂此也."

52) 윗글.
"今以各調十二均, 第列爲風·小雅·大雅·頌之樂譜, 使千載之下, 獲覩夫子序詩之眞訣也. 各調十二均圖, 詳見元音鑰之律同篇, 當與此篇, 互相參照."

下篇(樂契) : 均調總敍

國風角調(關雎)

小雅徵調(鹿鳴)

大雅宮調(文王)

周頌羽調(淸廟)

4. 『대학직지』, 『중용경위』

서명응의 사서 관련 저술에는 『대학직지(大學直指)』와 『중용경위(中庸經緯)』가 있다. 그러나 서명응의 사서 연구를 살펴보기 위해서는 현재 서명만 전해지는 『인서(仁書)』, 『대학강설(大學講說)』, 『중용미언(中庸微言)』, 『중정사서집석(重訂四書輯釋)』을 먼저 검토하여야 한다.

『인서』는 1746년(영조 22)에 서명응이 『논어』의 본문 중에서 '인(仁)'을 말한 구절을 뽑고 이에 대한 학자들의 주석을 편집한 것이다. 『인서』는 서명선과 서명계(徐命誡) 등 형제들과 경서를 토론하는 과정에서 나온 것으로, 남송 장식(張栻)의 『수사언인록(洙泗言仁錄)』 체제를 모방하면서도 훨씬 뛰어나다는 평을 받기도 하였다.[53]

『대학강설』과 『중용미언』은 1764년(영조 40) 5월에 『대학』과 『중용』에 관한 서명응의 견해를 정리한 것이다. 서명응은 어려서부터 『대학』과 『중용』을 익혀 이에 관한 차록(箚錄)이 있었고, 1764년에 선배 학자들이 이미 언급한 것은 제외하고 자신이 독자적으로 터득한 것만을 추려 『대학강설』과 『중용미언』을 편찬하였다.[54]

---

53) 『保晩齋年譜』 권1, 「丙寅(1746) 三十一歲」.
張栻, 『南軒先生文集』 권14, 「洙泗言仁序」.

54) 『保晩齋年譜』 권2, 「甲申(1764) 四十九歲」.

『중정사서집석』(38권)의 편찬은 1772년(영조 48)에 세손 정조가 임진자를 주조한 후 세종 대에 간행된 『사서집석』을 새로 만든 활자로 간행하려 한데서 시작된다. 임진자는 세종 대에 주조된 갑인자를 자본으로 하였기 때문에 세종의 문화정책을 계승하는 의미가 있었다.[55] 정조는 민간에서 원 정복심(程復心)이 편찬한 『사서장도(四書章圖)』를 구한 이후 서명응에게 이 책에 수록된 예사의(倪士毅)의 『사서집석』 원문을 뽑아 편집하라고 명령하였다. 서명응은 정조가 내린 의례(義例)를 따라 『중정사서집석』의 편찬과 교정을 1772년에 완료하였으나 이를 간행하지 못하고 초고의 상태로 집안에 전해졌다. 1799년에 서형수가 정조에게 이 초고를 올리자, 정조는 서형수의 주관하에 규장각 학자 중 경학에 식견이 있던 이노춘(李魯春), 김희순(金羲淳), 정동관(鄭東觀) 등에게 교정을 분담하게 하여 최종본 38권이 완성되었다.[56] 정조가 『중정사서집석』을 편찬한 이유는 명나라 때 편찬된 『사서대전』을 비판하고 예사의의 사서 주석을 원형대로 복원하기 위해서였다.[57]

"(五月)大學講說·中庸微言成. 公, 自少積年, 用工於庸·學二書, 多有箚錄. 至是以爲先儒所已言者, 不必重言複言, 節取其自得於言外者, 倣韓詩外傳之文體, 撰成二書."

55) 『保晩齋集』 권7, 「重鑴四書輯釋序」.

"今年夏, 我春宮邸下, 以芸閣所藏活字, 卽世宗朝肇造之文物, 而散軼殘缺, 爲可惜也. 稟于大朝, 命芸閣重加範鑄, 盡韻府乃止. 將印一部書, 以試其字體. 咸曰, '世宗朝後, 始備之活字, 當印世宗朝時尊閣之輯釋也.'"

『弘齋全書』 권182, 「重訂四書輯釋三十八卷」.

"歲壬辰, 予在春邸, 得世宗朝活字木本, 銅鑄十五萬字. 思欲重刊世宗朝刊行之書, 以繼述盛事."

56) 徐瀅修, 『明皐全集』 권10, 「敬跋御札論四書輯釋後」.

57) 『弘齋全書』 권182, 「重訂四書輯釋三十八卷」.

"至明永樂中, 詔儒臣纂修大全, 以輯釋爲藍本. 而其詳其簡, 反不如舊大學中庸或問, 尤多舛誤. 當時如薛瑄諸儒, 已深致慨於大全之支離繁氄, 而獨眷眷於輯釋, 則兩書之長短

『대학직지』(1권, 1－4, 學)는 서명응이 『대학』의 대지(大旨)와 경과 전의 의미를 풀이한 것으로 『보만재총서』 경익에 포함되어 있다. 서명응은 『대학』을 심법지서(心法之書)로 규정하고 '명명덕(明明德)'은 나(治者)의 심법을 밝히는 것이고, '신민(新民)'은 민(民)이 나의 심법을 살펴 각자의 심법을 새롭게 하는 것이며, 제가·치국·평천하도 심법 안에 있는 것으로 해석하였다.[58] 그는 삼대의 교법(敎法)은 『소학』과 『대학』이 전부이므로 『소학』으로 밖을 다스리고 『대학』으로 안을 다스리면 교육은 완성되는 것으로 이해하였다.[59] 또한 '안에 있는 심법'으로 형체가 없는 『대학』보다 '밖에 있는 사위(事爲)'로 형체가 있어 실천하기 쉬운 『소학』을 먼저 습득하나, 15세 이후로는 『소학』과 『대학』을 겸해야 한다고 강조하였다.[60]

서명응은 주희가 『대학장구』에서 『대학』이 심법지서임을 분명하게 언급하지 않았으나 그 내용에서 충분히 확인할 수 있음에도 그 이후 학자들은 심법을 버리고 사위만 말하여, 주희의 뜻을 어기고 공자와 증자의 뜻까지 어긴 것으로 보았다. 특히 그는 명말 학자들이 사위만으로 제

優劣, 自古有定論. 然自大全之頒諸學宮, 朝廷之取士, 塾師之敎徒, 率用大全爲主, 而輯釋遂不復行."

58) 『大學直指』 卷首, 「大學直指序」.

59) 『大學直指』 「大旨總敍一」.

"三代之敎, 小學·大學而已. 小學欲其謹節文於外, 而由外以養乎內. 大學欲其察念慮於內, 而由內以制乎外. 故近自一身, 遠至天下, 凡事爲之在外者, 皆屬小學, 心法之在內者, 皆屬大學. … 天下國家, 不出于身, 身又不越乎內外兩端. 而小學以治外, 大學以治內, 是其用工有一毫之罅隙乎? 嗚呼, 至矣. 三代敎人之法也!"

60) 윗글.

서명응이 『大學』과 『小學』의 특징으로 언급한 내용을 정리하면 다음과 같다.

┌ 大學 － 心法 － 體 － 在內者 － 無形無迹 － 治內 － 後
└ 小學 － 事爲 － 用 － 在外者 － 有形有迹 － 治外 － 先

가·치국·평천하를 해석함으로써 『대학』의 원문과 무관한 해석을 한 것을 강하게 비판하고, 주희가 '사무사(思無邪)'를 『시경』의 직지로 삼았듯이 '심법'을 『대학』의 직지로 삼는 『대학직지』를 저술하였다.[61)]

『대학직지』의 내용은 권수에 서명응의 「대학직지서(大學直指序)」가 있고, 본문에는 『대학』 전체의 대지와 경(經) 1장과 전(傳) 10장의 의미를 풀이하였다. 그 세목은 다음과 같다.

大旨總敍1~2

經一章1~4

釋明德章1, 釋新民章2, 釋止於至善章3~4, 釋本末章5, 補亡章6~7, 釋誠意章8~9, 釋正心修身章10~12, 釋修身齊家章13, 釋齊家治國章14~16, 釋治國平天下章17~22

『중용경위』(1권, 1-5, 學)는 『중용』의 경위(經緯)에 대한 해석을 정리한 저술로 『보만재총서』 경익에 포함되어 있다. 서명응은 『중용』의 본도(本道)는 주희의 『중용장구』와 『중용혹문(中庸或問)』에 잘 갖춰져 있으나 『중용』의 경위에 대해서는 제대로 모른다고 보았다. 그는 『중용』의 경위는 성(誠), 도(道), 교(敎)이며, 성이 경(經)이면 도가 위(緯)이고, 도가 경이면 교가 위가 된다고 하여, 성, 도, 교의 상호연관성을 중시하였다.[62)]

---

61) 『大學直指』「大學直指序」.
"子朱子章句, 雖不明言大學爲心法之書, 然以心法發例, 字句不一. … 乃後之講大學者, 舍心而言事, 操戈於朱子之室, 以及乎夫子·曾子之室. 嗚呼! 孰有讀夫子·曾子之書, 而欲操戈於其室哉? 由不能以經傳章句, 參究立言之微旨也. 愚讀大學, 每見明季諸儒, 規規於事爲之間, 以解釋齊·治·平者, 疑若傅會穿鑿, 無當於本文. 及其反覆參互, 恍然知大學爲心法之書然後, 上下文義, 節節皆通. 於是, 筆其所得, 以爲大學直指. 昔者, 朱子, 以思無邪爲詩三百之直指. 愚於大學之心法, 亦云爾. 故名直指也."

또한 그는 조화의 움직임과 『중용』의 내용은 그 리(理)가 일치하며, 이는 『중용장구』에도 미의로 반영되어 있다고 하여, 자신의 주장이 주희의 견해와 부합하는 것임을 강조하였다.[63] 또한 자사(子思)의 '중용'은 공자의 '시중(時中)', 요·순·문·무의 '집중(執中)'을 거쳐 천(天)에 근원하고, 『중용』의 문장은 선천과 후천의 법상(法象)을 담은 것으로 보았다. 그리고 『중용』의 제일 앞 장과 마지막 장을 양의(兩儀, 陰·陽)에, 중간의 4대절(大節)을 사상(四象, 太陽·少陽·太陰·少陰)에 대응시켜 설명하기도 하였다.[64]

『중용경위』의 내용은 권수에 서명응의 서문이 있고, 본문에서는 먼저 『중용』 전체의 대지(大旨)와 천명(天命)의 의미를 다루고, 4대절의 전체적 의미와 각 장의 의미를 차례로 서술하였다. 그 세목은 다음과 같다.

大旨總敍1~2

天命章1~7

一大節統論1, 君子中庸章2, 道之不行章3, 舜大知章4, 回之爲人章5, 子路問强章6, 三間章7~8,

---

62) 『中庸經緯』 卷首, 「中庸經緯序」.

"中庸之大本達道, 有章句或問, 則人得而知之矣. 其言之經緯, 人不得而知之也. 造化, 以大經小, 以小緯大, 無外也. 經緯相錯, 無內也. 經緯相綜, 兩端迭抽, 萬殊乃形. 故中庸以誠·道·教, 立經緯於篇首然後, 一章有一章之誠道教, 一句有一句之誠道教, 而性爲經則道爲緯, 道爲經則教爲緯. 上下相包, 始終相銜, 不待別求奧旨."

63) 윗글.

64) 『中庸經緯』 「大旨總敍二」.

"子思之中庸, 本於夫子之時中. 夫子之時中, 本於堯舜文武之執中, 又皆本於天. 而對待之天, 渾渾皆中者, 先天之中也. 流行之天, 渾渾皆中者, 後天之中也. 故中庸立文, 皆先後天之法象焉. 首尾二章, 兩儀也. 中四大節, 四象也. … 旣以先後天之法象, 寓之於立文, 而又引舜文王武王事實之於中間, 千載之下, 可以見其微意也."

二大節統論1, 費隱章2, 忠恕素位行遠章3, 鬼神章4~5, 九經章6

三大節統論1, 致曲章2, 誠者自成至誠無息章3, 大哉聖人之道章4

四大節統論1, 惟天下至聖章2, 上天之載章3~9

이상에서 보듯 서명응의 사서 관련 저술은 주희의 연구 성과를 중시하고 이를 자기 입론의 근거로 삼았으며, 그 미비점을 보완하는 성격이 강하였다. 서명응의 저술은 주자학이 후대에 들어와 본래의 의미를 잃어 가고 특히 명말 학자들의 연구에 한계가 있다는 문제의식에서 비롯된 것으로, 정조 대에 추진된 주자서 정리에 선행하는 의미도 있었다.

실제로 서명응은 1774년 5월에 정조가 주도한 『주자회선(朱子會選)』을 편찬하였다. 『주자회선』은 『주자대전』의 분량이 너무 많고, 이황의 『주자서절요(朱子書節要)』는 너무 간략하며, 송시열의 『절작통편(節酌通編)』은 적당한 분량이나 『주자대전』에서 뽑아야 할 문장 중에 빠뜨린 것이 있다는 문제 때문에 편찬된 주자서 선집(選集)이었다.[65] 『주자회선』은 정조가 주도한 주자서 정리 중 최초의 성과이며, 이후 『자양자회영(紫陽子會英)』(1775), 『주자선통(朱子選統)』(1781), 『주서백선(朱書百選)』

65) 『保晩齋年譜』 권3, 「甲午(1774) 五十九歲」.

"(五月)承令編進朱子會選於春宮. 春宮方講朱書, 以大全汗漫, 節要太略, 唯通論庶得其中. 而通編中, 亦多遺却全書可采之文, 爲可惜也. 遂令公補葺成書, 名曰朱子會選. 旣編進, 春宮下書曰, '朱子會選二十四卷, 已奉閱矣. 非徒一部成書, 有光於斯文.'"

『弘齋全書』 권183, 「朱子會選四十八卷」.

1782~1790년 李萬運이 편집한 『增訂文獻備考』에는 『朱書節要』 10권, 『朱書節要抄』 1권, 『節酌通編』 20권, 『節酌通編補遺』 5권이 정리되어 있다(권80, 「藝文考6」, 儒家類). 한편 『朱子會選』의 卷數는 『保晩齋年譜』에 24권, 『弘齋全書』에 48권으로 차이가 나며, 원본이 확인할 수 없는 현재로서는 '48권 24책'으로 추정된다.

(1784), 『주자서절약(朱子書節約)』(1800) 등이 편집되었다.[66]

제3절 사부(史部) 관계 저술

1. 『자치통감강목신편』(『자치통감강목삼편』)

『자치통감강목신편(資治通鑑綱目新編)』(20권 10책)은 1772~1773년에 세손으로 있던 정조의 명령으로 편찬한 명사(明史)이다. 정조는 『자치통감강목(資治通鑑綱目)』(『자양강목(紫陽綱目)』이라고도 함)과 『자치통감강목속편(資治通鑑綱目續編)』(『송원강목(宋元綱目)』이라고도 함)을 통해 중국사를 공부하면서 송나라의 풍기(風氣)와 인물이 조선과 비슷한 것을 발견하고, 1772년에 기전체인 『송사전(宋史筌)』과 편년체인 『송사촬요(宋史撮要)』를 편찬하였다.[67] 정조는 다시 명나라의 역사를 공부하면서 청조에서 편찬한 『명사강목(明史綱目)』과 『명기강목(明紀綱目)』이 체재나 정통론, 사실의 기록 등에서 심각한 오류가 있는 것을 보고, 새로 편찬할 명사의 의례를 작성하여 서명응에게 주었다.[68] 서명응은 기왕에

---

66) 정조가 편찬한 朱子書 選本에 대해서는 김문식, 『정조의 제왕학』, 태학사, 2007, 191~216면.

67) 『弘齋全書』 권179, 「新訂資治通鑑綱目續編二十七卷」.
"予嘗謂, 有宋之風氣人物, 與我朝鮮近, 其爲鑑戒, 比他史尤切. 故刪正正史, 而有史筌焉. 節略編年, 而有撮要焉."

68) 『資治通鑑綱目三編』 卷首, 「綱目三編序」.
"奧昔英考壬辰, 我聖上毓德春宮, 臣忝叨賓客. 當是時, 上講畢紫陽綱目, 以及宋元綱目, 將欲繼講明史. 然明史綱目, 凡例淆亂, 事實顚倒. 明紀綱目, 正統大謬, 嘉謨多闕. 其餘典則本末編年之屬, 皆不足齒於正史."

있던 명사의 오류를 바로잡고 강(綱)과 목(目)을 갖춘 『자치통감강목신편』 20권을 완성하였으며, 정조와 서명응은 주희의 편찬 원칙을 준수하였음을 강조하였다.[69] '신편(新編)'이란 제목은 '원편(原編)'인 『자치통감강목』과 그 '속편(續編)'을 계승하여 만든 것임을 의미하였다.

『자치통감강목신편』의 편찬 배경에는 존주론에 근거한 대명의리론이 자리하고 있었다. 정조는 명과 조선의 관계를 주(周)와 노(魯)의 관계로 보고, 노의 공자가 『춘추』를 편찬하였듯이 조선에서 명나라 역사서를 편찬해야 하며, 그 의리는 공자와 주자의 대지(大旨)를 따른다고 밝혔다.[70] 서명응은 명나라가 멸망한 지 100여 년 이후 그 의관과 문물을 보존한 나라는 조선뿐이므로 명나라 역사를 제대로 기록할 나라는 조선뿐이며, 명나라의 예악(禮樂)과 정법(正法)을 밝히는 일은 주희의 『자치통감강목』을 완성하는 의미가 있다고 평가하였다.[71]

서명응은 1773년에 완성된 『자치통감강목신편』을 1781년에 수정하고, 책의 제목을 『자치통감강목삼편(資治通鑑綱目三編)』으로 바꾸었다. 여기서 '삼편(三編)'이란 『자치통감강목』과 『자치통감강목속편』에 이어 세 번째 만들어진 『자치통감강목』임을 의미하였다.[72] 1773년본과

---

69) 『弘齋全書』 권179, 「資治通鑑綱目新編二十卷」.

"壬辰, 予在春邸, 取皇明正史, 提綱立目, 紀年繫目, 一倣朱子綱目之例. 至癸巳, 始成."

『保晚齋集』 권7, 「綱目新編序」.

"(我春宮邸下) 乃以義例, 授賓客臣命膺, 釐正明史, 立綱分目, 凡二十卷, 名曰資治通鑑綱目新編. … 臣與聞編摩, 一遵朱子成法, 不敢以私智, 妄有參錯."

70) 『弘齋全書』 권179, 「資治通鑑綱目新編二十卷」.

"我東之於皇朝, 若魯之於周. 然孔夫子作春秋, 大義數十, 尊周爲先. … 新編者, 皇明之史也. 余實有擬於孔夫子之春秋, 而不如是, 則新編可以無作矣. 後春秋而爲惇史, 朱夫子之綱目是耳. 然而朱夫子, 尙恨其未克照管於筆削之際. 則余何敢曰一一無錯. 然其義, 則竊取於兩夫子之大旨."

71) 『保晚齋集』 권7, 「綱目新編序」.

1781년본의 가장 큰 차이는 대상 시기였다. 서명응은 『자치통감강목신편』에서 '18대 270년'의 역사를 다뤘으나 『자치통감강목삼편』은 '황명이십조강목(皇明二十朝綱目)'이라 하여 두 황제의 재위 시기가 늘어났음을 밝혔다.[73] 또한 서명응은 1781년 교정본의 부본(副本)을 별도로 필사하여 『보만재잉간』 별간(別簡)에 편집하였다. 그는 왕명으로 편찬되어 규장각에 보관될 책을 개인 문집에 수록한 것은 훗날 책을 간행할 때 교정을 위한 대조본으로 활용하기 위해서라고 밝혔다.[74]

현재 『자치통감강목삼편』은 2종의 필사본과 『보만재잉간』에 수록된 필사본(이하 '보만재잉간본'이라 함)이 규장각에 소장되어 있다. 2종의 필사본은 표제가 '황명강목(皇明綱目)'인 규1621본과 '강목삼편(綱目三編)'인 규4210본으로 구분된다.

규1621본은 1773년에 최초로 편찬한 필사본으로 판단된다. 이는 책에서 다룬 시기가 서명응이 언급한 대로 명 태조의 건국년(1368, 洪武 1)부터 청이 북경을 함락시킨 의종(毅宗)대(1644, 崇禎 17)까지 18대 277년간의 역사만 다뤘기 때문이다. 규1621본은 권수의 「범례」과 「목록」이 없으며, 본문을 꼼꼼하게 정사(精寫)한 것으로 보아 정조에게 올린 어람용 필사본으로 판단된다. 또한 고유명사의 우측에 청색 선을 그어 식별하기

---

72) 『資治通鑑綱目三編』 卷首, 「資治通鑑綱目三編凡例」.

"凡綱目之編, 今已至三. 紫陽綱目爲始, 宋元綱目爲次, 而是編編于第三, 故曰資治通鑑綱目三編. 於上六言, 可以見其一統之書. 於下二言, 可以得其編成之序."

73) 『資治通鑑綱目三編』 卷首, 「綱目三編序」.

74) 윗글.

"綱目三編者, 承命撰進之書也. 藏弆內閣之書也. 本不當與私撰之書, 雜列並行. 然異時聖上, 命以是書登諸繡梓, 則若無私藏之善本, 爲之副貳. 雖欲校對, 將於何校對乎? 於是, 辛丑副本, 非唯不敢毁棄, 又編入於剩簡, 以見剩簡所載. 乃是辛丑校正之善本, 而庶免前後錯雜之弊也."

쉽게 하고, 특히 인명은 선을 두텁게 표시하였으며, 중요한 구절에 청색 비점을 찍고 본문의 전체에 청색의 구결토(口訣吐)를 달았다.

규4210본과 보만재잉간본은 필체와 내용이 일치하는 동일본으로, 1781년에 편찬한 것으로 판단된다. 이 필사본은 본문에서 남명의 마지막 황제인 영명제(永明帝) 말년(1659, 永曆 13)까지 다루어 대상 시기가 '20대 292년'으로 늘어났고, 규1621본에 보이던 청색 선이나 구결토가 전혀 없다.

그러나 규4210본과 보만재잉간본 사이에도 차이는 있다. 보만재잉간본에서 먹으로 지운 부분에 규4210본에서는 황색 첨지를 붙였고, 보만재잉간본 권수에 추가된 서명응의 서문이 규4210본에는 없다. 또한 보만재잉간본에는 권별로 '보만재비급(保晩齋秘笈)'의 해당 권수가 추가되고,[75] 중간에 도삭하거나 수정을 가한 부분이 여러 곳에서 발견된다. 따라서 서명응은 1781년 교정본의 원본인 규4210본을 규장각에 올리고, 이후 별도로 소장한 부본(副本)에 서문을 붙여 『보만재잉간』에 포함시켰으며, 부본에는 계속 수정을 한 것으로 판단된다.[76] 다만 보만재잉간본은 현재 2책(권7~8, 권15~16)이 결본이며, 이는 완질인 규4210본으로 보완할 수 있다.

이제 규1621본의 대상 시기를 권별로 표시하면 다음과 같다.

권1, 太祖 洪武元年~太祖 洪武五年(5년)

권2, 太祖 洪武六年~太祖 洪武十九年(14년)

권3, 太祖 洪武二十年~太祖 洪武三十一年(12년)

권4, 惠宗 建文元年~成祖 永樂七年(11년)

75) 『保晩齋剩簡』의 『資治通鑑綱目三編』 20권은 『保晩齋秘笈』 13~32권에 해당한다.

76) '保晩齋剩簡本'에 추가된 序文과 수정된 부분의 필체는 일치한다.

권5, 成祖 永樂八年~仁宗 洪熙元年(16년)

권6, 宣宗 宣德元年~英宗 正統八年(18년)

권7, 英宗 正統九年~景帝 景泰七年(13년)

권8, 英宗 天順元年~憲宗 成化六年(14년)

권9, 憲宗 成化七年~憲宗 成化二十三年(17년)

권10, 孝宗 弘治元年~孝宗 弘治十八年(18년)

권11, 武宗 正德元年~武宗 正德十六年(16년)

권12, 世宗 嘉靖元年~世宗 嘉靖十四年(14년)

권13, 世宗 嘉靖十五年~世宗 嘉靖三十一年(17년)

권14, 世宗 嘉靖三十二年~穆宗 隆慶六年(20년)

권15, 神宗 萬曆元年~神宗 萬曆十九年(19년)

권16, 神宗 萬曆二十年~神宗 萬曆四十年(21년)

권17, 神宗 萬曆四十一年~光宗 泰昌元年(8년)

권18, 熹宗 天啓元年~熹宗 天啓七年(7년)

권19, 莊烈帝(毅宗) 崇禎元年~莊烈帝 崇禎九年(9년)

권20, 莊烈帝 崇禎十年~莊烈帝 崇禎十七年(17년)

1781년본은 대상 시기가 늘어나면서 권16까지는 규1621본과 일치하고, 그 이후는 차이가 난다. 달라진 부분의 대상 시기를 권별로 표시하면 다음과 같다.

권17, 神宗 萬曆四十一年~熹宗 天啓五年(13년)

권18, 熹宗 天啓六年~毅宗 崇禎八年(10년)

권19, 毅宗 崇禎九年~毅宗 崇禎十七年(9년)

권20, 赧皇 弘光元年~永明帝 永曆十三年(16년)

2. 『기자외기』, 『주사』

『기자외기(箕子外紀)』와 『주사(疇史)』는 기자(箕子)에 관한 자료를 정리한 저술이다.

『기자외기』(3編 1책)는 서명응이 평안 관찰사로 있던 1776년 11월에 평양에서 편찬 간행한 저술이다. 기자의 고도이자 그 유제로 알려진 정전이 남아 있던 평양에 부임한 서명응은 기자의 유적을 복구하고 평안도 지역의 문풍을 일으키는 일련의 조치를 시행하였다. 그는 기자의 정전기적비(井田紀蹟碑)를 건립하고, 원형이 사라져 가는 토지 구구(九區)를 매입하여 정전제를 복구하였다. 또 유생의 훈육은 인현서원(仁賢書院)을 중심으로 하되 삼익재(三益齋)와 구주각(九疇閣)을 중수하여 '구삼원(九三院)'의 편액을 달았고, 무사의 수련 장소인 오근당(五謹堂)을 세웠다. 그리고 문사와 무사를 양성하고 구삼원과 오근당의 관리에 필요한 경비를 조달하기 위해 별도로 삼오고(三五庫)를 설치하였다.[77] 『기자외기』는 이러한 조치와 함께 평양에 있는 기자의 유적을 밝히려고 저술하였다.

서명응은 기왕에 있던 2종의 『평양지(平壤志)』가 기자를 언급한 기사를 서적에서 뽑아 편집하고 부록으로 사부(辭賦)와 제영(題詠)을 붙인 것이라 기자의 도(道)와 법(法)을 빠트렸고,[78] 윤두수(尹斗壽)의 『기자지(箕

---

77) 『保晩齋集』 권11, 「箕子井田紀蹟碑」.
『保晩齋年譜』 권4, 「丙申(1776) 六十一歲」. "七月, 大修學政."
『明皐全集』 권15, 「本生先考文靖公府君行狀」.
"公兩載莅藩, 異政甚多. 立井田碑, 撰箕子紀, 著箕聖治敎之蹟. 修九三院, 建五謹堂, 爲儒武習藝之所. 以井田舊形, 歲久堙廢, 捐錢萬餘緡, 買田九區, 量定其畝澮溝洫. 而收其賦, 幷與兩角島赤牙屯之稅, 設三五庫, 貯蓄之, 俾作院宇繼廩食之資."
78) 『箕子外紀』 卷首, 「箕子外紀序」.

子志)』는 그때그때 기록한 것이라 체제가 갖춰지지 못하였고 새로 발명한 것도 없다고 보았다.[79] 또한 그는 낙서가 정전의 연원이 되고 팔진(八陣)이 정전의 대위(對位)가 되는 것으로 보았으며, 기자의 「홍범」은 낙서 전체의 덕을 갖춘 것이라 평가하였다. 따라서 서명응은 『기자외기』의 편찬을 통해 기자의 도와 법을 밝히고, 세손 시절부터 낙서의 학문을 천명한 정조에게 이 책을 올림으로써 낙서의 학문이 밝혀지고 정조가 지향하던 황극의 정치에도 도움이 되기를 기대하였다.[80]

『기자외기』의 내용은 권수에 서명응의 「기자외기서(箕子外紀序)」, 「은태사기자진상(殷太師箕子眞像)」, 기자에 대한 「찬(贊)」(司馬遷, 陶潛, 司馬貞, 金時習), 「기자외기목록(箕子外紀目錄)」이 있다. 또한 본문은 9목(敍述, 篇章, 制度, 出處, 道學, 論說, 廟享, 事蹟, 歌詠)으로 분류하여, 기자에 관한 역대의 기록과 서명응이 지은 글을 편집하였다. 본문에서 출처와 도학은 『상서』의 원문과 주를 정리한 것으로, 출처에서는 「미자(微子)」편에 나오는 기자의 말을, 도학에서는 「홍범」편 전문을 수록하였다. 서명응은 「홍범」편에 '경(經)'에 해당하는 우의 홍범과 '전(傳)'에 해당하는 기자의 홍범이 함께 있다고 보았으며,[81] 『기자외기』 도학의 「서

"平壤, 舊有箕子志二本, 輯經傳子史中語及箕子者, 以爲書. 且附以辭賦題詠, 而其於箕子之道與法, 盖闕如也."

79) 『保晩齋年譜』 권4, 「丙申(1776) 六十一歲」.

"十一月, 箕子外紀成. 公於機務之暇, 裒聚箕聖遺蹟, 門分類別. 先是尹梧陰斗壽, 以正使朝天, 中州士大夫, 爭問箕子事蹟. 尹公不能對一辭, 歸而恥之, 爲撰箕子志, 鋟梓於箕營. 然隨手箚錄, 無體段, 無發明."

80) 『箕子外紀』 卷首, 「箕子外紀序」.

"惟我聖上, 自在春宮, 丕闡洛書之學. 而命膺以賓僚, 幸得參聞其緖餘. 方今, 六就時乘, 萬物咸覩, 凡所施措, 無非欽福錫民之道. 而是書, 適成於是時, 天將以洛書之學, 煥然復明於東土也歟? 亦有非偶然者矣. 謹敢鋟梓摹印, 還朝之日, 獻諸螭陛, 以請其編輯之得失, 且以補會極歸極之至治云."

홍범편(書洪範篇)』은 앞서 보았듯이 1782년에 편찬된 『홍범오전』에 재수록되었다. 권말의 「발문」은 편찬 당시 평양 서윤(庶尹)으로 있던 김헌주(金獻柱)가 지었으며, 일부의 판본에만 수록되어 있다.[82)]

『기자외기』 본문의 세목은 다음과 같다.

敍述 : 箕子實記(李珥), 箕子本紀(徐命膺)

篇章 : 箕子操(史記評林), 麥秀歌(史記)

制度 : 箕子井田, 周禮井田, 孟子井田, 班固井田說, 朱子井田類說, 先儒論井田諸說, 箕田圖說(韓百謙), 箕子井田紀蹟碑(徐命膺), 平壤外城井田全圖, 洛書爲井田淵源圖, 八陣爲井田對位圖

出處 : 書微子篇

道學 : 書洪範篇, 洛書對待圖, 洛書生成圖, 洛書相克圖, 洛書始中終圖

論說 : 周易明夷卦爻辭, 論語三仁章, 孟子當路於齊章, 諸子說

廟享 : 汲郡箕子廟, 汲郡箕子廟碑(唐 柳宗元), 箕子廟碑後記(明 張寧), 平壤崇仁殿, 平壤箕子廟碑(卞季良), 平壤崇仁殿碑(李廷龜), 平壤仁賢書院

事蹟 : 遺俗, 崇奉, 古蹟, 得姓, 國祚

歌詠 : 箕子操(明龔用卿·華察·薛廷寵, 金時習, 蘇世讓), 箕子廟辭幷序(明 高閏), 箕子墓辭幷序(明董越·王敞·唐皐·龔用卿·吳希孟·許國, 李荇, 鄭士龍, 前人), 箕子廟賦(明祈順), 謁箕子廟賦幷序(明王敬民, 徐居正, 李珥), 六月幷序(明 陳鑑)

---

81) 『箕子外紀』 中編, 「第五道學」.

"盖禹之洪範, 洪範之經也. 卽第四節'初一曰', 止'威用六極', 是也. 箕子之洪範, 洪範之傳也, 卽第五節以下'一五行', 止'六曰弱', 是也."

82) 奎章閣에 소장된 3종의 『箕子外紀』 중에서 규2213본에만 跋文이 있다.

『주사』(2권 1책, 2－1, 輯)는 『기자외기』의 수정본으로 『보만재총서』 사별(史別)에 수록되었다. 서명응은 『주사』에서 『기자외기』의 9목을 홍범구주와 같은 것으로 간주하고, 구주로 기자의 사실을 기록하였다는 의미에서 '주사(疇史)'라 하였다.[83] 그는 역사의 서술 방법은 시대에 따라 새로워지는 것이며, 『사기』가 『상서』의 이전(二典)과 삼모(三謨)를 모방하여 본기와 열전을 만들었듯이, 기자의 도가 담긴 구주로 역사를 기록할 수 있다고 하였다.[84] 또한 그는 『주사』는 『한서』 「오행지(五行志)」에 근거한 것으로 보았다.[85] 그리고 그는 홍범의 황극은 바로 군주의 도와 심이므로 군주의 도와 심이 중앙에서 상하 사방에 응하듯이 황극도 중앙에 자리하여 상하의 사주(四疇)에 응한다고 하여 황극의 중요성을 강조하였다.[86]

『주사』는 서명응의 서문이 새로 작성된 것을 제외하면 『기자외기』와 내용이 완전히 일치한다. 다만 부분적으로 수정되거나 삭제된 것이 있다. 『기자외기』의 '서술(敍述)'목은 '기전(記傳)'주(疇)로 수정되고 수록된 글의 제목이 수정된 것도 있으며,[87] 각 주의 앞부분에 해설이 추가되고 도설은 완전히 삭제되었다.[88]

---

83) 『疇史』 卷首, 「疇史序」.
"疇史, 箕子之史也. 箕子之史也而曰疇史, 何也? 以九疇紀箕子事實而爲之史也."

84) 윗글.

85) 『本史』 卷末, 「跋文」. "疇史, 以漢書五行志而文之."

86) 『疇史』 卷下, 「道學疇五」.
"洪範曰, 次五曰皇極, 皇極要之. 人君之道與心, 是也. 人君之道與心, 居中以應上下四旁. 故皇極, 亦居中以應上四疇下四疇."

87) '箕子本紀'는 '箕子世家'로 수정되었고, 제목이 다섯 글자 이상인 것은 모두 네 글자로 정리되었다. 가령 '先儒論井田制說'은 '先儒論說'로, '箕子井田紀蹟碑'는 '井田碑文'으로 수정되었다.

88) 삭제된 圖說에는 平壤外城井田全圖, 洛書爲井田淵源圖, 八陣爲井田對位圖, 洛書對待

3. 『위사』

서명응은 1779년(정조 3) 8월에 수어사로 남한산성에 있으면서 정조의 명령으로 이곳의 지리지인 『남한지(南漢志)』(2권)를 편찬하였다.[89) 『남한지』는 극도(極度), 분야(分野) 등 27목으로 구성된 필사본으로 전해져서, 1846년(헌종 14)에 홍경모(洪敬謨)가 『중정남한지(重訂南漢志)』(12권 6책)를 편찬할 때 참고하였다.[90) 그러나 현재는 그 원문이 발견되지 않는다.

『위사(緯史)』(12권 7책, 2-2, 鑒定)는 서명응이 제시한 의례를 따라 서유구가 편찬한 세계지리서다. 『보만재총서』 사별(史別)에 포함되어 있다.[91) 서명응은 지(地)를 말하려면 천과 도에 근거해야 하며, 삼대까지는 북극의 위도를 기준으로 천하의 거리를 결정하였으나 이는 선천의 도를 따랐기 때문에 가능하다고 보았다.[92) 그러나 삼대 이후 선천의 도

圖, 洛書生成圖, 洛書相克圖, 洛書始中終圖 등이 있다.

89) 『保晩齋年譜』 권4, 「己亥(1779) 六十四歲」.
"八月, 上謁英·寧二陵. 路由南漢山城, 公率旗鼓迎接, 以領軍隨駕, 還至山城. 行夜操, 命撰南漢志."
『弘齋全書』 권183, 「南漢志二卷」.

90) 洪敬謨, 『重訂南漢志』 卷首, 「序」(1846).
"敬謨於當宁甲辰(1844), 受命出鎭, 莅事考蹟, 無所足徵. 府有舊志, 斷爛片簡, 不堪憑信. 適得徐公命膺所編南漢志, 盖於正廟己亥(1779), 以守禦使, 承命纂次, 而未成書者. 乃與舊志, 參互而重訂."

91) 『緯史』에는 "徐命膺鑒定 孫有榘編閱"로 표시되어 있다.

92) 『緯史』 卷首, 「緯史序」.
"言乎地而不本諸天, 言乎天而不本諸道, 終無以得其要矣. … 人北行二百五十里, 見北極漸高一度. 南行二百五十里, 見北極漸低一度. 而晝夜長短, 以之不同. 其東西節氣, 亦以此法準之, 每二百五十里, 爲早晩之加減, 則是北極, 乃引丈尺寸於地也. 故由三代以上, 皆以北極緯度, 定天下之道理. … 古之聖人, 數極三才, 理妙一貫, 何道而然哉?

가 어두워지면서 한나라부터 명나라까지 편찬된 지리지는 본을 모르는 상태에서 연혁만 기록하고, 내용은 점점 번잡하고 문란해져도 핵심은 없다고 하였다. 따라서 그는 삼대 지리지의 의례로 판단되는 북극의 위도를 기준으로 각 지역을 나누고 선천의 도를 따라 『위사』를 편찬하였다.[93)]

서명응은 『위사』에서 선천과 주비(周髀)를 합하여 하나로 만들었다고 밝혔다. 그는 복희(包犧)가 선천도를 만들어 주비의 수법(數法)이 생겨난 이후로 신농, 황제, 요, 순, 우로 전수되면서 천지를 측정하고 인사(人事)를 헤아리는 방법으로 사용되었으나, 진과 한 이후에 선천은 선가(仙家)로, 주비는 서양 국가로 전해진 것으로 보았다. 그러나 선천이 송나라 때 다시 나타난 후 700년이 지났고, 주비가 명나라 말기에 다시 나타난 후 200년의 세월이 흘렀으나 선천과 주비는 여전히 합쳐지지 못한 상태로 있었다. 따라서 자신이 선천과 주비를 합한 『위사』를 편찬하여 복희에서 우로 전해졌던 옛 성인의 도가 본모습을 완전히 회복하였다고 자평하였다.[94)] 서명응의 『위사』는 『일통지(一統志)』, 『직방외기(職方外紀)』, 『만국전도(萬國全圖)』 등 중국과 서양의 지리서를 폭넓게 활용하면서 이를 '선천과 주비의 결합'이라는 독자적 방식으로 체계화한 것이 특징이다.

曰先天之道而已矣."

93) 윗글.

94) 『緯史』 卷首, 「起例」.
"是書, 先天·周髀而一之. 何以一之, 自包羲氏, 作先天圖, 以生周髀數法. 而歷神農·黃帝, 至于堯·舜·禹, 更相授受, 上以度天, 下以度地, 中以類乎人事. 及夫秦漢以後, 先天淪於周竈, 周髀淪於西國, 二者, 不相爲用. 今先天之出於宋, 七百有餘年, 周髀之出於明, 二百有餘年, 而士異業, 業異門, 尙未有以一之. 肆竊撰成是書, 期欲六聖相傳之道, 象器旣離, 復合於累千載之下也."

서명응은 『상서』 「우공(禹貢)」편을 『위사』의 저본으로 하였다. 그는 지리서의 본원은 「우공」이고 「우공」의 본원은 선천과 주비에 있는 것으로 보았고, 『위사』에서 「우공」의 내용을 정리한 '오복팔주북남도(五服八州北南圖)'를 바탕으로 하였다.[95] 그리고 서명응은 「우공」의 지리에 대해 선학들이 논란한 것을 조목별로 정리한 것이 『위사』이므로 이를 '우공익(禹貢翼)'이라 부를 수도 있다고 하였다.[96] 따라서 『위사』는 앞서 「우공」의 지리를 다룬 『상서일지』와 연결이 되는 저술이다.

『위사』의 내용은 권수에 서명응의 「위사서(緯史序)」와 「후서(後序)」, 「위사총목(緯史總目)」이 있다. 그리고 범례인 「기례(起例)」와 본문의 체제와 내용을 요약한 「입도(立圖)」, 「제강(提綱)」, 「거요(擧要)」를 별도의 권으로 미리 제시하여, 후대 사람이 각 지역의 정확한 위치가 알려지는 대로 오류를 쉽게 수정할 수 있게 하였다.[97] 본문은 북극 위도에 따른 세계 각국의 지리를 서술하였으며, 해당 지역의 극위(極緯), 황적경(黃赤經), 풍속, 산천, 토산 등을 정리하였다. 서유구는 『위사』의 서술 체제가 『한서』 「지리지」를 참조하였다고 밝혔다.[98]

『위사』의 세목을 정리하면 다음과 같다.

---

95) 윗글.

"先天·周髀, 卽禹貢一篇之本原也. 禹貢一篇, 又萬世地理書之本原也. 故是書, 專以禹貢之五服九州, 爲之鋪置."

『緯史』 卷首, 『立圖』, 五服八州北南圖.

96) 『緯史』 卷首, 「起例」.

"其禹貢地理, 往往有先儒然疑未定之論者. 各爲條辨, 詳載於該地方之下, 以備讀禹貢者參考. 故是書, 一名'禹貢翼.'"

97) 윗글.

"極度地理分配之際, 難保其無差誤失實處. 後人, 若不曉分配之法門, 則雖欲就加釐正, 其道無由. 故別爲立圖·提綱·擧要三篇, 載之卷首."

98) 『本史』 卷末, 「跋文」. "緯史, 以漢書地理志而衍之."

卷首：起例(八則), 立圖(九圖), 提綱, 擧要

권1：北軸兩儀(北軸陽儀, 北軸陰儀)

권2~10：州服四象(北州天位, 北州人位, 北州地位, 中州天位, 中州人位, 中州地位, 南州天位, 南州人位, 南州地位)

권11：中衡八卦(中衡北軸, 中衡北半, 中衡南半), 洲坻四象(三才交位), 南軸兩儀(南軸陽儀, 南軸陰儀)

4. 『본사』

『본사(本史)』(12권 6책, 2-3, 撰)는 1785년 서명응과 서유구가 공동으로 편찬한 농서이다. 『보만재총서』의 사별(史別)에 포함되어 있다.[99] 서명응은 농정(農政)이 천하의 대본인 동시에 천·지·인의 본이므로 농서를 '본사(本史)'라 이름하고, 독특하게도 『사기』의 기전체를 따라 본문을 본기(本紀), 지(志), 세가(世家), 열전(列傳)의 체제로 하였다.[100] 그는 8곡(穀)을 '본기'로 하고, 여기에 관계되는 농기구나 농사 기술에 관한 것을 '지'로, 봉토를 받은 세가들이 조정에 토공(土貢)을 바치듯 공양과 제사를 돕는 채소와 과일을 '세가'로, 목재와 약재를 제공하는 수목과 초훼(草卉)를 '열전'으로 하여 본문을 구성하였다.[101]

---

99) 『本史』에 수록된 水利學에 대해서는 문중양, 『조선후기 水利學과 水利담론』, 집문당, 2000,88~107면 참조.

100) 『保晩齋集』 권7, 「本史序」.

"統名之曰'本史', 則以農政, 天下之大本也. 豈惟天下之大本而已哉? 仰觀于天, 天有農祥天田丈人之星, 則天以農爲本也. 俯察于地, 地有畝澮溝洫同成之制, 則地以農爲本也. 中類于人, 人之等, 不越乎天子·大夫·士·庶人, 而天子親耕籍田, 大夫各事采地, 士·庶人以勤惰分爲上中下, 則人以農爲本也."

『本史』 卷末, 「跋文」. "本史, 又以史記之義例而折衷之."

서명응은 농포(農圃)가 주나라 왕업의 기본으로 『시경』의 아송에도 농공(農功)을 다룬 시가 많이 남아 있고, 공자는 번지(樊遲) 이외에는 농업을 금지한 적이 없으며, 공자의 고제자인 자공(子貢)이 관개에 뛰어났던 일 등을 거론하여, 자신이 『본사』라는 농서를 편찬한 것이 유학의 취지에 부합한다고 주장하였다.[102] 또한 그는 역사서란 단순히 사실을 기록하는 일 이외에 당대 문기(文氣)의 움직임을 후대인에게 보이는 작업이며, 『본사』는 일반인들이 농법을 쉽게 이해하고 이를 바로 현실에 이용할 수 있게 하려는 실용적 저술임을 강조하였다.[103]

서명응의 『본사』는 조선의 대표적 농서인 『농가집성(農家集成)』과 『산림경제(山林經濟)』를 계승하면서 중국과 서양의 자료를 다양하게 수용한 것이 특징이다. 가령 『본사』 「세가」의 마지막에 '방예열전(方裔列傳)'을 두어 세계 각국의 채소, 과일, 향료, 약재, 주류 등을 정리하였다. 여기에는 파서제국(巴西諸國), 여인국(女人國), 진랍국(眞臘國), 서역남해(西域南海), 파사국(波斯國), 남번(南番), 불림국(拂林國), 서역(西域), 회회국(回回國), 서역월씨(西域月氏) 등의 국명이 나타나, 그가 섭렵한 자료의 범위가 넓었음을 보여준다.

---

101) 『保晩齋集』 권7, 「本史序」.

102) 『本史』 卷首, 「後序」.

「後序」에서는 孔子가 樊遲에게 農圃를 금지한 故事를 제시한 다음 農圃를 중시하는 서명응 자신의 입장을 변호하는 내용을 정리하였다. 孔子와 樊遲의 故事는 『論語』 「子路」에 나온다.(樊遲請學稼. 子曰, 吾不如老農. 請學爲圃. 曰吾不如老農. 樊遲出, 子曰, 小人哉! 樊須也.)

103) 『本史』 卷末, 「跋文」.

"有桀, 初欲效馬班二史之文體, 屢易藁不成. 遂乃辭不能於公. 公曰, '是不然. 史者, 不徒紀事而已, 兼欲示後人, 以當時文氣之升降. … 況本史, 蓋欲使天下之愚夫愚婦, 一開卷之頃, 霈然通曉其種植樹藝之法, 以施之於實用也. 今若以艱深之辭, 飾其句語, 使讀者, 如鉗在口, 則唯天下能文之士, 方可讀本史而行. 本史, 是豈務實推廣之道乎?'"

『본사』의 내용은 권수에 서명응의 「본사서(本史序)」와 「후서(後序)」, 37면에 걸친 「총목」이 있다. 본문은 8본기, 9지, 10세가, 16열전으로 구성되며, 권말에 서유구의 발문이 있다.[104] 본문 마지막에 있는 「잠사(蠶史)」(권12)의 대부분은 서유구가 편찬하였다.[105]

『사기』의 기전체 방식으로 편찬한 『본사』 본문의 세목을 정리하면 다음과 같다.

本紀(권1) : 稻, 黍, 稷, 粱, 麥, 菽, 豆, 麻

志(권2~4) : 九扈, 井牧, 灌漑, 鎡器, 稼穡, 倉廩, 孳養, 荒政, 農書

世家(권5~6) : 葷菜(16種 附6種), 蓏菜(20種 附1種), 滑菜(28種 附5種), 水菜(12種 附2種), 芝栭(15種), 五果(5種 附1種), 核果(36種 附9種), 水果(3種), 藤果(12種 附2種), 叢果(8種)

列傳(권7~11) : 貞木(11種 附12種), 香木(16種 附6種), 喬木(38種 附9種), 灌木(36種 附1種), 靈草(12種 附5種), 香草(18種 附6種), 芳草(24種 附16種), 山草(50種), 隰草(22種 附1種), 野草(49種 附7種), 石草(25種 附5種), 水草(64種 附1種), 蓏草(15種 附1種), 蔓草(55種 附2種), 福草(37種 附5種), 方裔(43種)

蠶史(권12) : 紀(蠶, 苧, 麻, 棉), 志(繅絲, 紡績, 鎡器, 蠶書), 列傳(桑柘蘪蘪列傳)

---

104) 徐有榘의 跋文은 그의 문집인 『楓石鼓篋集』에도 수록되어 있다(권6, 「跋本史」).

105) 「蠶史」의 편찬에 대해서는 『本史』 「跋文」에 차이가 있다. 『本史』 卷末에 수록된 「跋文」에서 서유구는 '자신이 鎡器志, 蠶書志, 桑柘蘪蘪列傳을 편찬하였다.'고 밝혔으나 「楓石鼓篋集」에서는 '蠶史以下'를 편찬하였다고 하였다. 서유구의 「本史補論斷」에는 蠶本紀, 麻本紀, 棉本紀, 紡績志, 鎡器志, 蠶書志, 桑柘蘪蘪列傳이 있어, 「蠶史」의 대부분은 서유구가 편찬한 것으로 보인다(『楓石鼓篋集』 권6).

서유구의 『蠶史』 서술에 대해서는 유봉학, 『燕巖一派 北學思想 研究』, 1995, 201면 참조.

제4절 자부(子部) 관계 저술

1. 『황극일원도』, 『천세력』, 『비례준』, 『선구제』

서명응의 천문과 역서(曆書) 저술에는 『황극일원도(皇極一元圖)』, 『천세력(千歲曆)』, 『비례준(髀禮準)』, 『선구제(先句齊)』 등 4종의 저술이 있다.

『황극일원도』(2책)는 1773년(영조 49) 12월에 영조의 명을 받은 서명응이 『경세지장(經世指掌)』을 수정한 역서이다. 『경세지장』(2책)은 1758년(영조 34)에 홍계희(洪啓禧)가 편찬한 것으로, 「원회도(元會圖)」, 「회운도(會運圖)」, 「운세도(運世圖)」, 「세세도(世歲圖)」, 「세월도(歲月圖)」[106] 등 5부로 구성되었다. 이는 소옹(邵雍)의 『황극경세서(皇極經世書)』에 의거하여 편찬된 책이었다. 영조는 『경세지장』의 규모가 간략하면서 고거가 정밀하여 소옹 학문의 요체를 잘 보여준다고 평가하였다. 그러나 강(綱)에 해당하는 '운(運)'에 대한 기록은 상세하나 목(目)에 해당하는 '세(世)'에 대한 기록이 소략하고, 이전의 합삭(合朔, 月食)은 기록되었으나 미래의 절기는 알 수 없는 등의 단점이 있다고 지적하고, 서명응에게 이를 보완할 역서를 편찬하라고 명령하였다.[107]

서명응은 『황극일원도』가 소옹의 상수학에서 나왔고, 이는 다시 하도에서 나왔으므로, 결국 선천학에 소급된다고 보았다. 또한 그는 선천학

---

106) 「歲月圖」는 時憲曆을 기준으로 하였는데, 1384년(明 太祖 洪武 17)에서 1758년(영조 34)을 대상으로 하였다. 또한 明이 멸망한 1644년(崇禎 17)까지의 明 年號를 연도의 오른쪽에, 朝鮮 건국년인 1392년(태조 1)에서 1758년까지는 조선의 연호를 연도의 왼쪽에 병기하였다.

107) 『皇極一元圖』 卷首, 「皇極一元圖序」.

을 심법으로 규정하고 군주가 요, 순, 우의 도와 치(治), 심법을 실천할 때 『황극일원도』의 편찬 의도가 완전히 실현된다고 보았다. 그리고 당시는 우로부터 3,900여 년 떨어져 기수로 좋은 시점에 해당한다고 주장하였다.[108]

『황극일원도』의 간본은 별도의 표지가 있다. 이는 면을 삼단으로 나누어 중앙의 제목과 테두리는 청색 먹을, 오른쪽의 '경세대법(經世大法)'과 왼쪽의 '비서성장판(秘書省藏板)'은 홍색 먹을 사용하여 인쇄하였다. 또한 권수에 서명응의 서문이 있고, 본문은 「원회운세도(元會運世圖)」와 「천세력도(千歲曆圖)」로 구분되었다.

상편 「원회운세도」는 『황극경세서』에 의거하여 총도(總圖)에 해당하는 「소자일원도(邵子一元圖)」를 편수(篇首)에 넣고, 천이 처음 열린 갑자회도(甲子會圖)에서 1774년의 시점이 포함된 경오회(庚午會) 을해운도(乙亥運圖)까지 1회(會)=30운(運)=360세(世)=10,800년의 방식으로 정리하였다. 「원회운세도」의 운도(運圖)는 인문을 처음 열었던 복희가 생존하였던 기사회(己巳會) 신유운(申酉運, B.C.3297~B.C.2938)에 시작되고, 최초의 사실이 기록된 해는 복희가 진(陳)에 도읍을 정한 신유운(申酉運) 무술세(戊戌世) 계유년(B.C.2988)이다. 또한 우리나라의 역사는 단군왕검이 조선을 세우고 평양에 도읍을 정한 계해운(癸亥運) 경신세(庚

108) 윗글.

"我聖上之命修是書, 夫豈徒爲歷代年數之攷据而已哉? 以先天心法之中, 於是乎, 可見也. 何則. 康節之數, 出於大衍之中, 大衍之中, 出於河圖之中, 而所謂'先天學'者, 是也. 故其言曰, '先天學, 心法也. 圖皆從中起, 萬化萬事, 生于心也.' … 世之人主, 若能道三聖之道, 治三聖之治, 常使三聖心法之中, 流行於世, 則天下可運之掌, 而氣數有不能奪. 況今去夏禹之時, 僅三千九百餘年, 而尙爲午初者乎?"

여기서 '午初'라는 것은 1774년의 시점이 庚午會의 30運 중 13번째 運인 乙亥運(1744~2103)에 속하는 것을 말한다.

申世) 무진년(戊辰年, B.C.2333, 堯 즉위 25년)에 시작하고, 이후 중국의 사실은 해당 연도의 오른쪽에, 조선의 사실은 왼쪽에 기록하였다.[109)]

하편 「천세력도」는 시헌력에 의거하여 영조 즉위년에서 120년간(1724~1843)의 월일시와 절기를 1년 단위로 기록한 것이다. 영조 즉위년부터 59년까지는 '상원(上元)'으로, 60년에서 119년까지는 '중원(中元)'으로 구분하였다. 서명응은 조선의 위치가 북경과 달라 절기가 중국과 다를 수 있다고 밝히고, 월의 대소는 오랜 관행에 따라 중국 역법[中曆]을 따랐지만, 절기의 조만(早晩)에 대해서는 중국과의 차이를 반영하여 작성하였다.[110)] 앞서 『경세지장』에서 영조의 치세기는 「세월도(歲月圖)」의 일부로 편입되어 있었으나 『황극일원도』의 「천세력도」에서는 영조의 치세기를 분리하여 매년의 월별 절기를 밝힘으로써 영조의 권위를 강조하는 효과가 있었다.

『황극일원도』 상편과 하편의 세목을 정리하면 다음과 같다.

上編 : 元會運世圖例

邵子一元圖

甲子會圖(天始開), 乙丑會圖(地始開), 丙寅會圖(人物始生),

己巳會圖(申酉運, 壬戌運, 癸亥運),

庚午會圖(甲子運, 乙丑運, 丙寅運, 丁卯運, 戊辰運, 己巳運, 庚午運, 辛未運, 壬申運, 癸酉運, 甲戌運, 乙亥運)

---

109) 윗책, 上編, 「元會運世圖例」.

110) 윗책, 下編, 「千歲曆圖例」.

"ㅇ我國合朔, 比燕京加四十二分, 故月之大小, 往往與中曆不同. 然我國曆法, 旣沿襲中曆, 行之已久, 故玆不更改云爾. ㅇ節氣早晩, 以東西而異焉. 我國在燕京, 偏東十度三十分, 故諸節氣, 亦加四十二分."

下篇：千歲曆圖例

當宁卽祚甲辰(1724)~當宁五十九年癸卯(1783)(上元)

當宁六十年甲辰(1784)~當宁一百十九年癸卯(1843)(中元)

『천세력』(3책)은 1782년 8월에 정조의 치세기를 『황극일원도』의 「천세력도」와 같은 방식으로 편찬한 역서이다. 1782년 5월에 정조는 관상감 제조로 있던 서명선에게 『천세력』을 편찬하되 그 범례와 규모는 형 서명응의 지휘를 받으라고 하였다.[111] 『천세력』의 편찬에 참여한 서명응은 역서를 반포하는 것은 왕정의 첫째 임무이며, 한나라 이후 중국에서 인멸된 주비의 유법이 명나라 말기에 서양에서 들어와 절기를 정확하게 예측할 수 있으므로 『천세력』을 편찬한다고 밝혔다.[112] 또한 『천세력』의 역원(曆元)은 역(曆) 계산법을 확립한 세종 26년(1444)을 기점으로 하였다.[113]

『천세력』의 표지는 '當宁壬寅起元年丁酉至百年丙子 / 千歲曆 / 觀象監藏板'으로 기록하였고, 본문은 상편(時憲起數), 하편(大統起數), 부록(百中曆)으로 구성되어 있다. 상편과 하편은 정조 원년인 1777년에서 시작하여 110년이 되는 1886년까지 매년 24절기를 기준으로 일(日)의 출입 시각과 주야의 길이를 기록하였다. 이때 상편은 시헌력을 따르고, 하

---

111) 『保晩齋年譜』 권6, 「壬寅(1782) 六十七歲」.

"八月, 與修千歲曆. 先是五月, 上命議政公, 自觀象監, 編千歲曆以進. 且教曰, '托卿兄, 指揮其凡例規模也.' 至是成書, 刊印以進."

112) 『千歲曆』 上編, 「凡例」.

"曆象授時, 乃是王政之第一先務. 而由漢以後, 數法散逸, 雖明年之曆, 尙恐不能密合, 況於千萬年之曆乎? 近者, 周髀遺法, 煥然大明, 於我東千歲之日至握籌, 縱橫無纖毫差違. 此我聖上所以命立千歲曆, 以省司曆者, 奔走測驗隨時隨改之勞也."

113) 윗글.

편은 대통력을 따라 정리하였다. 따라서 상편 중에서 『황극일원도』의 「천세력도」와 시기가 중복되는 1777년부터 1843년까지의 내용은 완전히 일치한다. 다만 표지, 상편 편수(編首)의 「범례」, 『보만재연보』 등에 나타나는 기록을 따르면, 『천세력』의 대상 시기는 정조 원년인 1777년(丁酉)에서 100년이 되는 1876년(丙子)까지이다.[114] 그런데 본문의 내용은 1886년까지 나타나 110년으로 늘어난 것이 의문이다.

부록인 「백중력(百中曆)」은 『천세력』을 편찬한 시점에서 과거 100년의 역서이다. 여기서는 1693년(癸酉, 康熙 32)부터 1743년(癸亥, 乾隆 8)까지 상원(上元), 1744년(甲子, 乾隆 9)부터 1792년(壬子, 乾隆 57)까지 중원(中元)으로 구분하고, 매년 12개월의 대소를 2개의 역법(대통력, 시헌력)으로 계산한 내용을 병기하였다.

이상에서 보듯 『천세력』은 앞서 『황극일원도』의 「천세력도」와 마찬가지로 왕정의 첫째 임무인 역서를 편찬하면서 정조의 치세기만 다뤄 국왕의 권위를 강조하는 효과가 있었다.[115]

『비례준』(2篇 1책, 3-1, 輯)과 『선구제』(2권 1책, 3-2, 輯)는 서명응이 편집한 천문 저술로 『보만재총서』 자여(子餘)에 포함되어 있다. 『비례준』은 『주례』의 천상(天象)과 『주비』의 천수(天數)를 합치고 이를 선천역으로 분석한 천문서이다. 서명응은 천문 상수의 기원을 복희로 보았다. 그는 복희가 「선천방원도」를 만든 이후 「선천방도(先天方圖)」를 추연하

114) 『保晩齋年譜』 권6, 「壬寅(1782) 六十七歲」.

"八月, 與修千歲曆. … 書凡三編, 以東國曆元圖, 冠于編首. 上編曰'時憲起數', 下編曰'大統起數'. 皆起自當宁元年丁酉, 至于當宁百年丙子, 紀二十四節氣干支日出入."

115) 『千歲曆』 編首, 「凡例」.

"我國之千歲曆, 乃是世宗朝以後初出之書, 而開我國人文之一端. 故起自我聖上元年, 以至于百年. 百年之後, 則又當因此續修, 以爲我國家億萬斯年之來式云."

여 개천의(盖天儀), 구고수법(勾股數法), 주천역도(周天曆度)를 만들었고, 주공에 이르러 『주례』와 『주비』가 만들어짐으로써 천문이 세상에 크게 밝혀졌다고 보았다.[116] 그런데 주나라가 멸망하면서 사라졌던 『주례』와 『주비』가 한나라 중엽에 다시 나타났으며, 『주례』는 주공의 저술로 인정받고 육경에 포함되었으나 『주비』는 후대의 개변으로 인해 인정받지 못하였다. 그러다가 명나라 말기에 전해진 서양의 구고수법은 바로 『주비』를 위주로 한 것으로, 서명응은 주공의 『주비』가 천문학자[疇人]에 의해 서양으로 전해졌던 것으로 이해하였다. 따라서 성인의 유법에 해당하는 서양의 구고수법은 당연히 수용해야 할 대상이 되었다.[117]

서명응은 천상을 담은 『주례』와 천수를 담은 『주비』는 표리와 경위의 관계에 있으며, 주비수법이 아무리 뛰어나도 상과 수를 분리하면 그 본상은 물론이고 성명(性命)의 본원을 파악할 수 없다고 보았다. 따라서 그는 『주례』와 『주비』를 참증(參證)하고 복희의 선천을 적용하여 해석한 『비례준』을 만들었으며, 이를 통해 삼대의 제도를 복구하고 선천 본연의 상과 수를 바로 잡았다고 평가하였다.[118]

『선구제』도 복희의 선천을 따라 구고수법과 칠정(七政, 日 月 五星) 운

116) 『髀禮準』 卷首, 「髀禮準序」.
"天文象數, 起自包犧氏. 仰觀俯察, 旣作先天方圓圖, 復推演方圖, 製盖天之儀, 刱勾股之數, 立周天曆度. 歷唐虞·夏商, 至于周公, 與商高論勾股法術, 命史官記問答, 以爲周髀之書. 又因周髀之書, 測天文, 正官制, 以爲周禮之書, 以天文遂大明於世."

117) 윗글.
"逮至明季, 勾股數法, 自西國流入中國, 推測躔圖, 錯錯相符. 以至日月交食, 無少差謬, 其法一以周髀爲主. … 班固曰'五伯之末, 疇人子弟, 分散外夷.' 是必疇人, 挾周髀, 之西國, 傳其法術, 無疑也. 夫禮失而求諸野, 從古則有, 明知爲古聖遺法, 斯取之矣, 豈以其出自外國而爲嫌哉."

118) 윗글.

행의 계산법을 바로잡은 천문서이다.[119] 서명응은 구고와 칠정의 법이 복희의 「선천방원도」에서 비롯되었고, 선천과 구고는 체용의 관계에 있으며, 삼대까지 이러한 법이 잘 지켜진 것으로 보았다. 그러나 진의 분서 이후 선천이 은사(隱士, 丹竈)에게 전해지면서 구고는 그 체를 잃어버렸고, 구고가 서양으로 전해지면서 선천은 그 용을 잃어버렸으며, 이후 중국의 선천과 서양의 구고는 분리되어 각자 커다란 한계를 보인 것으로 보았다. 따라서 서명응은 선천과 구고를 결합한 『선구제』의 저술을 통해 구고수법와 선천의 상을 바로잡으며, 복희지도(伏羲之道)의 체용을 바로잡은 것으로 평가하였다.[120]

이상에서 보듯 서명응은 명나라 말기 서양 선교사에 의해 중국으로 전해진 구고수법의 정밀성을 인정하고, 이를 고대 성왕의 유법으로 보면서 적극적으로 수용하였다. 또한 주례와 주비(勾股)의 근원은 바로 복희의 선천에 있다고 보았으며, 선천과 이들을 결합하여 삼대 제도의 원모습을 회복하는 것을 저술의 목표로 삼았다.

『비례준』은 권수에 서명응의 「서문」과 「총목」이 있고, 본문은 중천(重天)과 칠요(七曜)를 다루면서 총론에 해당하는 「총상(總象)」, 북극과 남극의 별을 다룬 「상규(上規)」·「하규(下規)」, 황도(黃道) 적도(赤道) 사방(北·西·南·東)의 별을 다룬 「현무(玄武)」·「백호(白虎)」·「주조(朱鳥)」·

119) 『先句齊』 卷首, 「先句齊序」.

"先句齊者, 何謂也. 以先天之象, 而齊勾股之法. 又以勾股之法, 而齊七政之行, 則其齊者益齊. 是以謂之齊也."

120) 윗글.

"及夫秦燄以後, 先天淪於丹竈, 而勾股失其體. 勾股逸於西國, 而先天失其用. … 是以勾股如無源之水, 而不見其簡易眞至. 先天如翦枝之木, 而不見其盛大流行. 此愚所以引本正末, 交互發明, 蓋不但爲勾股, 齊其法而已. 亦欲爲先天, 齊其象也. 不但爲先天齊其象而已, 亦欲爲包犧之道, 齊其體用, 不離析虧缺也."

「창룡(蒼龍)」, 일·월을 다룬 「태양(太陽)」·「태음(太陰)」, 토성·목성·화성·금성·수성을 다룬 「오성(五星)」, 은하수를 다룬 「천한(天漢)」, 『주비경』을 주해한 「수법(數法)」 등 12개 '준(準)'으로 구성되어 있다. 그 세목은 다음과 같다.

總象準 : 十二重天, 七曜光色

上規準 : 紫微中元, 太微上元, 天市下元, 攝提天庭

玄武準 : 星紀丑宮, 玄枵子宮, 娵訾亥宮

白虎準 : 降婁戌宮, 大梁酉宮, 實沈申宮

朱鳥準 : 鶉首未宮, 鶉火午宮, 鶉尾巳宮

蒼龍準 : 壽星辰宮, 大火卯宮, 析木寅宮

下規準 : 辰極理象, 諸星稱名

太陽準 : 太陽形體, 太陽稱名, 太陽大小, 太陽高下,

太陰準 : 太陰形體, 太陰稱名, 太陰大小, 太陰高下,

五星準 : 五星形體, 五星稱名, 五星光色, 五星大小, 五星高下, 五星變動

天漢準 : 漢津圍徑

數法準 : 周髀經解

한편 『선구제』는 권수에 서명응의 「서문」과 「총목」이 있고, 본문은 적도[恒星天]와 황도[太陽天]를 다룬 「황적(黃赤)」, 선천역 사상(四象)의 경계를 다룬 「상한(象限)」, 북극을 다룬 「극도(極度)」, 항성인 중성을 다룬 「중성(中星)」, 지원설을 다룬 「지원(地圓)」, 일·월의 궤도를 다룬 「일전(日躔)」·「월리(月離)」, 오성을 다룬 「오성(五星)」, 천문 관측 기구를 다룬 「의상(儀象)」, 일영(日影) 측정기구를 다룬 「규표(圭表)」 등 10개 '제(齊)'로 구성되어 있다. 본문의 세목은 다음과 같다.

黃赤齊 : 黃赤相差, 黃赤經緯, 經緯名目, 距緯數法, 黃鏑歲差, 經緯加減, 十二宮次

象限齊 : 整度眞訣, 平弧闊狹, 推步要法

極度齊 : 天樞測極, 諸星測極, 日景測極, 東方景差, 節氣加減

中星齊 : 中星歲差, 中星古今

地圓齊 : 各地時差, 各地天頂, 地半徑差, 地平測量

日躔齊 : 反對成序, 同升立差, 半徑比例, 游氣加減, 高卑盈縮, 晨昏刻分, 歲實名率, 歲差數法, 日食眞象, 日食三限, 九服見食, 日食三差, 日食方位

月離齊 : 白道總象, 朏朓側匿, 平行本輪, 自行均數, 均輪半徑, 次輪倍離, 交行距度, 最高輪心, 距日徑度, 距交之差, 月食眞象, 闇虛蝕限

五星齊 : 五星照界, 五星諸輪, 五星次輪, 五星視行, 五星約率,

儀象齊 : 製儀法式, 全儀離合, 衡表眞訣, 規環各測, 晷漏新制

圭表齊 : 製表法式, 分表度數, 立表規制, 安表高低, 化度成時, 辨方正位, 表景全易, 測景成曆

2. 『국조악장』, 『국조시악』, 『시악화성』, 『원음약』

서명응의 음악 관련 저술에는 『국조악장(國朝樂章)』, 『국조시악(國朝詩樂)』, 『시악화성(詩樂和聲)』, 『원음약(元音鑰)』 등이 있다. 이와는 별도의 저술로 『대악원류(大樂源流)』, 『대악전후보(大樂前後譜)』, 『아악도서(雅樂圖書)』 등이 있었지만 대부분 소실된 상태이다. 본 절에서는 이들 저술의 선후 관계를 분명히 하기 위해 연대순으로 서술하였다.

1752년(영조 28)에 서명응은 의흥(義興) 현감으로 있으면서 예와 악에 관한 자료를 정리하는 과정에서 『가례』를 주석한 『가례집해(家禮集解)』

를 편찬하고, 경전에 나오는 음악 관련 자료를 뽑아서 분류한 『대악원류』를 편찬하였다. 『대악원류』는 1770년(영조 46)에 『동국문헌비고(東國文獻備考)』를 편찬할 때 참고용으로 타인에게 빌려주었다가 소실되었다.[121)]

『국조악장』(1책)은 1765년(영조 41) 4월에 영조의 명령으로 조선 역대의 악장을 모아 편찬한 악서이다. 당시 서명응은 홍문관 제학으로 있으면서 홍계희, 김치양(金致讓), 구상(具庠) 등과 함께 편찬에 참여하였다. 영조는 『국조악장』을 『시경』에 나오는 주의 아·송과 표리를 이루는 책이라 평가하였다.[122)] 그러나 『국조악장』은 궁중의 제사와 연회에 사용되던 악장으로 『열성지장(列聖誌狀)』, 『악학궤범』 등에 수록된 것을 시대순으로 배열하였을 뿐 성조(聲調)에 대한 발명은 없었다.[123)]

『국조악장』은 권수에 「국조악장목록(國朝樂章目錄)」이 있고, 본문은 「종묘악장(宗廟樂章)」, 「문소전악장(文昭殿樂章)」, 「열조악장(列朝樂章)」, 「열조상존호악장(列朝上尊號樂章)」, 「열조추상존호악장(列朝追上尊號樂章)」, 「진풍정악장(進豊呈樂章)」, 「조회예연의통용악장(朝會禮宴儀通用樂章)」, 「친경악장(親耕樂章)」, 「관예악장(觀刈樂章)」, 「친잠악장

---

121) 『保晩齋年譜』 권1, 「壬申(1752) 三十七歲」.
“家禮集解成. … 大樂源流成, 公講究樂律, 苦患難通, 遂輯古今經傳中論樂之語, 分門彙類, 以便觀覽. 後, 朝廷編成文獻備考時, 爲人借去, 失其書.”

122) 『國朝樂章』 卷末, 「御製國朝樂章跋文」.
“昨因肄儀, 有大覺悟者, 樂凡十一聲. 而熙文·繹成章外九章, 卽九成之義也. 贊揚功德, 至理斯存, 與詩之周頌, 相表裏, 猗歟盛哉. 且列朝樂章, 亦詩之周雅也, 宜乎昭示. 特命一二卿宰, 敬輯作篇, 名曰國朝樂章, 豈獨專美於昔周雅頌乎?”

123) 『國朝詩樂』 卷首, 「國朝詩樂序」.
“英宗四十一年乙酉, 命二三臣, 編成國朝樂章, 而臣亦與於編輯之列. 然但抄謄列聖誌狀·樂學軌範諸書中所載者, 以世代序次而已. 其於聲調, 初無所發明, 盖兆始集成時各不同也.”

(親蠶樂章)」, 「대사례악장(大射禮樂章)」 등 11편으로 구성되었다. 권말에는 영조가 짓고 구상이 기록한 「발문」과 편집자 명단이 있다.

서명응은 1770년 4월에 영의정 김치인(金致仁)의 추천으로 『동국문헌비고』 편집당상에 임명되었고, 『동국문헌비고』 「악고(樂考)」의 편찬을 맡았다.[124] 서명응은 세종 대에 만들어진 아악이 국가의 모든 제사에 연주되었으나 유독 종묘에는 속악이 연주된 것에 의문을 품었다. 그러다가 5월에 강화도의 정족산성에 보관된 『세종실록』을 열람하고 세종 대에는 종묘의 아악이 있었고, 이것이 속악으로 변한 것은 세조 대임을 확인하였다. 서명응은 이러한 사실을 『악고』의 내용에 편입시켰다.[125]

1770년 6월에 편찬된 『대악전후보』(16권)는 이를 배경으로 작성되었다. 장악원 제조를 겸하였던 서명응은 장악원에 보관된 악보를 모두 확인하면서 세종 대와 세조 대의 악보를 고정(考正)하였다. 그는 세종 대의 아악을 '전보(前譜)'에 편집하고, 세조 대의 속악을 '속보(後譜)'에 편집한 『대악전후보』를 편찬하였다.[126] 이 중에서 『대악전보』는 청일전쟁

---

124) 『東國文獻備考』 「樂考」의 편찬 담당자는 堂上에 鄭存謙, 徐命膺, 郎廳에 洪龍漢, 徐浩修였고, 「樂考」의 서문은 서명응이 작성하였다. 『東國文獻備考』의 편찬 과정에 대해서는 朴仁鎬, 「朝鮮後期 歷史地理學 硏究 – 文獻備考 輿地考를 中心으로」, 한국학중앙연구원 박사학위논문, 1996, 22~51면.

125) 『保晩齋年譜』 권3, 「庚寅(1770) 五十五歲」.

"五月, 差文獻備考校正堂上. 以冬至春秋館事, 承命考實錄於江華鼎足山城. … 見世宗實錄, 有宗廟雅樂, 名雅樂譜·雅樂儀註. 而其變爲俗樂, 乃是世祖朝一時權宜之制也. … 遂盡抄其事實而來, 編入樂考, 三百年不決之疑, 至是乃定."

윗책, 권3, 「壬辰(1772) 五十七歲」.

"七月, 以經筵, 入侍書講. … 世祖朝, 略倣世宗初年, 三獻後, 交奏鄕樂之例, 權用於宗廟. 其後, 雅樂不傳, 俗樂獨傳, 故五禮儀, 只載俗樂."

126) 『保晩齋年譜』 권3, 「庚寅(1770) 五十五歲」.

"(六月)兼掌樂院提調, 考正兩朝樂譜. 公既編樂考, 以正兩朝之樂. 至是提擧樂院, 盡出

때 분실된 것으로 전해지며, 『대악후보』(7권 7책)는 현재 국립국악원에 소장되어 있다.[127] 『대악전후보』에서 아악과 속악을 정리한 것은 이후 『국조시악』의 분류에 영향을 주었다.

『국조시악』(5권 1책)은 1781년(정조 5) 7월에 정조의 명령으로 『국조악장』을 개정(改訂)한 악서이다. 서명응은 정조가 내려준 범례를 따라 『국조시악』을 편찬하였고,[128] 『보만재잉간』 집간(集簡)에 포함되어 있다. 이보다 앞선 1780년 3월에 서명응은 국가의 음악 제도를 바로잡을 수 있는 악서를 만들라는 정조의 명을 받아 『아악도서』를 편찬하였다.[129] 또한 1781년 윤5월에 정조는 영조 대에 만들어진 「관예악장(觀刈樂章)」의 장절(章節)이 미비하고 지의(旨義)에 오류가 있음을 발견하고, 서명응에게 새로운 악장을 만들게 하여 관예례를 거행할 때 사용하였다.[130] 이를 뒤이어 정조는 영조 대에 편찬된 『국조악장』이 아악과 속악을 구분하지

院藏樂譜, 觀之. 則世宗朝之雅樂, 以十二律, 紀之於譜. 世祖朝之俗樂, 以一上一下, 紀之於譜. 於是, 雅樂爲前譜, 俗樂爲後譜, 統名之曰'大樂前後譜'. 淨寫積藏, 以爲後考."

『增訂文獻備考』 권102, 「樂考5」; 『增補文獻備考』 권94, 「樂考5」.

다만 『增訂文獻備考』와 『增補文獻備考』에는 "英宗己卯纂定"으로 기록되어 『大樂前後譜』가 1759년에 편찬된 것으로 나오는데, 확인이 필요하다.

127) 宋芳松, 『韓國音樂通史』, 一潮閣, 1984, 171~172면; 498~499면.

128) 『弘齋全書』 권179, 「國朝詩樂五卷」.

"予於申丑夏, 將行觀刈禮, 取見儀注. … 大懼其無以傳信於後世, 發凡起例, 更撰一本."

129) 『保晩齋年譜』 권5, 「庚子(1780) 六十五歲」.

"雅樂圖書成. 先是己亥(1779)夏, 禴肄儀時, 上御儲承殿舊基, 引見公親閱樂儀, 歎樂聲噍殺, 不似治世之音. 復命公入侍誠正閣, 縱論樂理, 以及於宮軒二制. 敎曰'何由撰成一部樂書', 盖欲公撰成, 以備一王之制也. … 及聞正月初八日處分之後, 以陳章乞退, 斷定於心, 欲追范蜀公休退後進樂書樂器故事, 遂編雅樂圖書. 三月而功告訖."

130) 윗책, 권6, 「辛丑(1781) 六十六歲」. "閏五月, 承命撰進親臨觀刈樂章."

않았고, 「풍운뢰우악장(風雲雷雨樂章)」이 빠졌으며, 「부묘악장(祔廟樂章)」에 빠진 것이 있는 등 많은 오류가 있으므로 이를 보완한 새로운 악서를 편찬하라고 명령하였다.[131]

서명응은 시와 악을 분리하여 보면 당상현가(堂上弦歌)가 시이고 당하포죽(堂下匏竹)이 악이지만 실상은 완전히 일치하며, 조선의 악장은 바로 『시경』의 아송이며 『의례경전통해(儀禮經傳通解)』에서 말하는 '시악(詩樂)'에 해당한다고 보았다.[132] 그는 세종 대에 정리된 이후 300여 년 동안 문헌 기록이 없이 내려온 역대의 악장을 아악, 속악, 당악(唐樂), 향악(鄕樂), 요가악(鐃歌樂) 등 5편으로 분류하고, 각 악장의 아래에 그 대지와 제작 연대, 오류의 시말 등에 대한 자료를 대폭 보완하였다.[133] 정조와 서명응은 시와 악이 조화를 이룬 『국조악장』을 편찬하여 세종 이후 전해지지 않은 음악의 단서를 추출하고, 영조가 끝내지 못한 사업을 완성하였다고 평가하였다.[134]

---

131) 『國朝詩樂』 卷首, 「國朝詩樂序」.
"今上五年辛丑夏, 將行觀刈禮, 上取覽儀注, 歎舊撰樂章, 章節未備, 旨義多錯. 乃召臣命撰觀刈樂章, 仍教曰, '乙酉所編國朝樂章, 不分雅·俗. 且闕風雲雷雨樂章, 其他祔廟樂章之以無爲有者, 皆未可以傳信於後. 卿其彙分類別, 更撰一本以進也.'"

132) 윗글.
'詩樂'은 『儀禮經傳通解』(37권 20책) 권14에 있는 編名이다.

133) 『保晩齋年譜』 권6, 「辛丑(1781) 六十六歲」.
"七月, 編進國朝詩樂·詩樂和聲. … 於是公退, 而分雅樂·俗樂·唐樂·鄕樂·鐃歌樂, 爲五篇, 各疏大旨于章下. 使世代制作, 與夫命樂之要旨, 開卷瞭然."
「宗廟樂章」의 경우 『國朝樂章』에서는 本文만 나오지만, 『國朝詩樂』에서는 "世祖九年, 教曰, '世宗以天縱聖, 智製樂舞, 未及用之. 此時不擧, 後將廢棄, 惜哉. 命自今宗廟大享, 用定大業, 保太平, 復命崔恒, 製樂章.'"이란 설명이 추가되었다.

134) 『國朝詩樂』 卷首, 「國朝詩樂序」.
"今我聖上, 超然獨觀於此, 使世宗朝以後三百年無徵之樂, 一朝有徵. 而英宗朝未究之志事, 至於是始克就, 謂非有數存於其間, 不可也. 無乃天將和詩樂, 以鳴國家之盛耶?"

현재 『보만재잉간』에 포함된 『국조시악』은 제목이 '시악집성(詩樂集成)'으로 수정되고 권수의 「서문」, 「총목」, 권별 목차가 추가되었으며, 본문 중 수정된 곳이 여러 군데 발견되는 것으로 보아 정조에게 올린 원본의 부본으로 추정된다. 『국조시악』 본문의 세목은 다음과 같으며, (*) 표시는 『국조악장』에 수록되어 있던 악장을 표시한 것이다.[135] 『국조악장』의 「열조악장(列祖樂章)」과 「열조추상존호악장(列祖追上尊號樂章)」은 『국조시악』에서 누락되었다.

雅樂 : 宗廟登歌*, 社稷登歌*, 風雲雷雨登歌, 先農登歌, 先蠶登歌, 雩祀登歌, 釋奠登歌, 追補樂章, 會禮樂歌*

俗樂 : 宗廟樂章*, 文昭殿樂章*, 延恩殿樂章, 景慕宮樂章, 龍飛御天歌*, 尊號樂章*, 耆英會樂章, 大射禮樂章*, 親耕樂章*, 親蠶樂章*, 觀刈樂章*, 觀刈樂章[136]

唐樂 : 獻仙桃歌詞, 壽延長歌詞, 五羊仙歌詞, 抛毬樂歌詞, 蓮花臺歌詞

鄉樂 : 夢金尺歌詞*, 賀聖明歌詞*, 聖澤歌詞*, 六花隊歌詞, 曲破歌詞, 處容歌詞, 文德曲歌詞*

鐃歌 : 纛祭鐃歌, 敎閱鐃歌

『시악화성』(10권 3책)은 1781년 7월에 정조가 내려준 의례를 따라 서

『弘齋全書』 권179, 「國朝詩樂五卷」.

"予其敢求多於前美哉. 竊庶幾追述英陵以後不傳之緖餘, 而亦所以仰體我寧考未究之志事云."

135) 「夢金尺歌詞」, 「賀聖明歌詞」, 「聖澤歌詞」, 「文德曲歌詞」 등은 『國朝樂章』 「進豊呈樂章」에 포함되어 있다.

136) 「觀刈樂章」은 『國朝詩樂』을 편찬하는 계기가 된 악장으로 1781년 윤5월에 서명응이 撰進하였다. 이 악장은 『保晩齋集』에도 원문이 나온다(권1, 「樂歌」 親臨觀刈樂歌).

명응이 편찬한 악서이다. 『국조시악』과 같은 시기에 편찬되었으며, 국가 행사에 사용되는 악장을 정리한 것이 『국조시악』이고, 주로 아악의 성음과 절주를 정리한 것이 『시악화성』이다. 정조는 세종 대의 음악이 박연(朴堧), 황희(黃喜), 맹사성(孟思誠) 등이 자문하며 2천여 년 동안 존재하지 않았던 아악을 창제할 정도로 수준이 높았다. 그러나 관련 서적이 부족하여 악기 제작에 오류가 있었고, 성종 이후로 수백 년 동안은 묘악(廟樂)이 어긋나고 아악과 속악이 혼동되어 내려온 것으로 파악하였다.[137] 따라서 정조는 틈나는 대로 음악을 연구하되 조화를 근본으로 하고 『시경』이나 예서에서 단서를 구하며 여러 학설을 수용하여 절충한 성과를 서명응에게 내려주었다.[138]

서명응은 『시악화성』의 편찬을 정조의 인재 양성책과 연결시켜 해석하였다. 그는 정조가 규장각을 창건하고 강제(講製)를 통해 초계문신을 직접 교육하며 장차 이들에게 육예를 가르치려는 상황에서, 특별히 종경(鍾磬)과 금슬(琴瑟)을 규장각에 하사하여 비치케 하고, 규장각 학자를 동원하여 『시악화성』을 편찬하는 것은 악학의 문을 여는 작업인 동시에 선조(宣祖)에서 영조까지 미완의 과제였던 음악의 정비를 마무리하는 것

---

137) 『弘齋全書』 권179, 「詩樂和聲十卷」.

"英陵盛際, 慨然欲復古樂, 設儀禮詳定所. 命朴堧, 陳其見, 黃喜·孟思誠等, 覆奏決之, 粉製二千餘年所未有之雅樂. … 然是時, 藝籍未備, 所取考者, 惟蔡元定·陳暘之書而已. 蔡書, 旣略而不備, 陳書, 尤疎舛, 不足攷據. 堧之鎔蠟爲黍, 又失之大長, 比眞尺, 加二寸六分. 其聲, 當爲應鍾倍律之聲, 故當時雅樂, 猶未極其聲容之盛. … 至成宗朝, 左參贊成俔, 撰樂學軌範以進, 則又皆俗樂之亂雅者, 而于今累數百年, 因陋踵訛, 莫之更新. … 夫以小華文明之邦, 而廟樂之訛舛, 雅俗之失所, 乃至於斯."

138) 윗글.

"予爲是慨, 機務之暇, 旁究律呂. 本之造化, 以溯其源質之詩禮, 以端其緖. 博參諸家之說, 以折衷其是非得失. 著爲論說, 積有卷軸. 會與閣臣徐命膺言, 知其有素講, 遂指授義例, 編成一部樂書."

으로 평가하였다.[139]

『시악화성』의 내용은 권수에 「총목」이 있고, 본문은 10편으로 구성되어 있다. 『시악화성』 본문의 세목은 다음과 같다.

樂制源流：太祖朝樂, 定宗朝樂, 太宗朝樂, 世宗朝樂, 世祖朝樂, 成宗朝樂, 中宗朝樂, 明宗朝樂, 宣祖朝樂, 仁祖朝樂, 孝宗朝樂, 顯宗朝樂, 肅宗朝樂, 英宗朝樂

樂律本元：定律要訣, 黍尺眞數, 面冪積實, 候氣測景, 製造法式, 音律經緯, 雅俗字譜, 合旋正義

樂懸法象：新法軒懸, 舊法軒懸

樂器度數：金音特鍾, 金音編鍾, 附錞鐃鐸鐲, 石音特磬, 石音編磬, 絲音三琴, 絲音三瑟, 附琴瑟定絃, 竹音排簫, 竹音三管, 竹音三籥, 竹音橫篴, 竹音篪篪, 匏音笙竽, 土音篪塤, 附缶非樂器, 革音搏拊, 革音鼗鼓, 革音晉鼓, 木音柷椌, 木音敔籈

樂經合旋：祀天迎神, 祭地迎神, 享廟迎神, 祼獻合聲

樂經均調：國風角調, 小雅徵調, 大雅宮調, 周頌羽調

樂歌擬譜：風雲雷雨登歌, 社稷登歌, 雩祀登歌, 山川登歌, 先農先蠶登歌, 宗廟登歌, 原廟登歌, 文廟登歌

樂奏擬譜：風雲雷雨下奏, 社稷下奏, 雩祀下奏, 宗廟下奏, 原廟下奏, 文廟下奏

---

139) 『詩樂和聲』 권1, 「樂制源流」.

"今我聖上, 以天縱之智, 灼知作人, 乃文王之所以爲文王也. 刱建奎章閣, 選文士, 課講製, 親發疑難, 諄諄不倦. 且將盈科進步, 以馴致于六藝之敎. 於是, 特賜鍾磬琴瑟於內閣, 復命內閣, 編成詩樂, 以開樂學之門路. 譽髦斯士, 斐然有造, 興詩成樂, 蔚爲王國之需, 可拱而竢也. 天將以六七朝未卒之志事, 付畀我聖上, 俾底有成也歟."

樂舞擬譜 : 二舞冠服, 二舞器用, 二舞位序, 二舞綴兆, 迎神文舞, 初獻文舞, 亞終武舞, 附周禮儐蒐

度量衡譜 : 五度數法, 歷代度尺, 五量數法, 五量圍徑, 律龠本始, 嘉量準則, 五權數法, 五權古今

『원음약』(4권 2책, 3-3, 學)은 서명응이 『시악화성』을 재정리하여 편찬한 악서로 『보만재총서』 자여(子餘)에 포함되어 있다. 『원음약』의 편찬에서 서명응은 인재 중에서도 지악지신(知樂之臣)의 중요성을 강조하였다. 그는 세종 대에는 성군과 박연 등 지악지신이 있었으므로 의례상정소(儀禮詳定所)를 세운 지 불과 5년 만에 아악을 창제할 수 있었고, 이때 만들어진 음악은 바로 삼대의 정악이라고 주장하였다.[140] 또한 그는 세조 이후 3백여 년 동안 어그러진 악학을 일으키기 위해 지악지신을 양성하여 아악과 속악을 구분하고 세종 대 악기의 오류를 바로잡아야 하며, 자신의 『원음약』은 우선 원음(元音)을 밝혀 조선 악학의 단서를 여는 의미가 있다고 평가하였다.[141]

『원음약』은 『시악화성』을 재정리한 것이므로 내용은 같고 부분적으로 수정되거나 삭제된 곳이 있다. 『시악화성』의 10개 편 가운데 2개 편(樂制源流, 樂經均調)은 삭제되어 『원음약』에서는 8개 약(龠)으로 축소되고,[142] 편명은 완전히 수정되었다.[143] 또한 내용상의 수정으로 서술 순

140) 『元音龠』 卷首, 「元音龠序」.

"我朝莊憲大王, 以生知之聖, 得黃喜·孟思誠·朴堧, 設儀禮詳定所. 使堧陳其見, 而喜·思誠, 覆奏決之. 五載經營, 刱製二千餘年所未有之雅樂, 此由得知樂之臣而然也. … 我國莊憲朝樂, 三代之正樂也. 雖在他國, 唯當取法之不暇, 以光廟善繼之德, 何苦而輕易改之哉?"

141) 윗글.

서가 바뀌거나,[144] 제목이 바뀐 것,[145] 내용이 완전히 삭제되거나 새로 추가된 것 등이 있다.[146]

3. 『도덕지귀』, 『참동고』

서명응은 노자의 『도덕경』과 위백양(魏伯陽)의 『참동계』를 주석한 『도덕지귀(道德指歸)』와 『참동고(參同攷)』를 편찬하였다. 이는 1768년(영조 44) 11월에 편찬한 『이경통해(二經通解)』의 수정본에 해당한다. 1766년에 『역선천학』을 편찬한 서명응은 『참동계』와 『도덕경』에서 선천의 상수에 부합하거나 선천에 근거한 구절을 발견하였고 이를 주석한 『이경통해』를 만들었다. 그는 『도덕경』의 주석을 '현경(玄經)', 『참동계』의 주석을 '단경(丹經)'으로 구분하기도 하였다.[147]

『도덕지귀』(2권 1책)는 『이경통해』의 '현경'을 보완한 『도덕경』의 주석서로 『보만재잉간』에 포함되어 있다. 1768년에 서명응은 『도덕경』의 장구를 해석하여 그 지귀(指歸)를 밝힌다는 목적으로 초고를 작성하였

---

142) '樂制源流'는 太祖~英宗대까지의 音樂을 다룬 것이고, '樂經均調'는 『詩經』의 國風·小雅·大雅·周頌을 角·徵·宮·羽調로 연결한 것이다.

143) '樂律本元' → '律同鑰', '樂懸法象' → '宮軒鑰', '樂器度數' → '器府鑰', '樂經合旋' → '合聲鑰', '樂歌擬譜' → '登歌鑰', '樂奏擬譜' → '下奏鑰', '樂舞擬譜' → '干羽鑰', '度量衡譜' → '律數鑰'으로 수정되었다.

144) 『元音鑰』 「器府鑰」의 '革音晉鼓' '革音鼗鼓'는 순서가 바뀐 것이다.

145) '祼獻合聲' → '諸祀祼獻', '周禮儐蒐' → '周禮儐畋'로 바뀌었다.

146) '雩祀下奏'은 삭제되었고, '山川下奏'는 추가되었다.

147) 『保晩齋年譜』 권3, 「戊子(1768) 五十三歲」.

"十一月, 二經通解成. 公旣編先天學也, 以魏伯陽參同契, 與先天象數, 一一吻合. 遂掃去舊註, 別爲箋釋. 又因邵子所稱老子得易之體之言, 參考道德經. … 亦隨手正其註解. 遂名道德曰'玄經', 參同曰'丹經', 而統名之以二經通解, 俾作先天學之一助焉."

고,[148] 1777년(정조 1) 겨울에 유배지인 연안에서 초고의 오류와 미비점을 수정 보완한 교정본을 만들어 서호수에게 정서하게 하였다.[149] 그러나 중간에 이 교정본이 없어져 서명응은 이를 애석해하다가 1787년 겨울에 사망하였다. 1788년 서유구는 서명응이 남겨 놓은 책 상자에서 낡은 책의 이면에 교정본 『도덕지귀』의 전문이 초고 상태로 남아 있는 것을 발견하였고, 이를 바탕으로 복원한 것이 현전하는 『도덕지귀』이다.[150] 이처럼 복잡한 전래 과정을 거친 『도덕지귀』는 『보만재잉간』의 「총목」에 서명이 보이지만 결본이고, 별도의 필사본(古1401－1)은 규장각에 소장되어 있다.

서명응은 노자의 학문이 유학에 가까우며 그가 조화와 사정(事情)을 언급한 것은 유학에서도 바꿀 수 없는 정론(定論)으로 보았다. 그러나 노자는 도덕과 인의를 둘로 나누고, 인의 이하를 도에 포함하지 않은 것은 유학과 다르다고 지적하였다. 그러나 그는 이(理)와 천(天)에 합당한 것이면 누구의 말이든 수용해야 하고, 공자, 맹자, 유학의 정맥이라 할 소옹(邵雍)과 양시(楊時) 등이 노자를 배척한 적이 없으며, 노불지학(老佛之學)이 유학에 장애가 된다고 했던 정자와 주자도 노자의 장점은 인정

---

148) 『道德指歸』 卷首, 「道德指歸序」(1769).
"余故於老子之道德五千言, 章解句釋, 明其指歸, 盖非爲老子也. 爲吾儒之攻老子者, 平其情也."

149) 윗책, 卷首, 「後序」.
"及丁酉(1777)冬, 以事謫塩州, 搜檢箱篋中, 復得此書. 盖吾兒浩修, 爲余謫中消適之資, 而內此書也. 於是, 蚤夜手披, 又見其所未見, 聞其所未聞, 則胸中之言, 日益多. 遂取前日所註解, 吡者正之, 踈者補之, 晦者明之, 名曰道德經解有疑. … 蒙宥還家, 令吾兒浩修, 繕寫一通, 欲於桑楡暮境, 作爲絃韋之佩, 而復爲之序."

150) 윗책, 卷末, 「跋文」.
"編於己丑, 刪整於丁酉. 而中復遺失, 公甚惜之, 不能釋也. 丁未冬, 公棄背. 翌年戊申, 偶撥舊篋, 得一敗卷, 背有指歸全文, 卽丁酉刪整之草藁也. 排次章句, 復完舊本."

하고, '순유(醇儒)'인 사마광(司馬光), 오징(吳澄), 이이(李珥)가 『도덕경』을 주해한 사실 등을 들어 『도덕경』을 긍정하였다.[151] 또한 『도덕경』이 도체(道體)를 분명히 밝힌 것은 공자의 「계사」와 맞먹고 주자의 「태극도해(太極圖解)」와 논지가 통하는 것으로 보았으며,[152] 주렴계(周濂溪)의 무극(無極)과 주정(主靜)도 노자의 영향을 받은 것으로 해석하였다.[153] 다만 서명응은 도가의 폐단은 그 후학들이 노자의 본지를 제대로 전수하지 못했기 때문이라 생각하고, 장주(莊周), 신불해(申不害), 한비자(韓非子), 청담파(淸淡派) 학자가 노자에 가탁하여 각자의 주장을 하였으나 그 기상과 규모는 노자보다 훨씬 못하다고 평가하였다.[154]

『도덕지귀』의 내용은 권수에 서명응의 「서문」과 「후서」, 「노자본전(老子本傳)」, 「고정목록(考定目錄)」이 있고, 본문의 상권은 '도경(道經)'으로 1~36장을, 하권은 '덕경(德經)'으로 37~81장을 다루었다. 서명응이 『도덕경』의 장을 구분한 것을 현재 통용되는 본과 비교하면 1장의 차이가 있다.[155] 이는 '도경'에 있던 21장이 내용상 '덕경'에 속한다고 하여 '덕경'의 첫째 장인 37장에 편입시켰기 때문이다.[156] 본문 다음의 「도덕

---

151) 윗글, 卷首, 「道德指歸序」; 「後序」.

152) 윗책, 卷上, 14章.

"不見其旨, 不見其後, 猶朱子太極圖解, 所謂'推之於前, 而不見其始, 引之於後, 而不見其終'也. 當周之末, 吾夫子繫辭之外, 狀出道體, 未有若斯之明且備者云."

153) 윗책, 卷下, 65章.

"然周子之言似老子者, 豈是拙賊而已哉. 如無極主靜, 乃是道之大原大本, 而亦有取於老子, 是何爲哉? 朱子, 以希天爲學之準的, 苟其言合天, 豈可以非吾師而舍之乎? 天, 吾師也."

154) 윗책, 卷首, 「道德指歸序」.

"學之有弊, 非其學之罪也. 學之者, 失其傳也. 莊生之荒唐, 申韓之慘刻, 東晉之淸虛, 皆自托老子, 以售其道. 而氣象規摹, 初不髣髴於老子."

155) 현재 통용되는 『道德經』의 '道經'은 1~37章이고 '德經'은 38~81章이다.

경고이(道德經考異)」는 『도덕경』의 자구에 대한 이설(異說)을 고증하였으며, 이는 주로 명(明) 설혜(薛蕙)의 『노자집해(老子集解)』를 참조하였다.[157] 그리고 마지막에는 서유구의 「발문」이 있다.[158]

『참동고』(6권 3책, 3-4)는 『이경통해』의 '단경(丹經)'을 보완한 『참동계』 주석서로 『보만재총서』 자여(子餘)에 포함되어 있다.[159] 서명응이 연단서(鍊丹書)인 『참동계』를 주석한 것은 이 책이 선천학과 관련이 있기 때문이며, 『참동계』 저자인 위백양은 복희부터 공자까지 전해진 선천의 도를 잘 보존하여 1,500년 동안 끊어진 선천학을 크게 드러낸 공로가 있다고 평가하였다.[160] 그는 『참동계』를 공자의 「계사」에서부터 소옹의 『황극경세서(皇極經世書)』가 나오기까지 선천과 후천의 미지(微旨)를 천명한 유일한 서적으로 규정하였다. 그리고 위백양은 진단(陳搏)에게 선천사도를 전해준 은사(隱士)로 『참동계』도 함께 전하였고, 주희는 채원정(蔡元定, 季通)과 함께 『참동계』를 강론하고 『역학계몽』을 저술하여 선천학의 일맥을 계승한 것으로 보았다.[161] 따라서 서명응은 선천사도

---

156) 『道德指歸』 卷下, 37章.

"此章, 舊本錯簡, 在上篇節學無憂之下. 今以言德·言信, 明是下篇之首章, 故更正在此."

157) 李康洙, 「徐命膺의 老子理解」 『東方學志』 62, 연세대학교 국학연구원, 1989, 91~92면.

158) 徐有榘의 「跋文」은 『金華知非集』에도 나오는데 字句의 차이가 있다(권9, 「跋道德指歸」).

159) 『保晩齋叢書』는 1783년(정조 7)에 편집되고 『參同攷』의 「序文」은 1786년 봄에 작성되었다.

160) 『參同攷』 卷首, 「參同攷序」(1786).

"參同攷, 以易參同契, 諸言鍊丹之道者, 爲之攷也. 鍊丹, 非吾儒之所道, 曷爲而爲之攷乎? 以其攷於先天也. 先天之道, 巍乎與天地同其大, 昭乎與日月同其明, 敦化川流, 幷行而不相悖. … 況魏子之道, 視他人, 知有大焉. 謹守孔門四道, 斂之身, 而厚收六百遐齡之效, 啓于後, 而大彰千五百年中絶之先天學."

161) 윗책, 권1, 「易參同契上篇」.

에 담긴 복희의 진결(眞訣)을 파악하려면 공자의 「계사」를 대본으로 하고 『참동계』를 보충 자료로 활용할 것을 권하였다.[162)]

필사본[163)]으로 전해지는 『참동고』의 내용은 권수에 서명응의 「참동고서(參同攷序)」와 「참동고총론(參同攷總論)」, 「참동고목록(參同攷目錄)」이 있고, 본문을 구성하는 6개의 고(攷)에는 따로 서문을 두어 그 체제를 역리(易理)로 해설하였다. 본문 중에서 앞의 3고는 『참동계』의 본문을 상석(詳釋)한 것이고, 뒤의 3고는 『참동계』의 이(理)에 속하는 것을 널리 수집 분류하여 연역에 도움이 되도록 한 것이다.[164)] 앞의 3고는 『참동계』에 대한 서명응의 주석이지만 '동중고(同重攷)'의 끝에 별도의 3편(亂辭, 鼎器歌, 五相類)을 두어 후대 학자들의 주석을 정리하였다. 이에 서명응은 자기 주석은 '내체(內體)'에 속하고 타인의 주석은 '외체(外體)'에 속한다고 하여, 자신의 학설을 원론으로 간주하였다.[165)] 또한 '변시고(辨是攷)'의 「석함참동(石函參同)」에서는 『고문참동계(古文參同契)』를 위

"繫辭以後, 經世以前, 闡發伏羲先天·文王後天之微旨者, 只有此一書而已. 朱子嘗言河洛先天諸圖, 自夫子之門, 傳于隱士. 以及希夷, 始出於世, 蓋希夷所傳受之隱士, 卽魏子是已. 傳圖之時, 並與此書而傳之, 以爲諸圖所從入之門. 故朱子與蔡季通, 眷眷此書, 講論不輟. 又因此書, 撰成易學啓蒙四篇, 以續千萬世不絶如線之先天學一脈."

162) 윗책, 卷首, 「參同攷序」.

"今以無文字之四圖, 欲求包犧眞訣於累千載之下, 非百倍其功, 兼取衆說, 未易得其門戶. 必以孔子繫易之辭, 先立大本然後, 旁攷參同以輔翼之, 則庶可以津筏先天, 而叩其關鍵矣."

163) 『參同攷』의 필사본은 현재 3종이 전한다. 그중에서 규장각 한국학연구원 소장본과 고려대학교 도서관 소장본은 6권 3책 중 제3책이 결본이고, 澗松美術館 소장본은 완질로 알려져 있다. 金侖壽, 「徐命膺의 『參同攷』와 『易參同契詳釋』」 『韓國道敎와 道家思想』, 亞細亞文化社, 1991, 432~438면 참조.

164) 『參同攷』 卷首, 「參同攷序」.

"先爲初擬等三攷, 詳釋參同本文. 次爲辨是等三攷. 凡屬參同之理者, 廣搜類編, 以助演繹之功."

서(僞書)로 비판하고, '다식고(多識攷)'의 「고정참동(考亭參同)」에서는 주희의 『참동계』 주해와 강설을 수집하였으며, '거안고(居安攷)'의 「역서장정(易序章程)」에서는 『참동계』의 주석에 관련되는 각종 도설을 정리하여 참고 자료집의 성격을 보이기도 한다. 『참동고』 본문의 세목은 다음과 같다.

初擬攷 : 易參同契上篇(1~3章)

互體攷 : 易參同契中篇(1~8章)

同重攷 : 易參同契下篇(1~6章), 易參同契亂辭, 易參同契鼎器歌, 易參同契五相類

辨是攷 : 石函參同

多識攷 : 考亭參同(註解, 講說)

居安攷 : 易序章程(卦圖, 臟腑, 氣運, 名例)

이상에서 서명응은 『참동계』와 『도덕경』을 선천역과 밀접하게 연결하여 이해하였음을 알 수 있다. 이미 『이경통해』가 선천학의 연구에 일조할 것으로 보았던 서명응은 『도덕지귀』에서 『도덕경』을 『역』의 태극과 음양 원리로 설명하고, 이를 『참동계』와 연결하여 관심을 확대하였다.[166] 또한 주희의 『역학계몽』을 『참동계』와 연결하면서 『참동계』를

---

165) 『參同攷』 권3, 「同重攷」.

"夫參同之理, 已說盡於上中下三篇矣. 乃復爲亂辭·鼎器歌·五相類等三篇, 以反復詠歎乎前三篇者, 其意盖欲以前三篇, 當卦之內體. 後三篇, 當卦之外體. … 使參同元經, 恰當內體, 而凡後世演繹參同者, 彙成外體, 盖通變古今易道, 則然也."

166) 柳聖泰, 「徐命膺의 道家思想」 『韓國道教와 道家思想』, 亞細亞文化社, 1991, 405~408면.

주석하고, 『참동고』의 체제를 『역』의 원리로 설명함으로써 『역』, 『참동계』, 『도덕경』의 상관관계를 입증하였다.

제5절 집부(集部) 관계 저술

1. 『양한사명』

『양한사명(兩漢詞命)』(9권 後錄 2책)은 1761년(영조 37) 9월에 홍문관 부제학으로 있던 서명응이 영조의 명으로 양한 시대의 조제(詔制) 가운데 후세에 귀감이 될 문장을 편집한 책이다. 경상 감영에서 간행하였다. 『양한사명』은 각 문장의 끝에 영조의 비평(批評)을 붙였기 때문에 '어평양한사명(御評兩漢詞命)'이라 부르기도 한다.[167] 서명응은 『양한사명』을 편찬한 직후에 양한 시대의 시가와 악부를 풍·아·송으로 분류 정리한 『양한육의(兩漢六義)』를 편집하고, 『양한사명』과 『양한육의』를 삼대의 『상서』와 『시』에 비견하기도 하였다.[168]

영조는 한·당의 정치가 비슷하면서도 당나라는 태종 이후 이렇다 할 군주가 없는 반면에 한나라의 군주에는 훌륭한 업적을 남긴 이가 많은 것으로 보았다.[169] 서명응도 『춘추좌씨전』 이후 한나라 사명(詞命)이 성

---

167) 『保晩齋年譜』 권2, 「辛巳(1761) 四十六歲」.
"(九月)承命編進兩漢詞命. 先是公爲副學時, 上命編兩漢詔制. 至是, 書成以進, 上親爲之批評, 名曰'兩漢詞命'. 送嶺營刊行."

168) 윗글. "(十二月)兩漢六義成."

169) 『兩漢詞命』 卷首, 「御評兩漢詞命序」.
"蓋漢唐一也. 而旣有貞觀政要, 及范氏唐鑑. 噫! 唐之太宗之後, 其無可稱之主. … 於漢高祖之深偉宏大, 光武之置人腹心, 猶可謂後世人君之取法者. 文·景·昭·宣·明·章,

인의 시대에 가장 가까운 문장이고 당나라 이후의 문장은 점점 쇠퇴하므로 한나라 사명을 준칙으로 삼는다고 밝혔다.[170] 이에 따라 한나라 아홉 황제(高帝, 文帝, 景帝, 武帝, 昭帝, 宣帝, 光帝, 明帝, 章帝)의 사명을 대상으로 하되 언(言)과 의(意)가 모두 부족한 것은 제외하고, 의(意)는 부족하나 언(言)에 취할 만한 것이 있으면 수록하였다. 또 본문에는 군주의 인적 사항과 사적, 사명이 쓰인 시기와 배경을 설명하고 이해하기 어려운 자구에 주석을 달고 선유(先儒)의 논평을 보충하여 이해하기 쉽게 하였다.[171]

『양한사명』의 내용은 권수에 영조의 편찬 취지를 기록한 서명응의 「어평양한사명서(御評兩漢詞命序)」와 「범례」, 「참열제서(參閱諸書)」가 있다. 「참열제서」는 참고도서의 목록으로, 7종의 도서 중 송 진덕수(眞德秀)의 『문장정종(文章正宗)』을 제외한 나머지 6종은 모두 명나라 학자의 저술이거나 평을 남긴 본을 이용하였다는 사실이 주목된다.[172] 본문은 아홉 황제의 사명을 군주별로 편집하고, 권말의 「후록(後錄)」에는 역대 학자들의 견해를 정리하였다. 본문의 세목은 다음과 같으며 괄호 안의 숫자는 수록된 문장의 종수를 나타낸 것이다.

皆勝於唐之諸君."

170) 윗책, 卷首, 「御評兩漢詞命凡例」.
"左氏之後, 惟兩漢詞命, 簡質典厚, 最爲近古. 自唐以後, 其詞浮而華, 其義煩而支, 其味淺而短, 靡靡日趨于下. 至於騈驪對偶, 尤其陋者. 故今只取兩漢, 以爲詞命之準則."

171) 윗글.

172) 6종의 도서는 『史記評林』, 『漢書評林』, 『後漢書』, 『世史類編』, 『文體明辨』, 『古文奇賞』이다. 『史記評林』·『漢書評林』은 凌稚隆가, 『後漢書』는 陳仁錫이 評을 하였고, 『世史類編』은 王世貞, 『文體明辨』은 徐師會, 『古文奇賞』은 陳仁錫의 저술이다.

권1, 西漢高帝(「與沛父老帛書」~「告天下詔」 27)

권2, 西漢文帝(「未央宮卽位詔」~「復遺匈奴書」 33)

권3, 西漢景帝(「定孝文廟樂舞詔」~「勅車服詔」 14)

권4, 西漢武帝(「擧賢良方正詔」~「封田千秋富民侯詔」 44)

권5, 西漢昭帝(「勿出田租詔」~「減口賦錢詔」 10)

권6, 西漢宣帝(「賜邑戶有差詔」~「勅擧廉吏詔」 42)

권7, 東漢光武(「卽位告天祝文」~「不許封禪詔」 57)

권8, 東漢明帝(「報桓榮書」~「禱雨詔」 22)

권9, 東漢章帝(「尊師傅詔」~「旌江革詔」 36)

2. 『고사신서』, 『고사십이집』

『고사신서(攷事新書)』(15권 7책)는 『고사촬요』의 개정판으로 교서관 제조를 겸한 서명응이 1769년(영조 45)에 편찬하여 1771년에 간행되었다.

『고사촬요』(2권 2책)는 명나라와의 외교에 관한 것과 일상생활에 필요한 제반 사항을 편집한 책으로 1514년(명종 9)에 어숙권(魚叔權)이 편찬하여 1585년(선조 18)에 처음 간행되었다. 『고사촬요』는 이후에도 증보할 일이 계속 생겨나 1636년(인조 14)에 이식(李植), 최석정(崔錫鼎)이 증보한 3권 3책이 간행되었다. 그러나 여전히 많은 문제점이 있었다. 18세기 후반에 교서관 제조가 된 김양택(金陽澤)은 『고사촬요』를 증보하려 하였으나 뜻을 이루지 못했으며, 1769년에 서명응이 교서관 제조가 되면서 결실을 보았다. 『고사신서』는 서명응이 편찬한 다음 교리 정충언(鄭忠彦)의 교감과 김양택의 수정을 거쳐 완성되었다.[173)]

173) 『攷事新書』 卷首, 「攷事新書序」(1771).

서명응은 서문에서 "『고사촬요』의 번잡한 것을 없애고 긴요한 것을 보충하며 문호를 나누었다"고 밝혔다. 실제로 『고사신서』에서는 명나라 정사가 널리 유포되어 있고 승문원의 등록이 별도로 있는 상황을 반영하여, 『고사촬요』의 절반을 차지했던 명과의 외교 사항을 대부분 생략하고,[174] 우리나라의 세대에 관한 사항과 일상생활에 긴요한 농포(農圃), 목양(牧養), 일용(日用), 의약(醫藥) 등을 대거 보완하였다. 이에 『고사신서』의 분량은 2권에서 15권으로 늘어났고, 항목도 체제가 없던 상태에서 12문(門)으로 분류되었다. 『고사신서』의 가치에 대해 서명응은 사대부가 어느 곳의 관리로 나가더라도 실무에 참고할 수 있는 서적이라 평가하였고, 활자로 간행 보급된 『고사신서』는 서울과 지방을 불문하고 필수서적이 되었다.[175]

『고사신서』의 내용은 권수에 서명응의 「고사신서서(攷事新書序)」와

"己丑(1769)秋, 余提擧芸館. 先是, 館欲印攷事撮要. 以舊本踈略, 謀且增刪, 閱三歲, 更四提擧, 未就庢. 相國金公陽澤, 屢爲言于余, 余汰繁冗, 補緊要, 列門戶. 屬校理鄭忠彦, 參訂校勘然後, 歸之相國 又多損益, 以付諸剞劂, 名以攷事新書. 書凡十有五卷."

『保晩齋年譜』 권3, 「己丑(1769) 五十四歲」.

"先是, 金陽澤爲校書提調, 欲增補攷事撮要, 刊印廣布, 而久未能成. 及公提擧芸閣, 屬托甚勤. 時公方赴燕倥偬之中, 分門彙編, 視撮要原本, 所增入, 不啻什倍."

『攷事新書』의 卷末에는 5명의 校正者(張文郁·張道行·高時俊·全壽明·趙光益)가 나온다.

174) 윗책, 卷首, 「攷事新書凡例」.

"撮要, 載皇朝使价往來之事實者, 幾占半部. 而其於人事之切要, 則所闕, 多矣. … 式至于今, 皇明正史, 旣已廣布. 又有槐院謄錄, 甚詳且備, 則亦無待於此篇. 故今並略之, 代以人事之切要者云."

175) 윗책, 卷首, 「攷事新書序」.

"庶宦遊四方, 窮居絶峽, 旁無書籍, 以固陋爲病者. 得有所攷, 不迷於事."

『保晩齋年譜』 권3, 「己丑(1769) 五十四歲」.

"八月, 兼校書館提調, 『攷事新書』成. … 凡我東公私日用, 雖至微細事, 該括無遺. 刊布之後, 無論卿士野人, 爭先得之. 咸曰'不可一日無此書'也."

「고사신서범례(攷事新書凡例)」 13칙(則), 「고사신서목록(攷事新書目錄)」이 있다. 본문은 「천도(天道)」(10), 「지리」(7), 「기년(紀年)」(2), 「전장(典章)」(上·下, 50), 「의례(儀禮)」(15), 「행인(行人)」(27), 「문예」(7), 「무비(武備)」(7), 「농포」(103), 「목양」(10), 「일용」(48), 「의약」(96) 등 총 12문 382목으로 구성되었다.

『고사십이집』(12권 6책, 4-1, 重訂)은 『고사신서』를 개정한 책으로, 본문에 '서명응 중정(徐命膺 重訂)'이라 밝혔다. 『보만재총서』 집류(集類)에 포함되어 있다. 서명응은 조선이 천연의 형승지에 역대의 문물제도가 뛰어나 동방의 '삼대'라 일컬을 수 있는 국가임에도 불구하고 그 제도의 실상을 밝히는 문헌이 부족한 현실을 안타깝게 생각하였다. 그는 이 때문에 『고사촬요』를 『고사신서』로 개정한 것이 '환골(換骨)'의 과정이라면, 『고사신서』를 『고사십이집』으로 개정한 것은 '탈태(脫胎)'의 과정이라 설명하였다.[176]

『고사십이집』은 『고사신서』를 개정하였기 때문에 몇 가지 차이점이 있다. 『고사신서』의 12문 중 「농포」와 「목양」이 빠지고 나머지 10문은 재분류되며 이름과 순서가 바뀌었다.[177] 가령 「전장」은 「건관(建官)」과 「성헌(成憲)」으로 나눠지고 「성헌」은 6전(典)으로 세분되었으며, 「일용」은 「다능(多能)」과 「오육(五六)」으로 나눠지고, 「의례」는 「경례(經禮)」로 바뀌면서 방례(邦禮), 향례(鄕禮), 가례(家禮)로 세분되었다.[178] 본문의

---

176) 『攷事十二集』 卷首, 「後序」.

"換骨脫胎之法. … 始余以澤堂·遲川所訂魚叔權攷事撮要, 更定爲攷事新書. 不欲掩前人之功, 所更定, 什之七八, 可名爲'換骨', 而謂之'脫胎'則未也. 旣而歎曰, 東方以天設形勝, 又經列聖朝制置, 郁郁彬彬, 殆亦三代於左海. 而尙無一人, 發揮制置之所以然, 其可曰'文獻之足'乎? 遂就新書, 點綴改擴, 以及乎日用庶事·貴賤上下之所通行者, 彙成十二集三百六十題, 當朞之數. 蓋至是而盡脫攷事之胎."

177) 「農圃」와 「牧養」이 빠진 것은 農書인 『本史』가 별도로 편찬되었기 때문이다.

항목도 삭제되거나 추가된 것이 있으며, 같은 항목이라도 본문에 서술된 내용은 재수정되었다.[179] 또한 항목의 제목을 일률적으로 네 글자로 만들었는데 여기에는 시대 상황을 반영한 것도 있었다.[180] 『고사십이집』의 본문을 총 12집(集) 360제(題)로 정리한 것은 1년의 월과 일에 맞춘 것이다.

『고사십이집』의 내용은 권수에 서명응의 「고사십이집서(攷事十二集序)」와 「후서(後序)」, 「목록」이 있다. 「고사십이집서」는 『고사신서』의 서문을 약간 수정한 것이다. 본문은 협기(協紀), 판장(昄章), 계고(稽古), 건관(建冠), 성헌(成憲), 아교(訝交), 문예(文藝), 경례(經禮), 입예(立豫), 다능(多能), 오육(五六), 천일(千一) 등 12집으로 분류하고, 이에 소속된 360제의 세목은 다음과 같다.

協紀 : 十二宮名, 二十四氣, 七十二候, 辨方正位, 日景定時, 北極出地, 中星周天, 晨昏分法, 箇壺新法, 東國分星, 干支別名, 時月別名, 暴風起日, 四時雨名, 候雨諸方, 風水用法 (16)

昄章 : 形勝淵源, 京室制度, 三輔體勢, 八道提封, 海防遠近, 驛傳路站, 田結數目, 首陽眞傳, 各區勝概, 海潮汛候, 海溢止法, 海風止息 (12)

稽古 : 檀君朝鮮, 箕子朝鮮, 三韓分界, 衛滿竊國, 新羅割據, 句麗割據, 百濟割據, 高麗統合, 本朝陵寢 (9)

---

178) 이외에도 天道→協紀, 地理→昄章, 紀年→稽古, 行人→訝交, 武備→立豫, 醫藥→千一로 수정되었다.

179) 가령 『攷事新書』 권8, 「文藝門」에 있던 '讀書次第'는 『攷事十二集』 권7, 「午集文藝」의 '讀書次第'와 같은 것인데, 그 내용은 핵심만 추려져 재정리되었다.

180) '訴寃'→'擊錚稟決'로, '皇明進貢路程'→'使行路程'으로 수정된 것은 시대 상황의 변화를 반영한 것이다.

建冠：東西班階, 闕內各司, 上司衙門, 三公衙門, 天官衙門, 地官衙門, 春官衙門, 夏官衙門, 秋官衙門, 冬官衙門, 京兆衙門, 學校衙門, 臺閣衙門, 五營管轄, 八道衙門 (15)

成憲：政府官制以下吏典, 圈通官制, 薦擧官制, 銓敍官制, 仕滿規例, 瓜滿年限, 署經規例, 褒貶規例, 置處規例, 敦寧規例, 封贈規例, 相避規例, 給暇規例, 帳籍戶牌以下戶典, 量田分等, 田租正供, 頒祿諸科, 大同作貢, 京貢契名, 儲置會減, 儲置劃給, 三南漕運, 諸道雜稅, 廩學諸田, 軍營屯田, 各道糶糴, 外官解由, 朝賀諸儀以下禮典, 科擧條格, 陵殿奉審, 文武章服, 文字儀式, 文字等級, 喪葬品式, 符信制度以下兵典, 巡更軍號, 西銓雜式, 廳薦銓敍, 鍊兵規式, 廏牧孳息, 驛馬遞把, 軍兵免役, 推斷覆啓以下刑典, 檢驗格式, 擊錚稟決, 公私賤法, 禁刑時日, 決訟定限, 笞流收贖, 決訟作紙, 議親寸數, 坐贓貫數, 道路尺步以下工典, 度量衡法, 匠人營建, 都城津梁 (55)

訝交：朝宗舊儀, 迎詔遺事, 陸路奉使, 海路奉使, 時用表箋, 時用奏咨, 文書封裹, 文書摠數, 文書査對, 方物數目, 使价員額, 驛馬匹數, 使行盤纏, 使行八包, 使行路程, 使行儀節, 勅使迎接, 勅使宴享, 勅使禮單, 信使員額, 信使帆風, 國書與倭附回上, 禮曹書啓附回答, 傳命儀節, 迎使儀節, 贈回禮單, 差倭額數, 差倭接慰, 方物回贈, 倭貢舊路, 南番歸附, 海邦贄幣 (32)

文藝：律呂總敍以下樂禮, 樂器形制, 堂上下樂附宮軒, 聲律貼歌, 迎神成數, 祼獻合聲, 干羽行綴, 律篇員訣, 六書總敍以下書藝, 讀書次第, 文體源流, 詩道品格, 篆隸變體, 楷書格法, 乘除總敍以下數藝, 方田數法, 粟布數法, 差分數,法 少廣數法, 商功數法, 均輸數法, 盈朒數法, 方程數法, 句股八線 (24)

經禮 : 壇壝制度以下邦禮, 廟貌制度, 大中小祀, 時日齋戒, 祭器品式, 祝幣品式, 祭享儀節, 鹵簿等威, 賀箋式例, 闕內禮數, 各官迎送, 各官相見, 衙門請臺, 州縣祀典以下鄕禮, 外官迎命, 奉命相遇, 州縣養老, 鄕飮禮略, 鄕射禮略, 鄕約讀法, 士冠禮略以下家禮, 士昏禮略, 士喪禮略, 士祭禮略 (24)

立豫 : 都鄙城郭, 築城要訣, 海防舳艫, 繕檝方略附蓬索制, 過水防患附治水疾, 京營軍制, 八道軍制, 號令節制, 握奇經傳, 烽燧瞭望 (10)

多能 : 林居鋪置, 野居池塘, 屋霤定制, 飾屋防火, 雨衣製造, 汚衣澣濯, 古今筆制, 筆尖收藏, 筆筒架格, 古今墨制, 墨妙收藏, 古今紙制, 紙品高下, 古今硯制, 硯品高下, 硯池洗滌, 硯室匣屛, 水龜金錯, 古碑書帖, 書畵藏弆*, 燭燎製造附治水疾, 燈燭臺檠附桃燈杖, 鼎爐古今附留宿火, 爐香諸品, 屛障諸法, 枕席造法, 拄杖撰法, 琴瑟安法, 刀劍磨法, 玉石軟法, 瓦石粘法, 辟寒要法, 辟蚤蝨法, 辟蠅要法, 辟蚊要法, 辟蟲要法, 辟蛀要法, 辟鼠要法, 辟蛇要法, 辟虎狼法, 辟罔象蝹, 夜行辟鬼, 山行辟妖, 平居雜忌, 飮食雜忌 (45)

五六 : 果實收藏, 蔬菜收藏, 粥飮諸法, 湯漿諸法, 茶茗諸法, 麨糗造法, 麵粉造法, 飴餹造法, 餠餻造法, 寒具造法, 煎藥造法, 煎果造法, 雜菜造法, 鮓菜造法, 諸虀造法, 潦菜造法, 豆腐造法, 靑泡造法, 紅花子煎, 塩豉造法, 香油收法, 酪酥造法, 獸肉飪法, 鷄鵝飪法, 魚蟹飪法, 諸醬造法, 諸醋造法, 酒齊造法 (28)

千一 : 藥忌銅鐵, 藥食相忌, 臘藥用法, 解諸中毒, 解飮食毒, 解熱麵毒, 解豆腐毒, 解燒酒毒, 解禽獸毒, 解魚蟹毒, 解膾不消, 解肉不消, 解諸菜毒, 解菌蕈毒, 解苦瓠毒, 解海菜毒, 解諸果毒, 解諸藥毒, 解石藥毒, 解金石毒, 解諸蠱毒, 解馬瘡毒, 解煙熏毒, 治湯火傷, 治熱油傷, 治金刃傷, 治砲矢傷, 治打撲傷, 治墮壓傷, 治骨筋斷,治手足折, 治肢節脫, 耳鼻舌斷, 治陰囊傷, 治杖毒傷, 治人咬傷, 治熊虎咬, 牛觸腸出, 馬騾咬踢, 治犬咬傷, 治猪咬傷, 治猫咬傷, 治鼠咬傷, 治蛇咬傷, 治蜈蚣咬, 治蜘蛛咬, 治蠷螋傷, 治蜂螫傷, 治雜蟲咬, 諸傷蠅蛆, 蟲入耳鼻, 蜈蚣入耳, 蚰蜒入耳, 蟻子入耳, 誤呑諸蟲, 誤呑諸物, 骨鯁在咽, 芒刺在咽, 諸物入目, 飛絲入口, 匙著口中, 諸物入肉, 魚骨在肚, 治鬼擊症, 治鬼魘症, 治客忤厥, 治尸厥症, 治痰厥症, 治食厥症, 治蚘厥症, 治氣厥症, 治猝中風, 中暑中寒, 治霍亂症, 治攪腸沙, 治疝痛症, 吐血血刃 血, 治狐魅症, 治瘟疫症, 治咳逆症, 治猝噎症, 治猝失音, 失音脫頷, 眼睛突出, 治繭唇症, 治唇腫症, 治腦背腫, 治疔腫症, 治癮疹症, 治痘瘡症 (90)

3. 『방언집석』

『방언집석(方言集釋)』(4권 2책)은 1779년(정조 3) 9월에 정조의 명으로 서명응이 주도하여 편찬한 언어 대역어휘집(對譯語彙集)으로 『보만재잉간』 집간(集簡)에 포함되어 있다. 서명응은 편찬이 완료된 『방언집석』을 정조에게 올렸으나 4년이 지나도록 간행되지 못하자, 앞서 『자치통감강목삼편』과 같이 뒷날 간행될 때 교정을 위한 대조본으로 활용하기 위해 『보만재잉간』에 포함시켰다.[181] 『방언집석』의 최초 이름은 '방언유석(方

181) 『方言集釋』 卷首, 「方言集釋序」.
"是書與韻瑞, 同時進獻. 而自戊戌, 至于今四年之間, 朝廷多事, 尙未有刊布之命. 然若刊布有命, 則是書眞諺相雜, 其爲校對, 比他書尤難. 故用綱目三編之例, 取副本, 編入於剩簡, 以爲後考焉."
이상의 내용은 『保晩齋集』의 序文(권7, 「方言類釋序」)에는 없는 것으로 『方言集釋』을

言類釋)'이었으나 『보만재잉간』에 포함되면서 '방언집석'으로 수정되었다. 「보만재잉간목록인(保晩齋剩簡目錄引)」에는 '방언집석'으로 수정되어 있다.

서명응은 진·한 이후 중국에서는 사방의 어음이 달라졌으므로 비록 중국인이더라도 지방의 방언을 알지 못하면 대화를 나눌 수 없게 되었고, 한 양웅(楊雄)이 『방언(方言)』을 저술하고 곽박(郭璞)이 이를 주석한 것도 그 때문이라고 보았다. 그런데 조선의 경우 서로는 중국, 북으로 청과 몽고, 남으로 왜와 매년 사신이 왕래하면서 외교가 이뤄졌으므로, 사역원을 설치하고 역관들에게 이들 4국의 방언을 가르쳐 왔다. 그러나 시간이 지남에 따라 4국의 방언이 상당히 변화하여 종래의 교육만으론 실제적 효용성이 크게 떨어지는 상황이었다.[182)]

서명응은 한어 역관 홍명복(洪命福)을 비롯한 역관들과 함께 당시에 사용되던 중국, 청, 몽고, 왜의 방언들을 채집하여 분류 정리한 다음 이를 조선의 언문으로 번역하였고, 일부 항목에는 중국의 방언까지 함께 정리하여 『방언집석』을 편찬하였다.[183)] 서명응은 조선의 언문이 벌레소리나 새소리까지 형용할 수 있는 우수한 언어이므로 방언을 표현함에 문제가 없음을 강조하고, 조선 사신이 4국을 방문할 때 이 책을 참고하면 쉽게 대화를 할 수 있을 것으로 보았다.[184)]

『保晩齋剩簡』에 포함하면서 추가되었다.

182) 『保晩齋集』 권7, 「方言類釋序」.

183) 윗글.

"上之二年戊戌(1778), 旣撰奎章韻瑞. 復命臣, 率舌官洪命福等, 博採漢·清·蒙·倭之方言今時所用者, 分門彙類, 以我國諺文, 釋之. 且附以中州鄕語, 名曰方言類釋."

184) 윗글.

"我國諺文, 雖虫聲鳥語, 亦可以形容, 況於方言乎? 從今以往, 我國爲使者, 素不習四國之言, 一開卷, 可以酬酌如響. 雖曰'專對之詩三百', 亦未爲不可也."

서명응은 1754년(영조 30)에 한학 교수를 겸하였고, 1762년에는 통신정사로 임명되었으며, 1769년에는 동지정사로 북경을 다녀오는 등 주변국과의 교섭에 직접 참여하였다. 그는 이런 경험을 통해 『방언집석』처럼 통역에 직접 응용할 서적의 필요성을 절감한 것으로 보인다.

『방언집석』의 내용은 권수에 서명응의 「방언집석서(方言集釋序)」와 「방언집석목록(方言集釋目錄)」이 있고, 본문에 총 87류 5,006항목의 단어가 수록되어 있다. 각 항목은 머리에 한자와 그 아래에 협주 형식의 한글풀이를 단 다음 이를 괄호로 묶어 공동의 표제어로 하였다. 그리고 그 아래에 역시 협주 형식으로 한어, 청어, 몽어, 왜어의 순으로 해당 음을 우리말로 달았으며, 몽어와 왜어에는 빠진 경우가 많다.

이제 본문의 분류 목록(87류)을 권별로 제시하면 다음과 같다.

권1 : 天文, 時令, 地輿, 尊卑, 親屬, 身體, 容貌, 動靜, 氣息, 性情, 言語, 宮殿, 朝會, 政事, 官職, 陞黜, 人類, 稱呼, 祭祀

권2 : 嫁娶, 生産, 喪葬, 宴會, 接待, 文學, 筆硯, 科試, 儀器, 樂器, 數目, 敎閱, 軍器, 射藝, 衙署, 倉庫, 城郭, 街道, 橋梁, 屋宅, 營作, 服飾, 裁縫, 布帛, 紡織, 食餌, 割烹

권3 : 茶酒, 飮啜, 疾病, 殘疾, 醫藥, 卜筮, 梳篩, 鏡奩, 床帳, 器用, 罵辱, 爭訟, 刑獄, 僧道, 寺觀, 珍寶, 賣買, 借貸, 蠶桑, 田農, 農器, 米穀, 菓品, 菜蔬, 匠器

권4 : 製造, 技戲, 舟舡, 車輛, 鞍轡, 佃獵, 釣漁, 皮革, 柴火, 飛禽, 走獸, 昆虫, 水族, 樹木, 花草, 雜語

서명응은 『방언집석』의 편찬과 함께 정조의 명령으로 『규장운서(奎章韻瑞)』(8권)라는 운서를 편찬하였다. 중국과 조선의 운서에 나타나는 평측의 차이점을 수정하기 위해 편찬된 『규장운서』는 중국의 『예부운략(禮部韻略)』, 『운부군옥(韻府羣玉)』, 『일월등(日月燈)』 등을 상호 비교하여 만들었으며, 조선 운학(韻學)의 연원을 열었다는 평가를 받기도 하였다.[185] 사성보(四聲譜), 음보(音譜), 악보(樂韻), 고운(古韻)으로 구성된 필사본 『규장운서』는 현재까지 발견되지 않고 있다.[186]

지금까지 서명응의 저술 가운데 원문이 전해지는 27종의 내용을 개략적으로 검토하였다. 여기에 제목이나 간략한 내용만 언급한 저술까지 합한다면 서명응의 저술은 총 38종이나 될 만큼 그 분량이 방대하다. 또한 그는 경사자집 4부에 걸쳐 여러 저술을 남길 정도로 다양한 학문적 관심을 보여주었다. 지금까지 검토한 서명응의 저술에 나타나는 몇 가지 특징을 정리하면 다음과 같다.

첫째, 서명응의 저술에는 가학으로 이뤄진 것이 많다. 그의 문집은 아들인 서호수와 서형수, 손자인 서유본과 서유구가 공동으로 편집하였고, 『선천사연』은 이들 4인이 공동으로 교열을 맡았다. 또한 『천세력』의 편찬은 동생 서명선과 공동으로 참여하였으며, 『위사』는 서명응의 의례를 따라 서호수가 편찬하였다. 서유구는 『본사』의 일부를 편찬하고, 『보만재집』의 발문을 비롯한 다수의 발문을 남겨 서명응 사후 그의 저술을 정리하는 데 핵심적 역할을 하였다. 서명응의 학문은 가학으로 이어져, 서호수의 천문학, 서형수의 경학, 서유구의 농학 등에 영향을 주었다.

---

185) 『保晩齋年譜』 권4, 「己亥(1779) 六十四歲」. "(九月)承命編進奎章韻瑞·方言類釋." 『弘齋全書』 권183, 「奎章韻瑞八卷」.

186) 현존하는 『奎章全韻』(2권 1책, 『御定奎章全韻』이라고도 함)은 1792~1794년에 李書九와 李德懋 등이 편찬하고 1796년에 목판으로 간행된 것으로, 『奎章韻瑞』와는 별개의 책이다.

둘째, 영조와 정조가 주도한 국가적 편찬 사업에 따라 편찬된 저술이 많았다. 서명응의 저술 중 초기 작품에 해당하는 『황극일원도』, 『국조악장』, 『양한사명』 등은 영조의 명으로 편찬된 저술이었다. 서명응은 1772년에 세손 빈객으로 정조와 인연을 맺은 후 1780년에 치사할 때까지 10여 년 동안 규장각을 중심으로 한 정조의 편찬 사업에 핵심 인물로 활동하였다. 『역학계몽집전』, 『중정사서집석』, 『주자회선』, 『자치통감강목신편』, 『남한지』, 『국조시악』, 『시악화성』, 『규장운서』 등은 『군서표기』에 정조의 서문이 있을 정도로 정조와 밀접한 관련이 있었다. 이 중에서 『역학계몽집전』, 『계몽도설』, 『자치통감강목삼편』, 『주자회선』 등은 서명응이 세손 정조의 교육을 위해 특별히 편찬한 교재로,[187] 서명응의 교육이 정조의 학문관을 형성하는 데 큰 영향을 미친 것으로 판단된다. 정조가 주도한 편찬 사업에는 서명응의 자손인 서형수와 서유구 등이 참여하여 그의 역할을 계승하였다.

셋째, 상호 연결되는 저술이 많다는 점이다. 이 글에서는 내용상 서로 연결되는 저술을 같은 절에 포함하여 그 선후 관계와 수정 보완되는 내용을 밝혔다. 그러나 『기자외기』와 『홍범오전』, 『상서일지』와 『위사』, 『고사신서』와 『본사』 등은 같은 절에 있지는 않으나 일부 내용이 그대로 수록되거나 상호보완 관계에 있던 저술이다.

넷째, 서명응은 학문적 초점을 선천학의 복원에 두고 이를 통해 삼대의 제도를 복원할 수 있다고 생각하였다. 서명응은 하도에서 기원한 복희의 선천학[先天四圖]이 신농→황제→요→순→우→공자→은사(魏伯

187) 『保晩齋年譜』 권3, 「甲午(1774) 五十九歲」.

"(五月)承令編進朱子會選於春宮. … 盖公編書之法, 求諸我東, 尠有對手. 故每春宮進講一書, 輒編一書獻之, 而其書皆絶倫. 如啓蒙集箋·啓蒙圖說·綱目三編, 及朱子會選, 是也."

陽)→진단→주렴계→소옹→주희에게 계승되었으며, 낙서에서 기원한 우의 홍범학은 기자→무왕에게 전수된 것으로 보았다. 그러나 복희에서 삼대에 이르기까지 완전한 형태로 계승된 선천학은 공자 이후 주비수법이 분리되어 서양 국가로 전해졌다가 명나라 말기에 중국으로 되돌아왔고, 『참동계』의 저자인 위백양은 바로 공자에게 선천사도를 받았던 은사로 파악되었다.

서명응은 공자 이후 분리된 채 전해진 선천학과 주비수법을 합하여 삼대의 제도를 복원하는 것을 자신의 과업으로 생각하고 왕성한 저술 활동을 하였다. 그의 역학 관계 저술은 선천학, 『상서』 관계 저술과 『위사』는 홍범학, 『황극일원도』와 『천세력』은 소옹 상수학의 의미를 밝히는 작업이었다. 또한 『비례준』과 『선구제』는 서양에서 전해진 주비수법과 선천학을 재결합하여 삼대의 모습을 회복하려는 것이었고, 『도덕지귀』와 『참동고』는 도가 서적인 『도덕경』과 『참동계』에 담긴 선천학의 의미를 재해석한 저술이었다. 그에게 있어 서양 천문학이나 도가의 경전은 유학의 선천학에서 분리되어 나간 학문이었으므로 이를 수용하여 재해석하는 데 곤란함을 느끼지 않았다.

다섯째, 주희의 학문을 긍정하며 수용하였으나 그 한계도 분명하게 지적하였다. 서명응은 『시경』이나 사서 관계 저술, 『자치통감강목신편』 등에서 주희의 서술 체제나 주석을 수용하였고, 주희의 발언을 자기 입론의 근거로 제시하기도 하였다. 그러나 그는 공자 이후 주비수법이 서양에만 전해졌기 때문에 주희나 그 제자들이 삼대의 제도를 해석하는 데 명백한 취약성이 있으며, 송학의 이(理)에 제도의 측면을 보완하는 것을 자신의 임무로 생각하였다. 또한 송학에서도 이정(程顥, 程頤)에서 주희로 이어지는 성리학의 측면보다 소옹에서 주희로 이어지는 상수학의 측면을 강조하여 여타 학자와 다른 경향을 보였다.

여섯째, 세종 대의 문화정책을 중시하고 이를 계승할 것을 강조하였다. 서명응은 세종 대의 음악을 삼대의 정악으로 파악하고, 정조 대에는 규장각을 중심으로 음악을 아는 학자들을 양성하여 세종 대의 음악을 복원하고 그 미비점을 보완하여 악학을 바로 세워야 할 과제가 있는 것으로 파악하였다.

일곱째, 선천학을 복원할 수 있게 된 조선의 문화와 자신의 학문에 자신감을 가졌다. 서명응은 중화의 문물과 의관을 보존한 조선의 문화적 수준과 중국의 선천학과 서양의 주비수법을 아우를 수 있는 자신의 위치를 중시하였다. 그는 자기 저술을 통해 삼대의 제도를 복원할 수 있다고 보았다. 이에 따라 그는 『홍범오전』과 『참동고』에서 자기 주석을 제일 앞에 배치하고 한학과 송학의 성과를 다음에 배치하여, 자신의 학문에 대한 자신감을 보여주었다.

제4장 기자 인식

서명응은 영조와 정조 대의 국가적 편찬 사업에 참여하여 다양한 저술을 남겼다. 그는 시문집을 제외한 저술만 하더라도 29종 160여 권에 달하는 대학자였다.[1] 이 글은 서명응의 방대한 저술 중에서 『기자외기(箕子外紀)』와 『주사(疇史)』를 주 대상으로 한다.

1776년(영조 52)에 평안 감사 서명응이 평양에서 간행한 『기자외기』와 후에 이를 수정한 『주사』는 바로 기자(箕子)의 역사에 관한 책이었다. 서명응이 『기자외기』를 편찬하던 시기에는 윤두수(尹斗壽, 1533~1601)가 편찬한 『기자지(箕子志)』가 널리 보급되어 있었고, 기자 및 정전에 대해서는 각종 역사서를 비롯하여 이이, 한백겸, 이익 등이 다양한 견해를 발표한 상황이었다. 서명응은 선학들의 업적을 충실하게 수용하면서 자신만의 독특한 기자 인식을 표명하여, 기자에서 이어진 조선 문화의 역사성과 우수성을 강조하였다. 또한 그는 조선 문화의 수준을 보여주는 역사적 자료임에도 불구하고 평양 각지에 흩어져 있던 기자의 사적들을 보존하기 위해 다양한 대책을 마련하였다.

이 글은 1절에서 『기자외기』와 『주사』가 편찬되는 과정, 각각의 체제 및 내용을 검토해 보았다. 여기서는 서명응이 홍범구주의 체제를 선택한 이유, 『기자지』와 『평양지』 등의 자료를 수용하는 양상, 서명응이 독자적으로 정리한 글을 다루었다. 2절에서는 기자에 대한 인식으로 기자조

---

1) 서명응의 저술과 개략적인 내용에 대해서는 본서 제1부 제3장을 참조.

선, 정전, 홍범 등 세 분야로 나누어 정리하였다. 특히 정전에 대한 인식은 서명응이 한백겸의 설을 비판하고 『주례』의 내용에 따라 해석함으로써 그의 독창성이 두드러진다. 3절에서는 이러한 인식을 바탕으로 기자의 사적을 복원하고 평안도 지역의 학문을 진흥시키는 조치들에 대해 살펴보았다.

서명응은 '하도에서 기원한 선천학'과 '낙서에서 기원한 홍범학'이란 두 개의 축에 학문적 기반을 두고 있었음을 고려할 때, 이 글은 그의 홍범학에 대한 인식을 검토하는 계기가 된다.

제1절 『기자외기』와 『주사』의 편찬

1. 편찬 과정

1776년(영조 52) 2월에 서명응은 동궁 정조에 의해 평안 감사로 임명되어 평양에 부임하였고,[2] 그해 11월에 기자의 유적을 분류하여 정리한 『기자외기』를 편찬하였다. 서명응은 기자의 고도이자 그 유제로 알려진 정전이 남아 있는 평양에서 기자의 사적을 보존하고 평안도 지역의 문풍을 일으키기 위해 각종 조치를 시행하였다. 그리고 틈틈이 기자에 관한 자료를 모아 『기자외기』를 편찬하였다. 그는 1777년(정조 1) 7월에 중앙으로 복귀할 때까지 기자의 유적을 보존하고 평안도의 학문을 일으키는 조치를 계속하였다.

2) 『保晩齋年譜』 권4, 「丙申(1776) 六十一歲」.
"二月, 拜議政府右參贊, 尋拜平安監司, 赴任. … 及東宮聽政, 以賊臣洪趾海, 附麗麟(洪麟漢)·謙(鄭厚謙)諸賊, 得平安監司, 因事譴罷. 遂以公代之."

『기자외기』는 편찬과 동시에 평양 감영에서 3권 1책의 목판본으로 간행되었다. 이 책은 윤두수가 편찬한 『기자지』를 비판적으로 계승한 것이었다. 1577년(선조 10)에 사은사로 명나라에 갔던 윤두수는 중국인으로부터 기자에 관한 질문을 받았으나 충분한 답변을 하지 못하고 돌아왔다. 이후 윤두수는 경서와 역사서를 비롯한 각종 서적에서 기자에 관한 기록을 뽑아 1580년(선조 13)에 『기자지』를 편찬하였다.[3] 현전하는 5권 1책의 목판본 『기자지』는 후에 증보된 것으로, 그중에서 1~3권은 윤두수가 편찬한 부분으로 추정된다. 『기자지』는 글의 종류에 따라 9종으로 분류되어 있다.[4]

『기자지』는 기자에 관한 기록을 최초로 정리한 책이다. 그러나 특별한 원칙이 없이 자료를 뽑아 편집하였으므로 체제가 없고 빠뜨린 자료도 많이 나타났다. 이이(1536~1584)는 『기자지』가 편찬된 1580년에 그 자료를 바탕으로 『기자실기(箕子實記)』를 지으면서 '『기자지』가 공력을 들인 책이라 후학에게 많은 혜택을 주지만 체제를 갖추지 못하였다.'고 지적하였다.[5] 또한 19세기 후반에 기정진(奇正鎭)은 『기자지』를 증보하여 9권 3책으로 중간한 서문에서 '윤두수는 자료를 널리 수집하는 데 치중

---

3) 李珥, 「箕子實記」, 『箕子外紀』 敍述.
徐有榘, 『保晩齋年譜』 권4, 「丙申(1776) 六十一歲」.
"十一月, 箕子外紀成. … 先是尹梧陰斗壽, 以正使朝天, 中州士大夫, 爭問箕子事蹟. 尹公不能對一辭, 歸而恥之, 爲撰箕子志, 鋟梓於箕營."

4) 『箕子志』(5권 1책)는 卷首에 12종의 圖說, 贊, 권1에 傳, 錄, 論(聖賢論, 諸子論), 권2에 記, 贊, 賦, 辭, 操, 권3에 詩가 있다. 여기까지는 尹斗壽가 편찬한 부분으로 추정된다. 또 증보된 권4에는 附傳, 附錄, 附賦, 附詩, 外錄, 권5(附錄)에는 說, 跋, 語, 碑, 詩가 追錄되어 있다.

5) 李珥, 「箕子實記」, 『箕子外紀』 敍述.
李珥의 『箕子實記』에 대해서는 韓永愚, 「高麗~朝鮮前期의 箕子認識」 『韓國文化』 3, 1982, 49~54면.

하여 매우 상세하다는 장점이 있으며, 고기에 나오는 심상한 야언(野言)까지 버리지 않았으나 빠트린 자료가 있다.'고 지적하였다.[6)]

윤두수는 1590년(선조 23)에 『기자지』의 속편에 해당하는 목판본 『평양지(平壤志)』(9권 2책)를 편찬하였다. 1587년 평안 감사로 부임한 윤두수는 정전과 기자묘(箕子墓) 등 평양 각지에 흩어져 있는 기자의 유물 유적에 대한 견문을 바탕으로 평양의 풍토와 민정, 기자의 유적 등을 36류로 분류하여 『평양지』를 편찬하였다.[7)] 따라서 『평양지』에는 『기자지』에 들어가지 못한 기자 관련 자료가 다수 포함되었다.

그런데 1730년(영조 6)에 윤두수의 5대손인 윤유(尹游, 1674~1737)[8)]가 『평양지』를 보완하여 4권 2책의 목판본 『평양속지(平壤續誌)』를 편찬하였다. 윤유는 1727~1729년에 평안 감사를 역임하면서 『평양지』 이후의 사실들이 제대로 전해지지 못하는 것을 안타깝게 여기고 자신이 3년 동안 견문한 것을 참고하여 『평양속지』를 편찬하였다.[9)] 『평양지』와 『평양

---

6) 奇正鎭, 「重刊箕子志序」(1878), 『箕子志』(규4716) 卷首.

"梧陰尹公纂輯之功, 於是爲大. 書不以簡嚴爲體, 以廣蒐博取爲詳. 苟古記所載, 雖尋常野言, 未之或捨. 故書, 以此致詳, 而亦以此未免或有遺漏, 此今日諸章甫續編之補入, 亦有所不得已也."

7) 尹斗壽, 「平壤志序」(1590), 『平壤志』 卷首.

"平壤, 箕子之舊都. 城之南, 有井地, 區畫分明, 溝塍方正, 千載以下, 猶可見其三代之制焉. 城之北, 有兎山, 衣冠所藏, 松檜蔽天, 邦人敬之, 至今以爲瞻依之地. 其餘, 所謂箕子宮·箕子井·箕子杖, 無非故國舊物之可尙者. … 不佞, 嘗撰箕子志, 已犯不韙. 今守玆土, 又愈三載, 凡於風土民情, 以及往古之事, 亦略有聞見, 以爲此地箕子之闕里, 亦不可無一書以續之. 乃忘其僭踰, 分編爲九, 析類爲三十六. 本擬他日臥遊之資, 非爲當今具眼之翫也."

8) 尹游의 曾孫인 尹郁烈은 徐命膺의 아들인 徐浩修의 사위가 되어 집안 간에 일정한 교유가 있었다.

9) 宋寅明, 「續平壤誌序」(1730), 『平壤續誌』 卷首.

"惜乎! 後梧陰而按是都者, 莫有能繼之者. 中年故實, 闕而無傳, 識者恨之. 歲丁未(1727),

속지』는 『기자지』가 편찬된 이후에 편찬되어 평양의 연혁과 기자의 사적에 관한 후대의 자료가 실려 있는 것이 장점이다.

1776년에 『기자외기』를 편찬한 서명응은 『기자기』와 증보판, 『평양지』, 『평양속지』를 모두 참고할 수 있었다. 그는 『기자외기』의 서문에서 『기자지』에 대한 비판으로 시작하였다.[10)]

> 평양에는 예부터 『기자지(箕子志)』 2본(本)이 있었으며, 경전이나 자(子), 사(史) 중에서 기자를 언급한 것을 편집하여 책으로 만들고, 사(辭), 부(賦), 제영(題詠)을 첨부하였다. 그러나 이 책은 기자의 도(道)와 법(法)을 빠뜨렸다.

서명응은 『기자지』가 기자에 관한 자료를 수집하였으나 체제가 없으며, 특히 기자의 도와 법을 누락시킨 한계가 있다고 지적하였다. 그는 "기자의 나라에 태어나 기자의 풍모를 그리워하면서도 기자의 도와 법을 모르는 것은 그 자취만 기록하는 것일 뿐"이라 하여,[11)] 『기자외기』를 저술한 목적이 바로 기자의 도와 법을 밝히는 데 있음을 강조하였다.

서명응은 『기자지』의 한계를 비판하였으나 완전히 도외시하지는 않았다. 앞서 언급한 '2본의 『기자지』'는 윤두수의 『기자지』와 그 증보판을 가리킨 것이며, 후술하듯이 그는 두 『기자지』는 물론이고 『평양지』와 『평양속지』의 자료까지 『기자외기』에 수록하였다. 따라서 『기자외기』는

梧陰公後孫海平尹侯, 繼按是都, 居三年, 治成化行. 顧乃慨然於是誌之不終, 始網羅見聞, 參考沿革, 續成一書, 名之曰續平壤誌."

10) 『箕子外紀』 卷首, 「箕子外紀序」.

11) 윗글.
"處箕子之邦, 慕箕子之風, 而不知箕子之道與法, 何哉? 豈非箕子之志, 但志其跡而已乎?"

윤두수의 『기자지』와 『평양지』를 비판적으로 계승한 저술이라 할 수 있다.

한편, 서명응은 1783년(정조 7)에 『보만재총서』를 편집하면서 2권 1책의 『주사』를 수록하였다.[12] 『주사』는 『기자외기』의 수정본으로 서문이 새로 작성되고, 편목이 수정되었으며, 편목에 대한 해설이 첨가되고, 내용이 부분적으로 추가되거나 삭제된 것 외에는 『기자외기』의 내용과 완전히 일치한다. 『기자외기』의 제목을 '주사'로 바꾼 것은 기자가 자득한 도인 구주(九疇)를 가지고 그에 관한 역사를 기록하였기 때문이었다.

서명응은 역사서술의 방법은 고정불변이 아니라 시대에 따라 변하며, 그 방법의 선택은 전적으로 역사가에게 달려 있다고 보았다. 그는 사마천이 『상서』의 이전(二典)과 삼모(三謨)를 모범으로 하여 『사기』의 본기와 열전을 만들었듯이, 자신은 『상서』의 홍범구주를 모범으로 하여 기자의 역사를 기록한다고 밝혔다.[13] 『기자외기』는 편찬된 직후 목판본으로 간행되어 널리 보급되었다. 그러나 『주사』는 『보만재총서』 사별(史別)에 포함되어, 현재 고려대학교 도서관과 규장각 한국학연구원에 필사본이 전해진다. 이 중에서 규장각 소장본은 1935년 7월에 성낙서(成樂緖) 소장본을 저본으로 하여 필사한 것이다.

---

12) 『保晩齋叢書』에 대해서는 본서 제1부 제3장 제1절을 참조.

13) 『疇史』 卷首, 「疇史序」.

"疇史, 箕子之史也. 箕子之史也而曰疇史, 何也? 以九疇紀箕子事實而爲之史也. … 昔, 司馬遷作史記, 本二典以爲帝王本紀, 本三謨以爲諸臣列傳. … 又況聖人馭世, 各因其深造自得之道, 以化成天下. 故曰, '三王不同道, 五帝不同治.' … 若使箕子中天下, 而立定四海之民, 必以大法九疇, 丕新一世之規撫. 當時爲史官者. 亦必以九疇, 象其治, 飾其史, 而不徒膠守典謨之體也. … 夫史, 顧亦何常之有哉? 唯在作史者, 隨時而立體. 故以九疇, 紀箕子事實, 而爲之史也."

2. 체제 및 내용

『기자외기』와 『주사』의 본문은 모두 9개 편목으로 구성되었다. 『기자외기』의 편목은 서술(敍述), 편장(篇章), 제도(制度), 출처(出處), 도학(道學), 논설(論說), 묘향(廟享), 사적(事蹟), 가영(歌詠)이고, 『주사』에서는 '서술'이 '기전(記傳)'으로 바뀐 것 외에는 편목의 이름과 수록 내용이 『기자외기』와 일치한다. 서명응은 『주사』의 체제를 홍범의 구주(五行, 五事, 八政, 五紀, 皇極, 三德, 稽疑, 庶徵, 福極)를 모범으로 하여 만들었다고 하였다. 그러나 『기자외기』의 목록에서는 편목과 홍범구주의 관련성을 밝혀, 기자 역사의 서술 체제는 처음부터 구주로 하였음을 확인할 수 있다. 다만 『주사』의 경우 편목을 아예 '주(疇)'라 하여 구주의 체제를 더욱 분명히 하고, 편목의 해설도 구주와의 관련성을 더욱 상세하게 밝혔다.

서명응이 『기자외기』와 『주사』의 편목(疇)을 홍범구주와 연결시켜 정리하면 다음과 같다.

1. 서술 : 오행(五行)이 8주(疇)를 총괄하듯이 「서술」은 8목을 총괄한다. 오행이 홍범의 통체(統體)가 되듯이 「기전(記傳)」은 기자의 덕업을 총서(總敍)하여 전체의 통체가 된다.
2. 편장 : 「편장」은 언(言)과 사(思)에서 나와 올바른 성정을 얻은 것이고, 언·사는 오사(五事, 貌·言·視·聽·思)에 포함되어 있다. 따라서 「편장」은 2주(五事)이다.
3. 제도 : 「제도」는 정전만을 논한 것이며, 홍범의 팔정(八政)은 모두 국가의 제도이고, 정전도 여기에 속한다. 따라서 「제도」는 3주(八政)이다.
4. 출처 : 성인의 「출처」는 기수의 움직임을 살펴 마땅한 곳을 찾는 것으로,

국가가 역수(曆數)를 따라 오기(五紀)와 화합하는 것과 같다. 따라서 「출처」는 4주(五紀)이다.

5. 도학 : 황극은 인군(人君)의 도(道)와 심(心)이며, 도·심은 바로 도학이다. 인군의 도·심이 중앙에 있으면서 상하 사방에 응하므로, 황극은 중앙에서 상하의 8주에 응한다. 따라서 「도학」은 5주가 된다.
6. 논설 : 삼덕(三德, 直·剛·柔)이 덕을 이룬 후에도 그 기상에 따라 조절[權衡]해야 하듯이, 「논설」에서 다룬 삼인(三仁)은 처한 상황에 따라 삼덕을 조절한 것이다. 따라서 「논설」은 6주(三德)이다.
7. 묘향 : 낙서에서 계의(稽疑)는 팔정의 대위(對位)이다. 팔정은 인모(人謨)이고 계의는 신모(神謀)이며, 인모에서 결정되지 않으면 신모에서 판단한다. 「묘향」은 기자를 신으로 섬기는 예제이므로 7주(稽疑)가 된다.
8. 사적 : 서징(庶徵)은 오사(五事)의 응험(應驗)이 나타난 것이며, 「사적」은 기자 오사의 응험이 요동에서 평양까지 나타난 것이다. 따라서 「사적」은 8주(庶徵)이다.
9. 가영 : 오복과 육극(六極)은 8주의 공효(功效)이며, 「가영」은 기자 황극지도(皇極之道)의 공효이다. 따라서 「가영」은 9주(福極)이다.

이상에서 보듯 『기자외기』와 『주사』의 체제는 홍범구주를 따른 것이다. 그러나 『보만재총서』의 편집에 참여한 서유구는 『주사』의 체제가 『한서』 「오행지」에서 나온 것이라 하였다.

공(公, 서명응)의 역사서에는 3종이 있다. 『주사(疇史)』는 『한서(漢書)』 「오행지(五行志)」를 꾸민 것[文之]이며, 『위사(緯史)』는 『한서』 「지리지(地理志)」를 넓힌 것[衍之]이며, 『본사(本史)』는 『사기(史記)』의 의례(義例)를 절충한 것이다. 따라서 3종의 역사서는 비록 공이 스스로 창작한 것 같으나 사실은 모

두 근거가 없었던 적이 없으니, 후세 사람들이 알아두어야 한다.[14]

『보만재총서』의 사별(史別)에는 『주사』 이외에 『위사』(12권 7책)와 『본사』(12권 6책)가 있다. 이들은 지리서와 농서로서 일반 역사서와는 거리가 있는 책이다. 서명응은 이들을 사서(史書)로 분류하면서 『위사』는 『상서』 「우공」편을 저본으로 하고, 『본사』는 『사기』의 기전체(本紀, 志, 世家, 列傳)를 따랐다고 하였다.[15] 이를 서유구의 발언과 비교하면, 『주사』와 『위사』의 체제에 대해 두 사람이 견해차를 보인다.

그런데 『주사』의 저본이라는 『한서』 「오행지」를 보면, 서유구의 지적은 일면 타당성을 보인다.[16] 현존하는 『한서』 「오행지」에는 처음에 「홍범」편의 서두에 있는 무왕이 기자를 방문하여 나눈 대화와 낙서의 본문으로 알려진 65자 전문이 나온다. 다음에 1주(五行)의 경문(經文)과 전(傳), 2주(五事)의 경문과 전이 차례로 나오고, 경과 전의 사이사이에 이와 관련된 한대의 역사적 사실을 정리하였다.[17] 따라서 『한서』 「오행지」만 떼어서 보면, 『상서』 「홍범」의 경과 전을 골격으로 하고, 이에 해당하는 사실(史實)을 정리한 역사서가 된다.

결국 서명응은 홍범의 체제를 따라 『기자외기』와 『주사』를 편찬하였으며, 이러한 역사서술은 이미 『한서』 「오행지」에서 시도된 방식이었다. 그러나 『한서』에서의 시도가 구주의 일부에 국한되었다면, 서명응의

---

14) 徐有榘, 「本史跋文」(1785), 『本史』 卷末.
"抑公之史者, 凡三. 『疇史』, 以『漢書』「五行志」而文之. 『緯史』, 以『漢書』「地理志」而衍之. 『本史』, 又以『史記』之義例而折衷之. 三史. 雖若公之所自刱, 其實, 皆未嘗無所根據. 此又後人之不可不知者也."

15) 『緯史』와 『本史』에 대해서는 본서 제1부 제3장 제3절을 참조.

16) 『漢書』 권27, 「五行志」.

17) 『漢書』 「五行志」에 나오는 洪範의 傳은 1, 2疇 모두 5개 부분으로 구분되어 있다.

『기자외기』와 『주사』는 완전한 구주의 체제로 편찬한 역사서였다고 할 수 있다.

다음으로 『기자외기』와 『주사』의 개략적 내용을 검토해 보자.

권수에는 서명응이 작성한 서문과 목록, 기자상(箕子像) 그림과 그의 공덕을 칭송한 4인(司馬遷, 陶潛, 司馬貞, 金時習)의 찬(贊)이 있다. 기자상은 『기자지』에 포함되어 있던 10종의 도설 중 첫째 것으로 『주사』에서는 삭제되었다.[18] 찬도 『기자지』에 있던 것이며, 『주사』에서는 「가영」편으로 옮겨졌다.

「서술(記傳)」은 기자의 생애와 기자조선의 역사에 관한 것으로, 이이의 「기자실기」와 서명응의 「기자본기」가 편집되어 있다. 『주사』에서는 '기자본기'라는 제목이 '기자세가(箕子世家)'로 바뀌면서 뒷부분의 내용이 증보되었고, 이는 1782년 8월에 편찬된 『홍범오전』(5권 2책)의 권수에 포함된 바 있다.

「편장」에는 기자의 말과 생각이 담긴 「기자조(箕子操)」와 「맥수가(麥秀歌)」가 편집되어 있다. 이는 『사기』에서 발췌한 것으로, 『기자지』에도 포함되어 있었다.

「제도」는 정전제를 논한 부분이다. 서명응은 정전제의 실체를 밝히기 위해 『주례』, 『맹자』, 『한서』 등의 서적에서 정전을 언급한 부분과 주희와 한백겸의 정전에 관한 논의를 정리하였다. 『기자지』에 수록된 한백겸의 「기전도설(箕田圖說)」을 제외한 나머지 자료는 서명응이 직접 발췌한 것이다. 서명응은 평양에 있는 정전 유지를 정리한 「기자정전(箕子井田)」과 정전제에 대한 자신의 견해를 담은 「기자정전기적비(箕子井田紀

18) 尹斗壽의 『箕子志』 卷首에는 箕子像(半身像, 全身像), 勸立微子圖, 答微子圖, 諫紂圖, 被髮鼓琴圖, 陳洪範圖, 治朝鮮圖, 過殷墟圖, 井田圖, 祠堂圖, 兎山墓圖 등 12종의 圖說이 있다.

蹟碑)」,[19] 정전제의 실상을 보여주는 3종의 도설(平壤外城井田全圖, 洛書爲井田淵源圖, 八陣爲井田對位圖)을 수록하였다. 『주사』에서 도설은 모두 삭제되었다.

「출처」는 기자의 행적에 관한 것으로, 『상서』「미자」편에서 기자의 발언 부분만 발췌하고 주석을 붙인 「서미자편(書微子篇)」을 실었다.

「도학」에는 『상서』「홍범」편의 원문과 이에 대한 주석을 단 「서홍범편(書洪範篇)」을 실었다. 『주사』에서 서명응은 「서홍범편」의 편목 아래에 '서명응집주(徐命膺集註)'라 기록하여, 홍범 주석이 자신의 독자적 견해에 따라 정리된 것임을 밝혔다. 다음에는 낙서와 홍범의 관련을 밝힌 4종의 도설(洛書對待圖, 洛書生成圖, 洛書相克圖, 洛書始中終圖)을 수록하였으나 『주사』에서는 모두 삭제되었다. 서명응은 1782년에 「서홍범편」을 분리하여 『홍범오전(洪範五傳)』이란 별도의 저술을 편찬하였다. 그는 이 책에서 「서홍범편」을 제일 앞에 두고, 이하에 한의 공안국, 송의 채침과 김이상(金履祥), 원의 오징 등 4인의 주석을 편집함으로써 자기 주석에 대한 자신감을 보였다.

「논설」은 은나라 말기의 현자인 삼인(三仁, 箕子·微子·比干)의 행적을 정리한 것으로, 『주역』, 『논어』, 『맹자』에 나온 기록과 역대 학자들의 삼인에 관한 학설을 편집하였다. 이 자료들은 대부분 『기자지』에 실려있었다.

「묘향」은 중국 하남성 급군(汲郡)에 있던 기자묘(箕子廟)의 비문(柳宗元, 張寧)과 평양에 있던 기자묘(箕子廟)의 비문(卞季良), 숭인전의 비문(李廷龜), 인현서원에 관한 자료를 편집한 것이다. 이 자료들은 대부분

19) 「箕子井田」과 「箕子井田紀蹟碑」는 『保晩齋集』에도 포함되었다. 「箕子井田」은 권9에 '井田說'이란 제목으로, 「箕子井田紀蹟碑」는 권11에 같은 제목으로 실려 있다.

『기자지』와 『평양속지』에 실린 것을 재편집한 것이다.

「사적」은 평양에 남은 기자의 사적을 유속(遺俗), 숭봉(崇奉), 고적(古蹟), 득성(得姓), 국조(國祚)로 분류하여 정리한 것이다. 대부분 『기자지』와 『평양속지』에 실린 것이다.

「가영」은 기자의 행적과 공덕을 칭송한 글을 기자조(箕子操), 기자묘사(箕子廟辭), 기자묘사(箕子墓辭), 기자묘부(箕子廟賦), 알기자묘부(謁箕子廟賦), 유월지시(六月之詩)로 분류하여 수록하였다. 이는 명과 조선의 학자들이 지은 것이며,[20] 『기자지』에 실린 것을 재편집한 것이다. 그리고 기자찬(箕子贊)은 『기자외기』의 권수에 있다가 『주사』에서 이곳으로 옮겨졌다.

이상에서 보듯 『기자외기』와 『주사』의 자료 중 상당수는 『기자지』와 『평양지』, 『평양속지』에서 발췌한 것이며, 서명응은 이를 구주 체제로 분류하여 정리하였다. 또한 『주사』에서는 『기자외기』에 수록된 도설을 삭제하고, 글의 제목도 다섯 글자 이상이던 것을 네 글자로 정리하였다.

다음의 〈표 2〉는 『기자외기』와 『주사』에 수록된 자료와 두 저술의 변화를 정리한 것이다.

앞서 서명응은 『기자외기』의 저술 목적을 '기자의 도와 법을 밝히는 것'이라 하였다. 이러한 내용은 그가 작성한 「기자본기」(『疇史』에서는 「箕子世家」), 「기자정전」,[21] 「기자정전기적비」, 「서홍범편」에 집중적으로 나타난다.

---

20) 明의 학자로는 龔用卿, 華察, 薛廷寵, 高閏, 董越, 王敞, 唐皐, 吳希孟, 許國, 祈順, 王敬民, 陳鑑 등이 있고, 조선의 학자로는 金時習, 蘇世讓, 李荇, 鄭士龍, 徐居正, 李珥 등이 있다.

21) 『保晚齋集』 권9에는 「箕子井田」이 '井田說'이란 제목으로 들어 있다.

〈표 2〉『기자외기』와 『주사』의 체제 및 내용

『箕子外紀』		『疇史』		『箕子志』	『平壤志』 『平壤續志』
卷首	箕子外紀序	卷首	疇史序		
	殷太師箕子眞像		삭제	卷首, 箕子像	
	贊		「歌詠」에 재편집	권2, 贊	
	箕子外紀目錄		目錄		
敍述	箕子實記(李珥)	記傳	箕子實記(李珥)	권4, 外錄	
	箕子本紀(徐命膺)		箕子世家(徐命膺)		
篇章	箕子操(史記評林)	篇章	箕子操(見史記)	권1, 傳	
	麥秀歌(史記)		麥秀歌(史記)	권1, 傳	
制度	箕子井田	制度	箕子井田		
	周禮井田說		周禮井田		
	孟子井田說		孟子井田		
	班固井田說		漢書井田		
	朱子井田類說		井田類說(朱子)		
	先儒論井田類說		先儒論說		
	箕田圖說(韓百謙)		東儒圖說(韓百謙)	권5, 附錄	
	箕子井田紀蹟碑(徐命膺)		井田碑文(徐命膺)		
	平壤外城井田全圖		삭제		
	洛書爲井田淵源圖		삭제		
	八陣爲井田對位圖		삭제		
出處	書微子篇	出處	書微子篇		
道學	書洪範篇	道學	書洪範篇(徐命膺集註)		
	洛書對待圖		삭제		
	洛書生成圖		삭제		
	洛書相克圖		삭제		
	洛書始中終圖		삭제		
論說	周易明夷卦爻辭	論說	周易明夷	권1, 論(聖賢論)	
	論語三仁章		論語言仁	권1, 論(聖賢論)	
	孟子當路於齊章		孟子論殷	권4, 附論	
	諸子說		古今諸說	권1, 論(弟子論) 권4, 附論	
廟享	汲郡箕子廟	廟享	汲郡箕廟		
	汲郡箕子廟碑(唐柳宗元)		汲郡廟碑(唐柳宗元)	권2, 記	
	箕子廟碑後記(明張寧)		廟碑後記(明張寧)	권2, 記	
	平壤崇仁殿		箕廟始末		續志, 권1, 祠墓
	平壤箕子廟碑(卞季良)		箕子廟碑(卞季良)	권2, 記	續志, 권5, 箕子廟碑
	平壤崇仁殿碑(李廷龜)		崇仁殿碑(李廷龜)	권5, 附錄(碑)	
	平壤仁賢書院		仁賢書院		續志, 권1, 學校

<table>
<tr><th colspan="2">『箕子外紀』</th><th colspan="2">『疇史』</th><th>『箕子志』</th><th>『平壤志』
『平壤續志』</th></tr>
<tr><td rowspan="5">事蹟</td><td>遺俗</td><td rowspan="5">事蹟</td><td>遺俗</td><td></td><td>志, 권1, 傳, 錄</td></tr>
<tr><td>崇奉</td><td>崇奉</td><td></td><td>續志, 권1, 祠墓</td></tr>
<tr><td>古蹟</td><td>古蹟</td><td></td><td>志, 권5, 雜志
續志, 권1, 古蹟</td></tr>
<tr><td>得姓</td><td>得姓</td><td>권1, 傳</td><td></td></tr>
<tr><td>國祚</td><td>國祚</td><td>권1, 傳</td><td></td></tr>
<tr><td rowspan="7">歌詠</td><td></td><td rowspan="7">歌詠</td><td>箕子贊</td><td>권2, 贊</td><td></td></tr>
<tr><td>箕子操</td><td>箕子操</td><td>권2, 操</td><td></td></tr>
<tr><td>箕子廟辭幷序</td><td>箕子廟辭幷序</td><td>권2, 辭</td><td></td></tr>
<tr><td>箕子墓辭幷序</td><td>箕子墓辭幷序</td><td>권2, 辭</td><td></td></tr>
<tr><td>箕子廟賦</td><td>箕子廟賦</td><td>권2, 賦</td><td></td></tr>
<tr><td>謁箕子廟賦幷序</td><td>謁箕廟賦幷序</td><td>권2, 賦</td><td>續志, 권5, 箕子廟碑</td></tr>
<tr><td>六月幷序</td><td>六月之詩</td><td>권2, 辭</td><td></td></tr>
<tr><td>卷末</td><td>跋文</td><td>卷末</td><td>삭제</td><td></td><td></td></tr>
</table>

제2절 기자에 대한 인식

1. 기자와 기자조선

기자조선(箕子朝鮮)에 대한 인식은 주로 「기자본기」에 수록되어 있다. 이는 이이의 「기자실기」를 바탕으로 작성한 것이다. 이하에서는 이이의 「기자실기」와 서명응의 「기자본기」를 중심으로, 그 공통점과 차이점을 살펴본다.

기자의 출신에 대해, 서명응은 기자의 이름은 서여(胥餘), 일명 수유(須臾)라고 하며, 은(商)의 종실 출신으로 주(紂)의 제부(諸父)로 보는 설과 주의 서형(庶兄)으로 보는 설이 있으나 확인할 수 없다고 하였다. '기자'란 이름은 은나라 때 그가 '기(箕)' 지방을 채지(采地)로 가졌기 때문이다. 이곳은 중국의 하남 서화현(西華縣)에 해당하며, 당대까지 기자대

(箕子臺)와 홍범당(洪範堂)이 있고, 춘추 제사가 거행되었다고 하였다. 이러한 내용은 이이가 '기자는 은의 종실 출신으로 이름은 서여'라 한 것과 비교하면 훨씬 자세하다. 그리고 기자란 이름이 지명에서 나왔다는 설은 한교(韓嶠)와 이수광(李睟光)의 주장을 수용한 것이고,[22] 서화현은 1582년(선조 15) 겨울에 평양을 방문한 명 사신 왕경민(王敬民)의 글을 인용한 것이다.[23]

기자가 홍범을 주나라 무왕에게 전달하는 과정에 대해, 이이와 서명응은 비슷한 견해를 가졌다. 제을(帝乙)이 주(紂)를 세우려 할 때 기자는 반대하였고, 주가 학정을 펼치자 미자(微子), 비간(比干)과 대책을 논의하고 직간하다가 옥에 갇혀 기자조(箕子操)를 지었다. 무왕이 B.C 1134년에 은을 멸망시키고 방문하자, 기자는 구주의 도를 모두 일러주었다. 이에 대해 서명응은 주로 『상서』 「미자」편과 「홍범」편을 인용하여 그 경과만 간략하게 언급하였으나, 이이는 은 유민 3인의 대화와 홍범의 내용을 구체적으로 서술하였다. 이이는 「기자실기」에서 기자에 대한 자료를 종합하여 정리하였으나 서명응은 「서미자편」과 「서홍범편」이 별도로 있었기 때문이다.

기자의 조선 입국과 기자조선의 건국에 대해, 서명응은 그 독립성을

---

22) 『箕子外紀』 事蹟, 「得姓」.
"宣廟朝韓嶠上疏. 略曰, '箕子, 本與殷同姓. 箕卽所封之地, 而非其姓氏也.' … 芝峯類說曰, '箕子, 殷同姓. 箕卽所封之國, 與微子之謂, 非其姓也.'"

23) 윗책, 歌詠, 「謁箕子廟賦幷序」 明王敬民.
"盖余爲河南西華人云. 西華故箕地, 初聖師, 食采於箕, 故稱箕子. 今邑中, 有箕子臺巍然. 學宮之後, 臺之端, 有洪範堂. 木主設焉, 春秋寔俎豆之."
윗글, 李珥.
"皇明萬曆十年(1582)冬, 給事中儆吾玉先生(王敬民), 奉命宣詔于我國. 先生是西華人, 少時鍊玉于洪範堂, 紬繹疇範之旨, 薰沐仁聖之澤, 素矣."

강조하였다. 기자는 감옥에서 풀려나자 조선으로 도망하였고[逃之朝鮮], 무왕은 그 땅을 기자에게 봉해 주되 신하로 삼지는 않았다[封之不臣]. 이듬해 기자는 무왕이 은 왕실의 후손을 우대하는 조치[三恪之義][24]에 따라 빈(賓)의 자격으로 주나라를 방문하였고, 은의 고도를 방문하여 맥수가를 지었다. 기자가 조선으로 올 때 중국인 5천 명이 따랐고, 평양에 도읍하여 '후조선(後朝鮮)'이라 불렀다. 처음에는 언어가 통하지 않아 통역이 필요하였다. 기자는 정전을 구획하여 조법(助法)을 시행하고, 조선인의 의관은 모두 중국과 같았으며, 농잠을 가르치고 8조의 금법을 시행하자 풍속이 신의를 숭상하고 유술(儒術)을 돈독히 하여 이웃 국가들이 따랐다. 이에 인민들이 대동강을 황하에 비기고, 영명령(永明嶺)을 숭산(崇山)에 비기는 노래를 지어 임금의 장수를 기원하니, 후세의 서경곡(西京曲)이 되었다.

여기서 가장 문제는 기자와 주 무왕의 관계이다. 『사기』와 『상서정의』의 기록에 차이가 있었기 때문이다. 사마천은 『사기』에서 '기자가 홍범을 만든 후 무왕은 기자를 조선에 봉하였으나 기자는 신하가 되지 않았다[封而不臣]. 그 뒤 기자는 주나라에 조회를 갔다[朝周].'고 하였다.[25] 그러나 『상서정의』에서 공영달이 인용한 『서전(書傳)』에는 '무왕이 기자를 석방하자 기자는 주에 있을 수 없어 조선으로 달아났고, 무왕이 이 말을 듣고 조선을 봉해 주었다. 기자는 신례(臣禮)가 없을 수 없어 무왕

---

24) '三恪'이란 고대 중국에 새로운 왕조가 들어서면 인심을 안정시키고 통치를 공고히 하기 위해 이전 세 왕조의 자손을 王侯로 封하는 조치이다. 이는 周 武王이 夏·殷의 후손과 舜의 후손을 봉한 데에서 시작되었다(『春秋左傳傳』 권17, 襄公 25년 10월, "而封諸陳, 以備三恪. [注] 周得天下, 封夏殷三王後, 又封舜後, 爲之恪. 幷二王後, 爲三國. 其禮轉降示敬而已. 故曰三恪.").

25) 『史記』 권34, 「宋微子世家」.
"於是, 武王乃封箕子於朝鮮, 而不臣也. 其後箕子朝周."

13년에 주나라에 조회하였고[來朝], 이때 무왕은 기자에게 홍범에 대해 물었다.'고 하였다.[26)]

『사기』와 『상서정의』의 기록은 기자가 홍범을 전한 시기와 조선에 봉해진 시기가 달랐다. 조선의 학자들은 '기자가 조선에서 국가를 세운 이후 주의 봉함을 받았다.'는 『서전』의 내용과 '봉해졌으나 신하가 되지 않았다.'는 『사기』를 바탕으로 기자의 독립성을 강조하였다.[27)] 그러나 기자가 주나라 조회에 참석한 것을 신례(臣禮)로 본다면 그 독립성은 여전히 제한적이었다. 이이는 '기자가 무왕에게 도를 전한 뒤 신하가 될 생각이 없어 중국을 피해 조선으로 갔고, 무왕이 이를 듣고 조선에 봉하자 주에 조회하였다.'고 하여 『상서정의』와 비슷한 견해를 보였다.

서명응은 기자조선의 독립성에 대해 더 진보적이었다. 서명응은 『사기』의 기사에 나온 '봉이불신(封而不臣)'을 강조하고, 기자가 주를 방문한 것을 무왕이 은의 후손을 우대하는 조치에 빈의 자격으로 참석한 것으로 해석하였다. 기왕의 학자들이 기자의 방문을 '조주(朝周)'로 표현하였으나, 서명응은 기자의 방문을 '빈우조(賓于周)'라 표현하여, 기자는 은

---

26) 『尙書正義』 권12, 洪範.

"武王勝殷, 殺受, 立武庚. 以箕子歸, 作洪範. (䟽) 書傳云, '武王釋箕子之囚, 箕子不忍周之釋, 走之朝鮮. 武王聞之, 因以朝鮮封之. 箕子旣受周之封, 不得無臣禮. 故於十三祀來朝, 武王因其朝而問洪範.'"

孔穎達은 다음의 문장에서 「홍범」의 序文을 따라 기자는 풀려난 즉시 돌아갔고, 조선과 周의 거리가 만 리가 넘어 봉해진 후 조회에 참석하기에는 수년이 걸린다는 점 등을 들어, '기자는 홍범을 지은 후에 조선에 봉해졌다.'는 『사기』의 기록이 옳다고 하였다.

27) 世宗대 이후 '箕子는 周 武王의 封함을 받았지만 臣禮를 취하지 않았다.'는 箕子不臣說이 주목을 받았다. 韓永愚, 「高麗~朝鮮前期의 箕子認識」 『韓國文化』 3, 1982, 36~40면.

『箕子外紀』 廟享, 「平壤箕子廟碑」 卞季良.

"宣德三年, 歲在戊申(1428), 夏四月甲子, 國王殿下傳旨, 若曰, '昔周武王克殷, 封殷太師于我邦, 遂其不臣之志也.'"

종실의 자격으로 주를 방문하였고 기자조선과 주의 관계를 별개의 국가로 보았다.

기자가 조선에서 펼친 문화정치에 대해, 서명응은 『한서』 「지리지」와 명 태조의 17자(子)인 주권(朱權, 涵虛子, 1378~1448)의 설을 따랐다.[28] 그러나 그는 주권이 중국인의 우월감을 바탕으로 기록한 '중국의 풍을 양성하였다[釀成中國之風]' '의관 제도는 모두 중국과 같았다[衣冠制度悉同乎中國]'는 구절을 '의관은 모두 중국과 같았다[衣冠悉同乎中國]'라는 표현으로 완화하고,[29] 국가의 명칭을 '후조선(後朝鮮)'이라 하여 '전조선(前朝鮮)'에 해당하는 단군조선이 기자조선 이전에 존재하였음을 분명히 하였다.[30]

기자의 죽음에 대해, 서명응은 기자가 병술년(B.C 1187)에 태어나 조선에 왔을 때 54세(B.C 1134)였고, 40년간 후위(侯位)에 있다가 93세(B.C 1005)에 사망하여 무왕과 수명이 같다고 하였다.[31] 또 기자의 무덤은 평양부에서 북으로 7리 떨어진 토산(兎山)에 있다고 밝혔다. 이는 서명응이 평양에서 기자의 사적을 복원하는 조치와 관련이 있었다. 참고로 이이의 「기자실기」에는 기자의 죽음과 무덤에 관한 언급이 없다.

---

28) 朱權(涵虛子)의 說을 역사서에 인용한 것은 徐居正의 『東國通鑑』에서 시작되었다(朴光用, 「箕子朝鮮에 대한 認識의 변천」 『韓國史論』 6, 1980, 261~262면). 徐居正은 『筆苑雜記』에서 『天運紹統』에 실린 朱權(涵虛子)의 說을 인용한다고 하였으나 현전하는 重刊本 『天運紹統』(규중2754, 1619년 간행)에는 이러한 내용이 없어 의문이 남는다.

29) 朱權(涵虛子)은 '조선이 중국의 蕃邦이 되어 대대로 중국의 封爵을 받고 朝貢이 끊이지 않았다.'고 하였다(徐居正, 『筆苑雜記』 上, "涵虛子又曰, ' … 爲中國之蕃邦, 故歷代親信於中國. 受封爵, 朝貢不絶, 禮義之道不缺, 衣冠制度, 悉同乎中國'").

30) 『攷事十二集』 권3에서는 檀君朝鮮과 箕子朝鮮으로 표현하였다.

31) 『天運紹統』에는 '周 武王은 己卯년에 商을 滅하고 天子位에 올랐으며, 재위기간은 7년, 수명은 93세'라 하였다. 徐命膺은 『疇史』에서 '기자의 수명이 무왕과 같다[與武王同]'는 기록을 삭제하였다.

기자가 사망한 이후 기자조선의 역사에 대해, 서명응은 간략하게 언급하였다. 기자 이후 41세인 기준(箕準)이 한 혜제 원년(B.C 194)에 국가를 잃고 남쪽의 금마군(金馬郡)으로 옮겨 가 국호를 마한이라 하였다. 11세를 지나 양(諒)이 백제의 침략을 받아 용강(龍岡) 오석산(烏石山)으로 피해 국호를 황룡(黃龍)이라 하였으나 국세가 펴지지 않았고, 다시 8세를 지나 고구려에 멸망되었다. 기자조선의 역년은 후조선이 929년, 마한이 203년,[32] 합 1,120여 년이다. 이는 『위략(魏略)』, 서거정의 『동국통감』, 이이의 『기자실기』에 담긴 내용을 종합한 것으로, 기자조선의 역년은 이이와 완전히 일치한다. 그러나 서명응은 위만이 왕위를 찬탈하는 과정을 완전히 삭제하여 위만조선에 대해서는 부정적으로 보았다.

기자의 학문적 공적에 대해, 서명응은 매우 적극적이었다. 서명응은 유학에 있어 기자의 공적은 문왕과 같은 것이고, 이들이 전한 하도와 낙서의 학문은 무왕와 주공을 거쳐 공자가 집대성한 것으로 보았다.[33] 이러한 인식은 이이가 기자를 중국의 관자(管子), 안자(晏子), 공자, 정주에 비견되는 동방의 성인으로 평가한 것과 비교할 때 더 적극적인 평가였다.[34]

결국 서명응은 단군조선 이후에 건립된 기자조선을 주나라와 분리된 별개의 독립 국가로 상정하고, 기자의 학문적 공적을 문왕과 대등한 것으로 봄으로써, 조선의 유구한 역사와 우수한 학문적 전통을 강조하였다.

---

32) '203년'은 『攷事十二集』 권3 「三韓分界」의 내용을 따른 것이다.

33) 『疇史』 記傳, 「箕子世家」.

"且文王, 以易象傳河圖之學. 箕子, 以洪範傳洛書之學. 由武王·周公, 迄于孔子, 集其大成, 則箕子之統於道, 不在文王下也."

34) 『箕子外紀』 敍述, 「箕子實記」.

2. 정전

서명응이 기자의 역사서를 편찬하는 목적이 ‘기자의 도와 법을 밝히는 것’이라 할 때 그 핵심 중 하나가 정전제이다. 서명응은 은주 때 중국에서 시행된 것으로 전해지는 정전의 유지(遺址)가 평양에 남아 있다고 확신하고, 유일하게 원형이 남은 평양 정전의 제도적 실상을 밝히고 이를 보존하기 위한 각종 조치를 하였다.

서명응은 『기자외기』와 『주사』의 제도편에서 정전제에 대한 대표적 학설을 정리하였다. 여기에는 『주례』의 소사도(小司徒)·수인(遂人)·대사마(大司馬)·장인(匠人), 『맹자』의 「등문공상(滕文公上)」,[35] 『한서』 「식화지」, 주희의 「정전유설(井田類說)」,[36] 한백겸의 「기전유제설(箕田遺制說)」과 「기전도(箕田圖)」, 유근의 「기전도설발(箕田圖說跋)」, 허성의 「기전도설후어(箕田圖說後語)」 등이 포함되어 있다. 서명응은 정전에 관한 역대 자료를 검토하고 평양의 유지를 답사한 후 「기자정전」과 「기자정전기적비」를 작성하였다.

서명응은 기자의 정전제를 이해하려면 그 실상이 가장 잘 갖추어진 『주례』를 근본으로 하고, 맹자의 설을 참고하며, 주자의 설에 회통시켜야 한다고 생각하였다.[37] 그러나 「기자정전」과 「기자정전기적비」에 나

“齊人只知有管晏, 此固不免坐井. 至於洙泗之儒, 深繹夫子微言, 洛閩之士, 偏傳程朱遺教, 亦其理宜也. 我東, 受箕子罔極之恩, 其於實跡, 宜家誦而人熟也.”

35) 『孟子集註大全』에는 朱熹의 注를 비롯하여 『周禮』의 遂人·匠人, 『漢書』 「食貨志」의 기사가 포함되어 있다.

36) 朱熹의 「井田類說」은 『晦庵先生朱文公文集』 권68, 雜著에 실려 있다.

37) 『箕子外紀』 制度, 「箕子井田」.

“本之周禮, 參之孟子, 以會通於朱子, 及有宋諸儒之論, 則夫箕子古制, 庶有得於影響之間云.”

타나는 그의 견해는 은나라의 기전(箕田)과 주나라의 정전을 분리한 한백겸의 주장을 비판한 것이다. 이하에서는 한백겸과 서명응의 견해를 살펴본다.

한백겸의 「기전유제설」은 1607년(선조 40)에 작성한 것이고, 유근의 「기전도설발」과 허성의 「기전도설후어」는 그 발문에 해당한다. 한백겸, 유근, 허성의 글은 한백겸의 『구암유고(久菴遺稿)』 상권에 수록되고, 증보된 『기자지』의 부록에도 포함되었다. 서명응은 세 사람의 글을 『기자외기』에 수록하였고, 1790년(정조 14)에 이가환(李家煥)과 이의준(李義駿)은 세 사람의 글과 이익의 「기전속설(箕田續說)」을 합한 『기전고(箕田攷)』를 편집하여 목판본으로 간행하였다.[38]

한백겸은 기본적으로 은과 주의 제도를 구분하였다.[39] 한백겸은 기전을 은나라에 국한된 제도로 보았으며, 그 용어도 '정전'과 구별하여 '기전'이라 표현하였다. 한백겸은 『맹자』의 기록[40]과 주자의 조법(助法)에 대한 설이 은나라 제도를 밝히는 데 미흡하다고 보고, 평양의 함구문(含

윗책, 「周禮井田」.

"唯有井有牧, 比折而行, 乃是井田之活法. 周禮一書, 皆通率而備言之."

38) 『箕田攷』의 목차는 箕田圖·箕田說(韓百謙), 箕田圖說後語(許筬), 書箕田圖說後(柳根), 箕田續說(李瀷)의 순으로 되어 있다.

39) 『箕子外紀』 制度, 「箕田圖說」.

"孟子曰, '殷人七十而助', 七十畝, 本殷人分田之制也. 箕子, 殷人. 其畫野分田, 宜倣宗國, 其與周制不同, 盖無疑矣."

韓百謙의 箕田論에 대해서는 다음의 논문에서 거론된 바 있다.

鄭求福, 「韓百謙의 『東國地理誌』에 대한 一考」 『全北私學』 2, 1978, 46~48면.

尹熙勉, 「韓百謙의 學問과 「東國地理誌」 著述動機」 『震檀學報』 2, 1987, 160~161면.

40) 『孟子』 「滕文公上」.

"夏后氏, 五十而貢. 殷人, 七十而助. 周人, 百畝而徹. 其實皆什一也. 徹者, 徹也. 助者, 藉也."

毬門)과 정양문(正陽門)에서 외성으로 뻗어나간 2개의 9무로(畝路)와 남북으로 유일하게 뻗어나간 9무로에 둘러싸인 지역을 주목하였다.[41] 이곳은 전(田)이 4구(區)로 구획되고 각 구는 70무이며, 가로로 4전(8區) 세로로 4전(8區) 총 16전 64구가 반듯하게 있었다. 그리고 구 사이에 1무로, 전 사이에 3무로, 64구의 바깥에 9무로가 둘러싸고 있으므로, 한백겸은 『한서』 「형법지(刑法志)」의 제도가 평양에 남아 있다고 생각하였다.[42]

공전과 여사(廬舍)의 위치에 대해서도 한백겸은 은과 주의 제도를 구분하였다. 한백겸은 은나라의 토지 구획은 '정(井)'자가 아닌 '전(田)'자형이므로 『맹자』의 기록처럼 중앙에 공전이 있을 수 없으며,[43] 여사는 촌락이나 성읍에 모여 있고, 공전도 함께 모여 있었던 것으로 추정하였다. 따라서 한백겸은 8가(家)가 1정이 되어 중앙에 공전을 두고, 봄이면 야려(野廬)에 나가 살고 겨울에는 성안에 들어와 사는 정전제는 주나라에서 시작된 것으로 이해하였다.[44]

유근과 허성도 한백겸의 견해를 계승하여 은나라는 전자형 70무이고

---

41) 『箕子外紀』 制度, 「箕田圖說」.

"其中, 含毬·正陽兩門之間, 區畫最爲分明. 其制, 皆爲田字形, 田有四區, 區皆七十畝. 大路之內, 橫而見之, 有四田八區, 竪而見之, 亦有四田八區. 四田, 四象之象耶. 八區, 八卦之象耶. 八八六十四, 正正方方, 其法象, 正類先天方圖. 古人制作, 豈無所取法耶. 因以思之, 噫, 此盖殷制也."

42) 『漢書』에 의하면 井·邑·丘·甸이 차례로 4배씩 늘어나 1甸=4丘=16邑=64井이 된다(『漢書』 권23, 「刑法志」. "而猶立司馬之官, 設六軍之衆, 因井田而制軍賦. … 故四井爲邑, 四邑爲丘. 丘, 十六井也, 有戎馬一匹, 牛三頭. 四丘爲甸. 甸, 六十四井也, 有戎馬四匹, 兵車一乘, 牛十二頭, 甲士三人, 卒七十二人, 干戈備具, 是謂乘馬之法.").

43) 『孟子』 「滕文公上」.

"方里而井, 井九百畝. 其中, 爲公田. 八家, 皆私百畝, 同養公田."

44) 『箕子外紀』 制度, 「箕田圖說」.

주나라는 정자형 100무로 구분하여 보았다. 다만 이들은 1/10의 조세제도는 은과 주가 일치한다고 보았으며, 이는 『맹자』의 '그 실제는 모두 1/10이다[其實皆什一也]'와 이에 대한 주자의 주석을 수용한 것이다. 그러나 그 제도적 실상에 대해, 유근은 1가(家) 70무 내에 공전 7무가 포함된 것으로 간단하게 해석하였고, 허성은 9무로 안에 70무인 구 8개가 나란히 있는 평양의 제도에 근거하여 7가(家)가 각 1구씩 7구를 담당하고, 나머지 1구는 공전이 되며, 공전 70무 중에 21무(1家당 3畝씩)는 여사가 되고, 나머지 49무를 1가당 7무씩 경작하는 것으로 보았다. 허성은 공전와 여사 제도를 정전 방식으로 해석하면서도 "상(殷) 사람들이 처음 정전의 제도를 만들었다."는 주자의 해석은 여전히 의문이었다.[45] 이는 은나라 제도를 '전'자형으로 보는 한 해결될 수 없는 문제였다.

서명응은 은과 주의 제도는 기본적으로 같으며 완성 정도가 달랐던 것으로 보았다.[46] 그는 1구[47] 내에 있는 '십(十)'자 모양에 주목하여 '전형(田形)은 은의 제도이고 정형(井形)은 주의 제도'라는 한백겸의 해석을 반대하고 은과 주의 제도가 모두 정전임을 강조하였다.[48]

서명응은 평양 중성의 내천덕부(內川德部)와 외성의 외천덕부(外川德

45) 윗글.

"許筬圖說後語曰, … 但朱子曰, '商人始爲井田之制', 此必有所據, 而未知出於何書."

46) 윗책, 「箕子井田紀蹟碑」.

"而謂殷周二制之不同者, 非至論也. 但有詳略之分耳."

47) 서명응의 1區는 한백겸의 1田, 즉 4區에 해당한다.

48) 『箕子外紀』 制度, 「箕子井田紀蹟碑」.

"然其爲制, 差訛已甚. 不知者, 刱爲異論曰, '田形, 殷制也. 井形, 周制也.'"

윗책, 「箕子井田」.

"又就一區之內, 畵爲十字, 自成田文. 不知者, 從而爲之說曰, '田形殷制, 井形周制.' 此尤失古制之大者也."

部), 흥토부(興土部)에 기자정전의 유지가 있으며, 중성의 것은 민가가 점유하여 경계를 구분할 수 없으나 외성의 것은 경계가 분명하게 남아 있다고 하였다. 여기서 그는 동서 6리에 16행(行), 남북 4리에 13행의 토지가 바둑판 모양으로 구획되어 있으며, 완전히 정형을 이룬 것은 12정, 정형은 아니나 구(區)를 이룬 것이 21구, 구를 이루지 못한 여전(餘田)이 21구가 있다고 하였다. 또한 구(夫)와 구(夫) 사이에 사방으로 있는 폭 2~4척의 소로(小路, 徑)를 부간유수(夫間有遂)의 '수(遂)'로 보고, 중성에서 외성 쪽으로 남북으로 뻗은 2개의 9무로와 동서로 뻗은 1개의 9무로를 십부유구(十夫有溝)의 '구(溝)'로 이해하여,[49] 평양 정전이 『주례』의 기록에 부합하는 것으로 파악하였다.

정전에 대한 서명응 해석의 독창성은 "십부유구"의 해석에 있다. 『주례』에는 '십부유구(十夫有溝)'와 함께 '구부유정(九夫爲井)'이란 구절이 있어,[50] 9부와 10부를 별개 단위로 취급하면 두 구절을 합하여 설명하기가 곤란하였다. 서명응은 중성에서 외성으로 뻗은 3개의 9무로 중 정양문에서 양각도(羊角島)로 뻗은 것은 『평양구지』에 나타나지 않는 후대의 것이라 보고, 나머지 2개의 9무로를 기준으로 하면 사이에 10부(區)가 들어간다는 사실을 발견하였다. 여기서 힌트를 얻은 서명응은 『주례』에서 부(夫)를 단위로 한 것은 횡으로 센 것이고, 정(井)을 단위로 한 것은 사방[方]으로 센 것이며, 수(遂)와 경(徑)은 구(溝)의 사방을 둘러싸고 있으

---

49) 『周禮』 地官司徒, 「遂人」.
"凡治野. 夫間有遂, 遂上有徑. 十夫有溝, 溝上有畛. 百夫有洫, 洫上有涂. 千夫有澮, 澮上有道. 萬夫有川, 川上有路, 以達于畿."

50) 윗책, 地官司徒, 「小司徒」.
"乃經土地, 而井牧其田野. 九夫爲井, 四井爲邑, 四邑爲丘, 四丘爲甸, 四甸爲縣, 四縣爲都."

나 구 이상의 물길과 도로는 남북으로만 뻗은 것으로 해석하여 『주례』의 두 구절을 통합하였다.[51]

이상에서 보듯 한백겸과 서명응은 기자의 유지를 놓고 다른 해석을 하였다. 〈그림 4〉는 한백겸의 「기전도」이고 〈그림 5〉는 서명응의 「평양외성정전전도」이며, 두 사람의 견해 차이를 확연히 보여준다. 한백겸은 〈그림 4〉에서 전자형으로 된 토지를 4개의 구로 파악하고, 9무로로 둘러싸인 16전 64구의 지역을 은나라 제도의 원형으로 파악하여 은과 주의 제도를 구분하였다. 그러나 서명응은 〈그림 5〉에서 전자형 토지 자체를 하나의 구로 보고, 구 9개가 모여 정전을 이루며[九夫爲井], 함구문과 원문(阮門)에서 아래로 뻗은 9무로 사이에 가로로 10구씩 배치된 것을 하나의 단위[十夫有溝]로 이해하여 은과 주의 토지는 모두 정전제가 되었다. 서명응은 정전제가 당우(堯·舜)에서 시작되어 하·은 대에 더욱 정비되었으며, 주 대에 완전히 갖춰진 것으로 이해하였다.[52]

평양의 정전이 기자의 정전인 동시에 요·순에서 시작되어 주대에 완비된 정전제의 원형으로 『주례』의 제도적 실상을 보여주는 유일한 증거라면, 이제 그 보존이 문제였다.[53] 더구나 중국의 문인 학자들이 한낱

51) 『箕子外紀』 制度, 「箕子井田」.
"今自東九畝路, 至西九畝路, 其間爲區者, 凡十. 以是知周禮凡以夫數者, 橫數之也. 以井數者, 方數之也. 盖遂徑則一一環區, 而其溝之間十夫, 洫之間百夫, 澮之間千夫, 川之間萬夫, 皆從南北縱設之, 未嘗環繞於井·丘·成·同. 故遂人職, 又曰, '川有路, 以達於畿.' 後人不達, 或疑溝·洫·澮·川, 亦皆環抱圍繞, 如遂徑之於區."

52) 윗책, 「周禮井田」.
"所謂井九百畝者, 非必皆平土之上地也. 因地形之所遇, 而爲之計度, 可以知井田之說矣. 故井田之法, 始于唐虞, 以至夏商, 稍稍葺治, 而大備于成周."

53) 李家煥은 옛 聖王의 道는 洪範에 있고, 정치는 經界에 있는데, 조선에는 孟子도 보지 못한 箕田이 있다고 하여 그 중요성을 강조한 바 있다(『箕田攷』 卷首, 「箕田攷序」, "古昔聖王, 御世出治, 道莫尙於洪範, 政莫先於經界. 箕子陳洪範, 日星千古, 而畵經界, 迄今晦昧不章, 何

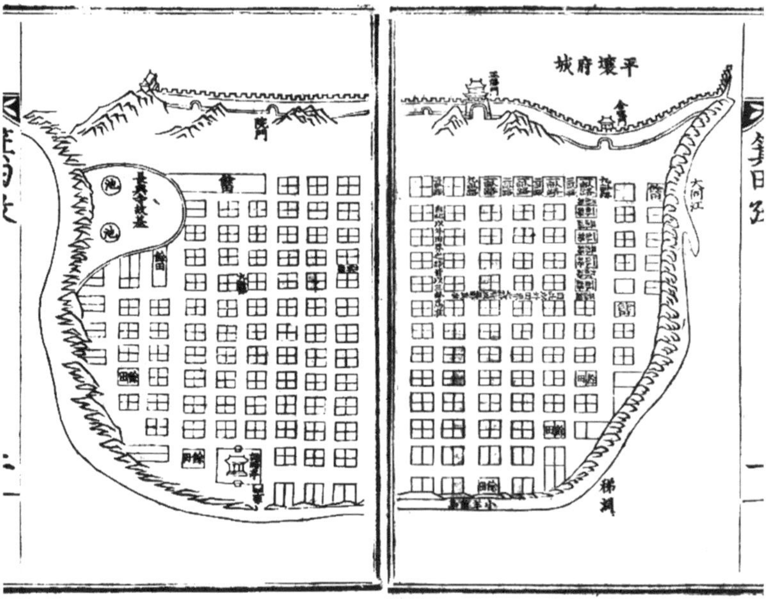

〈그림 4〉 한백겸의 「기전도」(『箕田攷』)

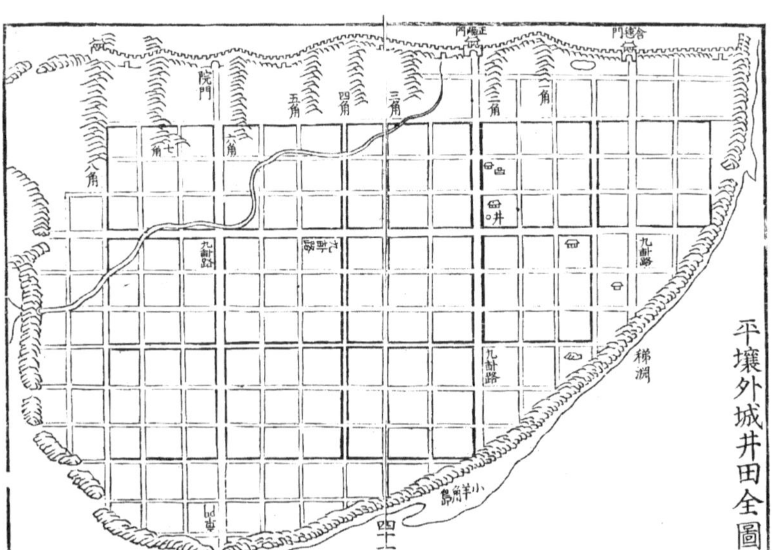

〈그림 5〉 서명응의 「평양외성정전전도」(『箕子外紀』)

돌무더기에 불과한 팔진도(八陣圖)에 대해 다양한 기록을 남기고, 그 유지를 지나갈 때면 돌 하나라도 다칠까 조심하는 것을 본다면, 삼대에 실시한 인정의 바탕이 되는 정전의 유지를 보존해야 할 필요성은 더욱 커졌다.[54] 서명응은 삼대의 제도를 복원하려면 그 정(井)과 목(牧)을 구분하고 수(遂)와 구(溝)를 정비해야 하며, 이는 기자의 정전에 근거하면 된다고 하여 그 중요성을 강조하였다.[55] 그리고 그는 정전을 보존하기 위해 일부 토지를 매입하여 원형대로 복원하고 정전에 기반을 둔 교육을 하였다.

3. 홍범

서명응은 기자의 도와 법을 밝히기 위해 『기자외기』를 편찬하였으며, 홍범에 관한 연구는 바로 기자의 도를 밝히는 핵심 작업이 되었다. 서명응은 홍범에 있는 기자의 도를 제대로 밝히면 기자의 도는 저절로 밝혀진다고 전제하고, 「홍범」편은 문장이 심오하고 이(理)와 수(數)가 은미(隱微)한 데 선배 학자들의 주석은 문(文)·이·수 중 어느 한쪽에 치우친 것으로 보았다. 따라서 그는 「홍범」에 관한 기왕의 주석을 절충하여 「서홍범편」을 편찬하였다.[56] 이하의 내용은 「서홍범편」의 내용을 정리한

也? 洪範陳之武王, 經界晝於偏邦, 故也. 然周室既衰, 諸侯悉慢其經界, 孟子引詩而曰, '由是觀之, 雖周亦助.' 是轍環天下, 而未嘗一見也. 獨平壤箕田, 疆理具存. 噫. 商彝周鼎, 人猶寶之, 矧生於數千載之後, 得見孟子之所未見者哉. … 非但尊聖好古, 亦以待有王者作, 必來取法云爾.").

54) 『箕子外紀』 制度, 「箕子井田紀蹟碑」.

55) 윗글.

"故如欲因今之有, 復古之制, 必辨其井牧, 正其遂溝. 則箕子之井地, 不待他求, 於是乎在矣. 何必紛紛爲哉."

것이다.

홍범의 제작과 전수에 대해, 서명응은 홍범이 낙서에서 나왔고 낙서는 오행지기(五行之氣)에서 나왔으므로 우(禹)가 치수를 잘하여 천지가 평안해진 후에야 낙서가 나타났고, 우가 그 내용을 순차적으로 정리한 것이 홍범이라 하였다. 그는 홍범을 '우의 홍범'과 '기자의 홍범'으로 구분하고, 우의 홍범(初一曰~威用六極)은 '홍범의 경(經)'이고 기자의 홍범(一五行~六曰弱)은 '홍범의 전(傳)'이 된다고 보았다.[57] 또한 그는 무왕은 은을 멸망시킨 군주이고 기자는 망국의 신하라 서로 대면하기 어색한 사이였지만, 무왕에게 전하지 않으면 천하에 홍범의 도를 전할만한 사람이 없었기 때문에, 기자는 주에 신복(臣僕)하지 않으면서 홍범을 전한 것으로 해석하였다.[58] 따라서 홍범의 전수는 우→기자→무왕으로 이어진다.

하도, 낙서, 홍범의 관계에 대해, 서명응은 하도가 나온 이후 역괘(易卦)가 그려지고, 낙서가 나온 이후 홍범이 서술되었으므로, 홍범의 해석은 낙서에 근본을 두어야 한다고 밝혔다.[59] 그는 낙서의 3원칙을 대대

---

56) 徐命膺, 「洪範五傳序」, 『洪範五傳』 卷首.

"箕子之道, 具於洪範. 洪範明, 則箕子之道, 明矣. 盖洪範爲書, 其文奧, 其理微, 其數隱, 故先儒傳註, 各得其一偏甚. 或顚倒經文, 以就己意, 故愚嘗折衷羣言, 撰成洪範集傳, 編入於箕子外紀."

57) 『箕子外紀』 道學, 「書洪範篇」.

"盖禹之洪範, 洪範之經也. 卽第四節'初一曰', 止'威用六極', 是也. 箕子之洪範, 洪範之傳也. 卽第五節'一五行', 止'六曰弱', 是也. … 洪範九疇, 本出於玄龜洛書, 玄龜洛書, 又出於五行之氣絪縕中和. 而鯀之汨陳, 五行如此, 洪範九疇, 何由而與哉? … 禹嗣鯀治水, 地平天成. 於是玄龜負書, 出於洛, 禹因以第之, 以爲大法九類."

58) 윗글.

59) 『洪範五傳』 卷首, 「洪範五傳序」.

"夫河圖出而易卦畵, 洛書出而洪範敍. 則解範疇必本於洛書, 當如解易卦必本於河圖."

(對待), 유행(流行), 시중종(始中終)으로 규정하였다.

첫째, 대대는 낙서에서 마주 바라보는 두 수를 짝으로 하면 10이 된다는 것이다. 서명응은 하도에 있는 10이 낙서에는 없으나 대대에 의해 10이 될 수 있다고 밝히고, 남북의 9와 1, 동서의 3과 7, 네 귀퉁이에서 마주하는 2와 8, 4와 6은 서로 합하면 10이 되고, 중앙의 5는 스스로 5를 포함하므로 10이 되어 도합 50이 되게 하였다. 서명응은 이를 홍범으로 확대하여 1(五行)과 9(福·極)는 만물의 시(始)와 인사(人事)의 종(終), 2(五事)와 8(庶徵)은 천칙(天則)의 공부와 인사의 효험, 3(八政)과 7(稽疑)은 인모(人謀)와 신모(神謀), 4(五紀)와 6(三德)은 천상(天象)과 지질(地質)로 서로 대응이 되게 하였다. 그리고 5(皇極)는 중앙에 위치하면서 나머지 전체를 거느리고 대대의 작용이 완성되게 하는 것으로 해석하였다.[60]

둘째, 유행은 인접한 두 수의 움직임을 말하는 것이다. 서명응은 하도는 왼쪽으로 돌면 생(生)을 위주로 하고 마주 보는 수는 극(克)을 위주로 하며, 낙서는 오른쪽으로 돌면 극(克)을 위주로 하고 이웃한 수는 생(生)을 위주로 하는 것으로 대비시켰다.[61] 낙서가 '오른쪽으로 돌면 극을 위주로 한다.'는 것은 1·6(水), 2·7(火), 4·9(金)가 각각의 오른쪽에 있는 2·7(火), 4·9(金), 3·8(木)을 이긴다[克]는 것이며, '이웃한 수는 생을 위주로 한다.'는 것은 이웃한 네 쌍의 숫자(1·6, 2·7, 3·8, 4·9)에서 1·2·3·4가 각각 수(水)·화(火)·목(木)·금(金)을 낳으면[生], 나머지

---

60) 『箕子外紀』 道學, 「書洪範篇」.

"至若皇極, 居八疇之中, 而前後諸疇, 莫不統於皇極. 故皇極, 可以順五行, 可以敬五事, 可以厚八政, 可以協五紀, 可以乂三德, 可以念庶徵, 可以饗五福威六極也."

61) 윗글.

"何謂流行? 河圖, 左旋主生, 對待主克. 洛書, 右旋主克, 比耦主生."

6·7·8·9는 이를 완성하는 것을 의미한다. 서명응은 이를 홍범으로 확대하여 6(三德)·7(稽疑)·8(庶徵)·9(福極)는 각각 1(五行)·2(五事)·3(八政)·4(五紀)를 완성하는 것으로 해석하였다. 또한 5(皇極)는 8극의 가운데에서 8주(疇)의 유행을 완성하는 작용을 하는 것으로 보았다.[62]

셋째, 시중종은 하도와 낙서에 시(始)·중(中)·종(終)이 있다는 것이다. 서명응은 하도에서 천수(1·5·9)와 지수(2·6·10)를 나눈 다음 1·2를 시(始), 5·6을 중(中), 9·10을 종(終)으로 보았고, 낙서에서 1을 시, 5를 중, 9를 종으로 보았다. 그는 모든 숫자는 1에서 시작되고 모든 용(用)은 오행에서 시작되므로 시이고, 5는 모든 숫자의 근본이고 황극은 모든 주(疇)와 천하만사의 근본이므로 중이며, 만사의 끝에는 선악의 징험이나 치란의 구분처럼 두 가지 결과가 있으므로 오복(五福)과 육극(六極)을 종으로 보았다.

서명응은 낙서의 3원칙을 통해 하도, 낙서, 홍범의 관련을 거론한 것과 별도로 낙서와 홍범의 관계를 부연하였다. 그는 낙서의 숫자를 둘로 구분하여(1~4, 6~9), 전자는 생수(生數) 그대로에 선이 순수하며 강유(剛柔)가 편벽되지 않아 위복(威福)의 권한이 아래로 내려가지 않은 상태로 보았다. 그리고 후자는 성수(成數)가 섞여 있고 성(性)에 청탁이 있으며 강유가 편벽되어 위복의 권한이 아래로 내려간 상태로 파악하였다. 서명응은 이러한 구분을 홍범에도 적용하여, 1~4주(疇)는 수가 모두 5[63]이고 사(事)에 선만 있는 순수한 상태이며, 6~9주는 수가 섞여 있고 사에 선악이 있어 불순한 상태로 파악하였다. 그리고 군주는 위복에 대한 권

62) 윗글.

"至若皇極, 居八極之中. 察五行以乂三德, 敬五事以明卜筮, 厚八政以念庶徵, 協五紀以錫福除極. 而前後諸疇, 莫不因於皇極也."

63) 五行, 五事, 五紀의 5를 말한다.

한을 완전히 장악하고 시세의 추이를 잘 살펴 정치를 해야 한다고 강조하였다. 또한 그는 이러한 구분의 연장선에서 구주를 심법과 연결하여 설명하여, 1~4주는 심이 아직 발하기 이전의 상태로, 6~9주는 심이 이미 발한 이후의 상태로, 5주(皇極)는 심이 성과 정을 통제하는 상태로 보았다.[64]

이상에서 보듯 서명응은 하도, 낙서, 홍범의 관계를 상수학적 관점에서 다양하게 해석하였으며, 하도와 낙서의 원리는 대비적인 것으로 보고, 낙서의 원리를 홍범에도 적용하여 그 의미를 설명하였다.

한편, 서명응은 홍범이 『주례』와 『대학』의 원형이 된다고 하여 그 중요성을 강조하였다. 서명응은 『대학』 성의장과 평천하장에서 호오(好惡)가 함께 나오는 것은 홍범의 5(皇極)와 9(五福·六極)에 근원이 있고, 『대학』 성의장에 '시고(是故)'와 '성기의 근기독(誠其意 謹其獨)'이 두 번씩 나오는 것은 바로 5(皇極)에 근거한 것이라 하여, 홍범이 『대학』의 원형이 된다고 하였다.[65] 또한 그는 『주례』에 나오는 태재(太宰), 소재(小宰), 재부(宰夫)의 직무를 「홍범」 제8주(庶徵)의 '왕성유세(王省惟歲)' '경사유월(卿士惟月)' '사윤유일(師尹惟日)' 구절과 연결하여 주나라 제도의 본원이

---

64) 『箕子外紀』 道學, 「書洪範篇」.
"今按九疇, 約之於心法. 則自一至四, 此心未發之前. … 自六至九, 此心旣發之後. … 至於皇極, 乃心之統性情者也."

65) 『尙書』 周書, 「洪範」.
"五皇極. … 無偏無陂, 遵王之義. 無有作好, 遵王之道. 無有作惡, 遵王之路."
『箕子外紀』 道學, 「書洪範篇」.
"(五皇極)至若好惡二者, 在其中央, 大學誠意章之'好樂, 在誠其意·謹其獨'之間, 其源, 皆出於此. … 疇末, 必擧兩'曰'字, 亦以兩終之之義, 大學誠意章之末, 兩言'是故', 盖本諸此也. … 大學誠意章之末, 兩言'誠其意·謹其獨', 盖本諸此. … (九五福)第五第九疇, 互相照綴, 大學誠意平天下章, 以好惡二字照綴之者, 其源, 皆出於此云."

바로 홍범에 있다고 하였다.[66] 서명응은 무(畝)·회(澮)·구(溝)·혁(洫)을 식(食)의 일로, 천신(天神)과 지기(地祇) 등을 사(祀)의 일로 간주할 수 있는 등 『주례』에 있는 것은 모두 홍범의 팔정(食, 貨, 祀, 司空, 司徒, 司寇, 賓, 師)에 포함될 수 있다고 하고, 주공은 기자가 무왕에게 전한 홍범의 도를 전해 받은 뒤 이를 연역하여 『주례』를 만들었다고 하였다.[67] 이렇게 본다면 앞서 우→기자→무왕으로 전해진 홍범의 도는 이제 문왕을 거쳐 『주례』로 확정되는 것이므로, 그 과정은 우→기자→무왕→문왕→주례가 되는 것이다.

마지막으로 서명응은 황극을 군심(君心)으로 규정하고 군주의 역할과 책임을 강조하였다. 앞서 서명응은 황극이 홍범 9주의 중앙에 있으면서 나머지 8주를 거느리고 그 유행이 완성되도록 하는 천하만사의 근본이라 하여 그 주도적 역할을 강조하고, 황극이 상징하는 군주는 군주권이라 할 위복에 관한 권한을 완전히 장악한 가운데 시세의 추이를 잘 살펴 정치를 행할 것을 역설한 바 있었다. 그는 5(皇極)에 대한 해석에서 황극을 오행 중의 토(土)에 비견하여 토가 4행이 교차하는 곳에서 4행을 생성하듯이, 황극이 8주의 중앙에서 이들을 통솔한다고 하여 황극의 주도적 역할을 거듭 강조하였다.[68]

---

66) 『箕子外紀』 道學, 「書洪範篇」.

“王·卿士·尹之省, 以大小不同者. 周禮太宰, 歲終受百官之會, 而詔王廢置, 所謂‘王省惟歲’也. 小宰, 月終受羣吏之要, 所謂‘卿士惟月’也. 宰夫, 旬終正日成, 所謂‘師尹惟日’也. 周制之本原範疇, 此亦可驗其一端也.”

67) 윗글.

“大抵, 畝·澮·溝·洫, 食之事也. 通工易事, 貿遷有無, 貨之事也. 天神地祇, 岳瀆宗廟, 以至公卿大夫之先, 莫不有享以報本反始, 祀之事也. … 八政之事, 姑擧一二, 周禮六典, 不能外焉. 豈武王得斯道於箕子, 周公又得斯道於武王, 遂演爲周禮六典也歟.”

68) 윗글.

황극을 군심으로 규정한 서명응은 군주의 공정한 마음이 천하를 다스리는 기준이 되는 것으로 보았다. 서명응은 황극은 바로 군주의 마음이고 황극의 원문은 군주의 마음을 형상화한 것으로 보았다. 그리고 그는 황극의 원문을 넷으로 구분하여 처음(五皇極~惟皇作極)과 끝(曰皇極之敷言~以爲天下王)을 상하의 관축(關軸)으로 간주하고, 나머지의 전반부(凡厥庶民 有猷有爲有守~其作汝用咎)를 군심의 용(用), 후반부(無偏無陂~歸其有極)를 군심의 체(體)로 설정하였다. 또한 군주와 민의 관계를 규(圭)와 그 그림자, 근원과 지류의 관계에 비유하여, 군주의 지공무사한 마음이 천하 신민을 올바른 길로 인도하고 천하를 동도(同道)로 이끌 수 있다고 하였다.[69] 따라서 황극은 군주의 공정한 마음으로 조정과 만민을 바로잡는 것을 말하며, 황극으로 돌아가는 '귀극(歸極)'은 만민이 군주의 공정한 마음이란 보편적 기준에 귀일하는 것을 의미하였다.[70]

서명응이 이처럼 낙서의 원리로 홍범을 해석하고 황극의 정치를 강조

"(五皇極)敍皇極於土五者, 土居四行之交, 生成四行. 故水行於土, 火麗於土, 木敷於土, 金生於土. 皇極居八疇之中, 摠攝八疇. 故五行由皇極而治, 五事由皇極而敬, 八政由皇極而厚, 五紀由皇極而協, 三德由皇極而乂, 稽疑由皇極而明, 庶徵由皇極而念, 福極由皇極而嚮威也."

69) 윗글.
"君者圭也, 民者影也, 圭端則影直. 君者源也, 民者流也, 源淸則流潔. 人君, 以至公無私之心, 臨于上, 則天下之爲臣爲民者, 消其狹陋之質, 忘其偏側之念, 以卒歸於廣大公平之域. … 大抵, 人君一心, 萬化之所由本, … 苟不以大公至正之心處之, 若天地之無私覆, 日月之無私照, … 爲臣者, 各就志尙之相似, 互相比昵, 水火旣分. 爲民者, 各就習性之相近, 千百成羣, 朝合暮岐, 向背無常. 雖欲納民生於軌則, 一天下於同道, 得哉?"

70) 윗글.
"故皇極一疇, 以民之有爲有守, 人之有能有爲, 爲君心之用. 而又以蕩蕩平平, 會極歸極, 爲君心之體. 皆欲人君, 以天地日月之心, 正朝廷以正萬民, 使天下皆如吾心之廣大公平, 以歸于吾之極也."

한 것은 정조와 밀접한 관련이 있었다. 서명응은 정조가 세손이던 1772년(영조 48)부터 인연을 맺으면서 일찍부터 낙서의 학문에 관심을 가진 정조가 국왕이 된 것은 낙서의 학문을 밝히는 호기라 생각하였다. 더구나 정조가 '법고창신'의 이념을 표방하면서 규장각을 중심으로 한 개혁정치를 전개하려 할 때 개혁을 주도할 수 있는 군주권을 완전히 장악하는 것이 선결과제였다. 서명응은 홍범 해석을 통해 황극의 군주가 차지하는 중심적이고 절대적인 위치를 강조함으로써 정조의 위상을 크게 부각시켰다.[71] 그러나 완전한 황극 정치를 실현하려면 군주가 공정한 마음을 가지고 천하의 신민을 바로잡아야 하므로, 군주가 가진 권한만큼 수반되는 책임도 크다는 사실을 강조하였다.[72]

제3절 기자 사적에 대한 조치

서명응은 기자조선을 주와는 분리된 독립 국가로 상정하고, 기자의 홍범은 『주례』와 『대학』의 기원이 되는 것으로 보았다. 또한 그는 평양에 남아 있는 기자의 정전을 토대로 삼대의 제도를 복원할 수 있다고 생각하였다. 서명응은 1776년 2월부터 1년 6개월 동안 평안 감사로 재직하

---

71) 正祖는 洪範의 皇極에 의해 뒷받침되는 군주권을 적극적으로 해석하고, 군주가 정치와 학문의 주도자임을 강조한 군주였다. 김문식, 『朝鮮後期 經學思想 硏究』, 일조각, 1996, 63~67면.

72) 『箕子外紀』 卷首, 「箕子外紀序」.
"惟我聖上, 自在春宮, 丕闡洛書之學. 而命膺以賓僚, 幸得參聞其緖餘. 方今, 六就時乘, 萬物咸覩, 凡所施措, 無非欽福錫民之道. 而是書, 適成於是時, 天將以洛書之學, 煥然復明於東土也歟? 亦有非偶然者矣. 謹敢鋟梓摹印, 還朝之日, 獻諸螭陛, 以請其編輯之得失, 且以補會極歸極之至治云."

면서 기자의 사적을 복원하고 평안도의 학문을 진흥시키는 다양한 조치를 하였다.

기자묘(箕子墓)는 평양성 북쪽 왕행산(王荇山)에 있으며, 고려 숙종 7년(1102)에 이곳에 사당(丁字閣)을 세우고 제사를 지낸 후 조선시대에도 제사는 계속되었다.[73] 서명응은 기자의 묘가 평양부 북쪽 7리에 있는 토산에 있다고 하여 그 실재를 인정하였다.[74]

숭인전(崇仁殿, 箕子祠, 箕子殿)은 기자의 사당으로 평양 내성 인리(仁里)에 있었다. 단군의 사당인 숭령전(崇靈殿, 檀君祠)과 인접한 장소였다.[75] 고려 충숙왕 12년(1325)에 기자사(箕子祠)를 세웠고, 1429년(세종 11)에 세종이 이를 증수하고 변계량에게 「평양기자묘비」를 세우도록 하였다. 이때 기자 사당에 약간의 건물이 세워지고 제사 비용을 마련하기 위한 토지를 마련하였으며, 청소를 담당할 복호(復戶)를 두었음을 확인할 수 있다.[76] 1612년(광해군 4)에는 평안도 유생 조삼성(曹三省), 양덕록(楊德祿), 정민(鄭旻) 등의 요청으로 '숭인전'이 되었고, 담당 관리는 기자전(箕子殿) 참봉에서 숭인전 감(監)으로 지위가 격상되었다. 선우씨(鮮于氏)는 선우식(鮮于寔)이 초대 전감(殿監)을 맡은 후 대대로 세습하면서 복호를 받아 군역을 면제받고 함께 모여 살았다. 선우씨가 기자의 후손으로 알려졌기 때문이었다.[77] 1612년의 조치를 지원한 이정구

---

73) 윗책, 敍述, 「箕子本紀」; 『箕子志』(1879) 권3, 「祀典」.

74) 『箕子外紀』 敍述, 「箕子本紀」.

75) 『平壤志』(1590) 권1, 「祠墓」; 『平壤續誌』(1730) 권1, 「沿革」; 앞책, 「祠墓」 崇仁殿.

76) 卞季良, 「平壤箕子廟碑」, 『箕子外紀』 廟享.

"凡爲屋若干, 置田以供粢盛, 復戶以應灑掃, 命府尹以謹享祀廟宮之事, 蓋無憾矣."

尹斗壽의 『平壤志』를 보면, 1590년 현재 箕子祠의 건물은 正殿 3架3間, 東西行廊 각3間, 神門 3간, 東西挾門 각1, 參奉居處 3間, 大門 3間, 碑閣 3間, 兩殿齋戒廳 7間, 小門 2가 있었다.

(1564~1635)는 광해군의 명으로 「숭인전비(崇仁殿碑)」를 지어 숭인전에 세웠다.[78] 서명응은 낙서의 학문을 실천하기 위해 일거에 학제를 개편할 수 없다면 기자의 사우(祠宇)를 재단장하고, 정전의 유지를 복구하며, 선우씨 자손들에게 봉작이 세습되게 하는 것이 기자를 숭봉하는 도리라고 하여, 숭인전의 제사를 중시하였다.[79]

인현서원(仁賢書院, 洪範書院)은 창광산(蒼光山) 서쪽 기슭의 신호사(神護寺) 터에 있었다. 1564년(명종 19) 양덕희(楊德禧) 등의 건의로 '학고당(學古堂)'이 세워졌고, 1576년(선조 9)에 평안 감사 김계휘(金繼輝)가 그 이름을 '홍범서원(洪範書院)'이라 하였으나 임진왜란 때 건물이 불타버렸다. 1594년에 평안 감사 이원익이 중건하여 '서검재(書劒齋)'라 하였고, 1600년에 평안 감사 서성(徐渻, 1558~1631)이 중국에서 조맹부(趙孟頫)가 그린 「기자대무왕진홍범도(箕子對武王陳洪範圖)」(이하 「洪範圖」라 함)를 구해와서 서검재에 봉안하였다. 서성은 바로 서명응의 5대조였다.[80] 1608년(광해군 즉위) 가을에 김내성(金乃聲)과 양덕록 등이 사액

---

77) 李廷龜, 「平壤崇仁殿碑」, 『箕子外紀』 廟享.

78) 趙翼, 「行狀」, 『月沙先生集附錄』 권2.

"公言, 箕子啓我東方文明之化, 而崇報之典有闕. 請以箕子後鮮于寔等, 主其祀, 殿號曰崇仁, 以寔爲殿監, 秩視六品, 子孫世守焉. 又請遣臣致祭, 封墓道修祠宇, 增置祭田及守僕. 凡姓鮮于者復其戶, 毋籍于軍, 俾聚居祠下, 以供祀事, 從之."

「崇仁殿碑」는 李廷龜의 『月沙先生集』에는 '箕子廟碑銘'이란 제목으로 수록되어 있으며(권45, 碑), 奎章閣에는 '崇仁殿碑銘'이란 제목의 拓本(규12605)이 있다.

79) 『疇史』 記傳, 「箕子世家」.

"然今學制, 行之千有餘年, 不可一朝驟改. 唯以箕子之平壤, 視猶孔子之闕里, 修飾廟宇, 復井田遺址, 子孫世襲封爵, 則其於崇奉, 殆庶幾矣. 列朝之眷眷表章者, 此也."

80) 『保晩齋年譜』 권4, 「丙申(1776) 六十一歲」.

"七月, 大修學政. … 平壤仁賢書院, 卽公五代祖忠肅公按道時, 求得趙孟頫所畵「箕子陳洪範圖」, 藏于書劒齋. 道內儒生, 因此請額, 遂爲仁賢書院."

을 요청하여 1612년에 '인현서원'이 되었고, 이듬해에 원장 김태좌(金台佐) 등이 평안 감사 정사호(鄭賜湖)에게 요청하여 인현전(仁賢殿)을 중건하였다.[81]

인현서원에 기자의 화상을 봉안한 것은 1623년(광해군 15)에 양덕록의 요청으로 시작되었다. 기자의 화상은 1626년(인조 4) 여름에 인조의 명으로 사과(司果, 畵師)[82] 이신흠(李臣欽)이 파견되어 「홍범도」에 있는 유상(遺像)을 모사하였다. 그러나 이 화상은 이듬해 정묘호란으로 진본이 소실되고 초본만 남았다. 1632년에 평안 감사 민성휘(閔聖徽)가 다시 기자의 화상을 모사하여 1633년에 인현전에 봉안하였다. 이때 서윤당(敍倫堂)은 '홍범당(洪範堂)'으로 개칭되었다. 1640년(인조 18)에는 세자로 있던 효종이 서원을 방문하여 『심원록(尋院錄)』에 '봉림대군(鳳林大君)'이라 기록하고, 효종이 즉위한 후 이를 표구하여 홍범당에 보관하였다.[83]

서명응은 기왕에 있는 유적의 규모를 넓혀가며 기자의 옛 제도를 점차 회복하는 것을 목표로 하였다. 인현서원에 대한 조치는 그 일환이었다. 서명응은 5대조 서성이 구해왔다가 소실된 「홍범도」를 화원에게 그리게 한 다음 자신이 발문을 써서 인현서원에 소장하고, 김계휘가 만든 「인현서원절목(仁賢書院節目)」을 액자로 만들어 서원 벽에 걸고 유생들에게 준수하게 하였다. 또한 그는 기자를 모신 인현서원을 수서원(首書院)으로 정해 평양부의 서원을 통솔하게 하였다.[84]

---

81) 『平壤續誌』 권1, 「學校」 仁賢書院.

82) 『平壤續誌』에는 司果로, 『箕子外紀』에는 畵師로 기록되어 있다.

83) 『箕子外紀』 廟享, 「平壤仁賢書院」; 『平壤續誌』 권1, 「學校」 仁賢書院.
尹游의 『平壤續誌』를 보면, 1730년 현재 仁賢書院의 건물에는 殿宇 3間, 內外神門 각 3間, 典祀廳과 門 4間, 洪範堂 5間, 東西齋 각 10間, 南樓 3間, 左右翼廊 각 2間, 食堂 3間, 庫 2間, 翼廊 4間이 있었다.

84) 『保晩齋年譜』 권4, 「丙申(1776) 六十一歲」.

정전은 평양 외성 안에 있었다. 기자가 구획하였다고 알려진 경계는 16세기까지 완연하게 남아 있었으나 겸병과 천맥(阡陌)으로 인해 구지(舊址)를 거의 잃어버린 상태였다.[85] 따라서 3무로와 9무로를 기준으로 목표(木標)를 세우고 이를 '법수(法樹)'라 하였다. 그러나 목표는 양난 때 없어졌고, 1691년(숙종 17)에 다시 구획하여 네 귀퉁이에 돌기둥을 세워 놓은 상황이었다.[86] 정전에는 우물이 하나 있었으며 사람들은 '기자정(箕子井)'이라 불렀다. 1620년(광해군 12) 11월에 참봉 조흡(趙洽)이 우물 동쪽에서 20자의 명문이 있는 거울을 발굴하여 그 주체를 놓고 논쟁이 일어났다.[87] 1606년(선조 39)에 평안 감사 박동량(朴東亮)이 정각(井閣, 九疇閣)을 세웠고, 정전에 돌기둥을 세운 1691년에 서윤 이규징(李奎徵)이 이를 중수하였다.[88] 1740~1741년에 평안 감사를 역임한 서종옥(徐宗玉, 1688~1745)은 기자정각 뒤에 삼익재(三益齋)를 세우고, 평안도 유생을 선발하여 학업을 익히게 하였다. 서종옥은 서명응의 부친이었다.[89]

"七月, 大修學政. … 公欲因兩世之所經, 始而推廣規模, 以漸復乎箕聖之舊制. 乃以洪範圖, 逸于丁卯兵燹, 令工書者, 圖寫爲跋, 櫝藏于仁賢書院. 刻揭金黃岡繼輝所撰仁賢書院節目于院壁, 使之恪謹遵守. 以其奉箕子香, 大定爲首書院, 統府內諸書院."

후대에 金祖淳은 '崇仁殿은 君道로 제사 지내는 곳이고, 仁賢書院은 師道로 제사 지내는 곳'으로 구분한 바 있다(『箕子志』(1879) 권9, 「仁賢書院廟碑文」).

85) 『平壤志』 권1, 「古蹟」; 권5, 雜志.

86) 『平壤續誌』 권1, 「古蹟」 井田之制.

87) 李廷龜는 銘文에 나오는 '東王公'은 箕子가 아니라 東明王이라 하였다(『月沙集』 권33, 「箕城古鏡說」).

88) 『箕子外紀』 事蹟, 「古蹟」.

89) 『保晩齋年譜』 권4, 「丙申(1776) 六十一歲」.

"七月, 大修學政. … 三益齋, 又文敏公按道時, 以畝宅夫家之義, 建齋於箕子井田之傍, 朴公東亮所建九疇閣之後. 選道內儒士, 肄業其中者也."

정전에는 기자의 궁전 자리로 알려진 기자궁기(箕子宮基)가 있었다. 이곳은 수천 년 동안 표시가 없이 내려오다가 1725년(영조 1)에 평안 감사 이정제(李廷濟)가 정비하기 시작하였다. 이정제는 궁기의 둘레에 담장을 만들고, 가운데에 '구주단(九疇壇)'을 쌓았으며, 남쪽에 팔교문(八敎門)을 두고, 서쪽에 기적비(紀蹟碑)를 세웠다. 또한 이정제는 공금을 내어 비각 바깥에 있던 토지 70무를 매입하고, 이를 정전형으로 만들어 유사가 지키게 하였다.[90] 이 공사에는 평양성 내외의 부로, 이예(吏隷), 공도(工徒), 민들이 자원해서 참여하였다.[91]

다음의 〈그림 6〉은 『평양속지』에 수록된 「평양관부도(平壤官府圖)」이다. 이를 보면 우측 상단에 기자묘(箕子墓)가 있고, 중앙에 숭인전이 있으며, 좌측에 인현서원, 외성에 기자정과 구주단이 보인다.

서명응은 정전, 기자정각, 기자궁기에 대해 다양한 조치를 하였다.

먼저 그는 기자궁기에 대해, 궁궐이 정전 가운데에 있을 수 없다는 점에서 인정하지 않았다.[92] 다음으로 서명응은 기자정각[九疇閣]을 새로 단장하고, 그 서쪽에 정전의 제도적 실상을 논한 「기자정전기적비」를 세웠다. 그리고 구주각, 기적비, 삼익재를 둘러싸는 담장을 쌓아 도궁(都宮)으로 만들고, 이를 '구삼원(九三院)'이라 통칭하였다. 여기서 구삼원은 구주와 삼익을 포괄한다는 의미로, 1777년(정조 1)에는 외성 지역인 외천덕부와 흥토부의 향약을 구삼원에서 실시하고, 매년 4차례(1, 3, 6, 9월)

시호가 文敏인 徐宗玉은 1740년에 평안감사에 임명되었다.

90) 『平壤續誌』 권1, 「古蹟」 箕子宮基.

91) 李廷濟, 「宮碑文」, 『箕子志』(1879) 권9.

"遂出公帑銅錢, 買取箕宮遺址, 築土而封之, 周垣而繚之. 又買公田一區於其前, 疆域之, 壞汚者, 更尋尺度而經理之, 以備後觀. … 是役也, 城內外父老人士, 奔走先後, 吏隷工徒, 樂於趨事, 民則子來, 是知箕人之慕聖化, 愈久而愈切也."

92) 『箕子外紀』 敍述, 「箕子本紀」.

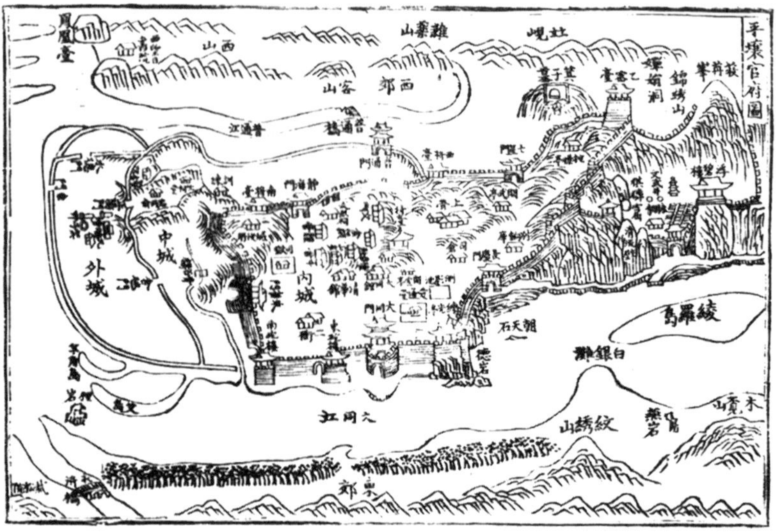

〈그림 6〉『평양속지』(1730)의 「평양관부도」

의 강독회를 이곳에서 개최하였다.[93] 서명응은 문사를 양성하는 삼익재에 대응하여 무사를 양성하는 오근당(五謹堂)을 훈련원 동쪽에 세우고 무사를 뽑아 무예를 익히게 하였다. 또한, 평안감영의 선화당 서쪽에 오순정(五詢亭)을 세워, 문사와 무사를 시험하여 선발하는 장소로 사용하였다.[94]

---

93) 『保晩齋年譜』 권4, 「丁酉(1777) 六十二歲」.

"正月, 行鄕約法于平壤. … 遂以呂藍田鄕約, 立其綱, 李栗谷鄕約, 爲之目, 撰成儀節. 外川·興土鄕約, 則行于九三院, 內川鄕約, 則行于日影齋. 定以每年正·三·六·九講, 行之."

呂藍田은 宋나라 藍田(지금의 陝西) 출신인 呂大防(1027~1097)을 말하는 것으로 보인다.

94) 윗책, 「丙申(1776) 六十一歲」.

"七月, 大修學政. … 又以文敏公欲刱講武之所, 與三益爲對, 而以遞歸未果. 遂建五謹堂於訓練院東, 選武士肄業, 一如三益制課文士. … 八月, 建五詢亭于宣化堂西, 以爲儒武試藝之所. 公既新學制, 患營內庭宇迫窄, 無以並試文武士. … 遂肩輿周覽于園囿, 至

서명응은 정전을 복원하는 조치도 단행하였다. 그는 사전을 구입하여 정전을 만들었던 장횡거(張橫渠)의 고사를 따라 만여 민(緡)의 자금을 출연하여 정전 9구를 구입한 뒤 경계를 정밀하게 측정하여 새로 만들었다. 그리고 이곳과 양각도(羊角島) 적아둔(赤牙屯)에서 나오는 세입을 삼오고(三五庫)에 비축해 두고, 문사와 무사를 양성하는 비용과 건물 수리비에 충당하게 하였다.[95] '삼오고'란 이름은 바로 문사 양성소인 삼익재와 무사 양성소인 오근당을 포괄하는 의미였다.

이상에서 보듯 서명응의 기자 사적에 대한 조치는 정전을 복원하고, 이에 기반한 학교를 설립하여 인재를 양성하며, 이들 기관에서 향약 강독회를 실시한 것으로 정리할 수 있다. 서명응은 이러한 자신의 조치가 삼대의 제도를 회복하는 것이라 평가하였다. 기자의 제도가 은의 제도이며, 은의 제도는 주나라 제도의 원형이 된다고 보았기 때문이다. 앞서 정전제의 실상에 대한 논의에서 은과 주의 제도는 같은 것으로 보았던 서명응은 학제를 개편하거나 향약을 실시할 때도 같은 입장을 견지하였다.[96] 또한 그는 새로 건축한 건물에는 홍범구주와 관련되거나 『주례』에 근거를 둔 이름을 지었고,[97] 자신의 조치를 『주례』의 규정과 연결

宣化堂西, 相度基址. 新築亭舍. 拓其左右庭, 令右庭試文士, 左庭試武士."

95) 윗책, 「丙申(1776) 六十一歲」 七月 ; 「丁酉(1777) 六十二歲」 七月.

徐瀅修, 「本生先考文靖公府君行狀」, 『明皐全集』 권15.

96) 徐命膺, 「箕井學政本末序」, 『平壤續誌』 권5.

"不佞卽曰'時可矣'. 以周制參殷制, 又以殷制, 驗箕子東來設敎之大略."

『平壤續誌』 권5 부분은 후대에 증보된 것으로 1855년(철종 6)에 간행된 『平壤志』(1855) 제9책에 포함되어 있다.

『保晩齋年譜』 권4, 「丁酉(1777) 六十二歲」.

"正月, 行鄕約法于平壤. 公以爲周公, 因畝宅夫家之制, 行飮射讀書之法. 此非周公之所刱設, 實就殷制而損益之, 則學校·井田與鄕約, 殆無異形影之相隨."

97) 五詢亭이란 이름은 『周禮』 鄕大夫의 규정에서 따온 것이다(『周禮注疏』 권12, 鄕大夫, "退而

하여 삼대의 제도에 기반한 것으로 해석하였다.[98]

이러한 서명응의 조치는 그의 가학적 전통과 관련이 깊었다. 앞서 보았듯이 서명응의 5대조 서성과 부친 서종옥이 평안 감사를 거치면서 「홍범도」를 구해와서 인현서원에 봉안하거나 문사 양성소인 삼익재를 만들었다. 서명응은 특히 5개 도의 관찰사를 역임한 부친의 가르침을 계승하였다. 부친 서종옥은 문사와 무사를 양성하고 시속에 따라 교육하는 것을 정치의 경위로 삼았다. 가령 서명응이 오근당을 설치한 것은 부친이 미처 마치지 못한 과제를 해결하는 조치였다.[99] 가학을 계승하여 실천한다는 서명응의 인식은 그 후손으로 이어졌다. 손자 서유구는 기자의 정전을 논의하면서 서명응의 『기자외기』를 주요 자료로 활용하였다.[100]

서명응의 조치는 정조의 개혁정치를 특정 지역에서 실험한 사례로서의 의미도 있었다. 서명응은 정조가 즉위하여 각종 제도를 일신하는 과정에서 가장 먼저 규장각을 세워 학문을 일으키는 기본으로 삼았음을 밝히고, 장차 교육제도가 정비되어 삼대의 정치가 조선에서 실현될 것이라

以鄕射之禮, 五物, 詢衆庶. 一曰和, 二曰容, 三曰主皮, 四曰和容, 五曰興舞.").

98) 徐命膺, 「箕井學政本末序」, 『平壤續誌』 권5.
"不佞, 尹箕邦五月, 將修學政. 乃曰, '爲政不法三代, 皆苟而已. 況學政者, 三代之學政, 尤不可不以三代爲法也.' 於是乎, 申明仁賢書院學規, 以擬黨庠三代之制. 修九三院, 建五謹堂, 以爲三代里塾之制. 其必有州序然後, 選士陞學之政, 可以徵焉. 由是有五詢亭之刱也. 必有盖藏然後, 贍養會要之政, 可以行焉, 由是有三五庫之設也. 與夫復井田制助法, 以立學政之本原, 行鄕約, 厚風俗, 以敦學政之名實, 皆所以推演三代之學政也."

99) 『保晩齋年譜』 권4, 「丙申(1776) 六十一歲」.

100) 『林園經濟志』 권1, 本利志, 田制, 「箕子井田」.
徐有榘는 이 글에서 徐命膺의 『箕子外紀』 이외에 韓百謙의 「井田圖說」, 許篈의 「井田圖說後語」, 朴趾源의 「箕子田記」 등을 인용하였다. 한편 서유구는 『林園經濟志』에서 서명응의 『攷事十二集』, 『箕子外紀』, 『緯史』를 자료로 활용하였다(『林園經濟志』 卷首, 「林園十六志引用書目」 附錄).

예상하였다. 이런 상황에서 서명응은 자신이 평양에서 실시한 조치와 기록이 그 선례가 될 것이며, 결국 정조가 채택할 것으로 생각하였다.[101] 서명응은 정조를 통해 낙서의 학문을 밝히고 황극 정치가 실현되게 하려는 목적에서 『기자외기』를 저술하였다. 그는 기자의 사적을 보호하고 그 이념을 계승하는 차원에서 실시한 자신의 조치가 정조가 추진하는 개혁 정치의 선례로 기록되기를 기대하였다.

지금까지 서명응의 기자에 대한 인식을 검토하였다. 서명응은 기자의 도와 법을 밝히기 위해 『기자외기』와 『주사』를 편찬하였고, 역사서로는 드물게 홍범구주의 체제로 서술하였다. 홍범을 바탕으로 한 역사서는 『한서』「오행지」에서 시도된 바 있으나 서명응은 구주의 체제를 완전하게 갖춘 역사서를 편찬하여 기자와 홍범의 의미를 강조하였다.

서명응은 기자를 독특하게 해석하였다. 기자와 무왕의 관계에 대해, 그는 『사기』의 '봉이불신(封而不臣)'을 강조하고, 기자가 주나라를 방문한 것은 무왕이 은나라 왕실의 후손을 우대하는 조치에 대해 손님으로 갔다고 하여 조선의 독립성을 강조하였다. 그는 유학에서 기자의 공적을 문왕과 같은 수준으로 평가하고, 기자에서 유래한 조선 문화의 우수성과 학문적 전통을 강조하였다.

서명응의 정전에 대한 인식은 독창성이 두드러졌다. 그는 은나라와 주나라의 토지를 전자형과 정자형으로 구분한 한백겸의 견해를 비판하

---

101) 徐命膺, 「箕井學政本末序」, 『平壤續誌』 권5.

"方今, 聖人御宇, 百度鼎新, 首建奎章閣, 以爲興學之基本. 將見靈臺辟雍, 次第修明, 擧三代之宏綱細目, 盡備於我東. 而泥今非古, 自滕時已然. 聖心於此, 所慨恨, 多矣. 天將以此擧, 作前茅於國學, 而使不佞率先爲化育中鳶魚, 則安知此書, 不爲徵信於他日也哉."

고, 삼대의 제도는 요·순에서 주까지 점진적으로 정비되었으며, 은나라와 주나라의 토지는 모두 정전형이라 하였다. 그는 평양의 정전 9구를 묶어 1정으로 보고, 9무로 사이의 10구를 하나의 단위로 보면서, 종래 모순되는 것으로 이해된 『주례』의 두 규정(九夫爲井, 十夫有溝)을 정합적으로 해석하였다. 서명응의 홍범에 대한 인식은 낙서의 원리를 적용한 것이었다. 그는 낙서의 3원칙을 정리하고 이를 홍범 해석에 적용하였으며, 홍범은 『주례』와 『대학』의 원형이 되는 것으로 보았다.

서명응은 우에서 시작하여 기자와 무왕에게 전해진 홍범의 도가 주공을 거쳐 『주례』로 확정된 것으로 보았다. 이렇게 보면 기자의 공적은 선천학을 후대에 전한 문왕의 공적과 맞먹으며, 주공을 거쳐 공자가 집대성한 유학은 바로 기자의 유학이기도 하였다. 17세기에 이정구는 조선에 기자의 가르침이 있어 공자의 도를 쉽게 수용하였다고 하였다.[102] 공자의 유학이 기자에서 계승된 것이라면, 조선은 기자조선 이후 계속 유학을 계승해 온 셈이다.

이런 점에서 서명응은 은나라와 조선의 역사적 연결을 중시하였다. 그는 은나라 종실 출신인 기자가 조선으로 올 때 은인(殷人) 5천 명을 데리고 왔고, 은 유민으로 주나라에 저항한 백이(伯夷)와 숙제(叔齊)가 은거한 수양산은 황해도 해주에 있는 수양산이라고 주장하였다.[103] 따라서 은나라 문화의 핵심이라 할 기자의 홍범과 정전, 백이와 숙제의 절의는 고스란히 조선으로 이어지고, 이로 인해 조선의 문화적 위상은 크게

---

102) 『箕子外紀』 廟享, 「平壤崇仁殿碑」.

"箕子之敎東方, 在孔子未生之前. 故孔子, 至有乘桴欲居之志, 禮意文明之化, 其所從來, 久矣. 倘使箕子之敎, 不有以先之, 則後雖有孔子之道, 其化, 豈易以入哉."

103) 『保晩齋集』 권1, 「首陽山碑」.

이 글은 서명응이 황해감사로 있던 1762년(영조 38)에 쓴 것이다.

높아졌다.

서명응이 평양에서 실시한 조치는 이러한 조선의 문화적 유산을 보존하려는 조치였다. 서명응은 서성과 서종옥으로 이어지는 가학을 충실하게 계승하여 기자의 사적을 보존하고 그 내용을 기록하였으며, 기자의 사적을 바탕으로 문사와 무사를 양성하고 관리로 선발하였다. 서명응은 이런 조치의 근거를 『주례』에서 찾았고, 자신의 조치를 통해 삼대의 제도를 회복할 수 있다고 생각하였다.

서명응의 기자 인식과 기자 사적에 대한 조치는 결국 정조를 향한 것이었다. 정조가 즉위 초년에 규장각을 중심으로 개혁정치를 추진하는 시점에서, 서명응은 정조가 홍범의 황극에 기반한 군주권을 장악하고, 평양에서 자신이 시행한 인재 양성책을 채택해 주기를 기대하였다. 서명응의 이러한 인식과 조치는 『상서』와 『주례』의 재해석을 통해 뒷받침되어 더욱 설득력이 있었다. 기자로부터 계승된 조선 문화의 우수성에 대한 서명응의 자부심은 정조와 중앙학계 학자들이 공유한 자신감이기도 하였다.

제5장 세계지리 인식

서명응은 영조 후반기에서 정조 전반기에 걸쳐 문반과 무반의 고위직을 두루 역임하면서 국가적 편찬 사업의 핵심 관리자이자 실무자로 활동하였다. 또한 그는 다량의 저술을 남겼으며 4종의 문집만 하더라도 200여 권에 달한다. 그의 저술은 경학, 사학, 농학, 천문, 지리, 음악, 도가, 역학 등 다양한 분야에 걸쳐 있으며, 그중에서 핵심이 되는 『보만재총서』는 13종 60권의 저술을 뽑아 편집하였다.[1)]

서명응은 복희에서 우까지 전해진 옛 성인의 도는 선천과 주비가 결합되었으며, 지리서의 원형이라 할 『상서』 「우공」편도 그 근원은 선천과 주비에 있었던 것으로 파악하였다. 그런데 한나라 때 선천과 주비가 분리된 이후 재결합되지 못한 상태로 있었으며, 자신이 이를 합한 『위사(緯史)』(12권 7책)를 편찬함으로써 옛 성인의 도를 회복하였다고 자부하였다. 『위사』는 서명응이 작성한 세계지리서이며, 『보만재총서』의 별사류(別史類)에 수록되어 있다.

이 글은 서명응의 세계지리서인 『위사』를 분석하여 그의 세계지리 인식을 검토하려고 한다. 서명응의 논지를 파악하려면 그의 선천역에 대한 이해를 파악해야 하므로, 선천역에 견해가 잘 나타나는 『선천사연』(2권)과 선천역과 천문을 결합한 『선구제』(2권)를 보완적으로 검토하였다.[2)]

---

1) 서명응의 저술에 대해서는 본서 제1부 제3장을 참조.

2) 『髀禮準』은 하늘의 구조, 별자리, 日月, 五行星을 설명하는 천문서이고, 『先句齊』는 七政(일월, 오행성)의 운행 궤도를 계산하는 역법서이다.

이하에서는 먼저 선천역과 『주비경(周髀經)』의 결합이 의미하는 바를 살펴보고, 다음으로 '우공익(禹貢翼)'이라 불린 『위사』와 「우공」편의 관계를 정리하며, 마지막으로 『위사』에 나타나는 세계 각국의 지리적 배치를 통해 서명응이 파악한 세계상을 검토하려 한다.

18세기에 동아시아 삼국의 지식인들은 활발한 교류를 통해 학문 정보를 교환하였으며, 서명응도 청에서 들어온 세계지도와 지리지를 접하면서 세계지리에 대한 지식을 점차 넓혀가고 있었다. 필자는 서명응의 세계지리 인식을 정리하는 가운데 그가 새로운 학문 정보를 수용하는 방식을 주목하려 한다.

제1절 선천역의 재인식

1. 선천역의 역사

서명응은 역학 관련 저술에는 『역선천학』(1776, 12권), 『역학계몽집전』(1772, 4권), 『계몽도설』(1772, 6권), 『선천사연』(2권)이 있다. 이 중에서 『역학계몽집전』과 『계몽도설』은 주희의 『역학계몽』에 대한 일종의 해설서이고, 『역선천학』과 『선천사연』은 선천역에 대한 자신의 견해를 밝힌 저술이다.

서명응은 하도에서 기원한 복희의 선천역이 신농→황제→요→순→우→공자→은사(隱士)→진단→주렴계→소옹→주희로 계승되고, 주희의 『주역본의』 권수에 있는 선천사도(伏羲八卦次序之圖, 伏羲八卦方位之圖, 伏羲六十四卦次序之圖, 伏羲六十四卦方位之圖)[3]는 복희가 만든 것으로 이해하였다. 서명응은 주나라 문왕이 역리(易理)를 인사(人事)에 수용하기 쉽게 하려고 후천역을 만들었고, 공자는 선천역과 후천역을 집대성하였으며, 그 원리는 『주역』 「계사전」에 잘 나타난다고 평가하였다.[4] 그런데 공자는 진나라의 혼란을 걱정하여 '선천사도'와 이를 해석하는 방법인 '연도지법(演圖之法)'을 은사에게 전해주었고, 이후 세상에는 후천역만 성행한 것으로 보았다.[5]

공자가 은사에게 전해 준 선천사도가 다시 세상에 나타난 것은 송나라 진단(陳摶, 希夷)의 공로였다. 서명응은 선천사도가 공자 이후 1,500년 동안 방외(方外)의 은사에게만 전수되다가 송나라의 문운이 크게 일어나자 진단에 의해 다시 세상에 나타났으며, 이를 바탕으로 주렴계의 태극지학(太極之學), 소옹의 경세지학(經世之學)이 성립되고, 주희는 후천역서인 『주역본의』의 권수에 선천사도를 수록하여 표장한 것으로 보았다.[6] 선천사도가 은사→진단→소옹으로 계승되었다는 서명응의 생각은 주희의 생각과 비슷하다. 주희는 『주역참동계고이(周易參同契考異)』에서 후한 말기의 도사인 위백양이 저술한 『주역참동계』가 진단에게 전해졌고, 이는 다시 소옹의 선천도로 연결되었다고 보았기 때문이다.[7]

---

3) 서명응은 이들을 各各 '八卦圖' '方位圖' '次序圖' '方圓圖'라 불렀다(『先天四演』 卷上, 「河圖言箋」).

4) 『保晩齋集』 권7, 「易先天學序」.

"文王以先天乃造化之始, 其於人事, 難以收用, 故復作後天之易. 而俯仰上下, 見造化反對, 莫非入用之位, 故就先天而反對之, 遂爲今之周易. … 歷代相傳, 以至於夫子, 表章而發揮之, 嗚呼希矣. 夫子旣得先天·後天之學, 集其大成. 又著其理於繫辭, 以詔後之爲學者."

5) 『先天四演』 卷首, 「先天四演序」.

"昔者, 孔子憂秦焰, 及於四圖, 欲與漆簡, 偕藏于壁, 則圖與書不同, 傳寫易吪, 且不知演圖之法, 尠不流爲術數. 於是, 度其可以傳久無差者, 以四圖與演圖之法, 別傳于隱士."

6) 『先天四演』 卷首, 「先天四演序」.

앞서 공자가 은사에게 전해준 것은 '선천사도'와 '연도지법' 두 가지였다. 그런데 송에 나타난 것은 '선천사도'이고, 이를 발휘하고 운용하는 방법인 '연도지법'은 여전히 밝혀지지 않는 상황이었다. 이런 상황에서 서명응은 역사서의 기록을 근거로 의(意)·언(言)·상(象)·수(數) 네 가지를 선천의 사도(四道)로 규정하고 이를 가지고 선천사도를 해석해야 한다고 주장하였다.[8] 실제로 서명응은 하도와 선천사도를 일일이 의·언·상·수로 풀이하고, 이에 대한 도설을 덧붙인 『선천사연』을 저술하였다. 이는 공자가 후대에 전수한 것을 원형대로 복원한다는 의미가 있었다.[9]

2. 선천역과 『주비경』의 결합

서명응은 선천역과 『주비경』을 합쳐서 세계지리서인 『위사』를 편찬했다고 하였다. 그는 『주비경』이 복희의 선천역에서 유래하고, 진·한 이

---

7) 『周易參同契考異』「序」.

"伯陽參同契, 恐希夷之學有些, 自其源流. ○ 邵子發明先天圖, 圖傳自希夷, 希夷又自有所傳. 蓋方士技術, 用以修鍊. 參同契所言是也."

박지현, 「『周易參同契考異』 小考」 『藏書閣』 6, 2001, 147면 참조.

8) 서명응은 史書의 기록으로 "希夷易學, 不立文字, 只有四圖, 主於意·言·象·數, 不可闕一."을 인용하였다(『先天四演』 卷首, 「先天四演序」). 같은 취지의 구절이 邵雍의 아들인 邵伯溫의 『易學辨惑』에서 발견된다(권1, 7面, "蓋自伏羲, 以至文王·周公·孔子以來, 世世相傳, 或隱或顯, 未嘗絶也. 如楊子雲·關子明·王仲淹, 皆其所從來者也. 其(陳摶을 말함, 필자주)學, 主於意·言·象·數四者, 不可闕一. 其理, 具見於聖人之經, 不煩文字解說, 止有一圖以寓陰陽消長之數, 與卦之生變. 圖亦非創意以作, 孔子「繫辭」, 述之明矣. 嗚呼, 眞窮理盡性之學也. 先君之學, 雖有傳授, 而微妙變通, 蓋其所自得也. 能兼明意·言·象·數之蘊, 而知易之體用成卦立爻之所自.").

9) 『先天四演』 卷首, 「先天四演序」.

후로 서양에 전해졌으며, 명나라 말기에 서양 선교사에 의해 중국으로 전해진 구고수법(勾股數法)은 『주비경』에서 나온 것으로 이해하였다.

서명응은 『주비경』이 발생하는 과정에서 중요한 역할을 한 인물로 복희, 우, 주공을 지목하였다. 서명응은 복희가 선천방원도(先天方圓圖, 伏羲六十四卦方位之圖를 말함)를 만든 다음에 방도(方圖)를 추연(推演)하여 개천의(盖天儀), 구고지법(勾股之法), 주천역도(周天曆度)를 만들었으므로, 선천과 구고는 체용의 관계에 있는 것으로 보았다.[10)]

> 천문의 상수(象數)는 포희씨(包犧氏)에서 시작되었다. 위로 하늘을 살피고 아래로 땅을 관찰하여 선천방원도(先天方圓圖)를 만들고, 다시 방도(方圖)를 추연(推演)하여 개천의(盖天儀)를 제작하고, 구고(勾股)의 수를 만들며, 주천(周天)의 역도(曆度)를 세웠다.[11)]

> 지금 선천원도(先天圓圖)를 보면 분명히 북극, 남극, 황도(黃道), 적도(赤道)의 형상을 세운 것이 있고, 선천방도(先天方道)에는 분명히 구고를 관측하는 형상을 세운 것이 있다. (중략) 선천은 바로 구고의 체(體)이고, 구고는 선천의 용(用)이다.[12)]

---

10) 先天方圓圖는 外圖와 內圖로 구성되며, 외도는 64괘를 원형으로 배치한 圓圖이고, 내도는 64괘를 바둑판같이 배치한 方圖이다. 서명응은 선천방원도의 외도와 내도에 나타나는 64괘의 배치 순서와 방위, 오행 및 干支의 상관관계에는 천문, 역법, 지리 등 수많은 자연현상의 원리가 함축된 것으로 보았다(『先句齊』 卷首, 「先句齊序」, "其於天下萬事, 運神智, 行神變, 大亦先天方圓圖, 小亦先天方圓圖, 精亦先天方圓圖, 粗亦先天方圓圖, 況於立曆大事乎?").

11) 『髀禮準』 卷首, 「髀禮準序」.
"天文象數, 起自包犧氏, 仰觀俯察, 旣作先天方圓圖, 復推演方圖, 製盖天之儀, 刱勾股之數, 立周天曆度."

12) 『先句齊』 卷首, 「先句齊序」.

서명응은 복희가 처음 만든 구고법(周髀數法)은 이후 신농, 황제, 요, 순을 거쳐 우에게 계승되었고, 주로 천지의 변화를 측정하고 여기에 인사(人事)를 맞추는 데 사용된 것으로 이해하였다.[13] 그런데 복희의 구고법을 가장 효과적으로 사용한 인물은 바로 우 임금이었다. 우 임금은 치수 사업에 구고법을 사용하여 태산(泰山)의 고도와 강하의 수심을 측정하였다. 그리고 치수가 끝난 다음에는 천하를 다스리는 데 구고법을 사용하여, 북극 고도를 측정하고, 지원(地圓)의 이차(里差)를 계산하였으며, 기주(冀州) 북쪽에 오복(五服)을 배치하고, 기주의 남쪽에 팔주(八州)를 배치하였다.[14]

서명응은 현전하는 『주비산경』과 『주례』는 주공 대에 정비된 것으로, 서로 짝을 이룬다고 보았다. 그는 『주비산경』은 주공과 상고(商高)가 구고법을 문답한 내용을 사관이 기록한 것이고, 『주례』는 『주비산경』을 바탕으로 천문을 관측하고 관제를 정비한 것으로 보았다. 이렇게 본다면 주공은 먼저 『주비산경』을 만들고, 이를 바탕으로 『주례』를 만든 셈이 되었다.

비(髀)는 『주비(周髀)』이고, 예(禮)는 『주례』이다. 『주례』는 천상(天象)을

"今觀先天圓圖, 明有立二極黃赤之象, 其方圖, 明有立勾股測望之象. … 是先天, 卽勾股之體也. 勾股, 又先天之用也."

13) 『緯史』 卷首, 「起例」 第1則.

14) 『緯史』 卷首, 「立圖·先天生出勾股圖」.

"勾股之法, 自包犧傳授, 以至於禹, 盡其神妙之用. 方當治水之時, 或因望筒, 或因日光, 凡有影可射者, 必視其影, 若無影可射, 但以目力對望, 以勾知股, 以股知勾. 在泰山之下, 可得泰山之高, 在江河之岸, 可得江河之深. 及夫治水之後, 又以勾股之法, 測北極之高度, 計地圓之里差, 弼成五服於冀北, 裁制八州於冀南, 故不曰'治水', 而曰'治天下'也."

기준으로 하며, 『주비』는 천수(天數)를 기준으로 한다. (중략) 주공(周公)에 이르러 상고(商高)와 구고(勾股)의 법술(法術)에 대하여 토론하고 사관에게 문답을 기록하게 하여 주비서(周髀書)를 만들었다. 또한 주비서로 인하여 천문을 관측하고 관제를 정비하여 주례서(周禮書)를 만들자, 천문이 드디어 세상에서 크게 밝혀졌다.15)

서명응은 주나라가 쇠퇴하면서 주공 때 만들어진 『주비경』이 서양으로 전해졌고, 중국에서는 민간에 숨은 것으로 이해하였다. 주나라가 쇠퇴하면서 다수의 주인(疇人) 즉 천문학자들이 외국으로 도망하였고, 진나라의 분서를 거치면서 『주비경』은 『주례』와 함께 민간에 숨겨졌다. 따라서 한나라 초기에는 사마천 같은 박학한 학자도 『주비경』을 볼 수 없게 되었다. 한나라 중엽에 이르러 『주비경』과 『주례』는 다시 나타났으나 영방(榮方) 진자(陳子)의 무리에 의해 문란해졌고, 채옹(蔡邕)이 천상(天象)을 관찰하고 이를 『주비경』과 비교하면서 어긋나는 말이 많아졌다. 이 때문에 『주비경』은 중국에서 사라져 버렸다.

서명응은 명나라 말기에 서양 선교사에 의해 『주비경』이 다시 중국에 나타났다고 보았다. 그는 명나라 말기에 서양에서 들어온 천문과 역법은 계산의 정확성을 인정받았다. 그러나 서양의 구고수법이란 주나라가 쇠퇴한 이후 서양에 전해졌던 『주비경』에 근거하여 계산법을 더욱 정밀하게 만든 것에 불과하였다. 서명응은 일월의 교식(交食)은 『주비경』, 적도와 황도의 이름은 한대(漢臺)의 동의(銅儀), 주야 절기의 차이는 『상서』

---

15) 『髀禮準』 卷首, 「髀禮準序」.

"髀『周髀』, 禮『周禮』. 以周禮準天象, 周髀準天數. …… 至于周公, 與商高論勾股法術, 命史官記問答, 以爲周髀之書. 又因周髀之書, 測天文, 正官制, 以爲周禮之書, 而天文遂大明於世."

「요전」, 지원(地圓) 이차(里差)의 원리는 『대대례(大戴禮)』의 내용에 부합되는 것에서 보듯, 서양 과학은 중국 고전에 연원이 있는 옛 성현의 유법이며, 이를 수용함에 혐의를 둘 필요가 없다고 주장하였다.[16)]

이러한 서명응의 견해는 '서양천문학의 중국기원설'이라 할 수 있다.[17)] 그런데 이런 견해는 매문정(梅文鼎, 1633~1721)을 비롯하여 다수의 청나라 학자가 이미 17세기부터 제기한 것이었다.[18)] 1738년에 장정옥(張廷玉) 등은 황제의 칙명으로 『명사(明史)』를 편찬하였으며, 『명사』「역지(曆志)」의 논지도 서명응의 견해와 같았다.[19)]

> 서양인으로 중국에 온 자들은 모두 구라파인(歐羅巴人)이라 자칭하였다. 그들의 역법은 회회력(回回曆)과 같으면서 더 정밀한 것이다. 이전 시대에 먼 나라의 사람으로 역법을 말한 자들은 대부분 서역에 있었고, 동, 남, 북쪽에는 알려지지 않았다. 요 임금이 희씨(羲氏)와 화씨(和氏)의 아우들에게 사방에 나눠 살게 하자, 희중(羲仲), 희숙(羲叔), 화숙(和叔)은 우이(嵎夷), 남교(南交), 삭방(朔方)으로 지역을 제한하였다. 그러나 유독 화중(和仲)만은 '서쪽에 살았다[宅西].'고 하고 그 지역을 제한하지 않았으니, 어찌 당시의 성교(聲敎)가 서쪽으로 멀리 미치지 않았겠는가?[20)]

---

16) 『髀禮準』 卷首, 「髀禮準序」.

17) 서명응이 주장한 '서양천문학의 중국기원설'에 대해서는 다음의 논문을 참조.
박권수, 「徐命膺(1716~1787)의 力學的 天文觀」 『한국과학사학회지』 20-1, 1998, 89~94면.
문중양, 「18세기 조선 실학자의 자연지식의 성격 - 象數學的 우주론을 중심으로」 『한국과학사학회지』 21, 1999, 47~48면.

18) 박성래, 「西洋宣教師의 科學」 『中國科學의 思想』, 서울 : 전파과학사, 1978, 105~131면.

19) 『明史』 권31, 「曆志 1」.

20) 이 구절은 『尙書』 「堯典」의 내용을 바탕으로 한 것이다.
"乃命羲和, 欽若昊天, 曆象日月星辰, 敬授人時. 分命羲仲, 宅嵎夷, 曰暘谷, 寅賓出日,

주나라 말기에 주인(疇人)의 자제들이 분산되었다. 서역은 천방(天方, Arabia 반도)의 여러 나라들이 중국의 서쪽 변방과 땅이 맞닿아 있어 동, 남쪽에서 큰 바다가 가로막고 있는 것과 다르다. 또한 북극과 같이 혹심한 추위를 걱정할 것도 없으니, 서적과 의기(儀器)를 안고 서쪽으로 가는 것은 형세가 매우 편하였다. (중략)

희씨와 화씨가 이미 그 지키던 것을 잃어버리자, 옛 서적 중에서 볼만한 것은 『주비(周髀)』 정도가 있었다. 그런데 서양인의 혼천(渾天) 개천(蓋天) 통헌(通憲)의 관측기구, 한대 열대 오대(五帶)의 학설, 지원(地圓)의 이치, 정방(正方)의 법들은 모두 『주비』의 범위를 벗어나지 않으니, 그 원류가 어디서 나온 것인지를 알 수 있다. 사방으로 널리 구하고 수집하여 천백 년 동안 끊어진 실마리를 이으니, '예를 잃으면 야인에게서 구한다.'는 뜻이다.

1784년 10월에 작성된 『사고전서(四庫全書)』의 『주비산경(周髀算經)·제요(提要)』에서도 서명응과 같은 견해를 보였다. 이는 서명응의 『위사』가 편찬된 이후에 나온 책이었다.[21]

명나라 만력 연간 중에 구라파인(歐羅巴人)이 중국에 들어와 처음으로 신

平秩東作, 日中星鳥, 以殷仲春, 厥民析, 鳥獸孳尾. 申命**羲叔**, 宅**南交**, 平秩南訛, 敬致, 日永星火, 以正仲夏, 厥民因, 鳥獸希革. 分命**和仲**, 宅**西**, 曰昧谷, 寅餞納日, 平秩西成, 宵中星虛, 以殷仲秋, 厥民夷, 鳥獸毛毨. 申命**和叔**, 宅**朔方**, 曰幽都, 平在朔易, 日短星昴, 以正仲冬, 厥民隩, 鳥獸氄毛. 帝曰咨汝羲暨和, 朞, 三百有六旬有六日, 以閏月定四時成歲, 允釐百工, 庶績咸熙."

21) 『欽定四庫全書』 子部 6, 天文算法類 1, 「周髀算經·提要」.
"明萬曆中, 歐羅巴人入中國, 始別立新法, 號爲精密. 然其言'地圓', 卽周髀所謂'地法覆槃, 滂沱四隤而下'也. … 西法多出於周髀, 此皆顯證, 特後來測驗增修, 愈推愈密耳. 『明史』「曆志」謂'堯時宅西, 居昧谷. 疇人子弟, 散入遐方, 因而傳爲西學'者, 固有由矣."

법(新法)을 따로 만들었는데, 매우 정밀하다는 소리를 들었다. 그러나 거기서 말하는 '지원(地圓)'이란 바로 『주비』에서 말하는 '地法覆槃, 滂沱四隤而下' 였다. (중략) 서양의 법은 대부분 『주비』에서 나왔으니 이런 것들이 모두 분명한 증거이며, 후대로 올수록 관측 방법이 점차 개선되어 더욱 정밀해진 것일 뿐이다. 『명사』「역지(曆志)」에 '요(堯) 임금 때 서쪽에 집을 정하고 매곡(昧谷)에 거처하였다. 주인(疇人)의 자제들이 먼 지방으로 흩어져 들어갔는데, 이것이 전해져 서학(西學)이 되었다.'고 한 것은 진실로 유래가 있는 것이다.

조선의 지식인 가운데 서양의 천문학이 중국에서 기원한 것이라는 견해를 가진 사람이 많았다. 이가환은 정조의 「천문책(天文策)」에 답하면서 '서양의 지구설은 이미 증자(曾子)가 언급하고 혼천설(渾天說)에서 밝혔던 내용이다.'라고 하였다.[22] 또한 북경을 방문한 홍양호가 '서양 학문이 장점을 보이는 주천(周天)의 도수(度數)나 추보술(推步術)은 유학의 범주에서 벗어나지 않는다.'라고 하자 『사고전서』 편찬을 담당한 기윤(紀昀)은 이에 공감하였다.[23]

서명응은 서학의 근원이 중국 고전에 있으나 서학 자체가 가진 장점을 인정하려는 입장이었다. 중국인과 서양인이 『주비경』을 보았으나 서

---

22) 李家煥, 『錦帶殿策』 「天文策」 제11.
"地球之說, 創聞者駭之. 而曾子之答單居離曰, 若果天圓而地方, 則是四角之不相掩也. 渾天說亦謂地如卵黃, 則中國亦嘗有是說矣."
이 글의 계기가 된 「天文策」에서 정조는 『周髀經』이 漢儒의 僞作일 가능설을 제기한 점이 흥미롭다(『弘齋全書』 권50, 「天文」(1789), "經莫古於周髀, 而疏其義者. 或云周公所作, 或云漢儒所贗, 何說爲當耶?").

23) 김문식, 「18세기 후반 서울 學人의 淸學認識과 淸 文物 도입론」 『奎章閣』 17, 1994, 18면.

양인은 그 내용을 잘 이해하였을 뿐만 아니라 이를 추연(推演)하여 실측에 부합하게 만들었다는 점을 평가하였기 때문이다.[24)]

> 『주비(周髀)』는 개천(蓋天)에 관한 책이요, 개천은 『주비』의 그릇이다. 한나라 말기에 이르기까지 이 그릇과 책은 전해질 수 있었다. (중략) 그렇지만 수법(數法)이 유실되어 한 대 학자들은 망연히 무슨 말인지 몰랐다. 채옹(蔡邕)은 천상(天象)을 살피기까지 하였으나 어긋나는 바가 많았다. 서양 역법이 중국에 도입되자 이 글을 인용하여 남북 주야의 차이와 동서 절기의 차이를 측정하였다. (중략) 중국인들은 평생 이 책을 연구하였으나 끝내 의혹됨을 면하지 못하였다. 그런데 서양인은 분명하게 밝히고 분별하였을 뿐 아니라 그 법을 추연(推演)하여 실측에 적용하니 번갈아 가며 서로 부합하였다. 만약 전수한 지결(旨訣)[25)]이 없었다면 어찌 이럴 수 있었겠는가?

서명응은 원래 하나였다가 후대에 분리된 선천역과 『주비경』을 재결합하여 그 원형을 회복해야 한다고 주장하였다. 그는 명나라 말기에 서양 선교사가 중국에 가지고 온 천문과 역법은 『주비경』에 근거한 것이

---

24) 『先句齊』 卷上, 地圓齊, 「各地時差」.
"周髀者, 蓋天之書也. 蓋天者, 周髀之器也. 至漢末, 是器是書, 尙能流傳. …… 然數法旣失, 漢儒茫然不知爲何等語. 蔡邕至以爲考驗天象, 多所違失. 及西曆入中國, 引此文, 以測南北晝夜之差, 東西節氣之差. …… 夫中國人, 一生講究其書, 終未免疑惑者, 西國人, 不惟昭晰明辨而已, 又能推演其法, 驗之實測, 錯錯然相符. 若無旨訣之有所受, 惡能如是哉"

25) 여기서 '전수한 旨訣'이란 서양인이 『주비경』을 전수했음을 의미한다.
『髀禮準』 卷首, 「髀禮準序」.
"班固曰, '五伯之末, 疇人子弟, 分散外夷.' 是必疇人, 挾『周髀』, 之西國, 傳其法術, 無疑也."

며, 서양인들이 『주비경』을 잘 익혀 천문과 역법에 뛰어난 점이 있음을 인정하였다. 그렇지만 서명응은 천수(天數)에 해당하는 『주비경』과 천상(天象)에 해당하는 『주례』를 동시에 익히지 않으면, 의례를 밝히거나 관제를 바로잡는 것처럼 현실 정치에 응용할 수 없을 뿐 아니라 학문의 최종 목표라 할 성명(性命)의 근원을 밝히는 일은 더욱 할 수 없다고 하였다. 그런데 주공의 『주비경』과 『주례』는 복희의 선천역에 바탕을 두었으므로, 선천역으로 『주비경』과 『주례』를 회통시켜야 삼대의 제도를 제대로 복구할 수 있었다.

> 『주례』의 천상(天象)과 『주비』의 천수(天數)를 서로 비교하여 증정(證訂)하고, 복희의 선천으로 분석하며, 다른 것을 같게 하고, 나눈 것을 연관시키며, 잘못된 것을 바로잡아야 한다. 그러면 그 법상(法相)과 명의(名義)가 예전에는 유력(儒曆)과 어긋나던 것들이 융회관통(融會貫通)하여 삼대의 옛 제도를 거의 회복하게 될 것이다. 복희의 선천은 두 책(『주례』 『주비』)의 본원이며, 공자가 말한 '역(易)은 천지를 기준으로 하였다.'는 것이 바로 이것이다.[26]

서명응이 편찬한 『위사』는 송나라 때 드러난 선천역(선천사도)과 명말기에 서양에서 전해진 『주비경』을 재결합하는 작업이었고, 이는 복희 이후 옛 성현의 도를 완전히 회복시킨다는 의미가 있었다.[27]

---

26) 『髀禮準』 卷首, 「髀禮準序」.

27) 『緯史』 卷首, 「起例」 第1則.

"今先天之出於宋, 七百有餘年, 周髀之出於明, 二百有餘年. 而士異業, 業異門, 尙未有以一之. 肆竊撰成是書, 期欲六聖相傳之道, 象器旣離, 復合於累千載之下也."

제2절 우공과 우공익(禹貢翼)

서명응은 『상서』「우공」편을 지리서의 본원으로 파악하고, 『위사』의 서술에서도 「우공」의 구주(九州) 오복(五服)을 중심으로 하였다. 앞서 보았듯이 서명응은 '선천역을 바탕으로 『주비경』과 『주례』를 회통시켜 옛 성현의 제도를 복구한다.'고 하였다. 그리고 그는 『상서』「우공」편의 본원은 선천역과 『주비경』이고, 「우공」편은 모든 지리서의 본원이 되는 것으로 보았다.[28] 서명응은 '요 이전은 선천이요 요 이후는 후천이라.'는 소옹의 견해를 수용하여, 요 임금을 기준으로 그 이전과 이후를 구분하는 시각을 가지고 있었다. 그는 복희는 선천역으로 천지의 도를 재성(財成)하였고, 우 임금은 선천역으로 구주의 영역을 구분하였으므로, 요 이전에는 천도(天道)에 밝았고, 요 이후에는 지도(地道)에 밝았던 것으로 보았다.[29]

> 희황(羲皇, 복희)은 선천으로 천지의 도를 재성(財成)하고, 대우(大禹)는 선천으로 구주(九州)의 강역을 분정(分定)하였다. 진실로 도통(道統)이 전수되는 데에는 유래가 있다. 소자(邵子, 邵雍)는 '요(堯) 이전에는 선천이고 요 이후는 후천이라.'고 하였으니, 요 이전에는 천도(天道)에만 밝았고 요 이후에는 지도(地道)에만 밝았음을 말한 것이다. 따라서 선천을 반대로 하면 후천이 된다.

---

28) 『緯史』 卷首, 「起例」 第2則.
"先天·周髀, 卽禹貢一篇之本原也. 禹貢一篇, 又萬世地理書之本原也."

29) 『緯史』 卷首, 「立圖·五服八州北南圖」.
"羲皇, 以先天財成天地之道. 大禹, 以先天定九州之域. 信乎道統之傳, 有自來矣. 邵子曰, '堯之前先天也, 堯之後後天也'. 蓋言堯之前, 專明天道, 堯之後, 專明地道, 卽先天反對, 成後天也."

서명응은 「우공」 구주의 배치는 우 임금이 구고법과 선기옥형을 이용하여 정밀하게 측정한 결과이며, 북극고도를 기준으로 영역을 구획하는 방법을 처음 고안한 것은 서양이 아님을 강조하였다.[30] 서명응은 「우공」에 나오는 오복(甸服, 侯服, 綏服, 要服, 荒服)의 영역이 모두 500리를 기준으로 한 것을 구고법과 선기옥형이 사용된 증거로 보았다. 이는 '250리를 이동할 때마다 북극출지(北極出地)에 1도의 차이가 있다.'는 서양 천문학의 정보를 수용한 판단이었다.[31]

서명응은 『위사』를 편찬하는 과정에서 서양인 애유략(艾儒略, Giulio Aleni, 1582~1649)이 편찬한 『직방외기(職方外紀)』(1623)를 참고하였고, 이 책은 '250리 1도'라는 기준을 가지고 있었다.[32] 서명응은 천수(天數)는 기수(奇數, 홀수)이고 지수(地數)는 우수(偶數, 짝수)이므로, 우 임금은 250리의 배가 되는 500리를 기준으로 오복을 나누었고, 오복의 리수(里數)를 합한 2,500리(500리*5)는 250리의 성수(10배)가 된다고 하였다. 또

30) 『緯史』 卷首, 「起例」 第3則.

"世儒固滯者, 或疑極度分地之法, 至近代, 始出於西國, 不可作爲禹貢分州之法也. 是大不然."

31) '250리마다 1도'는 1605년에 나온 利瑪竇(Matteo Ricci)의 『乾坤體義』나 1615년에 나온 陽瑪諾(Emmanual Diaz)의 『天文略』, 南懷仁의 『坤輿圖說』 등에 수록되어 있다. 서명응은 '250리에 1도'라는 기준을 적용한 반면에 그 아들인 徐浩修는 '200리에 1도'라는 기준을 적용하였다(徐有榘, 『林園經濟志』 本利志, 「論東國經緯圖」. "正宗丁未(1787), 先王父撰『暘谷志』, 用古法二百五十里差一度之制, 據鄭厚祚東國輿地圖, 量定諸道經緯星(里?)差. 辛亥(1791), 先大父提擧雲觀, 用今法二百里差一度之制, 據備邊司所藏輿地圖, 量定諸道經緯里差.").

32) 『職方外紀』 卷首, 「五大州總圖界度解」.

"人居赤道之下者, 平望南北二極, 離南往北, 每二百五十里, 則北極出地一度, 南極入地一度. 行二萬二千五百里, 則見北極正當人頂, 出地九十度. 而南極入地九十度, 正對人足矣. 從南亦然, 此南北經度也."

한 구주의 중앙에 있는 기주(冀州)의 위도(40°~31°)는 「우공」 오복의 범위 안에 있으며, 이는 18세기 청나라의 영역과 별 차이가 없으므로 우 임금이 선기로 북극고도를 측정한 것으로 보았다.[33)]

서명응은 「우공」 구주에 일정한 북극고도의 값을 부여하되 그 상(象)을 역리로 해설하였다. 서명응은 기주는 제왕의 도시이고, 천체에서 북극으로 사상(四象)이 향하듯이 천하의 공부(貢賦)와 조근(朝覲)이 몰려드는 중심지이자 「우공」의 강(綱)으로 파악하였다.[34)] 따라서 기주의 상은 바로 역의 태극에 해당하였다. 또한 그는 청주(青州)와 옹주(雍州)를 기주 하단에 좌우 대칭으로 배치하여 역의 양의(兩儀)에 해당하며, 기주 바로 아래에 위치한 서주(徐州), 연주(兗州), 예주(豫州), 양주(梁州)는 역의 사상(四象)에, 서주, 연주, 예주, 양주의 아래에 있는 양주(楊州)와 형주(荊州)도 역의 사상에 해당하는 것으로 보았다.[35)]

서명응이 파악한 「우공」 구주의 북극고도와 각 주별 영역의 크기를 정리하면 다음의 〈표 3〉과 같다.[36)]

서명응은 「우공」의 오복은 동서와 남북의 크기가 모두 500리이며, 내복(內服)인 전복(甸服)·후복(侯服)·수복(綏服)과 만이(蠻夷)인 요복(要服)과 황복(荒服)으로 구분되는 것으로 보았다. 이때 팔주는 기주를 중심으로 하는 기복(冀服)에 포함되었다.[37)] 그는 천하 지세는 동북쪽은 기주,

---

33) 『尙書逸旨』 卷下, 「禹貢五服 9」.

"天數奇, 地數偶, 故必兩其二百五十里, 以爲各服幅圓之等. 及其合五服之里, 爲二千五百里, 則是亦二百五十里之成數也. 由是推之, 自冀州北極出地四十度, 極乎南方四川·胡廣等地, 北極出地三十一度, 凡十度皆入于禹貢五服之內. 與今中原地里, 無大相遠. 而北極出地, 非璿璣, 不能推其高下, 故知其以璿璣度之也."

34) 『尙書逸旨』, 卷下, 「禹貢冀州 1」.

35) 『緯史』 卷首, 「立圖·五服八州北南圖」.

36) 『緯史』 권4, 州服四象 北州地位 方國內東, 「青州之域」.

〈표 3〉「우공」 구주의 북극고도와 영역

九州	북극고도(°)	남북(리)	동서(리)	易象	州·衛[38]
冀州	42~37	1,500	1,000	太極	州
靑州·雍州	38~33	1,500	1,000	兩儀	州·衛
徐州·兗州·豫州·梁州	36~31	1,500	500	四象	州
楊州·荊州	30~25	1,500	1,000	四象	州·衛

서쪽은 옹주, 남쪽은 양주(楊州)를 경계로 하며 그 바깥쪽은 이융(夷戎)이 거주하며, 「우공」편의 기록을 따라 기주와 양주의 밖에는 도이(島夷), 옹주의 밖에는 서융(西戎)이 거주하는 것으로 보았다.[39)]

서명응은 우 임금이 선천역과 주비의 계산법을 이용하여 오복구주의 제도를 만들었으나 진한 이후 선천역이 사라졌고, 『주비경』은 서양으로 전해진 것으로 보았다. 이에 따라 한나라부터 명나라까지 많은 지리지가 있었으나 그 근본인 선천의 도를 제대로 담지 못하고 연혁만 기록하였기 때문에, 기록의 양은 많아도 핵심을 제대로 파악하지 못했다고 하였다.[40)]

---

37) 『緯史』 권2, 州服四象 北州天位 方國內東, 「冀靑東北」.
"禹貢五服, 只設於冀州東北西三方, 是盖衛帝都, 以立極於八州. 故禹貢之文, 首起冀州, 尾終五服, 使八州爲冀服所包者. … 而五服之中, 要·荒二服, 皆蠻夷地, 猶明時之外衛. 惟甸·厚·綏三服, 方爲內服. 故'奮武衛'居其終, 蔡傳以爲'嚴華夏之辨', 是也."
이러한 견해는 蔡沈의 설을 수용한 것이었다.(『尙書』 『禹貢』. "五服之綏服, 三百里, 揆文敎, 二百里, 奮武衛. [注] 綏服, 內取王城千里, 外取荒服千里, … 文以治內, 武以治外, 聖人所以嚴華夏之辨者, 如此.")

38) 靑州는 동쪽, 雍州는 서쪽, 楊州와 荊州는 남쪽에서 다른 나라와 국경을 맞대게 되므로 衛를 겸하였다.

39) 『尙書逸旨』 卷下, 「禹貢冀州 2」.

40) 『緯史』 卷首, 「緯史序」.
"古之聖人, 數極三才, 理妙一貫, 何道而然哉. 曰先天之道而已矣. 三代以降, 斯道寢晦,

서명응은 선천역과 『주비경』을 결합하고 「우공」을 바탕으로 하는 『위사』를 편찬함으로써 본말을 갖춘 지리서가 완성되었다고 생각하였다. 그는 『위사』에서 『우공』의 오복 구주가 있던 지역을 중심으로 하면서, 우 임금이 선천역과 『주비경』의 계산법을 이용하여 천하를 경영한 방법을 해설하고, 진한 이후의 연혁은 간략하게 서술하였다. 또한 「우공」의 지리에 대해 학자들의 논쟁이 있는 것은 해당 지역에 밝혀둠으로써, 「우공」편을 읽는 독자가 참고할 수 있게 하였다. 서명응은 『위사』가 가진 이러한 특성을 강조하여 '우공익(禹貢翼)' 즉 '「우공」편을 보완하는 책'이라 불렀다.[41)]

제3절 세계지리의 역학적 배치

서명응은 당시에 전해지는 선천방원도(伏羲六十四卦方位之圖)에 오류가 있다고 비판하고 자신의 견해에 따라 조정하였다.[42)] 서명응은 주희의 『주역본의』에 나오는 선천방원도는 원도(圓圖) 안에 정사각형의 방도(方圖)가 반듯하게 놓여 있으며, 이는 후대의 전사 과정에서 오류가 생긴 것이며 복희가 만든 원래의 방원도가 아니라고 하였다.[43)] 서명응은 소

漢唐宋明代, 各有地志, 但記其沿革畧至, 本之則無. 嗟夫! 毋而不統於父, 裘而不挈於領, 目而不提於綱, 其或能順且張乎? 卽其繁者益繁, 紊者益紊, 涉其書, 不得其要, 亦勢之所必有也."

41) 『緯史』 卷首, 「起例」 제2則.

42) 문중양은 서명응이 先天方圓圖를 수정한 것은 先天圖의 절대성에 대한 믿음이 깨어지는 계기가 될 수도 있다고 보았다. 문중양, 윗논문, 1999, 48면.

43) 『緯史』 卷首, 「立圖 · 先天五帶全體圖」.
"蓋方圖中, 因傳寫之誤, 位置悉皆變易也."

옹의 언급과 지원설, 하도 중오(中五)의 모양 등을 바탕으로 종래의 방도를 45° 우측으로 회전시켜 방도의 건괘가 정북, 곤괘가 정남, 비괘(否卦)가 정서, 태괘(泰卦)가 정동 방향으로 오도록 조정하였다.[44] 이는 하도 중궁에 있는 5개 점이 중앙의 1점을 중심으로 동서남북을 가리키는 것에 근거를 둔 것으로, 이렇게 할 때 지원설이 제대로 드러나기 때문이었다.

> 하도(河圖) 가운데의 5점은 종횡으로 세 점이 되며 둥그렇게 원형이 된다. 바깥쪽의 4점은 모두 네 군데 정향(正向)을 가리키게 되니, 어느 한 점도 네 귀퉁이와 각을 이루지 않는다. 오호라! 이것은 사람들에게 땅의 모습이 본래부터 원형임을 보여주는 것으로, 내도(內圖, 方圖)를 이 법에 따라 배치하게 하려는 것이다.[45]

서명응은 자신이 조정한 방원도를 기준으로 할 때, 정북에서는 방도의 건괘와 원도의 곤괘가, 정남에서는 방도의 곤괘와 원도의 건괘가 마주 보며 향하게 된다. 서명응은 천지가 상대를 받아들이며 음양이 상대를 생성시키는 원리가 바로 여기에 담겨 있다고 설명하였다.[46]

서명응은 자신이 조정한 선천방원도에서 지구의 5대 기후대를 연역해 내었다. 그는 방도의 중앙에 남북으로 놓인 8순괘(純卦, 乾·兌·離·震·巽·坎·艮·坤)는 남북의 축(軸) 즉 위선이 되고, 방도의 중앙에 동서로 놓

---

44) 『緯史』 권1, 「北軸兩儀 1－1」.
"方圖四角, 舊皆指圓圖間方, 今參互邵子之說, 地圓之理, 河圖中五之象, 而轉環其位置. 使乾居正北, 坤居正南, 否居正西, 泰居正東, 其理, 槩見立圖篇五帶全體圖."

45) 『先天四演』 卷上, 方圓象箋7, 「地圓眞傳」.
"河圖中五, 縱橫成三, 窿然至圓. 使其外四點, 皆指四正, 而幷無一點爲角於四隅. 嗚呼, 此其所以示人地體至圓, 自本如此, 而欲使內圖, 依此法鋪置也."

46) 『緯史』 卷首, 「立圖·先天五帶全體圖」.

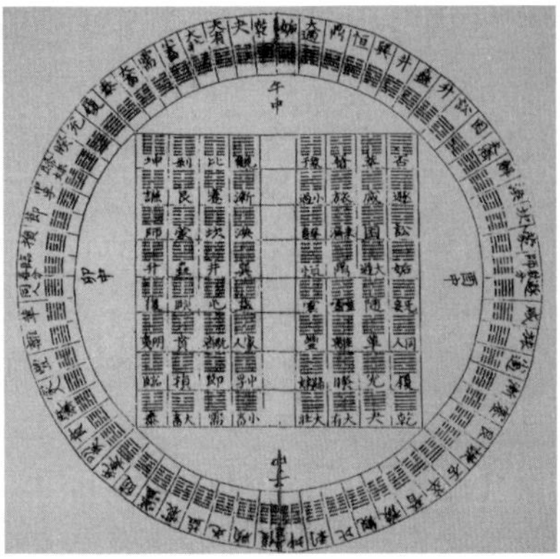

〈그림 7〉 복희의 선천방원도

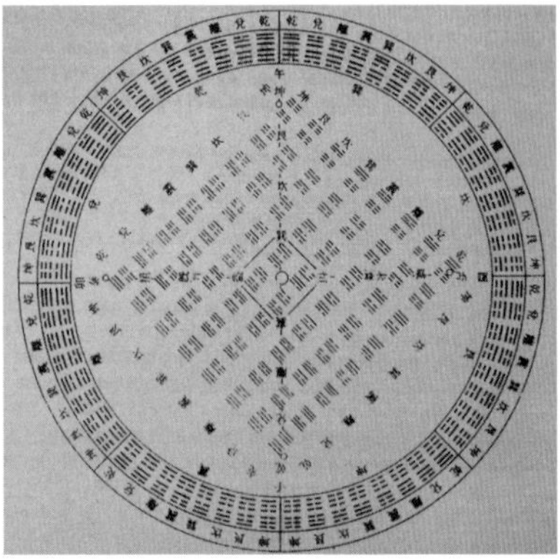

〈그림 8〉 서명응의 선천방원도

인 8우괘(偶卦, 泰·損·既濟·益·恒·未濟·咸·否)는 동서의 형(衡) 즉 경선이 되는 것으로 보았다. 이렇게 될 때 방도에서 순괘와 우괘는 십자형으로 교차하며, 그 모양은 하도 중앙의 5점과 같은 모양이 되었다.[47] 그는 지구를 양극(북극, 남극)의 아래 지역(北軸, 南軸), 적도의 아래 지역(中衡), 양극과 적도 사이의 지역(州服, 洲坻) 등 5개 지역으로 구분하고, 그 위치를 원도에서 대응되는 역괘의 위치와 일치시켰다. 또한 그는 5개 지역의 기후를 한대, 온대, 열대로 구분하고 각각을 역상(易象, 兩儀 四象 八卦)에 대비시켰으며, 각 지역을 이에 해당하는 역상의 숫자(2, 4, 8)에 맞추어 구분하였다. 이상의 내용을 정리하면 다음의 〈표 4〉와 같다.[48]

서명응은 5대 기후대를 더욱 세분하였다. 그는 북축(北軸) 지역을 양

47) 『緯史』 卷首, 「立圖·先天五帶全體圖」.

"包犧氏, 既成方圓二圖, 以擬天包地外之象. 於是, 默觀乎方圖之位置, 則八純卦爲南北之軸, 八偶卦爲東西之衡, 一緯一經, 十字相交, 乃生四角, 外指四正. 自然密合於河圖中五之外四點, 皆指四正之象. 是以一循河圖中五之位置, 布方圖於圓圖之內. 蓋河圖中五, 乃天所以啓佑包犧氏之聖智者, 則實亦包犧之師承也, 故質諸此而取正焉."

48) 『先天四演』 箋演, 「方圓象箋 8」; 『緯史』 卷首, 「起例」 第5則; 『緯史』 권1, 「北軸兩儀」.

〈표 4〉 5대 기후대와 선천방원도

지역	圓圖의 괘	方圖 純卦	기후	年	易象	구분
北軸(北極之下)	北中 四坤	乾·兌	한대	晝夜	兩儀	東 西
州服(黃赤相交之間)	無妄 明夷 否 謙	離	난대	四時	四象	外東 內東 內西 外西
中衡(赤道之下)	師 遯 同人 臨	震·巽	열대	八時	八卦	偏東(4~1) 偏西(1~4)
洲坻(赤道南 南極北)	泰 履 升 訟	坎	난대	四時	四象	偏西(2~1) 偏東(1~2)
南軸(南極之下)	南中 四乾	艮·坤	한대	晝夜	兩儀	西 東

의(陽儀)와 음의(陰儀) 지역으로 구분하고, 중형(中衡) 지역을 북축과 북반지역으로 구분하여, 북반구를 다시 5개 지역으로 세분하였다. 이는 열대와 난대, 난대와 한대 사이에 있는 기후의 점이지대가 2곳 더 추가되었기 때문이었다. 남반구도 같은 방법으로 5개 지역으로 세분하였다. 또한 서명응은 각 지역의 위도와 일경(日景)의 특성을 밝혔으며, 그가 중시한 「우공」편의 구주 지역은 난대 기후대인 주복사상(州服四象) 지역과 북극고도(25°~42°)가 일치하였다.[49)]

다음의 〈표 5〉는 지구의 5개 기후대와 각 지역의 위도를 정리한 것이다.[50)]

이상에서 보듯 서명응은 지구의 남북을 5개 지역으로 구분하고, 이를 다시 10개 지역으로 세분하였다. 이는 오늘날의 위선에 해당한다. 또한 그는 지구의 동서를 각 위도에 해당하는 역상의 숫자에 대응시켜 2개(東, 西), 4개(外東, 內東, 內西, 外西), 8개(偏東1~4, 偏西1~4) 지역으로 세분하였다. 이는 오늘날의 경선에 해당한다.

---

49) 『先句齊』의 끝에는 州服四象 지역(25°~42°)의 위도별 계절별 태양고도와 日出入 시각이 정리되어 있다.

50) 『緯史』 권2, 「州服四象」.

〈표 5〉 지구의 기후대와 위도

<table>
<tr><th colspan="2">지역</th><th>위도(°)</th><th colspan="2">간격(°)</th><th>方圓
純卦</th><th>기후대</th><th>구분</th></tr>
<tr><td rowspan="2">北軸兩儀</td><td>陽儀</td><td>90~67</td><td>24</td><td rowspan="2">48</td><td>乾</td><td>한대</td><td rowspan="2">東·西(初·中·終)</td></tr>
<tr><td>陰儀</td><td>66~43</td><td>24</td><td>兌</td><td>한대·난대</td></tr>
<tr><td rowspan="3">州服四象</td><td>北州</td><td>42~37</td><td>6</td><td rowspan="3">18</td><td>離</td><td rowspan="3">난대</td><td rowspan="3">外東·內東
內西·外西</td></tr>
<tr><td>中州</td><td>36~31</td><td>6</td><td></td></tr>
<tr><td>南州</td><td>30~25</td><td>6</td><td></td></tr>
<tr><td rowspan="4">中衡八卦</td><td>北軸</td><td>24~19</td><td>6</td><td rowspan="4">48</td><td>震</td><td>난대·열대</td><td rowspan="2">偏東(4~1)
偏西(1~4)</td></tr>
<tr><td>北半</td><td>18~ 1</td><td>18</td><td></td><td rowspan="2">열대</td></tr>
<tr><td>南半</td><td>1~18</td><td>18</td><td></td><td rowspan="2">偏西(4~1)
偏東(1~4)</td></tr>
<tr><td>南軸</td><td>19~24</td><td>6</td><td>巽</td><td>열대·난대</td></tr>
<tr><td>洲坻四象</td><td>三才爻位</td><td>25~42</td><td colspan="2">18</td><td>坎</td><td>난대</td><td>偏西(2~1)
偏東(1~2)</td></tr>
<tr><td rowspan="2">南軸兩儀</td><td>陰儀</td><td>43~66</td><td>24</td><td rowspan="2">48</td><td>艮</td><td>난대·한대</td><td>偏西·偏東</td></tr>
<tr><td>陽儀</td><td>67~90</td><td>24</td><td>坤</td><td>한대</td><td>西·東(終·中·初)</td></tr>
</table>

서명응은 지구를 경선과 위선으로 구획하고 각 격자에 해당 지역에 있는 국명과 읍명을 배치하였다. 이것이 바로 『위사』의 본문이다. 『위사』에는 경선과 위선으로 구분된 각 지역의 연혁과 극위(極緯, 위도), 황적경(黃赤經), 풍속, 산천, 토산 등이 기록되어 있다. 이때 서명응은 각 지역의 위도(北極高度)와 황적경(晝夜節氣, 日景)을 밝히는데 관심의 초점을 두었다.[51)]

서명응이 세계지리에서 가장 관심을 둔 지역은 주복사상 지역으로, 『위사』의 본문 11권 가운데 9권을 차지한다. 이곳은 위도가 「우공」의 구주, 즉 중국과 일치하는 지역이면서 조선(34°~42°), 일본(32°), 유구(琉球,

51) 『緯史』 卷首, 「起例」 第7則.

"是書, 旣以南北緯度, 爲之主宰, 則緯而無經, 亦豈能成章乎? 於是, 北中南諸國諸邑之敍次, 一皆先東後西. …… 又旁參一統志, 以風俗·山川·土産, 立目於緯經之下, 揀取山川之寂名勝者, 從簡紀載, 土産倣此."

25°), 대진(大秦, 41°), 회회(回回, 40°)와 같이 그가 상대적으로 많은 정보를 가진 국가가 집중적으로 위치한 지역이었기 때문이다. 서명응은 이 지역의 서술에서 북극고도가 1°씩 변할 때마다 동서를 4개 지역으로 구분하고, 해당 지역의 국(國)과 읍(邑)을 배치하였다.

다음의 〈표 6〉은 『위사』에 나타난 주복사상 지역의 위도별 배치 상황을 정리한 것이다. 이를 보면 중국은 북반구의 중심을 차지하고, 조선을 비롯한 아시아 국가는 그 동쪽에 배치되며, 서양 국가들은 그 서쪽에 배치됨으로써 전통적인 중국 중심의 지리관에 근본적 변화가 없음을 알 수 있다.[52)]

한편, 서명응은 『위사』를 편찬하면서 자신이 이용한 자료에 한계가 있음을 분명히 인식하였다. 그는 『일통지(一統志)』, 『명사(明史)』, 『직방외기(職方外紀)』, 『곤여통도(坤輿通圖)』(『坤輿全圖』?) 등의 자료를 활용하였고,[53)] 위도와 지리의 분배는 임시적이라고 분명하게 밝혔다. 그는 『위사』의 권수에 「입도(立圖)」, 「제강(提綱)」, 「거요(擧要)」를 두어 『위사』 편찬의 원칙과 자신이 체계화한 분석 틀을 제시하였다. 그는 서양 상선들이 먼바다를 항해하여 새로운 지역을 속속 발견하는 상황을 잘 알

---

52) 서명응이 가진 중국 중심의 지리관은 『古今圖書集成』의 지리관과 유사한 것이 주목된다. 『고금도서집성』은 1725년에 편찬이 완료되었고 1777년에 서명응의 아들인 서호수가 그 완질을 구입해 왔다. 그런데 『고금도서집성』의 方輿彙篇은 중국 중심으로 편제되었고, 중국의 正史에서 조공을 바친 사실이 확인되는 국가만 그 존재를 인정받았다. 또한 여기에는 포르투갈[佛狼機]과 네덜란드[和蘭]가 남방제국에 포함되어 있다. 서명응은 포르투갈을 南極出地 19~24°에, 네덜란드를 北極出地 18~1°에 배치하여 『고금도서집성』과 유사점을 보인다. 『고금도서집성』의 지리관에 대해서는 배우성, 「조선후기의 異域 인식」 『朝鮮時代史學報』 36, 2006, 153~160면 참조.

53) 서명응은 1769년(영조 45)에 冬至正使로 북경을 방문하여 『數理精蘊』, 『對數表』, 『八線表』, 『易象考成後篇』 등 500여 권에 이르는 서적을 구입하였다. 본서 제1부 제1장 제1절을 참조.

〈표 6〉 주복사상(州服四象) 지역의 위도별 국·읍 배치

동서 / 위도	方國外西	方國內西	方國內東	方國外東
42	崑崙西洋諸國	冀雍西北, 冀州	冀州, 冀靑東北	朝鮮國
41	東女國, 西女國, 拂菻國, 大秦國, 西洋諸國	冀雍西北, 冀州	冀州, 冀靑東北	女國, 扶桑國, 大漢國, 文身國, 朝鮮國
40	安定國, 回回國, 撒馬兒罕國/渴石國, 波斯國, 大食國/未祿國/苦國, 驢分國, 軒渠國, 小人國	冀雍西北, 冀州	冀州, 冀靑東北	侏儒國, 黑齒棵國, 朝鮮國
39	天竺國, 獅子國, 百爾西亞國, 度爾格國	冀雍西北, 冀州	冀州, 冀靑東北	朝鮮國
38		雍州, 冀州	冀州, 靑州	朝鮮國, 蝦夷國
37	沼納樸兒國, 忽魯謨斯國, 三童國	雍州, 冀州	冀州, 靑州	朝鮮國
36		雍州, 梁州, 豫州	兗州, 徐州, 靑州	朝鮮國
35		雍州, 梁州, 豫州	兗州, 徐州, 靑州	朝鮮國
34		雍州, 梁州, 豫州	兗州, 徐州, 靑州	朝鮮國
33	朶甘烏斯藏	雍州, 梁州, 豫州	兗州, 徐州, 靑州	
32		梁州, 豫州	兗州, 徐州	日本國
31		梁州, 豫州	兗州, 徐州	
30		荊州	楊州	
29		荊州	楊州	
28		荊州	楊州	
27		荊州	楊州	
26		荊州	楊州	
25	本邦國, 緬甸國	荊州	楊州	琉球國, 三嶼國

고 있었고, 자신보다 더 많은 정보를 가지게 될 후대 사람들이 자신의 분석 틀을 토대로 세계지리서를 완성해 주기를 기대하였다.[54]

남축(南軸, 남극)과 북축(北軸, 북극)에 대해서는 근거할 내용이 없어, 『곤여통도(坤輿通圖)』와 사서(史書)의 지리지(地理志)에 수록된 내용을 서로 참조하였다. 기타 여러 나라들의 도리(道里, 거리)도 모두 임시로 분배한 것이며 반드시 진수(眞數)를 얻은 것은 아니다. 그렇지만 중국 영대(靈臺)에서 측정한 극도(極度)도 백여 년이 지나면 반드시 수정하는 법이다. 모든 일은 먼저 그 규모를 바로잡으면 후대 사람들은 그 규모를 바탕으로 수정 윤색하여 정본(正本)을 이루는 것이다.

실제로 서명응은 손자인 서유구에게 자신의 과업을 마무리해 달라고 당부하였고, 서유구가 『위사』의 편찬을 마무리하였다.[55)]

일이 크고 공도 큰데 나는 늙었구나. 내 힘이 모자라 끝내지 못하면 네가 나의 사업을 마쳐도 되겠다. 내가 그 시작을 열었고 네가 그 마무리를 한다면, 한 책에 할아버지와 손자의 정력이 담기게 되니, 뒤에 이 책을 읽는 사람들이 우리 가학(家學)의 원류를 칭찬하지 않을지 어찌 알겠느냐?[56)]

서명응이 세계지리서인 『위사』를 통해 보여주려고 하였던 것은 지구

---

54) 『緯史』 卷首, 「起例」 第4則 ; 第8則.
"南北二軸之極度, 無從考据, 以『坤輿通圖』及史志所載, 互相參照. 其他諸國之道里, 亦皆權宜分排, 未必得其眞數. 然中國靈臺所測之極度, 經百有餘年, 輒必修改. 凡事, 先正其規模, 則後人因此規模, 釐改潤色, 以成正本也."

55) 『緯史』의 각권 아래에는 "達城徐命膺 鑒定 孫有榘 編閱"이라 기록하여, 서유구가 편찬을 완성하였음을 밝혀두었다. 『위사』 이외에도 서유구가 서명응의 저술을 마무리한 것이 많다. 이에 대해서는 김문식, 「『保晩齋叢書』 해제」 『保晩齋叢書』 1, 서울대학교 규장각한국학연구원, 2006 참조.

56) 徐有榘, 『楓石鼓篋集』 권5, 「祭王父保晩齋先生文」(1788. 1. 甲申).

의 기후대와 경위선이 선천역의 법상(法象)을 가지고 있다는 것이었다.[57] 그는 세계지리의 편제에 선천역의 원리와 『주비경』의 수법이 내재되어 있으므로 이로써 기본 틀을 구축하고, 각국의 위치나 풍속에 대해서는 새 정보가 입수되는 대로 보완하면 된다고 생각하였다. 특히 서명응은 복희가 만들었다고 본 선천방원도를 새롭게 해석하여 하도, 선천역, 기후대, 역상(易象)을 하나의 원리를 정리하였으며, 이는 선례를 찾기 어려운 독창적인 작업이었다.[58]

17세기의 조선 지식인이 중국에 대해 가졌던 시각은 북벌론과 존주론이었다. 청의 중국 지배가 안정기에 들어간 18세기 이후 북벌의 가능성은 크게 줄어들었고, 이에 따라 북벌론도 점차 자취를 감추었다. 그러나 존주론은 점점 강화되는 추세를 보였고, 조선이 세계에서 유일하게 중화의 문화를 계승하였다는 '조선중화주의'가 등장하였다.

서명응이 활동한 18세기 중엽은 북벌론이 북학론으로 변화하는 시기였다. 청과의 관계에서 전면적 변화로 보이는 북학론은 조선이 배워야 할 청의 문물이 삼대 이후 중원에서 계승된 중화의 문물이라는 인식을

57) 『先天四演』 箋演, 「方圓象箋 8」.
『緯史』 卷首, 「起例」 第5則.
"二極南北之度, 以方圖中純, 識其緯. 二道東西之道, 以方圖中衡, 識其經. 蓋欲見曆家經緯之線, 本出於先天之法象也."

58) 박권수는 서명응의 천문학 연구를 통해 '서명응이 서양천문학 지식을 포함한 당시의 천문역법 지식에 대해 정교한 상수학적 해석을 시도하며, 易學을 중심으로 하는 자신의 사상체계 내에서 천문학을 통일적으로 이해하려고 하였다'고 정리하였다. 박권수, 「徐命膺(1716~1878)의 易學的 天文觀」 『한국과학사학지』 제20권 제1호, 1998, 60면 참조. 그런데 서명응은 지리학도 같은 방식으로 이해한 학자였다.

바탕으로 하였다. 이는 '청 문물의 중국기원론'이라 할 수 있다.[59] 그런데 조선이 중화문화를 계승하였고, 청이 가진 문물이 중화의 문물이라면, 조선이 더 완전한 중화 국가가 되기 위해 청 문물을 도입해야 한다는 것이 북학론의 논리였다.

서명응은 여기서 더 나아가 서양의 문물까지 중화의 문물로 보았다. 이는 '서양과학의 중국기원론'이라 할 수 있다. 그는 서양의 천문학과 역법이 중국보다 우수하지만, 이는 복희의 선천역에서 유래한 『주비경』에 바탕을 둔 중화의 문물로 인식하였다. 또한 서양의 천문학과 역법은 계산의 정확성을 인정할 수 있으나 그 원리인 선천역으로 회통시켜야 삼대의 제도를 제대로 회복할 수 있다고 생각하였다. 서명응은 송나라 때 나타난 선천역과 명나라 말기에 서양에서 돌아온 『주비경』을 결합하여 본 모습을 복원시킨 사람이 자신이며, 『위사』의 저술을 통해 이 과업을 완수했다고 자부하였다.

서명응은 전통적인 중국 중심의 지리관을 바탕에 두고, 새로 발견되는 지역을 기존 지도의 바깥에 덧붙이면서 계속 확장해 나가는 방식으로 세계지도를 이해하였다. 『위사』에는 '대항해시대'에 서양인이 발견한 세계지리 정보가 많이 반영되었다. 이는 서명응이 청에서 수입되는 세계지도와 지리서에 관한 정보를 꾸준히 수용하며 계속 시야를 확장하였기 때문이다. 그러나 서명응이 채택한 지리 정보는 제한적인 것으로, 중국을 천하의 중심에 두는 전통적인 지리관을 허물 정도는 아니었다.[60]

---

59) 김문식, 「18세기 후반 서울 學人의 淸學認識과 淸 文物 도입론」 『奎章閣』 17, 1994, 34~35면.

60) 배우성은 조선 후기의 蝦夷 인식을 분석하면서, 서구식 세계지도의 정보가 역사적으로 형성된 조선 지식인의 지리 인식과 부합될 때만 신뢰의 대상이 되었음을 밝혔다. 배우성, 「조선후기 蝦夷 인식과 서구식 세계지도의 신뢰도에 관한 연구」 『朝鮮時代史學報』 28, 2004,

서명응의 세계지리서인 『위사』에는 학문적 개방성과 보수성이 동시에 나타나며, 이는 청에서 들어오는 새로운 학문 정보를 접하였던 조선 지식인의 일반적인 대응 방식이기도 하였다. 다만 서명응은 선천역을 바탕으로 자신이 수집한 정보를 체계화하였다는 점에서 매우 독특한 학자였다.

152~153면 참조.

〈참고〉『위사(緯史)』의 세부 목차

1. 北軸兩儀(太極生兩儀)

1-1. 北軸陽儀

北極出地 90°~67°

地球初位：極海

地球中東：東氷海

地球中西：西氷海

地球終東：流鬼國, 拘國

地球終西：驕馬國, 鬼國, 短人國, 牛蹄突厥國

1-2. 北軸陰儀

北極出地 66°~43°

方國初東：東洋諸國(跋革老/農地), 鉢室韋國/深末怛室韋國/大室韋國, 驅度寐國 烏洛侯國, 嫗厥律國

方國初西：哥兒里國, 鞠國, 大漢國, 西洋諸國(大泥亞/莫斯哥未亞)

方國中東：東洋諸國(新佛郎察), 北室韋國/南室韋國, 襪結子國, 地豆干國

方國中西：堅昆丁零國, 悅般國, 口厭達國, 康居國, 奄蔡國, 粟戈國 西洋諸國(波羅泥亞/亞勒瑪尼亞/佛郎察)

方國終東：東洋諸國(花地/祈未臘), 黑水部, 寧古塔, 蒙古諸部(杜爾伯特 등 18部)

方國終西：伊州, 柳城, 火州, 高昌國, 焉耆國, 龜玆國, 烏孫國, 大宛國, 疏勒國, 莎車國, 烏秅國, 大月氏國, 罽賓國, 安息國, 西洋諸國(翁加里亞)

2. 州服四象(兩儀生四象)

2-1. 北州天位

北極出地 42°/冀州天位上

方國外東：朝鮮國(咸鏡道1)

方國內東：冀靑東北(遼東鎭1/大寧衛), 冀州之域(薊州鎭1/宣府鎭1)

方國內西：冀州之域(大同鎭/東受降城/河套), 冀雍西北(套西/甘肅鎭1)

方國外西：崑崙(渠搜山/析支山/崑崙山), 西洋諸國(意大里亞)

北極出地 41°/冀州天位下

方國外東：女國, 扶桑國, 大漢國, 文身國, 朝鮮國(咸鏡道2/平安道1)

方國內東：冀青東北(玄免郡/遼東鎭2), 冀州之域(薊州鎭2/順天府1/宣府鎭2/宣府)

方國內西：冀州之域(大同府/山西鎭), 冀雍西北(延綏鎭1/寧夏鎭1/甘肅鎭2)

方國外西：東女國, 西女國, 拂菻國, 大秦國, 西洋諸國(以西把里亞)

2-2. 北州人位

北極出地 40°/冀州人位上

方國外東：侏儒國, 黑齒棵國, 朝鮮國(咸鏡道3/平安道2)

方國內東：冀青東北(遼東鎭3), 冀州之域(薊州鎭3/永平府/順天府2/保定府1)

方國內西：冀州之域(太原府1), 冀雍西北(延安府1/延綏鎭2/寧夏鎭2/甘肅鎭3)

方國外西：安定國, 回回國, 撒馬兒罕國/渴石國, 波斯國, 大食國/未祿國/苫國, 驢分國, 軒渠國, 小人國

北極出地 39°/冀州人位下

方國外東：朝鮮國(咸鏡道4/江原道1/黃海道1/平安道3)

方國內東：冀青東北(遼東鎭4), 冀州之域(河間府1/保定府2/正定府1)

方國內西：冀州之域(太原府2), 冀雍西北(延安府2/延綏鎭3/寧夏鎭3/甘肅鎭4)

方國外西：天竺國, 獅子國, 百爾西亞國, 度爾格國

2-3. 北州地位

北極出地 38°/冀州地位上/青雍二州天位上

方國外東：蝦夷國, 朝鮮國(慶尙道1/江原道2/京畿1/黃海道2)

方國內東：青州之域(遼東鎭5), 冀州之域(河間府2/順德府/正定府2)

方國內西：冀州之域(遼州/潞安府/太原府3/汾州府), 雍州之域(延安府3/西安府1/慶陽府/甘肅鎭5)

方國外西

北極出地 37°/冀州地位下/青雍二州天位下

方國外東：朝鮮國(慶尙道2/京畿2/忠淸道1)

方國內東：青州之域(渤海1), 冀州之域(廣平府/大名府1/彰德府)

方國內西：冀州之域(澤州/平陽府1), 雍州之域(西安府2/平凉府/臨洮府/甘肅鎭6)

方國外西：沼納樸兒國, 忽魯謨斯國, 三童國

2-4. 中州天位

北極出地 36°/青雍二州人位上/徐兗豫梁四州天位上

方國外東：朝鮮國(慶尙道3/忠淸道2/全羅道1)

方國內東：青州之域(渤海2), 徐州之域(濟南府1), 兗州之域(濟南府2/東昌府1/大名府2/衛輝府)

方國內西：豫州之域(懷慶府/平陽府2), 梁州之域(西安府3/鳳翔府1),
雍州之域(鳳翔府2/鞏昌府1)/靖虜衛

方國外西

北極出地 35°/青雍二州人位下/徐兗豫梁四州天位下

方國外東：朝鮮國(慶尙道4/全羅道2)

方國內東：青州之域(成山衛/登州府1/萊州府1/青州府1), 徐州之域(青州府2/濟南府3/兗州府1), 兗州之域(東昌府2/兗州府2/開封府1)

方國內西：豫州之域(開封府2/河南府1), 梁州之域(西安府4), 雍州之域(漢中府1/鞏昌府2)

方國外西

2-5. 中州人位

北極出地 34°/青雍二州地位上/徐兗豫梁四州人位上

方國外東：朝鮮國(慶尙道5/全羅道3)

方國內東：青州之域(海陽衛/登州府2/萊州府2/青州府3), 徐州之域(青州府4/兗州府2), 兗州之域(兗州府3/東昌府3/歸德府1/開封府3)

方國內西：豫州之域(開封府3/河南府2), 梁州之域(西安府5/漢中府2),
雍州之域(漢中府3/鞏昌府3/西固城千戶所)

方國外西

北極出地 33°/青雍二州地位下/徐兗豫梁四州人位下

方國外東

方國內東：青州之域(大海/安東衛/青州府5/淮安府1), 徐州之域(兗州府4/淮安府2/徐州), 兗州之域(兗州府5/歸德府2/開封府4)

方國內西：豫州之域(汝州/河南府3), 梁州之域(興安州2/漢中府4), 雍州之域(漢中府5/夔州府1/保寧府1/龍安府1/松潘衛)

方國外西：朶甘烏斯藏

2-6. 中州地位

北極出地 32°/徐兗豫梁四州地位上

方國外東：日本國

方國內東：徐州之域(淮安府3/鳳陽府1), 兗州之域(鳳陽府2/汝寧府1)

方國內西：豫州之域(南陽府1/隕陽府1), 梁州之域(夔州府2/順慶府1/保寧府2/潼川州1/成都附2),

方國外西

北極出地 31°/徐兗豫梁四州地位下

方國外東

方國內東：徐州之域(楊州府1/鳳陽府3), 兗州之域(鳳陽府4/汝寧府2)

方國內西：豫州之域(南陽府2/襄陽府1/隕陽府2), 梁州之域(夔州府3/順慶府2/重慶府1/潼川州2/成都府2),

方國外西

2-7. 南州天位

北極出地 30°/楊荊二州天位上

方國外東

方國內東：楊州之域(楊州府2/常州府1/應天府1/太平府1/和州/鳳陽府5/廬州府1/汝寧府3/黃州府1/德安府1/南陽府3)

方國內西：荊州之域(襄陽府2/荊州府1/夔州府4/重慶府2/敍州府1/成都府3/嘉定州/眉州/雅州/天全六番招討司)

方國外西

北極出地 29°/楊荊二州天位下

方國外東

方國內東：楊州之域(蘇州府/松江府/常州府2/鎭江府2/應天府2/廣德州/寧國府/太平府2/徽州府/池州府/廬州府2/安慶府/黃州府2/武昌府/漢陽府/德安府2)

方國內西：荊州之域(承天府/荊州府2/施州衛/遵義府/瀘州/敍州府2/建昌衛)

方國外西

2-8. 南州人位

北極出地 28°/楊荊二州人位上

方國外東

方國內東：楊州之域(寧波府/紹興府/嘉興府/杭州府/湖州府/饒州府/南康州/九江府/南昌府)

方國內西：荊州之域(岳州府/長沙府1/常德府/辰州府/銅仁府/思州府/黎平府/鎭遠府/石阡府/思南府/平越府/都匀府/貴陽府/安順府)

方國外西

北極出地 27°/楊荊二州人位下

方國外東

方國內東：楊州之域(台州府/金華府/嚴州府/衢州府/廣信府/撫州府/建昌府/臨江府/吉安府/瑞州府/袁州府/長沙府2/郴州/衡州府1)

方國內西：荊州之域(衡州府2/寶慶府/永州府/靖州/桂林府)

方國外西

2-9. 南州地位

北極出地 26°/楊荊二州地位上

方國外東

方國內東：楊州之域(溫州府/處州府/福寧州/福州府/建寧府/延平府/邵武府/汀州府/贛州府/南安府/南雄府/韶州府1)

方國內西：荊州之域(韶州府2/廣州府1/平樂府/柳州府/慶遠府/泗城州/烏蒙府/東川府/曲靖府/尋甸府/武定府/姚安府/大理府/瀾滄衛/鶴慶府/麗江府)

方國外西

北極出地 25°/楊荊二州地位下

方國外東：琉球國, 三嶼國

方國內東：楊州之域(興化府/泉州府/漳州府/潮州府/惠州府/廣州府2)

方國內西：荊州之域(廣州府3/肇慶府/羅定州/高州府/廉州府/梧州府/작(鬱＋爵)林州/潯州府/南寧府/思恩府/太平府/廣南府/廣西府/臨安府/澂江府/雲南府/元江府/楚雄府/鎭沅府/景東府/蒙化府/順寧府/永昌府)

方國外西：本邦國, 緬甸國

3. 中衡八卦(四象生八卦)

3-1. 中衡北軸

北極出地 24°~19°

方國偏東 4：東洋諸國(墨古亞/墨是哥/珊瑚島)

方國偏東 3：珊瑚島

方國偏東 2：美洛居國, 臺灣國

方國偏東 1(左旋順數)：雷州, 瓊州

方國偏西 1(右旋逆數)：安南國, 老撾國, 八百國

方國偏西 2：榜葛剌國

方國偏西 3：錫蘭山國, 柯枝國

方國偏西 4：阿丹國, 厤林國

3-2. 中衡北半

北極出地 18°~1°

方國偏東 4：東洋諸國(小以西把里亞/金加西臘)

方國偏東 3：馬路古國

方國偏東 2：合猫里國

方國偏東 1(左旋順數)：呂宋國, 蘇祿國, 沙瑤國, 娑羅國, 渤泥國

方國偏西 1(右旋逆數)：滿剌加國, 林邑國, 扶南國, 占城國, 眞臘國, 暹羅國, 三佛齊國

方國偏西 2：淡巴國, 則意蘭國, 覽邦國

方國偏西 3：荷蘭國, 阿昆心域國

方國偏西 4：西爾得國, 工鄂國, 聖多默島

3-3. 中衡南半

南極出地 1°~18°

方國偏西 4：東洋諸國(孛露/伯西兒)

方國偏西 3：無名島

方國偏西 2：還少島, 福島

方國偏西 1(左旋順數)：新八匿

方國偏東 1(右旋逆數)：爪哇國, 啞魯國

方國偏東 2：蘇門答剌國, 花面國

方國偏東 3：百花國, 利未亞國

方國偏東 4：八匿國, 聖老楞佐島

3-4. 中衡南軸

南極出地 19°~24°

方國偏西 4：智加國

方國偏西 3：行香島

方國偏西 2：亞馬止法島

方國偏西 1(左旋順數)：伯朝島

方國偏東 1(右旋逆數)：佛郎機國, 南渤泥國

方國偏東 2：卜剌哇國, 竹步國

方國偏東 3：溜山國

方國偏東 4：巴喇西國

4. 洲坻四象

4-1. 三才爻位

南極出地 25°~42°

方國偏西 2：沙那耶國

方國偏西 1：巴羅謎山那國

方國偏東 1：小爪哇國, 伯牙祈國

方國偏東 2：伯路臥國

5. 南軸兩儀

5-1. 南軸陽儀

南極出地 43°~66°

方國偏西：祈勒國, 沙島

方國偏東：古美國, 匃自島

5-2. 南軸陰儀

南極出地 67°~90°

地球終西：墨瓦峽

地球終東：香椒島, 鸚鵡地

地球中西：西島

地球中東：東島

地球初位：極島

제 2 부

서유구의 학문 활동

제1장 학문 활동

풍석(楓石) 서유구(徐有榘, 準平, 1764~1845)는 소론계 명가인 대구서씨 출신으로 18~19세기를 대표하는 학자라 할 수 있다. 그는 젊은 시절에 청에서 들어오는 학문 정보를 접하면서 경학 연구에 관심을 가져 상당한 수준에 이르렀다. 그러나 생애의 후반부에는 실용성이 강한 농학을 연구하여 유서(類書) 방식으로 정리하는데 몰두하였고, 마침내『임원십육지(林園十六志)』(『林園經濟志』) 113권이라는 방대한 저작을 편찬하였다.

82년에 이르는 서유구의 생애는 다섯 시기로 구분하여 볼 수 있다.[1) 첫 번째 시기는 성장기(1764~1790)로, 그가 벼슬길에 나서기 전에 조부인 서명응(1716~1824), 중부(仲父)인 서형수(1749~1824), 인척인 이의준(李義駿, 愚山, 1738~1798)[2)]에게 글과 문장을 익혔던 시기이다. 두 번째 시기는 사환기(1790~1806)로, 1790년(정조 14)에 문과에 급제하여 규장각 초계문신으로 선발되었고 이내 규장각 대교에 임명되면서 국가적 편찬 사업에 참여하였다. 또한 그는 외직으로 나갔다가 관리 생활을 마무리하였으며, 이 시기에 특히 정조의 지우(知遇)를 받으면서 학문적으로

---

1) 徐有榘의 생애에 대해서는 다음의 논문을 참조함.
유봉학,「徐有榘의 學問과 農業政策論」『燕巖一派 北學思想 硏究』, 一志社, 1995.
조창록,「풍석 서유구의 삶과 행적」『문헌과해석』34, 2006.

2) 李義駿은 서명응의 매형인 李徽中의 둘째 아들인데, 서유구의 문집인『楓石鼓篋集』의 評語를 써주었다.

크게 성장할 수 있었다. 세 번째 시기는 은거기(1806~1823)로, 서형수가 1806년에 김달순(金達淳) 옥사에 연루되어 유배되는 것과 동시에 그도 벼슬길에서 물러나 고향인 장단(長湍) 등지에 머물며 농서를 연구하고 농업 기술을 시험한 시기이다. 네 번째 시기는 현달기(1823~1839)로, 1824년에 서형수가 유배지인 전라도 임피현에서 사망한 이후 서유구는 다시 정계에 돌아와 주로 외직을 역임하다가 관직에서 물러난 시기이다. 이때 서유구는 회양(淮陽) 목사, 양주(楊州) 목사, 강화 유수, 전라 관찰사, 수원 유수 등을 역임하였다. 다섯 번째 시기는 은퇴기(1839~1845)로, 그가 벼슬길에서 물러나 임원(林園)을 경영하면서 『임원십육지』의 편찬을 마무리하고 이를 간행하기 위해 노력한 시기이다.

이 글은 서유구의 학문적 배경을 파악하기 위해 작성되었다. 이하에서는 서유구의 학문적 배경을 가학, 정조와 규장각, 관리 생활이라는 세 가지 측면으로 나누어 검토한다.

제1절 가학의 계승

서유구의 학문적 배경으로 가장 먼저 언급해야 할 것은 그의 가학이다. 그의 조부인 서명응과 서명선 형제, 부친인 서호수와 서형수 형제, 서유본와 서유구 형제는 모두 당대의 학자로 문명(文名)이 높은 인물이었다.

조부인 서명응(1716~1787)은 세손 시절 정조의 스승으로 정조가 규장각을 설립할 때 실무 책임자로 활동한 인물이다.[3] 서유구는 10대 시절

3) 徐命膺의 奎章閣 활동에 대해서는 본서 제1부 제2장을 참조.

부터 조부를 따라다니며 학문을 연마하였고, 1777년(정조 1) 서명응이 평안감사로 부임하자 조부를 따라가 당송팔가의 문장을 익혔다. 그리고 1779년에 서명응이 관직에서 물러나 용주(蓉洲)[4]에 거처할 때 3년 동안 조부를 모시면서 육예를 익혔다.

> 처음 선생(서명응)께서 용주(蓉洲)에 사실 때 우리 할머니께서 병으로 침상에 계셨다. 아버지와 삼촌들은 집에 들어오면 할머니를 간호하고 밖에 나가면 공무에 바빠 수행하지 못하였으므로, 손자(서유구)가 할아버지를 수행하였다. 이때 선생은 소자(小子)에게 완전히 하늘이었다. 아침 저녁으로 침상에 문안을 올린 것도 소자요, 이르거나 늦거나 식사를 기다린 것도 소자며, 뜰에서 지팡이와 신발을 대령한 것도 소자요, 안석에서 붓과 먹을 준비한 것도 소자였다. 서로 돕고 돌보며 두 사람이 떨어지지 않은 것이 3년인데, 매일 밤이 깊어 고요하고 밝은 달이 집을 비출 때까지 개도(開導)하기에 힘쓰고 가르치기를 정성스럽게 하셨다. 옛 서적을 토론하기도 하고 고금의 시세를 평하기도 하면서 촛불이 다하도록 쉬지를 않으셨는데, 3년을 하루처럼 이렇게 하셨다.[5]

> 일찍이 불초(不肖) 등에게 말씀하시길 "너는 혼정신성(昏定晨省)으로 인해 학업을 못한다고 하지 말라."고 경계하셨다. 내가 육예(六藝)의 학문에 몽매하지 않게 된 것은 병 수발을 들었던 3년 덕분이었다.[6]

---

4) 曹蒼錄은 蓉洲의 위치에 대해 지금의 용산 근처이거나 龍湖가 있었다는 경기도 파주군 탄현리 대동으로 본다(「楓石 徐有榘에 대한 한 硏究」, 성균관대학교 박사학위논문, 2003, 14~15면). 필자는 전자일 가능성이 높다고 본다.

5) 『楓石鼓篋集』 권5, 祭文, 「祭王父保晩齋先生文」.

6) 『金華知非集』 권8, 墓誌銘, 「書祖考文靖公遺事」.
"嘗誡不肖等曰, 爾毋謂定省奪工. 吾於六藝之學, 不至蒙昧者, 皆得之侍疾三年中也."

서명응에게는 4종의 문집(『保晩齋集』, 『保晩齋四集』, 『保晩齋叢書』, 『保晩齋剩簡』)이 있었고, 시문을 제외한 저술만 해도 29종 160여 권에 이르는 방대한 양이다.[7] 서명응의 방대한 저술 가운데 『임원십육지』와 연관시킬 수 있는 것은 『본사』, 『고사신서』, 『고사십이집』이다.

『본사(本史)』(12권 6책)는 1785년에 서명응과 서유구가 공동으로 편찬한 농서이다. 서명응은 농정이 천하의 대본인 동시에 천지인의 본이므로 그 이름을 '본사'라 하였다. 본문의 체제는 기전체 형식을 따라 본기, 지, 세가, 열전으로 구분되며, 팔곡(八穀, 稻·黍·稷·粱·麥·菽·豆·麻)을 '본기'로 하고, 이에 관련되는 농기구와 농사 기술을 '지', 식량과 제사를 돕는 채소와 과일을 '세가', 목재와 약재를 제공하는 수목과 초훼(草卉)를 '열전'으로 하였다. 서명응은 농서를 편찬하는 목적이 유학의 취지에 부합하고, 일반 백성들이 농법을 쉽게 이해하며, 이를 현실에 이용하게 하려는 데 있다고 강조하였다. 또한 그는 조선의 대표적 농서인 『농가집성』과 『산림경제』를 계승하면서도 중국과 서양의 자료를 다양하게 수용하였다. 가령 '방예열전(方裔列傳)'에서는 세계 각국의 채소와 과일, 향료, 약재, 주류 등을 소개하였다. 여기에는 파서제국(巴西諸國), 여인국(女人國), 진랍국(眞臘國), 서역남해(西域南海), 파사국(波斯國), 남번(南番), 불림국(拂林國), 서역(西域), 회회국(回回國), 서역월씨(西域月氏) 등의 국명이 나타나 그가 섭렵한 자료의 범위가 매우 넓었음을 알 수 있다.[8]

그런데 서유구는 조부의 지시를 따라 『본사』의 편찬에 직접 참여하였다.

---

7) 徐命膺의 저술에 대해서는 본서 제1부 제3장을 참조.

8) 본서 제1부 제3장 제3절을 참조.

조부 보만공(保晩公, 서명응)께서 『본사(本史)』 12권을 편찬한 다음 「잠사(蠶史)」 이하는 유구(有榘)에게 이어서 완성하라고 명하셨다. 나는 처음에 『사기』와 『한서』의 문체를 본받고자 하였으나 여러 번 원고를 고쳐도 완성하지 못하였다. 이에 공에게 능력이 미치지 못한다고 사양하자, 공께서 다음과 같이 말씀하셨다.

"(중략) 『본사』를 저술한 이유는 천하의 어리석은 백성들이 책을 펼칠 때마다 나무를 심고 가꾸는 방법을 훤히 깨달아 실용에 쓰이게 하려는 것이다. 지금 어렵고 난삽한 말을 써서 읽는 사람의 입에 재갈을 물린 듯이 한다면, 나는 후세에 글자를 모르는 사람들이 이 책을 가지고 장독 뚜껑으로 쓰게 될 것이 걱정스럽다."

유구는 기쁘게 깨닫고 물러나 책을 완성하였고, 또 들었던 것을 이처럼 서술한다.[9)]

『본사』에서 서유구가 편찬한 부분은 권12 「잠사(蠶史)」이다. 서유구의 문집인 『풍석고협집(楓石鼓篋集)』에는 그가 작성한 7편의 글(蠶本紀, 麻本紀, 棉本紀, 紡績志, 鎡器志, 蠶書志, 桑柘蘗蒿列傳)이 수록되어 있다.[10)] 현존하는 필사본 『본사』 「잠사」에는 이상의 7편 이외에 저본기(苧本紀)와 소사지(繅絲志)가 추가되어 있다.

다음으로 서명응의 『고사신서』는 『고사촬요』의 개정본이고, 『고사십이집』은 『고사신서』의 개정본이다. 『고사촬요』(2권 2책)는 1514년(명종 9)에 어숙권이 편찬한 유서이며, 명과의 외교와 일상생활에 필요한 자료를 모아 편집하였다. 이후 『고사촬요』를 증보하려는 노력이 계속되었으

---

9) 『楓石鼓篋集』 권6, 雜著, 「跋本史」.

10) 『楓石鼓篋集』 권6, 「本史補論斷」.

며, 1769년에 서명응이 편찬한 『고사신서』(15권 7책)로 거듭났다. 서명응은 『고사신서』의 서문에서 '『고사촬요』의 번잡한 것을 없애고, 긴요한 것을 보충하며, 문호(門戶)를 나누었다.'고 하였다. 실제로 『고사신서』에서는 『고사촬요』의 절반을 차지하였던 명나라와의 외교 부분이 대부분 삭제되고, 일상생활에 긴요한 농포, 목양, 일용, 의약 등의 항목이 대폭 보완되었다. 이에 따라 『고사신서』의 분량은 2권에서 15권으로 늘었고, 본문은 12문 382목으로 분류되었다. 『고사신서』 12문의 내용은 천도, 지리, 기년, 전장(典章), 의례, 행인(行人), 문예, 무비, 농포, 목양, 일용, 의약이다.

서명응은 조선이 천연의 형승지이고 문물과 제도가 뛰어나 동방의 '삼대'라 일컬을 수 있는 국가임에도 그 제도의 실상을 밝힐 문헌이 부족한 현실을 안타깝게 생각하였다. 그는 이를 해결하기 위해 『고사촬요』를 『고사신서』로 개정하고, 이를 다시 『고사십이집』으로 개정하였다. 『고사십이집』(12권 6책)은 『고사신서』를 개정하였기 때문에 몇 가지 차이점이 있다. 12문 가운데 농포와 목양이 삭제되고, 나머지 10문이 재분류되면서 이름과 순서가 바뀌었다. 본문의 항목과 내용이 수정되고, 항목의 제목은 네 글자로 수정되었다. 『고사십이집』의 본문을 12집 360제(題)로 정리한 것은 1년=12개월=360일에 맞추었기 때문이다. 『고사십이집』의 12집은 협기(協紀), 판장(昄章), 계고(稽古), 건관(建冠), 성헌(成憲), 아교(訝交), 문예, 경례(經禮), 입예(立豫), 다능(多能), 오육(五六), 천일(千一)이다.[11]

서유구는 『고사신서』와 『고사십이집』의 편찬에 직접 참여하지는 않았으며, 서명응이 사망한 후 그 유고를 정리하면서 이를 접할 수 있

11) 본서 제1부 제3장 제5절을 참조.

었다. 서유구는 서명응의 『보만재총서』를 편집하는 작업에 참여하였다. 이는 1783년에 편집이 완료되고, 1786년(정조 10)에 서호수를 통해 정조에게 올려져 '조선의 400년 역사 동안 이처럼 거편(鉅篇)은 없었다.'는 칭찬을 받았다.[12] 현존하는 『보만재총서』의 권수에는 "달성서명응 학(達城徐命膺學), 남 호수 형수 동교(男浩修瀅修仝校), 손 유본 유구 동열(孫有本有榘仝閱)"이라 기록하여, 서호수·서형수 형제와 서유본·서유구 형제가 편집과 교정에 참여하였음을 알 수 있다.

서유구는 『보만재집』을 편집하는 작업에도 참여하였다. 1787년(정조 11)에 서명응이 사망하자 서호수·서형수 형제와 서유구가 『보만재집』을 편집하였다. 『보만재집』은 1838년(헌종 4)에 서유구의 주도로 완성되어 금속활자인 취진자(聚珍字)로 인쇄되었다.[13]

서유구의 생부인 서호수(1736~1799)는 영조 말년에 『동국문헌비고』의 편찬에 참여하고, 정조 대에는 규장각 직제학으로 있으면서 국가적 편찬 사업을 주도하였다. 서호수는 두 차례 북경을 다녀왔다. 1777년(정조 1)에는 왕명을 따라 『고금도서집성』(1만권 5,022책)을 구입하였고,[14] 1790년에는 집안에 소장할 다수의 도서를 구입하였다.

서호수의 저서 가운데 『임원십육지』와 밀접한 관련이 있는 것은 『해동농서(海東農書)』이다. 이는 1798년 11월 30일에 반포된 정조의 「권농정구농서윤음(勸農政求農書綸音)」에 응하여 작성된 농서이며,[15] 현재

---

12) 『保晩齋年譜』 권6, 「癸卯(1783) 六十八歲」.
"後四年丙午(1786), 公子浩修, 以承旨入侍. 上命入『叢書』覽之, 敎曰, 我東數百年, 想無如此大篇."

13) 『金華知非集』 권9, 雜著, 「保晩齋集跋」(1838).

14) 『正祖實錄』 권3, 正祖 1년 2월 庚申(24일).

15) 1798년에 반포된 정조의 綸音과 이에 응한 農書에 대해서는 廉定燮, 「조선시대 農書 편찬과 農法의 발달」, 서울대학교 박사학위논문, 2000, 291~308면 참조.

2종의 이본이 있다. 성균관대도서관 소장본은 필사본(8권 4책)이고, 일본 대판부립도서관(大阪府立圖書館) 소장본은 인쇄본(4권 2책)이다. 이를 합하면 『해동농서』의 내용은 범례, 전제(田制), 수리(水利), 농무(農務), 농기(農器), 과류(瓜類), 채류(菜類), 과류(果類), 목류(木類), 초류(草類), 잠상(蠶桑), 복거(卜居), 목양(牧養, 附治膳), 조양(造釀, 附救急), 구황(救荒), 벽축(辟逐), 치약(治藥), 단약(丹藥), 선택(選擇)으로 구성된다.[16]

서호수는 『해동농서』의 범례를 통해 이 책은 조선의 풍토에 적합한 농법을 찾으려 하였으며, 조선의 농서를 바탕으로 하면서 중국의 농서를 참고하였다고 밝혔다.

> 우리나라 동북으로 갑산(甲山)에 이르면 극고(極高, 北極高度)가 이미 40여 도를 넘고, 남쪽으로 탐라에 이르면 극고가 30여 도가 된다. 남북으로 수천 리 사이에 천기(天氣)가 차고 따뜻한 구분이 있고, 지력이 비옥하고 척박한 구별이 있으니, 중국과 무엇이 다르겠는가? 그렇지만 토의(土宜)가 보존되고, 속상(俗尙)에 구애를 받으며, 오곡의 이름, 농사에 사용하는 기계로부터 전제와 수리에 이르기까지 우리나라에서 쓰이는 것이 있으니, 중국의 농정과 같은 것으로 보아서는 안된다. 이 책은 동국의 농서를 기본으로 하고, 중국의 옛 방법을 참고하여 '해동농서(海東農書)'라 하였다.[17]

서호수는 조선 전기에 편찬된 『농사직설(農事直說)』을 기본으로 하고, 『농가집성』, 『금양잡록』, 『반계수록』, 『증보산림경제』, 『의감본초(醫鑑本草)』 등을 참고하며, 중국의 농서로 왕정(王禎)의 『농상통결(農桑通

---

16) 김영진, 「『海東農書』 해제」, 『海東農書』 I, 농촌진흥청, 2008, 9~16면. 『海東農書』의 「凡例」를 보면 卜居에서 選擇까지는 별도의 설명이 없다.

17) 『海東農書』 卷首, 「凡例」.

訣)』, 서광계(徐光啓)의 『농정전서(農政全書)』, 『범승지서(氾勝之書)』, 『제민요술(濟民要術)』 등을 보았다.[18] 서호수는 본문의 각 항목 끝에 일일이 인용 서적을 제시하였으며, 이 방식은 모두 서유구에게 계승되었다.

서유구는 『임원십육지』의 인용서목(引用書目)에서 서명응의 『고사십이집』, 『기자외기』, 『위사』, 서호수의 『해동농서』를 제시하였다. 이는 그가 집안의 가학을 계승하였음을 의미한다.

제2절 규장각 활동

서유구 집안은 정조 대의 규장각과 밀접한 관련을 맺고 있었다. 조부인 서명응은 정조가 즉위한 1776년에 규장각 제학이 되어 규장각을 설립하고 정비할 때 핵심 역할을 하였다. 또한 생부 서호수는 1780년(정조 4)에 규장각 직제학에 임명되었고, 중부 서형수는 1783년(정조 7)에 규장각 초계문신에 선발되어 활동하였다. 이러한 가풍을 이어 서유구는 1790년(정조 14)에 문과에 급제한 이후 이내 초계문신에 선발되어 규장각에서 학문을 수련하였고,[19] 1792년에는 규장각 대교에 임명되어 국가적 편찬 사업에 참여하였다.[20]

서유구는 정조와의 만남을 통해 학문적으로 성장할 수 있었다. 서유구는 이에 대해 다음과 같이 말하였다.

---

18) 金容燮, 『朝鮮後期農學史研究』, 一潮閣, 1988, 325~331면.

19) 『正祖實錄』 권31, 正祖 14년 8월 乙亥(27일) ; 9월 丁未(30일).

20) 『正祖實錄』 권34, 正祖 16년 2월 庚戌(11일).

신이 우러러보건대, 우리 전하(정조)께서 즐겨 인재를 양성하실 생각을 밤낮으로 부지런히 하셔서, 초계문신의 시험[抄啓之試]과 성균관 유생의 제술[泮儒之製]을 매년 부과하고 매월 계산한 것이 쌓여서 장정(章程)이 되었습니다. 고무시키고 진작시킨 교화가 환하게 빛나며, 신(臣)을 보아도 (전하께서) 만들고 다듬어 내신 사람 중 하나일 뿐입니다.[21)]

(네가 태어난) 이듬해(1796) 돌날 나는 책을 교정하는 일을 하느라 (규장각에서) 빠져나올 수 없었다. 연신(筵臣)이 그 사실을 알리자, 상(上, 정조)께서 웃으시며 새로 돌상을 내어 오게 하시고, "내원(內苑)에서 꽃구경할 사람이 또 하나 늘어났구나."라고 하셨다. 그때부터 세 바퀴 돌아 을(乙)이 세 번을 지나간 작년은 을유년(1825)이었다. 매번 이날이 되면 고기를 굽고 술을 걸러 그 기쁨을 기억하지 않은 때가 없었으니, 그 은혜로운 말씀이 황홀하게 귓전에 들리는 듯하다.[22)]

규장각 활동의 장점이란 초계문신의 교육과정과 정조와의 만남을 통해 학문적으로 단련할 수 있다는 것이었다. 서유구는 초계문신이나 규장각 각신의 자격으로 정조의 책문(策問)에 대한 대책문을 작성하였으며, 「시책(詩策)」, 「십삼경책(十三經策)」, 「농대(農對)」가 이에 해당한다.

서유구는 「시책」을 통해 명나라 때 편찬된 『사서오경대전』의 문제점을 지적하였다. 그는 주자의 『시집전』이 『시경』의 대의를 밝혔으나 미언까지 밝히지는 못하였으며, 『시경대전(詩經大全)』은 『시집전』에 부합하

---

21) 『金華知非集』 권1, 上疏, 「淳昌郡守應旨疏」(1798).
"臣嘗仰睹, 我殿下樂育之聖念, 宵旰彌勤, 抄啓之試, 泮儒之製, 年課月計, 積有章程. 而鼓舞作興之化, 彬彬然, 故觀臣亦造化陶鎔中一物耳."

22) 『金華知非集』 권5, 祭文, 「祭亡兒生日文」.

는 설만 취하고 어긋나는 설은 모두 삭제하여 심각한 오류를 범한 것으로 보았다. 이런 문제를 해결하기 위해 서유구는 한당 이래의 경설을 집대성한 책을 만들자고 제안하며, 『시경』은 주자의 『시집전』과 같은 취지의 설을 모아 '집설(集說)'을 만들고, 다른 설을 모아 '부록(附錄)'을 만들되 『휘찬(彙纂)』의 범례처럼 하자고 하였다.[23] 여기서 『휘찬』이란 1727년(雍正 5)에 옹정제의 칙명으로 왕홍서(王鴻緖) 등이 편찬한 『흠정시경전설휘찬(欽定詩經傳說彙纂)』을 말한다. 이 책은 한당 이후 나온 경설을 집성한 책이었다. 서유구는 『시경』의 경설을 집성하는 것에서 나아가 『역』, 『서』, 삼례(『周禮』 『儀禮』 『禮記』), 『춘추』도 그렇게 하자고 제안하고, 이렇게 편찬한 책에는 반드시 참고서적을 정리한 인용서목이 있어야 한다고 주장하였다.[24]

서유구는 「십삼경책」(1790)에서 더욱 진전된 제안을 하였다. 『시경』만이 아니라 13경 전체에 대한 한당 이래의 경설을 집성한 『십삼경전설(十三經傳說)』을 편찬하자는 것이었다. 그는 여러 경설을 살펴 각각의 차이점을 파악한 이후에야 이를 절충하여 합당한 결과를 얻을 수 있다고 주장하였다.[25] 그는 『십삼경전설』을 편찬하는 구체적 방안도 제시하

---

23) 『楓石鼓篋集』 권6, 雜著, 「詩策」.

"爲今日救弊之道者, 莫如就『大全』中, 刪繁汰冗. 後採漢唐以來諸家之說, 與『集傳』同者爲集說, 與『集傳』異者爲附錄, 略如『彙纂』之例. 而又以古序, 逐篇冠之, 使讀之者, 有以考較異同, 自爲取捨, 則所以開拓地步, 恢張聞見, 其效豈淺尠也哉."

24) 윗글.

"大凡著述之家, 必先視參攷書籍之多寡, 以定其高下. 故歷觀前代, 其百家諸書之稱以淹博見稱者, 莫不有引用書目. 或盈軸而溢卷, 非以誇耀也. 不如是, 則無以集重美而成一家之言也."

25) 『金華知非集』 권10, 策對, 「十三經對」 抄啓應製.

"雖然, 窮經之道, 又不可徒言爲也. 必須博觀乎衆說, 詳覈乎同異而後, 始可以折中之得宜, 而庶不畔乎經文之旨. 故臣嘗以爲, 當今之急務, 無過御撰成『十三經傳說』一書而

였다. 전체적으로는 주자의 학설을 위주로 하고 고주(古註)를 참고하며, 한당의 주소(注疏)를 '전편(前編)'으로 하고, 송명의 전설(傳說)을 '후편(後編)'으로 편집하는 구상이었다. 또한 13경에 있어서는 『주역』은 『주역절중(周易折中)』, 『시경』·『서경』·『춘추』는 『휘찬』, 『논어』·『맹자』는 『사서집석(四書輯釋)』을 수용하고, 『대학』·『중용』은 『예기』로 되돌리며, 『춘추』 삼전은 각각 독립된 책으로 하고, 『효경』과 『이아』를 포함하자고 하였다. 마지막으로 그는 『십삼경전설』의 편찬을 담당할 국을 설치하고 경술에 뛰어난 학자들을 선발하여 작업하게 하며, 편찬된 책을 전국으로 배포하여 학습 교재와 관리 선발의 과목으로 활용하자고 하였다.[26)]

서유구가 『십삼경전설』의 저본으로 제안한 『주역절중』과 『사서집석』은 정조 대의 규장각과 밀접한 관련이 있었다. 정조는 당시 교재로 통용되던 『사서오경대전』을 비판하였다. 이 책이 학자들의 업적을 베낀 것에 불과한 데다 송나라 때 경설에 어긋나는 견해를 허용하지 않아 끝내 경학의 쇠퇴를 가져온 것으로 보았다. 정조는 특히 『주역대전(周易大全)』의 편집 방식이 경문과 주석을 뒤섞어서 주자가 지은 『주역본의』의 진면목을 파악하기 어려우며, 이광지(李光地)의 『주역절중』이 송원의 경설을 잘 정리한 것으로 평가하였다.[27)]

다음으로 원나라 예사의(倪士毅)가 편찬한 『사서집석』은 사서에 관한 주자의 장구(章句)와 집주(集註)를 비롯하여 송원의 경설을 정리한 책으로, 정조는 이 책이 『사서대전』보다 낫다고 평가하였다. 조선본 『사서집석』은 세종 대에 『사서집석통의대성(四書輯釋通義大成)』이란 이름으로

已. 伏願殿下留神焉."

26) 徐有榘의 「十三經策」에 대해서는 김문식, 『정약용의 경학과 경세학』, 단국대학교 출판부, 2021, 144~157면.

27) 金文植, 『朝鮮後期 經學思想 硏究』, 一潮閣, 1996, 39~42면.

활자본이 간행되었으나 정조 대에는 전해지는 것이 없었다. 당시에는 일본의 화각본(和刻本)만 전해졌으며, 정조는 이 책에서 예사의의 구본만 추출하여 따로 편집하게 하였다.[28] 그런데 『사서집석』은 서유구 집안과 인연이 있었다. 정조가 거론한 『사서집석』은 바로 서명응 집안에 보관하던 책이었고, 서유구는 서형수에게 보낸 편지에서 『사서집석』의 장점을 언급하며 『사서집석』과 원명 이후에 나온 경설을 합한 책을 만들어야 한다고 주장하였다.[29]

마지막으로 『시경휘찬(詩經彙纂)』, 『서경휘찬(書經彙纂)』, 『춘추휘찬(春秋彙纂)』은 청 고증학의 성과가 반영된 책이었다. 이는 한당 이래의 경설을 종합한 책으로 1721~1727년에 청 황제의 칙명으로 편찬되었고,[30] 1790년에 북경을 방문한 서호수가 『시경휘찬』과 『서경휘찬』을 구입하였다.[31] 이를 보면 서유구는 『십삼경전설』의 저본으로 제안한 중국본 서적을 모두 열람했음을 알 수 있다.

서유구는 1790년에 작성한 「농대」에서 새로운 농서를 편찬할 것을 제안하였다. 그는 농사에 힘쓰는 길은 옛 제도를 참작하여 현재에 마땅한

---

28) 『弘齋全書』 권182, 群書標記 4, 御定 4, 「重訂四書輯釋」 38권.

29) 『楓石鼓篋集』 권3, 書, 「上仲父明皐先生論『四書輯釋』書」.

"今幸壁中之藏無恙, 冢裏之編尙存, 宜及今表章, 毋使終湮滅於天下, 此仁人君子之用心也. 但『輯釋』出後, 元明以來, 如『蒙引』·『存疑』·『困知錄』諸書, 皆可續采. 區區愚意, 竊願, 先生用數年之工, 參校其異同, 攷正其義例, 復采諸家之解, 彙爲附錄."

30) 규장각 소장본을 기준으로 할 때 『欽定春秋傳說彙纂』(38권 20책)은 1721년(康熙 60)에 王掞 등이, 『欽定詩經傳說彙纂』(21권 24책)은 1727년(雍正 5)에 王鴻緖 등이, 『欽定書經傳說彙纂』(21권 24책)은 1730년(雍正 8)에 王頊齡 등이 편찬한 책이다. 이 책들은 모두 목판본으로 간행되었다.

31) 徐浩修, 『燕行記』 권3, 起圓明園至燕京, 8월 28일~29일.

徐浩修는 『十三經注疏』, 『周易折中』, 『詩書彙纂』, 『大淸會典』, 『盛京通志』를 구입하였다.

방법을 찾는 것이며, 그 세목에는 전제, 수리, 가기(稼器)라는 세 가지 요소가 있다고 하였다. 서유구는 당대의 급선무로 농서의 편찬을 들었으며, 여러 서적과 학설을 모아 옛 제도와 현재의 실정에 적합한 내용을 찾음으로써 기왕의 잘못된 관습을 바로잡고 예전의 좋은 제도를 계승할 수 있기 때문이라고 하였다.[32] 서유구는 13경에 관한 역대의 경설을 집대성한 『십삼경전설』을 편찬하자고 제안한 것과 마찬가지로 역대의 농서를 집성한 새로운 농서를 편찬하자고 제안하였다.

규장각 활동의 또 다른 장점은 국가적 편찬 사업에 실무진으로 참여하면서 국내외 서적을 두루 열람할 수 있다는 점이었다. 서유구는 1791년에 초계문신의 자격으로 『주역강의(周易講義)』, 『상서강의(尙書講義)』, 『대학강의(大學講義)』, 『맹자강의(孟子講義)』, 『좌전강의(左傳講義)』, 『시경강의(詩經講義)』를 편찬하는 작업에 참여하였다.[33] 또한 그는 1796년에 『삼경사서(三經四書)』의 구두(句讀) 교정,[34] 1797년에 『향례합편(鄕禮合編)』의 편집과 『육주약선(陸奏約選)』 교정,[35] 1798년에 『주자서절약(朱子書節約)』의 수정,[36] 『육영성휘(育英姓彙)』의 편집에 참여하였다.[37] 이때에는 규장각 각신의 자격으로 편찬 사업에 참여하였다.

---

32) 『金華知非集』 권10, 策對, 「農對」.
"臣旣以三制之說, 對揚于前, 而當今之急先務, 又莫過乎纂成一部農書. 廣蒐群書, 博采衆說, 準古之制, 通今之宜, 而著爲令甲, 以正一世之習尙, 行之悠久, 以垂百王之美制. 則未必不爲經國厚民之一代典章, 亦願聖聰之採納焉."

33) 『弘齋全書』 卷180, 羣書標記 2, 御定 2, 「周易講義五卷」 寫本 ; 「尙書講義八卷」 寫本 ; 「大學講義三卷」 寫本 ; 「孟子講義四卷」 寫本 ; 「左傳講義一卷」 寫本 ; 「詩經講義九卷」 寫本.

34) 『正祖實錄』 권45, 正祖 20년 12월 戊寅(7일).

35) 『正祖實錄』 권46, 正祖 21년 6월 辛未(2일) ; 윤6월 庚戌(12일).

36) 『弘齋全書』 卷182, 羣書標記 4, 御定 4, 「朱子書節約二十卷」 寫本.

37) 『弘齋全書』 卷184, 羣書標記 6, 命撰 2, 「育英姓彙三十四卷」 寫本.

서유구가 참여한 편찬 사업에서 가장 주목되는 것은 전국에 소장된 책판 목록인 『누판고(鏤板考)』(7권)를 작성한 것이다. 1778년(정조 2)에 정조는 전국에 있는 책판의 현황을 조사하여 보고하라고 명령하였고, 지방에서 보고가 올라오자 규장각에 해당 책을 소장하였는지를 확인하게 하였다. 1796년에 정조는 서유구에게 기왕에 작성된 『장판부(藏板簿)』를 바탕으로 하여 책판 목록을 작성하되 책마다 편찬자, 의례의 내용, 권질(卷帙), 판본(板本)의 소재를 기록하게 명령하였다.[38)]

서유구는 『누판고』를 편찬하면서 국왕과 관련이 있는 어찬(御撰)과 어정(御定)을 제일 앞에 배치하였다. 그는 국왕이 직접 편찬한 책을 '어찬', 국왕의 명으로 편찬한 책을 '어정'이라 하였다.[39)] 이는 당나라 서견(徐堅)이 『초학기(初學記)』에서 태종의 어제를 별도로 구분한 방식을 따른 것이다. 서유구는 『누판고』에서 책판을 경사자집 4부 체제로 분류하고 부를 다시 세분하였다. 이때에는 역대 사서의 예문지(藝文志)와 진진손(陳振孫)의 『서록해제(書錄解題)』(『直齋書錄解題』, 1774, 22권 20책), 종음(鍾音)의 『절강유서총록(浙江遺書總錄)』(『浙江採集遺書總錄』, 1774, 12권 10책)을 참고하였다.[40)]

서유구의 『누판고』는 규장각의 도서 목록인 『규장총목』과 보완 관계에 있는 책이다. 1781년 2월에 정조는 규장각 원임제학 서명응에게 『규

---

38) 『弘齋全書』 卷184, 羣書標記 6, 命撰 2, 「鏤板考七卷」 寫本.
"歲丙辰(1796), 復命閣臣徐有榘, 取中外藏板簿, 分門類次, 彙成目錄. 每一書, 必標其撰人姓名義例大致, 而卷帙之多寡, 板本之所在, 無不備著而該載. 爲其專錄剞劂之本, 故曰'鏤板考'."

39) 『鏤板考』의 御撰에는 『列聖御製』 18권(인조~영조)에서 『關東賓興錄』 5권(1793)까지 20종이 수록되었고, 御定에는 『訓義資治通鑑綱目』 59권(세종)에서 『嶠南賓興錄』 1권(1792)까지 46종이 수록되었다.

40) 『鏤板考』 卷首, 「凡例」.

장총목』을 편찬하라고 명령하였고, 그해 6월에 책을 완성해 올린 사람은 규장각 직제학 서호수였다. 『규장총목』의 범례는 서형수가 작성하였다. 서형수는 4부 34류 이례(異例)로 이루어진 『규장총목』의 체제라면 수천 만 권의 책이 있어도 모두 분류 정리할 수 있다는 자신감을 보였다.[41] 서형수는 『규장총목』의 체제를 정비하는 과정에서 중국의 목록류 서적을 다수 검토하였다. 그중에는 서유구가 『누판고』에서 참고한 진진손의 『직재서록 해제』와 종음의 『절강유서총록』도 포함되어 있었다.[42] 서유구는 『규장총목』을 소대(昭代)의 문헌을 잘 분류하여 예원(芸苑)의 대관(大觀)을 보여주는 책이라 평가하며, 여기에 실린 내용은 『누판고』에서 중복하지 않았다.[43]

이상에서 보듯 서유구는 규장각의 교육 및 편찬 사업에 참여하면서 많은 서적을 열람하고 학문적으로 성숙하였다. 이때 정조의 학문정책과 그의 가학이 큰 영향을 주었다.

제3절 관리 생활

서유구가 『임원십육지』를 편찬한 배경에는 관리 생활을 통해 축적한 현장 경험이 있었다. 1798년 11월 30일에 정조는 「권농정구농서윤음」을

---

41) 『明皐全集』 권9, 「奎章總目敍例」; 『奎章總目』 卷首, 「奎章總目凡例」.

42) 윗글.

"如李淑『邯鄲圖書』, 鍾音『浙江遺書總目』, 尤袤『遂初堂書目』, 陳振孫『直齋書錄』之類, 但紀一方一家之圖書者也."

43) 윗글.

"若迺廣蒐博攬, 統紀昭代之文獻, 俾作芸苑之大觀, 則別有『奎章總目』, 此毋庸架疊云."

반포하였고,[44] 순창 군수로 있던 서유구는 현지에서 「순창군수응지소(淳昌郡守應旨疏)」를 작성해 올렸다. 정조의 윤음에는 그가 만년에 구상한 농업 진흥 방안이 반영되었다. 정조는 농정의 핵심으로 흥수공(興水功), 상토의(相土宜), 이농기(利農器) 세 조목을 거론하고, 농정에 관한 정보를 총망라한 『농서대전(農書大全)』을 편찬하여 전국에 배포하겠다는 구상을 밝혔다.[45]

서유구가 작성한 「순창군수응지소」는 순창에서의 경험에 바탕을 둔 것이었다. 그는 호남 지역의 대부분이 수전(水田)에 도작(稻作)을 하는데 한재를 한번 만나면 막대한 피해가 있다고 언급하고, 관개시설이 미비한 곳에서는 한전(旱田)을 수전으로 번작(飜作)하는 것을 허락하지 말아야 한다고 주장하였다. 수공(水功)과 관련하여 그는 순창 읍치의 왼편에 제언을 설치하기에 적합한 장소가 있으나 공사 비용과 제언에 포함되는 토지의 면세가 필요하다며 정부에서 적절한 조치를 해 달라고 요구하였다. 또한 농서의 편찬에 대해 그는 각도마다 관찰사가 국을 설치하고, 문식(文識)이 있고 방기(方技)를 아는 지식인들이 현지 농포에게 각지의 풍토, 생산 작물, 파종 시기, 직접적인 경험 등을 들은 다음 이를 한문으로 기록하여 중앙에 보고하며, 규장각에서 이를 합하고 의례를 정하며 윤문한 농서를 편찬하자고 제안하였다.[46] 전국의 농사 경험을 집성한 농서

---

44) 『正祖實錄』 권50, 正祖 22년 11월 己丑(30일).

45) 정조의 「勸農政求農書綸音」과 『農書大全』의 편찬 구상에 대해서는 다음을 참조.
金容燮, 「十八世紀 農村知識人의 農業觀」 『朝鮮後期農業史硏究』, 一潮閣, 1970, 4~15면.
廉定燮, 「조선시대 農書 편찬과 農法의 발달」, 서울대학교 박사학위논문, 2000, 271~290면.

46) 『金華知非集』 권1, 上疏, 「淳昌郡守應旨疏」.
"臣意, 則令諸道道臣, 精選文識素饒旁通方技之士, 每一道, 各置一局, 寬其期限, 給其

를 편찬하자는 서유구의 제안은 정조의 사망으로 실현되지 못하였다. 그러나 서유구로서는 『임원십육지』를 편찬하는 바탕이 되었다.[47)]

1806년 이후 서유구는 17년간의 은거기에 들어간다. 이 시기에 그는 고향인 장단의 금화(金華)와 대호(帶湖)를 비롯하여 노원(盧原), 두호(豆湖), 난호(蘭湖) 같은 임원에 살면서 농학 관련 서적을 연구하고 농사 기술을 시험해 보았다. 그 결과 서유구는 『임원경제지』의 저본이 되는 『금화경독기(金華耕讀記)』와 『난호어목지(蘭湖漁牧志)』를 편찬하고, 1820년경에는 자신의 구상하는 농정 방안을 밝히는 「의상경계책(擬上經界策)」을 작성하였다. 같은 시기에 서유구는 아들 서우보(徐宇輔)와 함께 『임원십육지』의 편찬을 진행하고 있었다.[48)]

은거기에 들어가면서 서유구의 학풍에 다소 변화가 있었던 것으로 보인다. 서유구는 『임원십육지』 「예언(例言)」에서 세상을 살아가는 방법에는 세상을 구제하고 백성에게 혜택을 주기에 힘쓰는 '출(出)'과 자신의 힘과 뜻을 기르는데 진력하는 '처(處)'가 있다고 구분하고, 임원에서 생활하

筆札. 凡厥風土之宜, 草木之産, 播耨之早晩, 經驗之效害, 訪諸農圃, 參以聞見, 毋泥古方, 毋拘程式, 一統譯述, 馳驛以聞. 諸道咸萃之後, 下之內閣, 指授義例, 損益修潤, 合成一部不刊之書. 然後, 始可以播諸實用, 行之無礙, 亦願俯詢便否而操施焉."

염정섭은 세종 대의 『農事直說』과 정조가 추진한 『農書大全』은 조선의 형편을 반영한 점에서는 유사하다고 하였다. 그러나 『농사직설』은 관찰사가 중간에 기록을 취사선택하였고, 『농서대전』은 일반 백성이 올린 應旨農書를 그대로 자료로 활용한 점이 다르다고 보았다(「18세기 후반 정조대 농정책의 시행과 의의」 『농업사연구』 5-1, 2006, 54~57면). 서유구의 구상도 이런 점에서는 정조와 동일하였다.

47) 金容燮은 정조 말년 국왕의 「求農書綸音」과 정부의 農書 편찬 계획은 서유구가 農書 편찬에 각별한 관심을 가지게 되는 계기가 된 것으로 보았다. 「19世紀初 新舊農書의 綜合과 두 農學思想의 持續」 『朝鮮後期農學史硏究』, 一潮閣, 1988, 367면.

48) 유봉학, 「徐有榘의 學問과 農業政策論」 『燕巖一派 北學思想 硏究』, 一志社, 1995, 192~194면.

는 방법은 관직에 있으면서 세상을 구제하는 것과 다르다고 하였다. 『임원십육지』는 사대부가 향거(鄕居)에서 필요한 일[鄕居事宜]을 정리한 것이지 관리로 있으면서 세상을 구제하려는 경세서[仕宦濟世之術]가 아니라는 의미였다.[49] 서유구는 『행포지(杏蒲志)』의 서문에서도 비슷한 말을 하였다. 자신은 예전에 경예지학(經藝之學, 經學)과 경세지학(經世之學)에 몰두한 적이 있으며, 전자는 고인들이 중요한 것을 모두 이야기하였고, 후자는 처사가 말하면 공허한 이야기가 된다고 하였다. 따라서 그는 범승지(氾勝之)나 가사협(賈思勰)이 연구한 수예지술(樹藝之術, 農學)을 이야기하며 지금의 실용에 힘쓰는 것이 천지가 길러주는 은혜에 보답하는 길이라고 하였다.[50]

그러나 서유구가 30여 년 동안 『임원경제지』의 편찬에 진력한 것은 임원에서 생활하는 사대부[林下食力之士, 居鄕淸修之士]의 안락한 삶만을 위한 것은 아니었다.[51] 다음의 글을 보면 그는 조선의 현실에 적합한

---

49) 『林園十六志』 卷首, 「林園十六志例言」.
"凡人之處世, 有出處二道. 出則濟世澤民其務也, 處則食力養志亦其務也. 顧濟世之術, 一應政敎, 無非所需, 固多備述之書. 至於鄕居養志之書, 尠有裒集者, 在我邦, 僅有『山林經濟』一書. 然中多冗瑣, 所採亦狹, 人多病之. 故於此, 略採鄕居事宜, 分部立目, 搜群書而實之. 以'林園'標之者, 所以明非仕宦濟世之術也."

50) 『金華知非集』 권3, 序, 「杏蒲志序」(1825).
"余獨弊弊乎農家者類, 窮老盡氣而不之止者, 是誠何爲也? 吾嘗治經藝之學矣, 可言者, 昔之人, 言之已盡. 吾又再言之三言之, 何益也? 吾嘗爲經世之學矣, 處士揣摩之言, 土羹焉已矣, 紙餠焉已矣, 工亦何益也. 於是乎, 廢然匍匐于氾勝之·賈思勰樹藝之術, 妄謂在今日坐可言起可措之實用者, 惟此爲然. 而其少酬天地祿養之恩, 亦在此而不在彼. 嗟乎, 余豈得已哉?"
이상에서 氾勝之는 『氾勝之書』, 賈思勰는 『濟民要術』의 저자를 말한다.

51) 安大會는 서유구의 『林園經濟志』의 16志를 衣食住 생활, 厚生, 여가와 문화 세 가지로 구분하고, 의식주 생활이 해결된 이후에는 여가와 문화생활을 향유할 것을 추구한 것으로 본다(「林園經濟志를 통해 본 徐有榘의 利用厚生學」 『韓國實學硏究』 11, 2006, 53~60면).

방법을 찾기 위해 국내외의 서적을 두루 열람하였고, 이런 자신의 연구가 현실에 응용되기를 강하게 희망하였다.[52)]

본리(本利)란 밭 갈고 수확하는 것을 말한다. (중략) 이제 위로 범승지(氾勝之), 가사협(賈思勰, 『齊民要術』)의 책으로부터 아래로 마맹하(馬孟河, 馬一龍), 서현호(徐玄扈, 徐光啓, 『農政全書』) 등에 이르기까지 글을 뽑았으며, 이런 일을 하면서 그 기술에 어두운 사람들을 깨우쳐주려고 한다. (本利志引)

서술한 것은 현재에 적용할 수 있는 방법만 취하였고, 우리나라에서 나지 않는 양매(楊梅), 비파(枇杷), 감람(橄欖), 남장(柟樟) 같은 것은 수록하지 않았다. (晩學志引)

이 지(志)에서는 길쌈하는 방법을 상세히 서술하고 다시 도보(圖譜)를 두어 밝혔다. 어째서인가? 우리나라 사람들이 모방하여 행하게 하려는 것이다. 모방한다는 것은 무엇인가? 좋은 방법을 택하는 것이다. 좋은 방법을 택하는 것은 어디에서 찾는가? 중국[中華]에서 찾으면 된다. 우리나라에도 길쌈하는 방법이 있는데 어째서 중국에서 찾는가? 그것이 좋지 않기 때문이다. (중략) 온 나라가 가난하고 궁핍한 것은 바로 이런 일에서 비롯된 것이니, 그 제도를 서둘러 중국을 모방해야 할 것이다. (展功志引)

이처럼 섬용(贍用)에 필요한 물건들이 본토(本土, 조선)의 것은 조악하고 열악함이 이와 같으므로, 부득불 이웃 나라에 의지하여 쓰게 된다. 북경에서 물건을 사 오고, 대마도(對馬島)에 무역하는 것이 이 때문에 성행하고 있다.

52) 『林園經濟志』의 引에 대해서는 조창록, 「日本 大阪 中之島圖書館本 『林園經濟志』의 引과 例言」, 『韓國實學硏究』 10, 2005를 참조.

아, 우리나라는 예전부터 중국[中華]을 우러러 의지하였으므로 그 기술이 미치지 못하는 것은 그럴 수 있다. 그러나 당당히 맞서는 나라로서 바다 속에 있는 못생긴 자(日本)에게 수입하는 것을 달갑게 여긴다고 누가 말하겠는가? 슬프다, 이 지(志)를 읽는 사람은 개탄하는 마음이 일어날 것이다. (贍用志引)

실제로 볼 수 있고 사람을 구제하는 공적이 있는 것은 오직 의약의 도(道)뿐이다. 그 도는 사람이 태어난 이래로 성인(聖人)이 발명하고, 지자(智者)가 조술하였으며, 전하여 받은 사람이 대대로 있고, 익히고 연구하는 사람이 끊어지지 않아, 말로 표현된 것이 한우충동의 서책이 된다. 지금 『사고전서(四庫全書)』에 수록된 저록(著錄)만 97부(部) 1,569권이 된다. (仁濟志引)

1823년에 서유구는 정계로 복귀한 이후 자신의 농학 연구를 현실에 적용하기 위해 다양한 활동을 보였다. 1834년에 전라감사 서유구는 노령(蘆嶺)의 남북에 꽤 넓은 들판이 텅 비어 있는 것을 발견하였다. 이곳은 1807년과 1814년의 대기근으로 주민이 떠나간 이후 농사를 짓지 않았기 때문이었다. 서유구는 이곳에 감저(甘藷, 고구마)를 심으면 기아를 방지하는 효과가 있다고 판단하고, 감저의 종자를 구해 관내에 보급하였으며, 감저의 재배법을 알리기 위해 명 서광계(徐光啓)의 『감저소(甘藷疏)』, 강필리(姜必履)의 『감저보(甘藷譜)』, 김장순(金長淳)의 『감저신보(甘藷新譜)』를 참고한 『종저보(種藷譜)』를 편찬하고 취진자로 인쇄하여 보급하였다. 이렇게 하면 백성은 굶어 죽지 않고 토지는 놀리지 않게 되어 현실 정치에도 크게 도움이 된다고 판단하였기 때문이다.[53] 서유구

53) 『金華知非集』 권3, 序, 「種藷譜序」.
"歲甲午(1834), 余巡按湖南. …… 余爲是懼, 亟訪藷種於産藷州郡, 頒諸列邑. 且取皇明徐玄扈『甘藷疏』, 我東姜金二氏之譜, 彙類編纂, 用聚珍字, 擺印廣布, 以諗其種藝之法

는 1834년에 『종저보』를 인쇄한 외에도 최치원(崔致遠)의 『계원필경집(桂苑筆耕集)』을 취진자로 인쇄하고,[54] 1838년(헌종 4)에 서명응의 『보만재집』을 취진자로 인쇄하여, 자신이 편찬하거나 편집한 책을 널리 보급하였다.[55]

1838년 6월에 서유구는 대사헌으로 있었는데, 기호 지역에 큰 가뭄이 닥쳤다. 중복이 임박한 상황에서 심각한 기근이 예상되자 서유구는 세 가지 구황책을 제시하였다. 첫째는 생육 기간이 짧은 중국의 종자를 도입하자는 것으로, 중국 통주(通州) 지역의 60일 벼(초가을~초겨울), 상해 청포(青蒲) 지역의 깊은 물에서 자라는 홍도(紅稻, 6월~9월), 덕안부(德安府)의 향자만도(香秄晩稻, 씨를 뿌린 후 50~60일)를 적절한 품종으로 제시하였다. 둘째는 수리 시설을 정비하자는 것으로, 제언 지역의 경작을 절대 금지하고 새로운 제언을 수축하되 비용이 없으면 요호(饒戶)를 참여시키고 성과에 따라 추함(樞銜)이나 작질(爵秩)을 주자고 제안하였다. 셋째는 수리 시설이 미비한데 수전으로 경작하면 한재의 피해가 크므로, 한전을 수전으로 번작한 곳은 일일이 수리 시설을 점검하여 미비한 곳은 한전으로 되돌리자고 하였다. 서유구가 제시한 방안 중 중국의 종자를

焉. …… 多方勸相, 晦鍾窖收, 無年代匱, 有年儲穀, 民無歲死, 土毋人曠, 于以仰贊我聖上裁成輔相之職化, 敢與今日牧民之長, 交上勗之."

『種諸譜』 1책(28장)의 목차는 敍源, 傳種, 種候, 土宜, 耕治, 種栽, 壅節, 移揷, 剪藤, 收採, 製造, 功用, 救荒, 麗藻로 구성되어 있다.

54) 『金華知非集』 권3, 序, 「校印桂苑筆耕集序」.
서유구는 聚珍字로 인쇄한 『桂苑筆耕集』을 최치원의 행적과 관련이 있는 전라도 泰山縣의 武成書院과 陜川의 伽倻寺에 보내어 보관하게 하였다.

55) 서유구는 『林園十六志』 「怡雲志」에서 활자를 보관하는 건물을 '聚珍堂'이라 하였다. 이 건물에는 인쇄하는데 사용하는 종이, 활자를 주조하는 시설, 활자, 책을 인쇄하고 제본하는 시설이 모두 갖춰져 있었다. 서유구 지음, 안대회 옮김, 『산수간에 집을 짓고』, 돌베개, 2005, 62~63면.

도입하자는 것은 그가 이룩한 농학 연구의 결과였고,[56] 수리 시설에 관한 것은 순창군수 시절에 올린 상소문과 비슷하였다. 헌종은 서유구의 요청을 모두 수락하였다.

이상에서 보면 서유구는 관리 생활을 통해 축적된 현장 경험을 바탕으로 『임원십육지』를 편찬하고, 『임원십육지』의 내용을 다시 현장에 적용하면서 계속 수정하였던 것으로 보인다.

서유구의 『임원십육지』는 서우보가 사망한 1827년까지 편찬이 일단락되었고, 이후에도 계속해서 수정된 것으로 보인다. 『임원십육지』의 권수에는 "열상 서유구준평 찬(洌上徐有榘準平纂)/남 우보 교(男宇輔校)"라 기록되어, 서우보가 이 책의 교정에 참여하였음을 알 수 있다. 또한 오사카 부립도서관(府立圖書館)에 소장된 『임원십육지』에는 '수십 년 동안 정리해 온 『임원십육지』 100여 권을 끝냈는데, 아들과 아내가 없어 슬프다.'는 기록이 있다.[57] 현존하는 기록을 볼 때, 서유구는 1806년 은거기에 들어가면서 『임원십육지』의 편찬을 시작하여 만년에 이를 마무리하였고, 책을 목판으로 간행하려 하였지만 뜻을 이루지 못한 것으로 판단된다.[58]

---

56) 1839년에 서유구는 樊溪(강북구 번동)에 거주하면서 중국에서 들여온 벼 품종을 시험 재배하였다. 조창록, 「楓石 徐有榘에 대한 한 연구」, 성균관대학교 박사학위논문, 2003, 131~138면.

57) 조창록, 「日本 大阪 中之島圖書館本 『林園經濟志』의 引과 例言」, 『韓國實學硏究』 10, 2005, 356면.

"余積費數十年丹鉛之工, 著『林園十六志』百餘卷, 近纔卒業. 但恨無子無妻, 可以付託典守, 偶尒覽此, 不覺愴涕久之."

58) 『金華知非集』 권6, 「五費居士生壙自表」.

"屏避之初, 爲在憂忘憂也. 薈萃博采, 纂『林園經濟志』, 部分十六, 卷分百十. 弊弊乎丹

이 글에서는 서유구가 『임원십육지』를 편찬한 학문적 배경을 세 가지로 구분하여 제시하였다. 첫 번째는 '가학의 계승'으로, 서유구의 집안에는 조부인 서명응의 『본사』와 『고사신서』·『고사십이집』, 생부인 서호수의 『해동농서』와 같이 농서와 유서에 해당하는 저작이 있었다. 서유구는 이들의 편찬 과정에 참여하거나 이를 정리하면서 가학의 전통을 계승하고, 『임원십육지』에도 그 성과를 반영하였다.

두 번째는 '규장각 활동'으로, 서유구는 규장각 초계문신과 각신으로 활동하며 국가적 편찬 사업에 참여하였고, 규장각에 소장된 국내외 서적을 참고하면서 학문적으로 성장할 수 있었다. 특히 서유구는 정조의 책문에 답하면서 역대의 경설을 집성한 『십삼경전설』과 역대의 농서를 집성한 새로운 농서를 편찬하자고 하였다. 이는 역대의 주자서를 집성한 『주자전서』[59]와 역대의 농서를 집성한 『농서대전』을 편찬하려던 정조의 구상과 통하는 제안이었다. 그런데 정조 대의 규장각 편찬 사업은 서명응, 서호수, 서형수가 주도적 역할을 담당하였으므로, 서유구의 규장각 활동은 가학의 연장선에서 파악할 수도 있다.

세 번째는 '관리 생활'로, 그가 중앙과 지방의 관리로 활동하면서 현장에서 습득한 경험을 고려한 것이다. 19세기에 들어와 서유구의 생애는 사환기와 은거기가 교대로 나타나며, 지방관으로서의 현장 경험이 『임원십육지』의 내용에 반영되고, 『임원십육지』에 정리된 성과가 다시 현장에 반영되는 과정이 그의 만년까지 계속된 것으로 이해된다.

서유구의 『임원십육지』가 탄생하는 과정에는 이외에도 중국과 조선

鉛甲乙之勞者, 首尾三十餘年, 及其書潰于成, 以之壽梓, 則無力以之. 覆瓿則有餘, 此又一費也."

59) 正祖의 『朱子全書』 편찬 구상에 대해서는 김문식, 『정조의 제왕학』, 태학사, 2007, 222~231면 참조.

의 유서 전통,[60] 임원 생활을 한 서유구의 경험을 고려할 수 있다.[61] 그렇지만 필자는 이상의 세 가지 요소가 『임원십육지』가 편찬되는데 중요한 배경이 되었다고 생각한다.

---

60) 동아시아 삼국에서 편찬한 類書의 전통에서 『임원십육지』를 검토한 것은 다음의 발표문을 참조.

심경호, 「『임원경제지』의 문명사적 가치」 『임원경제지 연구의 문명사적 의의』, 전북대 쌀·삶·문명 연구원, 2008.

이동철, 「동아시아 유서편찬과 『임원경제지』의 특성」 『임원경제지 연구의 문명사적 의의』, 전북대 쌀·삶·문명 연구원, 2008.

조창록, 「『임원경제지』의 찬술 배경과 類書로서의 특징」 『『임원경제지』의 종합적 고찰』, 진단학회, 2009.

61) 成海應, 『研經齋全集續集』 17책, 文3, 「送楓石徐學士之淮陽府使序」.

"而稼穡者, 生人之本, 國家之所取用也. 吾將懋實而執業, 購玄扈之書, 講齊民之術, 治農于湍山之丙舍. 易田疇, 種秫稻, 養雞牧豕, 辦納賦稅, 爲鄉里倡, 以其餘, 窮盡田圃之娛. 則得失之分, 榮辱之機, 皆可以悠然相忘, 優游卒歲, 不亦可樂乎?"

제2장 지역 인식

서유구는 1806년에 중부(仲父)인 서형수가 정계에서 축출되는 것과 함께 향리로 물러났다. 이후 정계로 복귀하는 1823년까지 그는 향리에 은거하면서 조선 최대의 농서이자 유서라 할 수 있는 『임원경제지』의 편찬에 몰두하였다. 그러던 중 서유구는 1820년경에 농정 개혁안이 담긴 「의상경계책(擬上經界策)」을 작성하였다.[1] 이때 그는 조선 정부에서 삼남(충청, 전라, 경상) 지역의 양전(量田)을 한다는 소식을 들었고, 이번 기회에 자신이 구상하던 양전 방안을 포함한 전반적인 개혁안을 밝히려 하였다.[2]

서유구는 정조 치하에서 사환기를 보내는 동안 국왕의 책문에 호응하여 많은 대책(對策)을 작성하였다. 「십삼경책(十三經策)」(1790), 「농대(農

---

1) 서유구는 「擬上經界策」에서 1809년과 1814년에 조정에서 賑恤穀을 낸 상황("臣料, 己巳甲戌兩年, 朝家蠲放賑濟之數, 少不下五十萬石."), 1814년에 자신이 沙質 토양의 땅을 區田으로 만들어 春麥 1斗를 경작한 경험("臣曾於甲戌之春, 用數畮沙礫地, 作爲區田, 種春麥一斗.")과 전국에 旱災가 미친 상황("甲戌八路之旱, 汚萊千里, 此由棄之而不用之害也."), 작년 여름에 호서 지역에 수해가 난 상황("去夏, 湖西之水, 陵谷變遷, 此由聚之而不播之害也.")을 언급하였다. 한편 경상감사 金履載가 量田事目을 조정에 보고한 것은 1820년 3월 27일이므로, 「擬上經界策」은 그 전후에 작성된 것으로 추정된다(『純祖實錄』 권23, 純祖 20년 3월 癸未(27일)). 「擬上經界策」의 작성 시기에 대해서는 金容燮, 「18, 9世紀의 農業實情과 새로운 農業經營論」『增補版 韓國近代農業史硏究』, 一潮閣, 1984, 146면 참조.

2) 『金華知非集』 卷11, 策, 「擬上經界策上」.
"近者伏聞, 臣僚上言, 量田有命. 今而不言, 言亦無及. 輒敢條其說, 爲經界策一道. …… 伏聞, 今此南路量田, 專委道臣, 飭勵守宰, 隨便爲之."

對)」(1790), 「시책(詩策)」(1792?) 같은 글이 여기에 해당한다.[3] 서유구는 대책을 통해 각 주제에 대한 자기 생각을 국왕에게 직접 알릴 기회가 있었다. 「의상경계책」은 농정 개혁에 대한 서유구의 구상이 가장 종합적으로 나타나는 대책이었으나, '의(擬)'라는 표현에서 보듯 국왕에게 알려지지 못하고 구상으로만 남았다.

이 글은 서유구의 「의상경계책」에 나타나는 지역 인식을 분석하기 위해 작성되었다.[4] 지금까지 「의상경계책」을 농정 개혁이나 치재(治財)의 관점에서 분석한 연구가 있으며,[5] '지역'이란 요소를 주목한 논문은 나오지 않았다. 필자는 서유구가 이 글에서 대상 지역을 중국과 아국(我國, 朝鮮)으로 구분하고, 조선을 다시 경사(京師, 漢陽), 팔도(八道), 서북(西北, 四郡六鎭), 도서(島嶼) 지역으로 구분하여 그 역할을 달리함을 주목하였다. 이하에서는 서유구의 농정 개혁안이 각 지역에 어떻게 적용되며 그 특징은 무엇인지를 검토하려고 한다.

---

3) 正祖 연간에 서유구가 작성한 對策文에 대해서는 본서 제2부 제1장 제2절을 참조.

4) 「擬上經界策」은 田制를 更張, 量田의 講磨, 農政의 訓勵라는 3개 항목으로 구성되어 있다. 또한 田制의 更張은 2개 細目(改結負爲頃畝法, 正尺步以遵古制), 量田의 講磨는 3개 細目(用方田以括隱漏, 頒數法以豫肄習, 設專司以考勤慢), 農政의 訓勵는 6개 細目(測極高以授人時, 敎樹藝以盡地力, 購嘉種以備災傷, 興水利以虞旱澇, 禁反田以覆名實, 廣屯田以富儲蓄)으로 구성된다.

5) 金容燮, 「18, 9世紀의 農業實情과 새로운 農業經營論」, 『增補版 韓國近代農業史研究』 上, 一潮閣, 1984.
유봉학, 「徐有榘의 學問과 農業政策論」 『燕巖一派 北學思想 硏究』, 一志社, 1995.
조창록, 「풍석 서유구의 「擬上經界策」에 대한 일 고찰 – 그의 文藝論과 治財觀의 한 면모」 『韓國實學研究』 11, 2006.

제1절 중국 : 농정의 모범 지역

서유구는 중국의 제도를 농정 개혁의 모범으로 파악하였다. 서유구는 중국의 제도를 '중화(中華)' '중국(中國)' '성주지법(成周之法)'으로 표현하면서 모범이 되는 제도로 보았고, 삼국시대나 고려시대의 제도는 중국의 제도에 미치지 못하다고 생각하였다. 서유구가 중국의 제도를 모범적으로 생각한 것은 그의 농정 개혁안이 유교 경전에 바탕을 두었기 때문이다.[6] 다음을 보면 서유구가 중국의 제도를 개혁의 모범으로 파악한 것이 잘 나타난다.

> 우리 조선은 일마다 중화(中華)를 모방하였으나 유독 전제(田制)에 있어서는 고려 말의 누습(陋習)을 인습(因襲)하였다. 지금 소위 결부파속(結負把束)이라 하는 것은 고금 역대에 들어보지 못한 것이고, 천하의 어느 곳에서도 없는 것이다. (중략) 이것은 국초에 고려의 옛 제도를 따라서 늘리고 줄인 것이다.[7]

> 한당(漢唐) 이래로 재화를 다스렸던 기술이 우리나라에는 하나도 없다. 그 의관과 문물의 성대함은 반드시 중국(中國)을 모두 모방한 다음에야 그만두는데, 그 재화는 어디에서 나오는 것인가?[8]

---

6) 『金華知非集』 권10, 「農對」(1790).
"臣嘗本之以經典之文, 參之以諸家之說, 而斟酌乎已然之迹, 彌綸乎可行之術, 而補漏救弊, 用贊我聖上敦本敎之治者, 有三說焉."

7) 윗책, 卷11, 策, 「擬上經界策上」.
"我東, 事事模擬中華, 而獨於田制, 因襲麗季之陋. 今所謂結負把束者, 古今歷代之所未聞, 寰宇八埏之所未有. …… 此國初, 因高麗舊制而增損者也."

8) 윗책, 卷12, 策, 「擬上經界策下」.

우리나라의 제도에 어찌 진지(陳地, 묵힌 땅)에 세를 부과한 적이 있으며, 성주(成周)의 법[成周之法]에 어찌 이미 개간한 토지를 1부(夫)에게 두 배로 준 적이 있겠는가?[9)]

가령 삼국에서 시작하여 남해왕(南解王)과 유리왕(瑠璃王)의 시대는 문왕(文王) 무왕(武王) 성왕(成王) 강왕(康王)의 치세와 어떠하며, 연개소문(淵蓋蘇文)과 김유신(金庾信)의 경제는 주공(周公) 원공(元公) 성공(聖公) 소공(召公) 강공(康公)의 제작(制作)과 어떠한가? 왕 노릇 할 자가 나오면 먼저 하(夏)의 제도를 써서 이(夷)를 변화시켜야 하는데[用夏變夷], 하물며 고려 말 쇠퇴한 시대의 법[麗季衰世之法]에서 나온 것임에랴.[10)]

서유구는 「의상경계책」에서 토지제도의 전면적 개혁을 주장하였다. 결부법(結負法)으로 시행되던 토지제도를 경무법(頃畝法)으로 바꾸자고 한 것이다. 그는 토지에 바탕을 두고 경계를 위주로 하는 중국의 경무법은 훌륭한 제도이고, 조세에 바탕으로 두고 토지의 크기를 조절하는 조선의 결부법은 이웃 나라에 알려지는 것이 부끄러울 정도라고 비판하였다.[11)]

"凡漢唐以來, 治財之術, 我無一焉. 而其衣冠文物之盛, 則必欲盡倣中國而後已, 此其財, 安從出乎?"

9) 윗책, 卷11, 策, 「擬上經界策上」.

"我國之制, 何嘗責稅於陳地, 而成周之法, 亦何賞以旣墾之田, 倍授於一夫乎?"

10) 윗글.

"藉令肇自三國, 南解瑠璃之世, 何如文武成康之治, 蓋蘇文金庾信之經濟, 何如周元聖召康之制作. 有王者作, 當先用夏變夷, 況出於麗季衰世之法乎?"

11) 윗글.

"孔子曰, '名不正則言不順, 言不順則事不成', 我國結負之名, 誠不可使聞於鄰國."

경무(頃畝)란 경계의 사방 면적이고, 결부(結負)는 조세의 양을 조절하는 것이다. 토지를 다스리면서 사방 면적을 버려둔다면 옷을 마름질하면서 척촌(尺寸)의 길이를 버려두고, 집의 칸수를 세면서 기둥의 숫자로 하지 않는 것과 무엇이 다르겠는가?

중국의 경법(頃法)은 먼저 경계의 사방 면적을 가지런히 하고 토지의 비옥함과 척박함을 보아 조세를 올리거나 내리므로 전지(田地)를 위주로 하는 것이다. 우리나라의 결법(結法)은 먼저 조세의 양을 조절하는 것을 정하고, 토지의 비옥함이나 척박함을 보아 경계를 늘리거나 줄이므로 조세를 위주로 하는 것이다. 전지를 위주로 하므로 경무부경(頃畝夫井)이 모두 전지를 뜻으로 하며, 조세를 위주로 하므로 결부파속(結負把束)을 모두 조세로 명명하는 것이다. 그렇게 이름 지은 의의를 살피면 법을 제정한 본뜻을 알 수 있다.[12)]

서유구는 결부법의 폐단을 지적하였다. 명분과 실제가 맞지 않고 본말이 바뀌었으며, 토지 면적의 계산법이 복잡하여 서리들의 농간이 작용할 가능성이 크고, 토질의 변화를 제대로 반영하지 못한다는 것이다. 서유구는 중국의 경무법과 조선의 결부법을 대비시켜 중국 제도의 장점을 강조하였다.

서유구는 결부법을 경무법으로 바꾸는 양전 사업을 벌일 때 주척(周尺)을 기준으로 하자고 주장하였다. 서유구는 신나라 왕망(王莽) 때 주조

12) 윗글.
"夫頃畝者, 境界之方面也. 結負者, 租稅之劑量也. 制田而捨方面, 何異裁衣而捨尺寸, 數屋而不以楹架哉? 中國之頃法, 先齊境界之方面, 而視土沃瘠, 上下其租稅, 是以田地爲主者也. 我國之結法, 先定租稅之劑量, 以視土肥确, 展縮其境界, 是以租稅爲主者也. 以田地爲主, 故頃畝夫井, 皆以田地爲義, 以租稅爲主, 故結負把束, 皆以租稅爲名. 觀其命名之義, 而制法之本意, 可見矣."

된 화천(貨泉) 1매(梅)를 구하였으며, 이는 '화천의 지름이 1촌'이라는 『한서』「식화지」의 기록을 근거로 척을 만들고, 이를 명 주재육(朱載堉)의 『율려정의(律呂精義)』와 청 옹방강(翁方綱)의 『양한금석기(兩漢金石記)』 기록과 비교하여 '주척의 진도(眞度)'를 얻은 것으로 판단하였다. 서유구는 양전할 때 중국의 옛 제도처럼 600척=100보(步)=1무(畝)의 단위를 써야 하며, 그렇게 하는 것이 『경국대전』의 규정에도 부합한다고 보았다.[13]

서유구는 조선의 농정에 사용할 종자와 기계도 중국에서 도입하자고 제안하였다. 서유구는 먼저 중국의 농법을 도입하려 하였다. 그는 중국의 쟁기질은 이랑을 좁고 고르게 하여 많은 종자를 심으면서도 뿌리가 토지에 착근되고, 파종하는 종자도 일정하다는 장점이 있다고 평가하였다. 이에 비해 조선에서는 쟁기질과 파종이 잘못되어 전국의 300만 경(頃)의 토지에서 나오는 생산량이 중국의 수백 리 군현에서 나오는 양과 비슷하다고 비판하였다.

> 밭갈이[耕]는 토지를 다스리는 것인데 우리나라의 밭갈이는 도리어 토지를 잃어버렸고, 씨를 뿌리는 것[種]은 곡식을 생산하는 것인데 우리나라의 씨뿌리기는 도리어 곡식을 잃어버렸다. 그리하여 손에 있는 300만 경의 토지를 손해에 또 손해를 보고 감소시키고 또 감소시켜, 이용후생(利用厚生)의 방도가 중국의 수백 리 군현에 비겨보아도 오히려 부족하여 부끄러운 기색이 있다. 그 까닭이 어디에 있는가? 한마디로 하자면 밭 갈고 씨 뿌리는데 법이 없기 때문이다.[14]

---

13) 윗글.
"『經國大典』所載, '我國各等田一結, 準中國幾畝云'者, 皆非其實, 此步法之亟宜改正者也."

서유구는 농작물의 종자를 중국에서 도입하자고 하였다. 그는 토질에 따라 적합한 중국의 종자를 거론하면서 매년 연행사가 중국을 방문할 때 높은 가격을 아끼지 말고 좋은 종자를 구하여 보급한다면, 재황(災荒)을 구제하는 데 크게 도움이 될 것이라 주장하였다.[15)]

서유구는 말과 양의 종자도 중국에서 도입하자고 하였다. 그는 말은 더위를 잘 견디지 못하므로 서북 지역의 목장에서 기르는 것이 적합하며, 관북 지역의 개시에서 매년 빈마(牝馬, 암말) 수십 필과 모마(牡馬, 수말) 5~6필을 구하여 번식시킨 후 이를 군용으로 사용하자고 제안하였다.[16)] 또한 그는 압록강 이북에서는 어린아이도 양이나 돼지를 100~200두(頭)씩 기르며 고기와 의복을 해결한다고 하면서, 서북 지역의 목장에서는 양도 길러야 한다고 주장하였다. 그는 연행사가 중국을 방문할 때마다 빈양(牝羊, 암양) 100구(口)와 저양(羝羊, 숫양) 10구씩을 사 오고, 연변 지역에서는 개시를 통해 양을 사서 번식시키면, 중국에서

---

14) 『金華知非集』 卷12, 策, 「擬上經界策下」.

"夫耕所以治地, 而我國之耕, 反以失地. 種所以生穀, 而我國之種, 反以失穀. 遂以提封三百萬頃之地, 而損之又損, 減之又減, 其利用厚生之道, 方之於中國數百里郡縣, 而猶歉然有愧色. 其故安在? 蔽一言曰, 耕種之無法也."

15) 윗글.

"臣謂, 每歲節使之行, 不惜重價, 多方購求, 按法蒔藝, 轉相傳種, 則不過一二年, 人享其利, 不煩勸相, 亦救災荒之一道也."

서유구는 농작물의 종자를 중국에서만 구하려고 한 것은 아니었다. 가령 후추[胡椒]는 일본에서 종자를 구입하자고 하였다. 金容燮, 「新·舊農書의 綜合과 그 農學思想」 『朝鮮後期農業史硏究』 Ⅱ, 一潮閣, 1970, 386면.

16) 윗글.

"臣聞馬爲火畜, 性不耐暑, 宜於西北而不宜於東南, 故自古養馬, 必在西北. 觀於周之汧渭, 魏之河西, 唐之八坊, 可見矣. 臣謂, 宜擇關西北饒水草之地, 樹柵爲阹, 移設牧場七八處. 每年關北開市, 購牝馬數十匹, 牡馬五六匹, 漸次取字, 以給軍國之用."

구입하는 전모(氈帽)나 소고기를 대체할 수 있다고 보았다.[17)]

서유구는 양잠을 장려하기 위해 중국에서 뽕나무 종자와 양잠 기구, 방적기를 도입하자고 제안하였다. 그는 난하(灤河)의 서쪽에서 자라는 뽕나무 종자가 매우 좋으므로 이를 대량으로 사서 사군 지역에 심고, 중국의 잠적(蠶績) 기구를 도입하고 국내에서 그 제도대로 제작하여 서북 둔전의 장(長)을 통해 보급하자고 하였다. 그는 양잠을 통해 명주실이 풍부해지면 복식이나 장례에 필요한 비단을 북경에서 구하여 오지 않아도 될 것이라고 하였다.[18)]

서유구는 중국에 전래된 서양 제도를 활용하기도 하였다. 그는 중국에는 고대부터 토지 면적의 계산법이 있었으나 손자(孫子)의 『산경(算經)』 이후 자세한 계산법이 전해지지 않는 것으로 파악하였다. 그는 양전할 때 신법의 구고삼각지법(句股三角之法)을 이용하도록 하였는데, 이는 『기하원본(幾何原本)』이나 『수리정온(數理精蘊)』 같은 서학의 성과를 참조한 것이었다. 서유구는 또한 유법지전(有法之田)을 측량할 때는 구고법을 사용하고, 무법지전(無法之田)을 측량할 때는 삼각법을 이용할

---

17) 윗글.

"臣聞, 鴨江以北畜牧蔽野, 三尺之童, 能牧羊豕一二百頭, 食肉衣裘, 皆辦於此. 臣意, 西北沿江之地, 與彼壤地相接, 風土之氣, 諒不甚遠. 新闢之地, 材木委積, 棧柵所需, 取之不竭. 每於節使之行, 買來北羊百口, 羝羊十口, 關北沿邊之地, 則直爲交易於開市. 擇水草便宜處, 廣設棧柵而牧之, 百夫長千夫長之願以己資, 貿來畜牧者聽. 數年孳殖, 漸次傳種於內地, 則氈帽不藉於中國, 而擊鮮不專於牛犢矣."

18) 윗글.

"臣又伏聞, 灤河之西, 彌望沙田, 皆栽桑柘, 其葉肥沃, 大異東産. 今若多購其種, 廣植於四郡, 而倣元魏桑田露田之制, 栽桑田畔者, 爲桑田, 不栽桑者, 爲露田, 露田三頃, 准桑田一頃, 必滿桑田十頃, 然後始付解額. 又求中國蠶績之具, 如蠶網, 蠶架, 繅車, 織機等器, 按式製造, 令屯田之長, 勸相而督課之, 則絲縷豊溢於國中, 而養生送死之需, 不待遠貿於燕市."

것을 제안하였다.[19]

이상에서 보듯 서유구는 중국 제도를 농정 개혁의 모범으로 파악하고, 중국의 종자와 기계를 도입하여 조선의 농업 생산력을 높이자고 제안하였다. 그러나 그가 중시한 것은 중국의 제도를 그대로 시행하는 것이 아니라 조선의 현실에 맞게 조정한 제도였다. 서유구는 각지의 북극고도를 측정하여 시각을 정확하게 계산해야 한다고 하였다. 이는 중국에서 도입된 시헌력의 범례를 따르면서도 조선의 한양과 팔도 감영, 사방 변읍(邊邑)의 북극고도를 일일이 측정하여 각 지역의 정확한 시간을 계산하는 방식이었다.[20]

서유구의 이러한 태도는 『임원십육지』를 편찬할 때도 유지되었다.

> 우리들의 삶은 토양이 각기 다르고 습속이 같지 않으므로 생활에 필요한 것에는 고금의 차이가 있고 내외의 분별이 있다. 따라서 중국에서 필요로 하는 것을 우리에게 그대로 시행한다면 어찌 장애가 없겠는가? 이 책은 오로지

---

19) 윗책, 卷11, 策, 「擬上經界策上」.
"然自孫子『筭經』以下, 言其法者, 略而不詳. 近世新法, 如『幾何原本』, 『數理精蘊』諸書, 皆不少槩及, 蓋以其麁率而略之也. 臣嘗用新法句股三角之法, 擬作量田數法十五題, 謹開錄如後. …… 蓋有法之田 ,皆當以句股法御之, 無法之田, 皆當以三角法御之, 方與圜積與邊, 各有比例, 惟在善用法者, 通變而不窮爾."
조창록은 서유구가 數理를 강조한 것은 수학 분야에서 당대의 최고였던 부친 徐浩修의 영향을 받은 것으로 보았다(「풍석 서유구의 『擬上經界策』에 대한 일 고찰 – 그의 文藝論과 治財觀의 한 면모」 『韓國實學硏究』 11, 2006, 174~175면).

20) 윗책, 卷12, 策, 「擬上經界策下」.
"而中國時憲曆, 必以北極緯差, 定各地之晝夜刻分, 赤道經差, 定各地之節氣時刻. …… 臣謂, 宜令書雲觀 造銅鑄象限儀八座, 分送八路, 實測觀察營極高. 而四界邊邑, 如北之慶源·慶興, 南之海南·康津, 西之義州·昌城, 東之東萊·機張等邑, 亦令量田官吏, 測量極高, 各以實測度分上聞. 下之雲觀, 推各地晝夜刻分, 載之日曆, 如中國時憲曆書凡例."

아국(我國)을 위해 만들었으므로 당장 적용할 수 있는 방안만을 채택하였고 합당하지 않은 것은 취하지 않았다. 또한 좋은 제도가 있어 지금 시행할 수 있는 데도 우리가 아직 강구하지 못한 것은 모두 상세히 기록하였다. 이는 후대 사람들이 모방하여 시행하기를 바라서이다.[21)]

이를 보면 서유구가 도입하려는 중국의 제도는 조선의 현실에 적절하게 응용할 수 있는 제도로 국한되었다고 하겠다.

제2절 경사(京師) : 농정의 주도 및 시험 지역

서유구가 구상하는 농정 개혁안은 먼저 경사(京師, 한양)에서 새로운 제도와 농법을 시험하여 성과가 있으면 이를 전국으로 확산시키는 방안이었다. 따라서 경사는 그가 구상하는 농정의 중심지이자 시험지라고 할 수 있다. 또한 그가 언급하는 경사는 도성 지역에 국한되지 않고, '경사수십리지지(京師數十里之地)'나 '기전백리내외지지(畿甸百里內外之地)'라는 표현에서 보듯 한양의 근교는 물론이고 경기도 일대를 포함하였다.[22)]

---

21) 『林園十六志』 권1, 「林園十六志例言」.
"吾人之生也. 壤地各殊, 習俗不同. 故一應施爲需用, 有古今之隔月, 內外之分, 則豈可以中國所需, 措於我國而無礙哉? 此書, 專爲我國而發, 故所採, 但取目下適用之方, 其不合宜者, 在所不取. 亦有良制, 今可按行, 而我人未及講究者, 竝詳著焉, 欲後人之倣而行也."

22) 「擬上境界策」에는 '四都'와 '八道'를 병칭하여 하나로 사용한 사례가 있다(『金華知非集』 卷12, 策, 「擬上經界策下」. "西北屯之穀, 輸于北漢山城, 東南屯之穀, 輸于京城, 並另設倉廒而藏之, 廒必甓築, 穀勿龔變. 甓築則遠雀鼠之耗, 龔變則不能耐陳也. 行之數年, 灼見成效然後, 分遣其徒于四都八道, 以一傳十, 以十傳百, 教導其耕播芸耨之法."). 그러나 대부분의 경우 四

서유구의 개혁안에서 경사 지역이 농정을 주도하는 것은 개혁을 주도할 호조나 비변사, 관상감, 서운관(書雲觀) 같은 관청이 이곳에 집중되었기 때문이다. 서유구는 결부법을 경무법을 바꾸는 양전의 수법(數法, 계산법)에 대해 15개 문제를 작성하였고, 이를 익히는 것은 호조와 관상감에서 출발하였다. 그는 호조의 산원(算員) 8인과 관상감의 역관(曆官) 8인을 선발하여 새로운 계산법을 익히게 하고, 산원과 역관 1인씩을 팔도에 파견하여 계산법을 확산시키자고 제안하였다.[23] 따라서 서양의 구고삼각지법을 익히는 최초의 장소는 서울이고, 그 실무자는 호조와 관상감의 관리였다.

서유구는 전국의 양전을 총괄할 전사(專司)를 서울에 설치한 다음 비변사의 인력을 배치하게 하였다. 그는 비변사의 관리 가운데 양전 사무를 잘 아는 사람 8인을 선발하여 전사(專司, 전담 관청)에 소속시키고, 각각 한 개 도의 양전을 감독하게 하였다. 이들은 양전사목(量田事目)을 정하여 전국에 배포하고 팔도에서 보고하는 장부를 검토하는 등 제도적 일관성을 유지하는 임무를 담당하였다.[24]

서유구는 서운관에서 전국의 시각을 정하게 하였다. 서유구는 당시

都는 "畿甸 100里"로 표현되는 京師 지역에 포함되는 것으로 보인다.

23) 『金華知非集』 卷11, 策, 「擬上經界策上」.
"臣嘗用新法句股三角之法, 擬作量田數法十五題, 謹開錄如後. 乞下有司, 選戶曹筭員八人, 觀象監曆官八人, 證訂推衍. 仍分送其人于諸道, 每一道送二人. 選列邑吏胥中粗解乘除者, 于營下而敎習之, 俟其通透, 各歸其邑, 以次傳習. 則不出三四月, 可得通曉筭術之吏數十百人, 庶不至臨事扞格曠日費時矣."

24) 윗글.
"臣謂, 宜令廟堂, 擇備局諸宰中通鍊事務者八人, 分掌八路量田, 如今諸道句管堂上之例. 不必分遣諸道, 只令會議籌司, 講定應行事目, 頒之八路, 俾各按而行之. 八道道臣, 皆兼均田使之銜, 使之內外相維, 往復商確, 仍設專司於京, 以句撿簿書. 凡有稟裁, 許以草記取旨, 庶幾事有統攝, 無道各異例之弊矣."

사용하던 한양의 북극고도는 기전(畿甸) 200리(북극고도 1도를 200리로 계산함)에만 적용되는 것이므로, 전국의 북극고도를 따로 측정해야 한다고 주장하였다. 그는 서운관에서 구리로 주조한 상한의(象限儀) 8좌(座)를 팔도 감영에 보내어 각 감영의 북극고도를 실측하게 하고, 변읍의 북극고도는 양전을 담당하는 관리가 실측하여 보고하면, 서운관에서 전국의 자료를 종합하여 각지의 시각을 최종적으로 정하게 하였다.[25)]

경사는 새로운 농업 기술을 미리 시험하는 장소이기도 하였다. 서유구는 새로운 수리 시설을 제일 먼저 경사에서 시험하자고 제안하였다.[26)] 그는 주사(籌司, 비변사) 안에 수리 사업을 담당할 전사를 설치하여 묘당(廟堂, 의정부)에서 선발한 수리에 밝은 사람 3~5인에게 수리의 방법과 수리 시설의 건축법을 가르치고, 수형(水衡, 수리 담당 관리)은 준설 작업에 필요한 기구와 수차를 제조하여 '경사 수십 리 내외의 지역[京師數十里內外之地]'에서 시험하게 하였다.[27)] 서유구는 한강 변에서

---

25) 윗책, 卷12, 策, 「擬上經界策下」.

"臣謂, 宜令書雲觀, 造銅鑄象限儀八座, 分送八路, 實測觀察營極高. 而四界邊邑, 如北之慶源慶興, 南之海南康津, 西之義州昌城, 東之東萊機張等邑, 亦令量田官吏, 測量極高, 各以實測度分, 上聞. 下之雲觀, 推各地晝夜刻分, 載之日曆, 如中國時憲書凡例, 用作用天分地之指南, 則其有補於欽若授時之贓化, 豈云淺尠哉."

서유구는 『林園十六志』에서 자신과 뜻을 함께하는 士들이 각자 사는 지역에서 象限儀를 이용하여 經度와 緯度를 실측하여 오류를 수정해 나가야 한다고 주장하였다(『林園十六志』 권3, 本利志 3, 審時, 經緯度, 「論東國經緯度」. "凡我同志之士, 或倦遊名勝, 或卜居邱園, 卽從其所到所居地方, 用象限子午線等儀, 實測經緯里差之度, 零零湊合, 逐加訂正.").

26) 徐有榘는 「擬上經界策」에서 水利 기술을 疏導法, 防衛法, 瀦蓄法, 節宣法 등 네 가지로 구분하고 이에 해당하는 중국의 水利 시설과 그 유용함으로 소개하였다. 문중양, 『조선후기 水利學과 水利담론』, 집문당, 2000, 218~219면.

27) 『金華知非集』 卷12, 策, 「擬上經界策下」.

"宜令廟堂, 不拘資格, 急選通曉水利者三五人, 開局於籌司. 而宰相領其事, 講究開挑圍築閘竇之法, 仍令水衡監造器械, 如濬錨龍爪等器, 龍骨筒車龍尾玉衡恒升等車. 濬錨

준설이 시급한 곳은 3곳(서빙고 아래~노량 위, 노량 아래~용산 위, 양화도 아래[鹽倉]~행주 아래)[28], 갑문[閘竇]을 설치할 필요가 있는 곳은 5곳(王山川이 渼陰渡로 들어가는 곳, 양재천이 삼전도로 들어가는 곳, 中泠浦가 豆毛浦로 들어가는 곳, 蔓川이 마포로 들어가는 곳, 沙川이 서강으로 들어가는 곳), 제방의 축조가 필요한 곳은 2곳(양주의 미음 들판, 고양의 回川坪)을 제시하고, 동교와 서교에는 지세에 따라 크기가 다른 세 가지 물길(大溝, 小溝, 細溝)을 만들어야 한다고 제안하였다.[29]

서유구는 새로운 농법의 효과를 입증해 보일 시험지로 둔전(屯田, 京屯)의 설치를 권장하였으며, 경사의 사방에 네 곳의 둔전을 설치하는 것에서 시작되었다. 둔전을 설치하는 장소와 규모, 방법을 정리하면 다음과 같다.

① 동둔(東屯)

경성에서 동쪽으로 10여 리 떨어진 중령포(中泠浦)의 서쪽 사방 수리(數里) 지역→용과(龍瓜) 등의 기계로 물길을 만들고, 언덕을 쌓아 밭두둑을 회복시켜 도전(稻田) 50~60경(頃)을 얻음

동쪽으로 4~5리 더 나가 배봉산 아래에 태복시(太僕寺) 목해(牧廨)가 있던 곳→그 앞의 수전, 육전과 중령포 서쪽의 토지를 합하여 수백 경을 구입하고 목해에 둔전소를 설치함

者, 所以套鑱而間溝於田作者也. 龍爪者, 所以繫纜而爬沙於江河者也. 龍骨龍尾, 用之於江河而挈水者也. 玉衡恒升, 用之於井泉而吸水者也. 器械既備, 先試之京師數十里內外之地."

28) 준설 작업에 대해서는 徐浩修가 『海東農書』 권1, 「水利」에서 제시한 바 있다.

29) 『金華知非集』 卷12, 策, 「擬上經界策下」.
"漢江上下流之急宜疏濬者三, …… 如此, 則環京師數十里之地, 可以不病於澇旱, 而歲歲豊熟矣."

② 서둔(西屯)

경성에서 서쪽으로 40여 리 떨어진 곳의 양철평(楊鐵坪)→산곡(山谷)에 제방을 설치하여 물을 비축하고 도성의 분양(糞壤)을 옮겨 땅을 기름지게 하여 수십~100경을 얻음

서남쪽으로 몇 리를 더 가면 연의궁(衍義宮) 구기(舊基) 앞에 모래밭이 된 민전 수십 경이 있음→관에서 구매하고 역부(役夫)를 모집하여 모래를 걷어내고 양철평 토지와 합하면 수백 경이 됨

③ 남둔(南屯)

시흥 안양의 들판 10리→안양교의 물을 관통시키고 갑문을 많이 설치하여 수량을 조절하면 도전(稻田) 수백 경이 됨

④ 북둔(北屯)

양주 의정(議政)의 들판, 도봉산과 수락산 사이에 있음→4척의 구(溝)와 8척의 혁(洫)을 종횡으로 만들면 속전(粟田) 수백 경이 됨

서유구는 경사 지역에 설치한 네 둔전에서 총 1천 경의 토지를 확보하고, 10경마다 우리(耦犂)를 끄는 소 4두, 역거(役車) 2승(乘), 전부(佃夫) 5인을 배치하게 하였다. 이때 소는 더위를 잘 견디는 영남의 소를 징발하게 하였다. 또한 전부는 도전(稻田, 水田)에서는 영남 좌도의 사람을, 속전(粟田, 旱田)에서는 양서(海西, 關西) 지방의 사람을 선발하며, 이들이 경기 사람과 섞여 살면서 자신들의 농법을 전수하게 하였다.[30] 그리고 매 둔마다 농사일을 잘 아는 사람 1인을 전농관(典農官)으로 만들어 감독하게 하였으며, 전농관은 팔도의 관찰사가 매년 추천하는 사람 중에서 임명하였다. 경둔(京屯)의 전농관은 나중에 각자의 주군으로 돌

아가 이곳에서의 경험을 전수하며, 훌륭한 성과를 거둔 사람은 목민관으로 선발하자고 제안하였다.[31)]

서유구는 경둔에 새로운 농법과 농기계를 투입하면 각 둔마다 2만~3만 곡(斛, 1畮=1斛, 1頃=100斛)의 소출이 있을 것으로 계산하고, 그 중 절반은 필요 경비로 사용하고, 나머지 절반은 재해와 비상시 사용분으로 비축하되 서둔과 북둔의 것은 북한산성에, 동둔과 남둔의 것은 경성에 비축하게 하였다. 그는 곡식 창고는 반드시 벽돌로 만들도록 하였는데[甓築], 이는 곡식의 소모와 변질을 방지하기 위해서였다.[32)]

서유구는 경둔을 설치하는 비용 및 인력에 대한 방안도 제시하였다.

---

30) 윗글.

"四屯, 各隨地形便宜, 或占三百頃, 或占二百頃, 要令總四屯, 滿千頃而止. 每十頃, 用耦犂四牛, 役車二乘, 佃夫五人. 其耕牛, 當徵於嶺南, 嶺南産者, 耐暑善耕也. 其佃夫之治稻田者, 當募嶺南左道人, 是善治稻田也. 治粟田者, 當募海西關西人, 是善治粟田也. 皆使與畿人錯居而敎習之, 制其室廬厚其稍廩, 蠲其征徭節其勞逸, 令人人樂事赴功."

이상에서 稻田은 水田農法인 移秧法을, 粟田은 旱田農法인 畎種法을 의미한다. 金容燮, 「18, 9 世紀의 農業實情과 새로운 農業經營論」『增補版 韓國近代農業史硏究』, 一潮閣, 1984, 155면.

31) 윗글.

"令八道道臣訪求明於農務者一二人, 每歲首薦剡, 與經明行修, 同擬以聞. 先試京外屯田典農官, 如有實蹟卓異者, 畀以字牧之任, 則擧一勸萬, 比屋上農矣. …… (四屯) 每一屯, 選明於農務者一人, 爲典農官領其事, 如漢搜粟都尉農都尉之制."

유봉학은 농사일에 밝은 典農官을 地方官으로 진출시키자는 서유구의 주장에 대해, 農學을 士의 필수 학문으로 인식하였던 朴趾源보다 한 걸음 더 나아간 것으로 파악하였다(유봉학, 『燕巖一派 北學思想 硏究』, 一志社, 1995, 204~205면).

32) 윗글.

"臣意, 治田如此, 以中年率之, 一畮可得穀一斛, 一頃得百斛, 一屯得二三萬斛. 用其半, 爲本屯官民廩食裘葛及饁田飼牛葺理室廬修補器械之費, 儲其半, 爲水旱不測之備. 西北屯之穀, 輸于北漢山城, 東南屯之穀, 輸于京城, 並另設倉廒而藏之. 廒必甓築, 穀勿麤變, 甓築則遠雀鼠之耗, 麤變則不能耐陳也."

먼저 비용에 있어, 그는 동둔의 경우 감목(監牧)하던 해우(廨宇)를 그대로 사용하고, 조적미(糶糴米) 1천 곡을 활용하되 절반으로 제방을 쌓고 기계를 제조하며, 나머지 절반은 식비와 소 사육비로 사용하면 충분하다고 판단하였다. 서둔, 남둔, 북둔의 경우에는 전곡(錢穀)을 담당하는 관청(호조, 선혜청, 균역청, 사복시, 훈련도감, 금위영, 어영청, 총융청)에서 비상시를 위해 비축한 은전 6만 민(緡)을 내어 매 둔마다 2만 민씩 지급하며, 이 자금으로 토지를 사고 건축을 세우며 기계를 제조하고 첫해의 식비로 사용하도록 하였다. 또한 둔전의 소는 도살 금지법을 어긴 사람에게서 받는 벌금으로 충당하도록 하였다.[33)]

다음으로 인력(佃夫)에 있어, 영남 사람은 금위영과 어영청의 상번군 중에서 20~30세에 해당하는 건장한 사람을 선발하고, 양서(관서, 해서) 사람은 각도의 속환(贖鍰)을 활용하여 장객(莊客)을 모집하며, 경기 지역의 사람은 기전 100리 이내의 유리인(遊離人) 중에서 선발하게 하였다.[34)]

---

33) 윗글.

"東屯本有監牧廨宇, 可以仍舊貫而不煩改爲. 又聞有糶糴米數千斛, 平分爲二, 用其一, 築圩瀦浦, 製造器械. 儲其一, 依舊斂散取殖, 以爲饁田飼牛之費而裕如矣. 所當區劃錢穀者, 惟南西北三屯耳. 今京司司錢穀之衙門皆有封椿銀錢, 以備不虞, 不虞者, 水旱師旅之謂也. …… 宜令戶曹, 宣惠廳, 均役廳, 司僕寺, 訓局, 禁衛營, 御營廳, 摠戒廳, 各出錢萬緡, 或五六千緡, 分與三屯各二萬緡, 以買田營室造器及初年廩食之費. …… 屠宰牛犢, 邦有常禁. 而近頗解弛, 犯者狼藉, 今若申嚴其法, 摘發有術, 則一年鍰金之入, 可給京外屯田之牛而有餘, 數年孳殖, 畜養日繁, 則敦耕之政, 解網之仁, 一擧而兩得矣."

34) 윗글.

"至於佃夫, 臣謂募於嶺南者, 就禁衛御營上番之軍, 選年二十以上三十以前強勤力穡人, 許令率其妻孥, 用保米資其道路之費, 則人人樂赴矣. 其募於兩西者, 臣聞, 海西關西治田之家, 每於歲首雇募莊客, 一人一歲之直, 不過三百錢. 若令兩道道臣, 用各掾贖鍰, 雇募善農人, 量道里遠近, 人給五七百錢, 則數百之衆, 可一日而雇也. 近年畿甸百里內外之民, 襁負而至都下者, 踵趾相屬, 此皆困於催科, 急於避役, 輕棄田宅, 甘爲仳離, 未

이상에서 보듯 서유구의 개혁안에서 경사 지역은 농정을 주도하는 곳이자 새로운 농법을 시험하는 지역이었다.

제3절 팔도 : 농정의 시행 지역

경사가 새로운 농법을 시험하는 지역이라면, 팔도는 경사에서 시험한 농법을 본격적으로 시행하는 지역이었다. 서유구는 팔도를 '양서삼남열읍(兩西三南列邑)'이라 표현하고, 팔도에 설치된 둔전을 '내지둔전지지(內地屯田之地)' '팔도영하둔전(八道營下屯田)'이라 불렀다.

서유구는 경사–팔도 도신–각읍 수령이라는 행정상의 위계질서를 따라 중앙에서 시험한 새로운 농법이 지방으로 전달되게 하였다. 지방에서도 도신(道臣, 관찰사)이 관장하는 읍에서 먼저 시행한 이후 열읍으로 확산시키는 방법이었다. 관찰사와 수령에 위상의 차이가 있듯이 영하읍(營下邑)과 열읍에도 위상의 차이를 둔 것이다.

서유구는 경사에서 양전사목을 정하여 팔도의 관찰사에게 배포하면, 관찰사가 우선 영하읍에서 시행해 본 다음 열읍에서 시행하게 하였다. 이는 새로운 제도가 지방의 실정에 적합한지를 시험하기 위해서였다.[35) 또한 그는 양전을 할 때 관찰사가 균전사(均田使)를 겸하면서 도내의 양

必皆游惰不事農之民, 聚什佰而選其一二焉. 授以室廬, 與嶺南兩西之佃戶, 相錯而居, 則轉相勸傚, 窳俗可變矣."

35) 윗책, 卷11, 策, 「擬上經界策上」.
"臣願, 以臣所論八弊五議, 下之有司, 熟議可否. 如無參商, 晝卽講確條例, 頒諸八道道臣, 先從營下邑, 試其便否, 俟事與手熟, 法與人慣, 以次及於列邑. 則數年之後, 通國之經界, 正矣."

전을 총괄하고, 열읍에서는 수령, 우관(郵官), 조관(朝官)을 역임한 사람, 사인(士人) 중에서 적임자를 균전관으로 임명하여 읍내의 양전을 관장하게 하였다.[36] 양전의 계산법도 팔도의 감영에서 열읍으로 전달되었다. 서유구는 새로운 계산법을 익힌 호조와 관상감의 관리가 감영으로 내려와 열읍의 이서(吏胥) 가운데 승제(乘除, 계산)를 잘 아는 사람을 선발하여 가르치고, 교육을 받은 이서들은 각자의 읍으로 돌아가 자신들이 익힌 계산법을 전수하게 하였다.[37]

서유구는 경사 지역에서 시험한 수리의 방법과 기계도 팔도의 방백(관찰사)을 통해 전국으로 확산시키도록 하였다. 그는 의정부가 새로운 수리 시설과 수차를 관찰사에게 장려하고, 관찰사는 수령을 인도하여 수리를 일으키고 수해를 제거하도록 하였다. 지방에서 수리를 일으키는 방식에는 두 가지가 있었다. 수리의 규모가 크면 관청에서 비용을 제공하고, 규모가 작으면 부호(富戶)가 참여하도록 권유하며, 현저한 실적을 보인 사람은 관리로 발탁하도록 하였다.[38] 또한 재해가 발생하면 노약자

36) 윗글.

"八道道臣, 兼均田使之銜, 使之內外相維, 往復商確. …… 臣謂, 宜倣朱子經界狀推擇官吏遺意, 先令道臣, 察一道守宰之能否, 或三四邑而擧一人焉, 或八九邑而擧一人焉. 守令不足, 則擇於郵官. 郵官不足, 則擇於道內寄寓朝官. 又不足, 則擇於士人, 以其名聞, 權付軍銜. 並以均田官爲名, 使之審思熟慮於其始, 而委任責成於其終."

37) 주 23)과 동일함.

38) 『金華知非集』 卷12, 策, 「擬上經界策下」.

"京師歲歲豊熟, 則八方必將轉相傚則, 乃以已試之器與法, 頒之八路. 廟堂飭勵方伯, 方伯董率守令, 詢究某處水利當興, 某處水害當除, 合用役丁幾何, 合用錢糧幾何. 大者發官帑, 少者勸富戶, 陂池之閼塞者, 濬而拓之, 溝澮之壅滯者, 決而達之. …… 如有成績著見, 民享其利者, 量加旌擢以聳勸之."

徐有榘는 1798년 순창 군수로 있을 때도 富戶의 財力을 이용하여 水利를 일으키는 방안을 제안한 적이 있다(『金華知非集』 卷1, 「淳昌郡守應旨疏」. "臣謂, 宜令列邑, 詢究興修的確

를 진휼(賑恤)하지만 건장한 사람에게는 매일의 식량을 지급하면서 하천을 뚫거나 제방을 쌓도록 하여 영원한 구황책이 되게 하였다.[39]

서유구는 팔도에도 둔전을 설치하여 경둔에서 효과가 입증된 농법과 농기계를 보급하게 하였다. 그는 각 감영에서는 영하읍에 300~400경 내지는 700~800경의 둔전(營屯)을 설치하고, 수군절도영, 육군절도영, 열읍의 도호부에서는 각지의 편의에 따라 둔전(邑屯)을 설치하되 그 제도는 경둔과 같은 방식으로 하게 하였다. 그리고 수확을 하면 역시 절반을 경비로 사용하고 나머지 절반을 근처의 산성에 비축하여 비상시를 대비하도록 하였다.[40]

서유구는 팔도에 둔전을 설치하는 비용으로 별비전(別備錢)을 활용하자고 제안하였다. 그는 별비전의 1/3 내지 2/3를 활용하여 초기 설치비로 사용하고, 관찰사의 임기가 끝났는데 늠봉(廩俸)에 여유분이 있으면 추가로 수십 경을 구하여 둔전으로 만들 것을 권장하였다. 또한 양서 삼남의 열읍에서는 송구영신(送舊迎新)이나 경사(京司)에서 요구하는 비용을 감당하기 위해 마련한 공사고(公使庫)를 이용하되, 대읍에서는 수백 경, 소읍에서는 70~80경의 토지를 둔전으로 마련하고, 수확 후 3/4은

之處, 境內富戶, 聽其募丁赴役, 日役百夫以上, 差定監董牌將. 事竣之後, 道臣以其名聞, 視其募丁之多寡, 赴役之久近, 疏鑿之廣狹, 或單付樞銜, 或量與資級. …… 此聖敎中'興水功'之一事也.").

39) 윗글.

"臣謂, 今後如有賑濟地方, 先令地方官, 查審飢民老弱彊壯之數. 籍其老弱爲一等, 壯健爲一等. 老弱者, 設粥以賑之. 壯健者, 日給米三升, 或開濬溝渠, 或增築圩岸, 則賑政水利, 一擧兩得."

40) 윗글.

"各就營下近處, 設置屯田, 多或七八百頃, 少或四五百頃. 其設施規制, 一倣京屯, 水陸節度營及列邑都護府, 皆聽便宜置屯田, 每收穫旣畢, 輸其半于近處山城. 不出十年, 在在積穀, 倉庾充溢."

공사고로 돌리고, 1/4은 창고에 비축하여 재해와 비상시를 대비하도록 하였다.[41)]

이상에서 보듯 서유구는 팔도를 경사에서 효과가 입증된 새로운 제도를 본격적으로 시행하는 지역으로 파악하였다.

제4절 사군육진과 도서 : 국토방위 지역

서유구는 서북의 사군육진(四郡六鎭)과 해안의 도서(島嶼) 지역은 팔도 안에 포함되나 변경 지역이라는 점에서 별도로 다루었다. 이곳은 농업의 생산성을 높여 비축미를 늘릴 뿐만 아니라 국토를 방위하는 지역임을 중요하게 생각하였기 때문이다. 서유구는 사군육진 지역을 '서북연변천리지지(西北沿邊千里之地)' '연강천리지지(沿江千里之地)' '거강십리이내지지(距江十里以內之地)'라 불렀고, 해안의 도서 지역을 방어하는 것을 '동남고어지책(東南固圉之策)'[42)]이라 하였다.

서유구는 둔전을 설치한 이유가 변방의 방어를 충실히 하고[實邊圉],

41) 윗글.

"諸道觀察營, 例有別備錢, 卽前後道臣任滿將歸, 留置俸廩羨餘, 以備不虞者也. 臣謂, 八道營下屯田, 隨該道別備錢多寡, 除用三分一, 或三分二, 用作初年設施之費. 嗣後道伯任滿, 如有廩俸贏餘, 增置屯田幾十頃. …… 兩西三南列邑, 多有公使庫設置者. …… 以策應送舊迎新及京司上營之徵求. …… 若取各邑公使庫本利, 變賣置屯田, 大邑置數百頃, 小邑置七八十頃. 今以八十頃爲率, 苟能樹藝有法, 則中年所收之半, 當不下四千斛. 糶其四分之三, 付之公使庫, 爲一年公使之需, 取其一, 另貯倉廒. 十年之積, 當爲萬斛, 水旱緩急, 可以有備無虞, 而科外之橫斂, 亦可漸次杜絶."

42) 島嶼의 대부분은 서남 해안에 존재하므로 '東南固圉之策'보다 '西南固圉之策'이란 표현이 더 적합하다.

군량미의 공급을 줄이기 위해서이며[省饋饟], 경사와 팔도에 설치한 둔전은 '내지에 축적을 하는 방안[內地貯積之計]'이라고 하였다. 이와 별도로 그는 서북의 사군육진과 동남의 도서 지역에 둔전을 설치하자고 제안하며, 이는 '변방의 방어를 공고히 하는 방안[實邊固圉之策]'이라 규정하였다.[43)]

서유구는 육진 지역에 해당하는 무산(茂山) 북쪽에서 부령(富寧)의 차유령(車兪嶺) 북쪽에 이르는 120여 리의 땅과 마을우시배(亇乙于施培)에서 두만강을 따라 회령의 풍산보(豊山堡)에 이르는 백수십 리의 땅은 모두가 옥토로 개간이 가능한 땅으로 보았다. 그러나 이곳을 오래 버려두었으며, 1673년(현종 14)에 남구만(南九萬)이 육진에 읍을 설치하자고 제안하였으나 실현되지 못하였음을 지적하였다. 또한 그는 사군 지역은 건국 초부터 진보(鎭堡)를 설치하고, 태종~세종 대에 연여(延閭), 무창(茂昌), 우예(虞芮), 자성(慈城)을 군으로 승격시켰으나, 세조 대에 여진인(兀良哈, 忽剌溫)이 들어와 살육을 벌인 후 비웠으며, 1794년(정조 18)에 사군의 입구에 해당하는 삼천방(三川防) 지역의 개간을 겨우 허가한 상황이라고 밝혔다. 그러나 이곳은 이미 수십 년 전부터 사방에서 유민들이 몰려와 수만 호를 이루었고, 오랫동안 묵힌 땅이라 지력도 좋으므로, 조정에서 이곳을 내버려 두는 것은 서북 연변의 천리 땅[西北沿邊千里之地]에서 매년 생산될 수백만 석의 곡식을 버리는 것이라고 비판하였다.[44)]

---

43) 『金華知非集』 卷12, 策, 「擬上經界策下」.

"大抵屯田之制, 始自漢昭帝張掖之屯, 大備於趙克國『金城方略』, 皆所以實邊圍省饋饟也. …… 臣之上所言屯田, 蓋欲倣棗祗韓浩之言, 爲內地貯積之計, 而若夫實邊固圉之策, 則臣請繼此而陳之."

44) 윗글.

서유구는 사군육진 지역에 부민(富民)을 끌어들여 토지를 개간하자고 주장하였다. 그는 이곳에 자신의 경제력으로 1백 명의 전부(佃夫)를 모집하여 토지를 개간하는 사람은 백부장(百夫長)으로 임명하고, 1천 명의 전부를 모집하여 개간하는 사람은 천부장(千夫長)으로 임명하며, 이들에게 작록(爵祿)을 주되 백성을 다스리는 임무는 부여하지 않았다. 다만 이들 가운데 10경 이상의 토지를 개간한 실적이 있는 사람에게는 매년 봄과 가을에 관서 관찰사와 관북 관찰사가 주관하여 강계와 육진에서 무학에 응시할 자격을 주고, 무예(騎射, 擊刺)를 시험하여 우수한 실력을 보인 사람을 무과 출신으로 선발하는 특전을 부여하자고 하였다.[45)]

서북 지역을 개척하여 국경을 튼튼히 하려는 서유구의 방안은 몇 단계로 나뉘어 순차적으로 진행되는 방식이었다. 1단계는 이상에서 언급한 대로 부민을 유치하여 서북 지역의 비옥한 토지를 개간하는 단계였다. 2단계는 서북 지역의 토지가 개간되어 거주민이 늘어나면, 양강(압록강, 두만강)에서 10리 이내의 지역을 내지와 같은 방식으로 둔전(民

"自茂山, 北行至富寧車踰嶺之北, 一百二十餘里, …… 多土沃可耕處. 自ケ乙于施培, 沿江東下, 至會寧農山保, 一百數十里, …… 亦多饒沃平曠, 可爲數千百人耕稼之場者. 顯廟癸丑, 道臣南九萬, 陳疏諸置邑鎭, 而議格不果行. 關西茂昌等四郡, 自國初置鎭堡. 太宗朝陞延閭爲郡, 世宗朝陞茂昌, 虞芮, 慈城爲郡. 至世祖朝, 以江北兀良哈忽剌溫部落, 無時侵掠, 移其民空其地. …… 先朝甲寅, 先許三川坊耕墾, 卽四郡之初界也. 臣聞流戶四集, 于今數十年, 已過萬餘戶. 曠廢之餘, 地力尤倍, 種粟一升, 能出七八斛. 以是推之。朝家之棄穀於西北沿邊千里之地者, 不知幾百萬石."

45) 윗글.

"募佃夫, 備工本, 入耕, 能以百夫耕者, 授以百夫之地, 爲百夫之長. 能以千夫耕者, 授以千夫之地, 爲千夫之長. 命以爵而授以祿, 則應募者麕集, 可以不費官帑, 而事擧矣. …… 以我國道科之制, 墾田十頃以上, 許付武學解額. 每年春秋, 關西觀察使之巡到江界, 關北觀察使之巡到六鎭, 試以騎射擊刺之法, 拔其優者, 以其名聞, 賜武科出身. 考功察能, 以次擢拔, 不以流外限其用, 則人人競勸矣."

屯)을 개발하여 1/10세를 거두되 그 절반을 비상용으로 비축하는 단계였다.[46] 3단계는 이렇게 10년 정도를 비축한 후 다시 토지를 개척하여 양강 일대를 조선의 국경으로 확정하고, 양강 연안의 요해처에 군읍을 건설하거나 진보를 설치하며, 읍에는 5천 경, 진에는 3천 경의 둔전을 설치하도록 하였다. 서북 지역에 설치된 읍진(邑鎭)의 둔전(官屯)에서는 주객제(主客制) 즉 1/2의 조(租)를 거둬들여, 그중 1/3을 비상시를 대비하여 비축하게 하였다.[47]

이렇게 되면 서북 지역에는 민둔과 관둔이 존재하며, 민둔은 안쪽에 위치하고, 관둔이 그 바깥을 둘러싸는 모양이었다. 또한 관둔에서 병력을 내어 주민을 방어하되 조(調)를 면제받고, 민둔에서는 포(布)를 내어 병력을 지원하되 병역을 면제받도록 하였다.[48]

서유구는 서북 둔전의 장점으로 토지를 개간하고 백성들을 이주시키며 군진을 설치함으로써 국경 지역의 방어를 굳건히 할 수 있다고 판단하였다. 그는 이를 통해 청나라 사람들이 채삼(採蔘), 엽초(獵貂)를 위해 함부로 국경을 넘는 것을 막을 수 있고, 3~5리마다 벽돌로 만든 공심적대(空心敵臺)를 설치하고 군량미를 보관하며 수졸(戍卒)에게 병농을 겸

46) 윗글.

"於是, 就距江十里以內之地, 畫井分田, 一如內地屯田之制. 三年之後, 視田高下, 定什一之稅. 用其半, 爲本屯長俸祿. 儲其半, 以備緩急."

47) 윗글.

"十年之後, 貯積充溢, 然後益復拓地, 以江爲界. 擇要害之地, 建郡邑, 設鎭堡, 每一邑, 置屯田五千頃, 每一鎭, 置屯田三千頃. 官自募民耕之, 收其租如主客例, 平分爲三, 用其一, 廩徒餉士, 用其一, 爲官俸, 貯其一, 以備緩急."

48) 윗글.

"使民屯居內, 官屯居外. 官屯, 出兵以衛民而免其調. 民屯, 出布以養兵而免其戍. 內外互爲維持, 官民相爲經緯, 其條例纖穠."

하게 하여 경계 거리를 좁힐 수 있으며, 서북 지역에 있던 진보를 국경 지대로 전진시켜 그보다 후방에 있던 진보 시설을 혁파할 수 있다고 보았다. 서유구는 양강 연안에 있는 천리 땅이 조선의 소유가 되는 것은 서북 둔전을 설치하여 운영하느냐에 달려 있다고 주장하였다.[49)]

서유구는 해안의 도서 지역에도 둔전을 설치하자고 제안하였다. 그는 조선은 삼면이 바다로 둘러싸인 가운데 곳곳에 도서가 있어 큰 것은 둘레가 300리, 작은 것은 둘레가 60~70리가 되며, 경작이 가능한 옥토가 많은 것으로 보았다. 그런데 당시 서남 해안의 섬은 대부분 목장으로 이용되었다. 서유구는 말의 성질이 더위를 견디지 못하므로, 말 사육장으로는 서남 해안보다 서북 지역이 더 적합하다고 보았다. 서유구는 탐라(耽羅, 제주도)를 제외한 서남해의 목장을 모두 폐지하고, 목장을 감독하던 해우(廨宇)와 늠록(廩祿)을 활용하여 전농관을 두며, 이곳에 민을 모집하여 내지의 둔전과 같은 방식으로 운영하자고 하였다. 서유구는 도서 지역의 둔전을 10년 정도 경영하여 비축된 재화로 해로의 요해처에 진보를 설치하고, 병농을 겸하기를 서북 지역과 같이 하다면, 해방(海防)이 더욱 공고해질 것이라 보았다.[50)]

---

49) 윗글.

"臣聞, 近自百年以來, 彼人之爲採蔘獵貂犯越四郡之境者, 百千爲羣. 防汛之卒, 過之而不敢問. 今幸彼之綱維未弛, 尙可怵之以邊憲, 不至肆其跳梁耳. 彼皆熟知其閒曠可墾也, 狺然呑噬之心, 未嘗一日忘也. 一朝天下有事, 呼吸乍急, 則勝國之往轍不遠. 臣恐沿江千里之地, 非復國家之有, 而西北之民自此無寧歲矣. 及今兩界晏謐之時, 墾田實民, 烟爨相接, 置郡設鎭, 砦堡相望, 則藩垣壯固, 穿竄斂跡, 可以永杜後日舐糠及米之患, 其利一也. …… 有十利而無一害, 何憚而不爲哉. 此西北實邊之策也."

50) 윗글.

"我國三面環海, 島嶼錯落. 大則周圍數三百里, 小則六七十里, 多膏腴可耕之處. 而其在西南海者, 什七爲牧馬之場. …… 臣聞馬爲火畜, 性不耐暑, 宜於西北, 而不宜於東南. 故自古養馬, 必在西北. …… 臣謂, …… 耽羅外西南海牧場, 並罷之. 因其監牧之廨宇廩

서유구는 경사와 팔도의 둔전은 안으로 근본을 튼튼히 하고, 사군육진과 도서의 둔전은 밖으로 변방을 굳건히 하는 방안으로 보았다. 그는 둔전 경영을 통해 내외의 경제력이 충실해지면, 환자(還上)의 폐단이나 군보(軍保)의 부담도 점차 제거할 수 있다고 판단하였다.[51)]

서유구는 「의상경계책」에서 당시의 지역을 중국, 경사, 팔도, 사군육진과 도서로 구분해서 보았다.

서유구는 중국을 농정의 모범이 되는 지역으로 보았다. 그는 중국의 제도를 따라 전제를 결부법에서 경무법으로 바꾸고, 농작물이나 말과 양의 종자, 각종 농기와 양잠 기구를 중국에서 도입하자고 제안하였다. 그러나 그가 중시한 것은 중국의 제도를 도입하여 그대로 시행하는 것이 아니라 조선의 현실에 맞게 조정한 것이었다.

경사(한양)는 조선 농정을 주도하며 새로운 농법을 시험하는 장소였다. 이 지역이 농정을 주도한 이유는 개혁을 이끌어 나갈 관청들이 이곳에 집중되어 있었기 때문이다. 서유구는 서울에 전국의 양전을 총괄할 전담 관청을 설치하고, 호조와 관상감에서는 양전의 계산법을, 서운관에서는 북극고도를 측정할 상한의를 제작하여 전국에 보급하게 하였다. 또한 경사는 새로운 수리 시설을 시험하는 장소였고, 경사 외곽에 설치된 네 곳의 둔전은 새로운 농업 기술을 시험하는 장소였다. 서유구는 경둔

祿, 置典農官, 募民耕種, 一如內地屯田之制, 則積年糞壤, 其利數倍. 行之十年, 富有貯積然後, 擇海路要害處, 設爲鎭堡, 寓兵於農, 如西北鎭堡之爲, 而復予近鎭魚鹽之利, 以糴內地米穀, 則海防益鞏矣. 此又東南固圉之策也."

51) 윗글.
"內壯根本, 外固邊圉, 財穀克溢, 公私給足然後, 傷農則糴, 傷末則糶, 倣常平之制, 革還上之弊. 查檢漏戶, 揀則大小, 復庸調之稅, 罷軍保之役."

(京屯)에 새로운 농법과 농기계를 투입하여 농업 생산량을 증대시키도록 유도하고, 이곳에서 효과를 본 방안을 전국으로 확산시키게 하였다.

팔도는 경사에서 시험한 농법을 본격적으로 시행하는 장소였다. 서유구는 팔도의 관찰사를 균전사로 임명하여 도내의 양전을 감독하고, 열읍의 수령이나 우관, 사인 가운데 적임자를 균전관으로 임명하여 읍내의 양전을 관장하게 하였다. 서유구는 경사에서 시험한 새로운 수리법을 관찰사를 통해 열읍으로 확산시키고, 팔도 감영과 열읍의 형편에 맞게 둔전을 설치하고 경둔과 같은 방식으로 운영함으로써 경제력을 비축하게 하였다.

서유구는 사군육진과 도서 같은 변경 지역에도 둔전을 설치하자고 제안하였다. 경사와 팔도의 둔전은 내지에 축적하고, 변경 지역의 둔전은 자국 국방을 공고히 하는 방안이었기 때문이다. 서유구는 부민을 모집하여 서북 지역을 개간한 후, 압록강과 두만강 연안의 토지를 개발하며, 현지 형편에 따라 군현이나 진보를 설치하는 방안을 제안하였다. 그는 양강 지대를 조선의 국토로 확보하려면 둔전의 설치가 필수적이라고 보았다. 또한 서남 해안의 도서 지역에 설치된 목장을 서북으로 이전시키고, 이곳에 둔전과 진보를 설치하여 경제력을 키우고 해방을 튼튼히 할 것을 제안하였다.

서유구의 전국을 경사, 팔도, 변경 지역으로 구분하고, 각 지역의 특성에 맞게 농업 생산력을 높이는 방안을 제시하였다. 이들은 다시 경사, 팔도 지역과 변경 지역으로 구분되며, 서유구는 전자에서는 부국, 후자에서는 강병에 주안점을 두어 부국강병을 이루고자 하였다. 또한 각지의 둔전을 경영하는 주체도 지역에 따라 구분되었다. 경사와 팔도에서는 농사일에 밝은 사람을 전농관으로 임명하고 지방관으로 등용될 기회를 주었으며, 변경에서는 부호를 유치하여 백부장, 천부장으로 임명하고 개간

실적에 따라 무반으로 진출할 기회를 주었다.[52)]

서유구의 농정 개혁안은 중앙 관청－팔도 관찰사－각읍 수령으로 연결되는 기존의 행정 체계에 바탕을 두고 실현되도록 기획되었다. 이때 경사 지역은 농정 개혁을 주도하고 새로운 농법과 기계를 시험하는 장소로 제안되었다. 이곳은 개혁을 이끌어갈 관청이 집중되고 새로운 농업 기술과 농기계에 관한 정보가 가장 앞선 지역이었기 때문이다. 서유구는 서울을 중심으로 하는 수도권 지역을 자신이 구상한 농정 개혁안을 실천해 나갈 중심지로 파악하였다.

52) 유봉학, 『燕巖一派 北學思想 硏究』, 一志社, 1995, 220~222면.

제3장 수원 유수 활동

서유구의 생애는 성장기, 사환기, 은거기, 현달기, 은퇴기로 구분하여 볼 수 있다.[1)]

이 글은 서유구의 현달기였던 수원 유수[2)] 시절에 보인 활동을 살펴보고, 이때의 경험이 얼마 후 완성되는 『임원경제지』에 어떤 영향을 주었는지를 검토하기 위해 작성하였다. 서유구는 수원 유수로 있는 동안 규장각 제학을 겸하였으므로 한양과 수원을 오가면서 다양한 활동을 하였다. 이 글은 서유구의 활동을 규장각 제학으로서의 활동과 수원 유수로서의 활동으로 구분하고, 수원 유수로서의 활동은 다시 화령전과 현륭원의 관리, 인사 관리, 민생 관리로 구분하여 정리한다.

서유구는 1836년 1월 11일부터 1837년 12월 12일까지 수원 유수 겸 총리사(摠理使)로 근무하면서 『화영일록(華營日錄)』이란 일지를 꾸준히 작성하였다.[3)] 이 글에서는 서유구의 『화영일록』을 주 자료로 활용한다. 또한 서유구는 1833년 4월 10일부터 1834년 12월 30일까지 전라 관찰사 겸 전주부윤으로 활동하면서 『완영일록(完營日錄)』 8책을 작성하였다.

---

1) 유봉학, 『燕巖一派 北學思想 硏究』, 一志社, 1995, 190~195면.

2) 水原留守의 명칭은 원래 華城留守로 시작되었다. 그러나 이 글의 주 자료인 『華營日錄』이나 당시 실록에 수원 유수로 기록된 사례가 많으므로 수원 유수로 칭하기로 한다(『華營日錄』 1836년 1월 11일. "水原留守, 首擬蒙點. 徐能輔[病遞代]." ; 『承政院日記』 憲宗 2년 1월 12일(丙申). "備邊司薦望, 以徐有榘, 爲水原留守.")

3) 『華營日錄』은 2004년에 경기도박물관에서 譯註本을 간행한 바 있다. 자료의 성격에 대해서는 鄭昌烈, 「『華營日錄』에 대하여」 『華營日錄』, 경기도박물관, 2004 참조.

『완영일록』은 『화영일록』과 동일한 성격의 기록이며, 이 글에서는 보완 자료로 활용한다.

제1절 규장각 제학으로서의 활동

서유구는 1836년 1월 11일에 수원 유수로 임명되었다. 그의 전임자였던 서능보(徐能輔)가 신병이 있어 교체되었기 때문이다. 서유구는 1월 15일에 헌종에게 수원 유수를 사직하는 상소를 올렸으나 수용되지 않았고, 1월 26일에 승정원으로 가서 병부(兵符), 교서(敎書), 유서(諭書)를 받고 길을 나섰다. 그가 수원부에 도착한 날짜는 1월 27일이었다. 이후 서유구는 1837년 12월 3일에 지경연사(知經筵事)로 낙점을 받았고, 12월 11일에는 다시 전생서(典牲署) 제조로 임명되었다. 당시 그는 서울에 있었으므로 수원까지 내려가지는 않았고, 12월 12일에 남대문 밖으로 나가 후임자인 이기연(李紀淵)과 교귀례(交龜禮)를 거행하는 것으로 임무를 교대하였다.[4)]

서유구가 수원 유수로 부임할 때 헌종은 '수원은 서울에서 가까운 데 있으므로 매월 초하루에 올리는 기거(起居)를 빠트리지 말고, 국가를 위한 계책이 있으면 수시로 글을 올려 아침저녁으로 간언(諫言)을 올리듯이 하라'고 당부하였다.[5)] 그런데 서유구는 수원 유수로 근무한 2년 동안 총 11차례에 걸쳐 서울을 출입하였다. 헌종의 교서처럼 수원에 있으면

---

4) 『承政院日記』 憲宗 3년 12월 10일(癸丑) ; 12월 12일(乙卯).

5) 『承政院日記』 憲宗 2년 1월 26일(庚戌).

"於戲, 馹路近接於京輦, 毋替月朔之起居, 鴻猷時上於公車, 何異朝夕之納誨?"

이 교서는 知製敎 金洙根이 작성해 올린 것이다. 당시 헌종의 나이는 10세였다.

서 문서로 계책을 아뢰는 정도가 아니라 서울에서 국왕을 직접 대면하는 날이 많았다.

다음의 〈표 7〉은 수원 유수 서유구가 서울을 출입한 일지를 정리한 것이다.

〈표 7〉 수원 유수 서유구의 서울 출입 일지

회차	화성 출발	경유지	화성 도착	체류 일수	비고
1	1836. 2. 2		3. 6	34	
2	1836. 3. 17		4. 29	41	
3	1836. 5. 28	과천	8. 1	62	加資 肅拜
4	1836. 8. 17	시흥	9. 11	23	
5	1836. 11. 9	시흥	11. 13	4	孝成殿 大祥
6	1837. 1. 2	과천	1. 15	13	陳賀班
7	1837. 3. 8	과천	5. 2	53	樊溪 自然經室 2일
8	1837. 6. 6	시흥	8. 10	63	樊溪 1일
9	1837. 8. 21	시흥/과천	9. 18	16	樊溪 自然經室 1일
10	1837. 10. 6	과천	11. 14	38	樊溪 3일
11	1837. 11. 26	과천		15	
계				362	

이를 보면 수원 유수 서유구가 서울에서 머문 날짜는 총 362일로 근무 일수의 절반을 넘었다. 당시 서유구는 규장각 제학을 겸하고 있었으므로 서울에 있을 때는 수원 유수보다 규장각 제학으로서 다양한 활동을 하였다. 서유구가 서울에서 머무는 곳은 주로 필곡(筆谷)이었고, 가끔 번계(樊溪)에 있는 자연경실(自然經室)에 머물기도 하였다.[6] 또한 그는 서울과 수원을 왕래하는 길에 과천이나 시흥에 들러 점심을 먹었다.

이보다 앞서 서유구는 전라 관찰사로 근무할 때도 규장각 제학을 겸

6) 自然經室은 樊溪에 있는 서유구의 서재였다(『金華知非集』 권5, 記, 「自然經室記」).

하고 있었다. 그렇지만 부임지였던 전주와 서울은 멀었기 때문인지 서울을 출입하는 일이 매우 드물었다. 서유구가 전주에 부임할 때를 보면 1833년 4월 10일에 서울에서 출발하여 4월 16일에 전주부에 도착하는 일정이었다.[7)] 서유구가 서울과 수원을 왕래할 때는 하루면 충분하였으나 서울과 전주를 왕래할 때는 6일이나 소요되었다.

1. 편찬 사업

서유구가 규장각 제학으로서 규장각에서 주도하는 국가적 편찬 사업에 참여하였다. 서유구가 수원 유수로 부임한 시기는 1834년 순조가 사망한 직후이므로, 규장각에서는 순조의 어제(御製)와 익종의 어제를 동시에 편찬하여 『열성어제(列聖御製)』에 포함하는 작업을 진행하였다. 순조의 아들이자 헌종의 부친이었던 효명세자는 헌종이 국왕으로 즉위한 직후 국왕으로 추존되어 '익종(翼宗)'이란 묘호(廟號)를 받았고,[8)] 헌종 초에 순조의 어제를 편찬하면서 익종의 어제도 함께 편찬하였다.

서유구는 수원 유수로 임명된 후 현지로 부임할 때까지는 3일에 한 번씩 규장각에 출근하여 어제의 교준(校準) 작업을 하였고, 수원 유수로 부임한 이후에도 서울을 방문할 때마다 규장각에 출근하여 『열성어제』 교준을 계속하였다. 서유구가 마지막으로 교준에 참여한 날짜는 1836년 4월 27일이고,[9)] 순조와 익종의 『열성어제』가 완성된 날짜는 5월 19일이

7) 『完營日錄』 권1, 癸巳四月初十日~十六日.
서유구는 서울에서 화성, 진위, 성환, 천안, 廣亭, 공주, 魯城, 은진, 여산, 三禮를 경유하여 전주에 도착하였다.

8) 『憲宗實錄』 권1, 憲宗 즉위년 11월 庚辰(19일).

9) 서유구가 御製를 校準한 날은 1836년 1월 16일, 19일, 22일, 25일, 2월 23일, 3월 2일, 3일,

었다. 이날 서유구는 규장각 각신으로 감인(監印)에 참여한 공로를 인정받아 가자(加資)의 혜택을 받았다.[10] 당시 서유구는 수원에 있었으며, 5월 21일에 가자를 내리는 국왕의 유지(有旨)와 교유서(教諭書), 호피(虎皮) 1령(領)을 받았다.[11]

서유구가 참여한 『열성어제』는 『순종대왕어제(純宗大王御製)』 12권, 『익종대왕어제(翼宗大王御製)』 6권, 별편(別編) 1책을 합하여 총 18권 12책으로 구성되었고, 권말에 수록된 교정자(校定者) 명단에서 서유구의 직함은 "자헌대부(資憲大夫) 수원부유수겸총리사(水原府留守兼摠理使) 지실록사(知實錄事) 규장각제학(奎章閣提學)"으로 기록되어 있다.[12] 순조와 익종의 어제를 합한 『열성어제』는 총 70건이 인쇄되었고, 서유구도 1건을 하사받았다.[13]

다음으로 서유구는 『순조실록(純祖實錄)』을 편찬하는 작업에 참여하였다. 『순조실록』은 1835년(헌종 1) 5월에 실록청 소속의 관리를 임명하는 것으로 편찬 작업을 시작하였고, 1838년 윤4월 13일에 인쇄를 마무리하고 윤4월 28일에 차일암(遮日巖)에서 시정기(時政記)와 실록의 초초와 중초를 세초하였다.[14] 따라서 서유구가 수원 유수로 있는 동안 『순조실

18일부터 23일까지, 4월 7일, 27일이었다.

10) 『憲宗實錄』 권3, 憲宗 2년 5월 辛丑(19일).

11) 『華營日錄』 1836년 5월 21일.

12) 『列聖御製』(규1123).

13) 『承政院日記』 憲宗 2년 5월 19일(신축).

"傳于李鐸遠曰, 純宗大王御製, 翼宗大王御製, 列聖御製合附本, 奉謨堂·文獻閣·五處史庫外, 奎章閣·內閣·玉堂·藏書閣·西庫, 各一件奉藏. 監印閣臣原任提學南公轍·沈象奎·洪奭周·朴宗薰, 提學趙寅永, 原任提學鄭元容, 提學徐有榘, 檢校直提學徐憙淳, 直提學朴永元, 原任直閣徐俊輔·李光文·李嘉愚·李景在·吳取善, 直閣李公翼, 原任待教李憲瑋·金正喜, 檢校待教趙斗淳·金學性, 待教金洙根, 各一件頒賜."

14) 『實錄廳題名記』(규1444) ; 『憲宗實錄』 권5, 憲宗 4년 윤4월 甲午(23일).

록』의 편찬이 계속 진행되는 상황이었다. 서유구는 수원 유수로 부임하기 이전은 물론이고 부임한 이후에도 서울에 있을 때는 거의 매일 실록청에 나가 실록 편찬에 참여하였다.[15)]

서유구가 『순조실록』의 편찬에 참여하던 중에 예문관에 보관하던 실록이 불에 타버리는 사고가 발생하였다. 좌의정 홍석주(洪奭周)는 시기가 가장 가까운 『정조실록(正祖實錄)』(=『正宗大王實錄』)조차 절반만 남은 상황이므로 가장 먼저 보인(補印)할 것을 요청하였다. 이를 위해서는 강화도의 정족산 사고에 보관하던 실록을 서울로 이동시켜야 하였다.[16)] 수원 유수 서유구는 정족산 사고의 『정조실록』을 서울로 이동시킬 때 협련군(挾輦軍)을 선발하여 보내는 임무를 받았다.

서유구는 1836년 8월 22일에 자기 휘하에 있는 시흥 현령에게 전령(傳令)을 보내 8월 27일부터 28일 사이에 건장한 자 20명을 협련군으로 선발하되 군장(軍裝)과 복색(服色)을 선명히 하고, 시흥현의 경계에서 행렬을 기다렸다가 숭례문 밖의 신지(信地)에 이를 때까지 호위하게 하였다.[17)] 강화도의 실록을 서울로 옮기는 행렬이 나타난 것은 9월 3일이었다. 이날 시흥현에서는 속오군(束伍軍)에서 협련군 20명을 선발하여 시흥현의 경계부터 숭례문 밖까지 호위하였고, 서유구는 그 내용을 장계(狀啓)로 보고하였다.[18)]

---

15) 서유구가 實錄廳에 출근한 날은 다음과 같다. 1836년 1월 22일, 3월 2일~4일, 18일, 20일~21일, 4월 25일, 6월 7일, 9일, 12일~13일, 28일, 7월 1일~3일, 11일, 21일~22일, 25일~26일, 8월 23일, 27일~28일, 9월 3일~8일. 1837년 4월 8일, 11일~12일, 20일~21일, 23일~24일, 6월 8일~9일, 12일~16일, 20일~29일, 7월 11일~15일, 19일~21일, 25일~26일, 29일~30일, 8월 1일~6일, 23일~24일, 26일~27일, 9월 3일~8일, 10일, 10월 8일, 20일, 24일, 28일, 11월 1일, 4일, 7일, 11일, 28일, 12월 2일~3일.

16) 『憲宗實錄』 권3, 憲宗 2년 8월 辛酉(10일).

17) 『華營日錄』 1836년 8월 22일.

서유구는 『열성지장(列聖誌狀)』을 속인(續印)하는 작업에서 감인을 담당하였다. 서유구는 1837년 7월 21일에 감인각신에 임명되어 『열성지장』의 편찬에 참여하기 시작하였고, 이후 서울에 머무는 동안 규장각에 나가 『열성지장』을 교준하는 일을 계속하였다.[19)]『열성지장』의 편찬이 마무리된 날은 8월 27일이었다. 이날 규장각에서는 새로 인쇄한 『열성지장』에 '규장지보(奎章之寶)'를 찍고 인정전에서 국왕에게 책을 올리는 행사를 거행하였으며, 서유구도 이 행사에 참여하였다.[20)] 이튿날 서유구는 새로 인쇄한 『열성지장』 1건을 하사받고, 8월 30일에는 감동각신(監董閣臣)으로서의 공로를 인정받아 표피(豹皮) 1령을 받았다.[21)]

이보다 앞서 서유구는 1790년에 문과에 급제한 직후 규장각 초계문신에 선발되어 학문을 수련하였고, 1792년에는 규장각 대교에 임명되어 국가적 편찬 사업에 참여한 바 있었다. 정조 치하의 규장각에서 서유구는 『주역강의』, 『상서강의』, 『대학강의』, 『맹자강의』, 『좌전강의』 『시경강의』를 편찬하고, 『삼경사서』, 『육주약선』, 『주자서절약』, 『육영성휘』의 교정 및 편집에 참여하였다.[22)] 정조 치하에 규장각 관리로 국가적 편찬 사업에 참여하였던 서유구의 활동은 수원 유수로 부임한 이후에도 계속되었다.

---

18) 『華營日錄』 1836년 9월 3일.

19) 서유구가 『열성지장』의 편찬에 참여한 날짜는 1837년 7월 21일, 25일, 8월 4일, 7일, 9일~10일이었다.

20) 『日省錄』 1837년 8월 27일 ; 『華營日錄』 1837년 8월 27일.

21) 『華營日錄』 1837년 8월 28일 ; 30일.
서유구에게 『列聖誌狀』 1件과 豹皮 1領을 내리라는 헌종의 명령은 8월 27일 행사 직후에 있었다. 그러나 서유구가 실제로 이 상품을 받은 날짜는 8월 28일과 8월 30일이었다.

22) 본서 제2부 제1장 제2절을 참조.

2. 왕실 의례

서유구는 서울에 있을 때 효성전(孝成殿)과 효화전(孝和殿)에서 거행된 의례에 참여하였다. 여기서 효성전은 순조의 혼전(魂殿)이고, 효화전은 익종의 신전(神殿)을 가리킨다. 순조는 1834년 11월 13일에 사망하였고, 11월 9일에 혼전의 이름이 효성전으로 결정되었다.[23] 효명세자(익종)는 이보다 앞서 1830년 5월 6일에 사망하였고, 순조의 혼전 이름이 결정되던 날 신전의 이름이 효화전으로 결정되었다. 이후 효성전과 효화전은 1837년 1월에 순조와 익종의 신주를 종묘에 부묘(祔廟)할 때까지 계속 유지되었다.[24]

서유구는 서울에 있을 때 효성전에서 거행되는 삭제(朔祭), 망제(望祭), 전알(展謁), 조상식(朝上食), 주다례(晝茶禮) 등의 의례에 꾸준히 참석하였다.[25] 1837년 1월 1일은 효성전의 담사(禫祀)가 있는 날이었으나 서유구는 현륭원의 제향을 주관하느라 담사에 참석하지 못하였다. 이에 서유구는 수원의 객사에 가서 망곡(望哭)하는 것으로 참석을 대신하였다.[26] 서유구는 효성전의 의례에 자주 참석하였으나 효화전의 의례에 참석하는 일은 드물었다. 수원 유수 서유구는 1836년 7월 11일에 효화전의 추전알(秋展謁)에 참여한 사례가 유일하다.[27] 이는 익종을 모신 효화

---

23) 『憲宗實錄』 권1, 憲宗 즉위년 11월 庚辰(19일).
순조의 殯殿은 長樂殿이었다(『純祖實錄』 권34, 純祖 34년 11월 甲戌(13일)).

24) 文祜廟에 모셔졌던 孝明世子의 신주가 翼宗大王으로 바뀌어 孝和殿에 奉安된 것은 1835년 5월 19일이었다(『憲宗實錄』 권2, 憲宗 1년 5월 丁丑(19일)).

25) 서유구가 효성전의 의례에 참석한 날은 1836년 6월 18일, 7월 1일, 2일, 11일, 15일, 9월 1일, 9일, 11월 11일, 12일, 13일, 1837년 1월 6일이었다.

26) 『華營日錄』 1837년 1월 1일.

27) 『華營日錄』 1836년 7월 11일.

전보다 순조를 모신 효성전의 의례가 중시되었음을 의미한다.

서유구는 순조와 익종을 종묘에 부묘하는 행사에도 참여하였다. 1837년 1월 3일에 서유구는 대전(大殿, 헌종), 대왕대비전(순원왕후, 순조 비), 왕대비전(신정왕후, 익종 비)에게 올리는 부묘 전문(箋文)과 존숭(尊崇) 전문을 각각 3도(度)씩 작성하여 경기감영으로 보냈다. 수원 유수로서 순조와 익종을 종묘에 모시고, 대왕대비에게 '문인(文仁)', 왕대비에게 '효유(孝裕)'란 존호를 올리게 됨을 축하하는 전문이었다.[28] 1월 4일에 서유구는 다시 부묘 전문과 존숭 전문을 작성하여 규장각으로 보냈다. 이는 규장각 제학의 자격으로 올리는 전문이었다. 서유구의 전문이 경기감영과 규장각으로 나뉘어 전달된 것은 수원 유수와 규장각 제학을 겸하고 있었기 때문이다.

순조와 익종의 부묘례는 1837년 1월 7일에 거행되었다.[29] 하루 전날 서유구는 효성전과 효화전에서 신주를 지영(祗迎)하는 신하의 반열에 참석하였고, 그날 밤은 종묘 문밖에 설치된 의막(依幕)에서 지냈다.[30] 이튿날 헌종이 부묘례를 주관할 때 서유구는 참석하였고, 국왕이 환궁하는 행렬을 따라와 궁궐에서 국왕이 교서를 반포하고 신하들이 진하(陳賀)할 때도 참석하였다.[31] 1월 10일에 서유구는 대왕대비와 왕대비에게 존호를 올리고 진하를 하는 행사에도 참석하였다.[32] 선왕의 삼년상을 마치고 부묘를 하면 왕실의 어른들께 존호를 올리는 것이 조선 왕실의 관례였다.

28) 『憲宗實錄』 권3, 憲宗 2년 10월 辛酉(11일).

29) 『憲宗實錄』 권4, 憲宗 3년 1월 乙酉(7일).

순조는 太廟의 제16실, 익종은 太廟의 제17실에 祔廟되었다.

30) 『華營日錄』 1837년 1월 6일.

31) 『華營日錄』 1837년 1월 7일.

32) 『華營日錄』 1837년 1월 10일.

특히 이때에는 순조와 익종의 부묘례가 동시에 진행되었으므로, 순조의 왕비인 대왕대비와 익종의 왕비인 왕대비에게 동시에 존호를 올렸다.

서유구는 1837년 3월에 거행된 헌종의 가례(嘉禮)에 참여하였다. 서유구는 3월 8일부터 5월 2일까지 53일간 서울에 머물면서 3월 12일의 납징(納徵), 3월 13일의 고기(告期), 3월 18일의 책비(冊妃)에 참여하고, 대전(헌종), 대왕대비전, 왕대비전, 중궁전(효현왕후, 헌종 비)에게 이를 축하하는 진하 전문을 올렸다. 또한 그는 3월 20일에 있었던 헌종의 가례 행렬에 규장각의 관리로 참석하였으며, 3월 22일에 중궁전의 조현례(朝見禮)가 있은 후 문안을 올리는 반열에도 참석하였다.

왕실의 가족이 된 중궁전이 종묘에 가서 왕실의 선조들께 인사를 올리는 묘현례(廟見禮)는 1837년 8월 29일에 거행되었다. 이날 헌종 부부는 태묘(太廟, 종묘)를 참배한 후 경모궁(景慕宮, 莊獻世子)을 방문하여 묘현례를 거행하였고, 순조의 생모인 유빈박씨를 모신 경우궁(景祐宮)에 들러 인사하였다.[33] 이날 서유구는 국왕의 행차를 따랐다가 환궁한 후 문안을 올렸다.[34]

서유구는 이외에도 다수의 왕실 의례에 참여하였다. 그는 규장각 제학으로 규장각이나 선원전(璿源殿), 경모궁, 경우궁에 있는 어진(御眞)을 봉심하거나 이봉(移奉)하는 행사에 참석하고,[35] 대전, 대왕대비, 왕대비의 탄신을 맞아 진하 전문을 올리거나 문안을 올리는 반열에 참석하였다.[36] 또한 청 황제가 순조의 왕비를 책봉하는 칙서를 가진 사신이 방

---

33) 『日省錄』 1837년 8월 29일.

"詣太廟·景慕宮, 展謁. 中宮殿, 行廟見禮. 仍詣景祐宮, 展拜. 中宮殿, 一體展拜."

34) 『華營日錄』 1837년 8월 29일.

35) 『華營日錄』 1837년 4월 13일 ; 15일 ; 17일 ; 18일 ; 12월 7일.

36) 7월 18일은 대전(헌종) 탄일, 5월 15일은 대왕대비전(순원왕후) 탄일, 12월 6일은 왕대비전

문하였을 때 이를 맞이하는 영칙(迎勅) 반열에 참여하고,[37] 인릉(仁陵, 순조)의 기신제(忌辰祭)나 숙선옹주(淑善翁主, 정조의 딸)의 성복례(成服禮)에 참여하기도 하였다.[38] 수원 유수란 관직이 외관이 아니라 경관(京官)에 속하지만, 왕실 의례에 두루 참석한 규장각 제학 서유구는 중앙의 고위 관리에 해당하였다.

3. 경연 참여

서유구가 서울에 머물 때는 헌종의 경연에 참여하여 권강(勸講) 또는 진강(進講)을 하였다.[39] 이 무렵 헌종은 경연에서 『소학』과 『대학』, 『논어』를 배우는 중이었고,[40] 경연에 참석한 서유구는 헌종에게 새로 배우는 부분의 음을 읽고 해석해 주며, 그 문장의 뜻을 부연하여 설명하였다. 다음은 서유구가 경연에서 헌종에게 강조한 부분이다.

> 모용(茅容)은 여항(閭巷)의 필서(匹庶)일 뿐입니다. 그러나 곽태(郭泰)는 그의 자질이 뛰어남을 보고 글을 배우기를 권하여 드디어 덕(德)을 이뤘으니, 학문이 인재를 성취함이 이와 같습니다. 하물며 국왕의 일심(一心)은 온갖 교

(효현왕후)의 탄일이었다.

37) 『華營日錄』 1837년 9월 12일.

38) 『華營日錄』 1836년 6월 10일 ; 1837년 11월 13일.

39) 서유구가 경연에 참석한 날은 1836년 7월 22일, 27일, 8월 23일, 9월 6일, 8일, 1837년 4월 22일, 26일, 28일, 6월 10일, 10월 8일, 20일, 24일, 28일, 11월 1일, 4일, 7일, 11일, 28일, 29일, 12월 2일, 5일이다.

40) 『列聖朝繼講冊子次第』에 의하면 헌종은 『小學』을 1835년 1월 6일부터 1836년 9월 4일까지, 『大學』을 1836년 9월 5일부터 11월 18일까지, 『論語』는 1836년 11월 20일부터 1838년 윤4월 29일까지 읽었다.

화의 근원이니 경사(經史)에 힘을 쏟지 않으면 덕성(德性)은 무엇으로 성취되고, 하루 이틀 만기(萬幾)를 하면서 어떻게 두루 응하고 곡진히 대할 수 있겠습니까? 이 때문에 군주의 덕이 성취되는 것은 반드시 강학(講學)으로 인해야 하는 것입니다. 그렇지만 강(講)이란 바로 경(經)의 뜻을 토론하는 것을 말합니다. 근래의 강연(講筵)에서 문장의 뜻을 반복해서 토론하는 일은 드물고, 그저 한 번 송독(誦讀)하는 것을 일로 삼으니, 이렇게 하면 성학(聖學)이 어떻게 성장하고 진보하겠습니까? 오늘 새로 읽은 부분에 대해 마음속에서 토론할 만한 것이 있으면 물어서 자문을 구하시기 바랍니다. (1836. 7. 22)[41]

'검소에서 사치로 가긴 쉬우나 사치에서 검소로 가긴 어렵다.'는 구절은 천고의 격언(格言)입니다. 장지백(張知白)의 이 말은 한 가정에서 자제(子弟)와 동복(僮僕)들이 보고 느껴서 일어나는 것에 불과합니다. 하물며 숭고(崇古)한 자리에 있으면서 억조(億兆)의 백성들에게 임하여 몸소 낡은 옷을 입고 소박한 음식을 먹는 모범을 실천하지 않으면, 민서(民庶)들이 무얼 보고 느낄 것이며 사치 풍조가 넘쳐나는 것에 끝이 있겠습니까? 검소를 숭상하는 정치는 오늘날의 가장 급선무이니 전하께서는 깊이 유념하시기 바랍니다. (1838. 8. 23)[42]

---

41) 『承政院日記』 憲宗 2년 7월 22일(癸卯).
"有渠曰, 茅容, 卽閭巷匹庶耳. 郭泰見其姿質之有異, 勸令學書, 遂能成德, 學問之可以成就人材, 有如是矣. 況人主一心, 萬化之源, 苟不致力於經史, 則德性何由而成就, 一日二日萬幾, 亦何以泛應曲當乎? 此所以君德成就之必由於講學也. 然講之爲言, 卽討論經旨之謂也. 近來講筵, 罕有文義之反復討論者, 只以一番誦讀爲事, 如是而聖學何由長進乎? 今日新受音, 自心中, 亦有可合討論者, 伏願發問下詢焉."

42) 『承政院日記』 憲宗 2년 8월 23일(甲戌).
"有渠曰, '由儉入奢易, 由奢入儉難'二句, 卽千古格言也. 張知白此言, 不過爲一家內子弟僮僕之觀感而發耳. 況處崇高之位, 臨億兆之民, 苟不身率以菲衣惡食之化, 民庶何卽觀感, 而侈風之濫觴, 容有極哉? 崇儉之治, 最爲今日急先務, 伏願深留聖意焉."

'거경(居敬)' 두 글자는 가장 체인(體認)해야 하며, 경(敬)이란 주일무적(主一無適, 마음을 한 군데에 집중하여 잡념을 없앰)을 말합니다. 강학하는 일로 말하면, 이 장(章)을 강하면 마음이 다른 장으로 넘어가지 않고, 이 절(節)을 강하면 생각이 이 절에서 벗어나지 않는 것이 주일무적입니다. 이렇게 하면 성학(聖學)이 일취월장할 뿐만 아니라 정령(政令)과 주조(注措)도 일에 따라 확 풀릴 것이니 전하께서는 깊이 유념하시기 바랍니다. (1839. 4. 22)[43]

『논어』「향당(鄕黨)」 편은 성인(聖人)의 음식, 의복, 기거 절차를 기록한 것입니다. 이 때문에 선유(先儒)는 이 편을 성인의 양생서(養生書)라 하였습니다. 음식으로 말하면, 때가 아니면 먹지 않고(不時不食), 익히지 않으면 먹지 않으며(失飪不食), 간장을 얻지 못하면 먹지 않는다(不得其醬不食)는 것은 그 맛이 입에 맞는 것이 아니라 다만 비위(脾胃)에 해가 되면 굳이 먹으려 하지 않았다는 것입니다. 의복으로 말하면, 필유침의(必有寢衣, 반드시 잠옷을 입었다)의 필(必)자를 범범하게 보면 안됩니다. 필(必)이란 잠시라도 반드시 여기에 있다는 말입니다. 비록 바쁘고 급한 일이 있어도 옷을 입고 자리에 누운 적이 없고, 비록 제일 더울 때도 이불을 밀치고 잠을 자지 않는다는 말입니다. 이외에도 먹을 때에 말하지 않고 잠잘 때 말하지 않는다는 말은 성인(聖人)께서 절선조보(節宣調葆, 계절의 변화에 맞게 몸을 조리하는 것)하는 방도가 아닌 것이 없으니, 선유가 양생법(養生法)이라 한 것이 이것입니다. 지금 유유(悠悠)한 온갖 일 중에 어찌 '보호성궁(保護聖躬)' 네 글자에서 벗어나는 것이 있겠습니까? 이 「향당」 편을 항상 향안(香案)의 앞에 두고 돌아보고 생

---

43) 『承政院日記』 憲宗 3년 4월 22일(己巳).

"有渠曰, 居敬二字, 最好體認, 敬者, 主一無適之謂也. 卽以講學一事言之, 講此章則心不越乎他章, 講此節則念不外乎此節, 此所謂主一無適也. 如是則不但聖學日就月將, 其於政令注措, 隨事沛然, 深留聖意焉."

각하시기를 천만번 바랍니다. (1839. 10. 8)[44]

이를 보면 서유구는 어린 나이에 국왕이 된 헌종에게 학문에 전념하여 성학(聖學)을 진보시킬 것과 일상생활에서 검소함을 실천하라고 요청하였다. 특히 그는 『논어』「향당」 편을 성인(聖人)의 양생서로 보면서, 여기에 나타나는 공자의 음식, 의복, 기거 절차를 잘 익혀 국왕의 몸을 보호하는 데 유의하라고 당부하였다. 서유구의 이러한 태도는 『임원경제지』에서 음식, 의복, 기거의 구체적 방안을 상세히 서술한 것과 통하는 것으로 보인다.

1836년(헌종 3) 11월 24일, 서유구는 대왕대비로부터 특별한 선물을 받았다. 헌종에게 『대학』을 진강하는 수업이 끝나자, 대왕대비가 권강(勸講) 각신의 공로를 인정하여 분홍설한단(粉紅雪漢緞) 1필과 남수화방주(藍水花方紬) 3필을 하사하였기 때문이다. 서유구는 이보다 앞서 1802년(순조 2)에도 순조에게 『상서』를 진강한 후 주단(紬緞)을 받은 일이 있었다. 30년의 세월이 흐른 후 다시 같은 의미의 선물을 받은 그는 감격의 눈물을 흘렸다.[45] 이를 보면 서유구는 국왕의 경연에 참석하여 국왕을 가르치고 현안을 건의할 정도로 고위 관직에 있었다. 이는 그가 규장각 제학으로 있으면서 경연관을 겸하였기 때문에 가능한 일이었다.

---

44) 『承政院日記』 憲宗 3년 10월 8일(壬子).

"鄕黨一篇, 專記聖人飮食衣服起居之節, 故先儒以此篇, 爲聖人養生之書. 蓋以飮食言之, 不時不食, 失飪不食, 不得其醬不食, 非爲其滋味之適口也, 特以有害於脾胃而不欲苟食也. 以衣服言之, 必有寢衣之必字, 不可泛看, 必者, 造次顚沛, 必於是之謂也. 雖有忙急之事, 未嘗和衣而寢, 雖於盛暑之中, 亦不脫衾而寢之謂也. 外此, 食不語寢不言等語, 無往非聖人節宣調葆之道, 先儒之謂以養生法者, 此也. 方今悠悠萬事, 豈有出於'保護聖躬'四字乎? 以此一篇, 常留香案之前, 常常顧諟留念, 千萬伏望."

45) 『華營日錄』 1837년 11월 24일.

제2절 화령전과 현륭원의 관리

1. 화령전 관리

화령전(華寧殿)은 1801년에 정조의 어진을 봉안하기 위해 수원에 건립한 영전(影殿)이다. 화령전에 모셔진 어진은 1792년(정조 16)에 정조가 장헌세자의 묘소인 현륭원의 재실에 어진(御眞) 봉안각(奉安閣)을 설치하여 모셨던 것으로, 1800년 정조가 사망한 이후 현륭원의 재실 옆에 건릉을 조성하자 화성행궁의 유여택(維與宅)으로 옮겨졌다. 유여택은 정조가 화성에 행차할 때 머물던 장소였다. 화령전은 1801년 4월에 건립되었다.[46] 그런데 현륭원 재실에 봉안되었던 정조의 어진은 군복 차림의 소본(小本)이라 새로 건립된 영전(화령전)의 중앙에 두기에는 적합하지 않았다. 이에 정순왕후는 규장각 주합루에 모셔져 있던 강사포(絳紗袍) 차림의 어진 대본(大本)을 화성행궁으로 보내어,[47] 이전에 있던 소본과 함께 봉안하게 하였다.[48]

새로 건립된 화령전의 관리는 수원 유수가 주관하여 5일 간격으로 봉심하고, 매월 삭일과 망일(望日)에 분향하였으며, 계절이 바뀔 때마다 대봉심을 하도록 규정되었다. 또한 화령전의 제향에는 매년 정조의 탄일에 거행되는 탄신 제향과 12월 납일(臘日)에 거행되는 납일 제향이 있었다.

---

46) 『純祖實錄』 권2, 純祖 1년 4월 乙亥(29일).

47) 『正祖實錄』 권33, 正祖 15년 9월 庚子(28일).

48) 『純祖實錄』 권1, 純祖 즉위년 12월 甲寅(6일).
1800년 12월의 시점에서 규장각에 봉안된 정조의 어진에는 1791년에 그린 大本과 1796년에 그린 小本이 있었다. 이 중 대본은 화성행궁으로 옮겨졌고, 소본은 규장각 주합루에 그대로 남았다. 1791년에 그린 대본 어진은 원래 정조가 현륭원 재실에 봉안하려 하였던 것이다(『正祖實錄』 권33, 正祖 15년 10월 戊申(7일)).

화령전의 제향은 1908년 9월에 이곳에 봉안되었던 정조의 어진이 덕수궁 선원전으로 이안(移安)될 때까지 계속되었다.[49)]

수원 유수 서유구는 1836년 1월 17일 수원에 도착한 직후 화령전을 방문하여 숙배(肅拜)하고 봉심하는 것으로 임지에서의 업무를 시작하였다.[50)] 수원 유수의 업무 가운데 화령전의 관리가 중요한 일이었음을 보여주는 행동이었다. 비슷한 행동은 서유구가 전라 관찰사로 부임하였을 때도 나타났다. 서유구는 1834년 4월 16일에 임지인 전주에 도착하자마자 태조의 어진을 모신 조경묘(肇慶廟)와 전주이씨의 시조인 이한(李翰) 부부의 신주를 모신 경기전(慶基殿)을 연이어 방문하여 숙배하고 봉심하는 것으로 업무를 시작하였다.[51)]

서유구가 화령전을 봉심한 것은 대봉심, 봉심, 일차봉심으로 구분되었다. 대봉심은 1년에 네 차례 하며, 춘대봉심(春大奉審)은 1월 1일, 하대봉심은 4월 15일, 추대봉심은 7월 15일, 동대봉심은 10월 15일에 거행하는 것이 관례였다. 그러나 서유구가 서울에 출장 중이라 해당 날짜에 대봉심을 할 수 없으면 보름이나 1개월을 연기하여 거행하였다.[52)] 대봉심이 거행될 때는 먼저 분향하고, 수원 유수가 화령전령(華寧殿令)과 판관, 위장(衛將)과 함께 봉심하였고, 영화(迎華) 찰방이 동참하는 경우도 있었다. 다음으로 봉심은 삭망일, 즉 매월 1일과 15일에 거행하는 것으로, 수원 유수가 주관하지만 화령전령이나 위장, 장령(掌令)이 대신하기

49) 華寧殿의 관리와 祭享에 대해서는 정해득, 「華寧殿의 건립과 제향」『朝鮮時代史學報』 59, 2011을 참조.

50) 『華營日錄』 1837년 1월 27일.

51) 『完營日錄』 권1, 1834년 4월 16일.

52) 1836년 하대봉심은 4월 15일에서 5월 1일로 미루었고, 추대봉심은 7월 15일을 8월 15일로 미루었다.

도 하였다. 삭망일의 봉심도 분향한 후 하였다. 일차봉심은 삭망일을 제외하고 매 5일과 10일에 하는 것으로, 서유구가 수원에 있는 경우에만 시행하며 분향의 절차도 없었다. 화령전의 봉심에서 가장 중요한 것은 이곳에 있는 정조의 어진 2건의 상태를 점검하는 일이었다.[53)]

화령전 제향에는 탄신 제향과 납일 제향이 있었다. 탄신 제례는 정조의 생일인 9월 22일에 화령전에서 거행하는 제례로, 국왕의 영전에서 탄신제를 거행한 것은 매우 이례적이었다. 왕실에서는 정조의 생일이 가까워지면 규장각 각신을 수원으로 파견하여 화령전과 건릉, 현륭원을 봉심하게 하였다. 이에 1836년 9월 20일에는 각신 김정희(金正喜)가, 1837년 9월 20일에는 각신 김학성(金學性)이 수원으로 파견되어 봉심하였다. 납일 제향은 동지 뒤 세 번째 미일(未日)에 그해의 농사 형편을 신에게 고하는 제사로 섣달[臘月]에 지내므로 납향(臘享)이라 하였다. 화령전의 제향은 수원 유수가 주관하고 수원 판관이 전사관(典祀官) 겸 대축(大祝)을 맡았다.

다음의 〈표 8〉은 서유구가 화령전을 봉심하고 제향을 거행한 일지를 정리한 것이다.

1836년 3월 10일은 정조가 등극한 지 60주년이 되는 뜻깊은 날이었다. 이날 화령전에서는 대왕대비의 특교로 특별한 작헌례가 거행되었고, 헌관으로 지정된 좌의정 홍석주(洪奭周)[54)]가 향축(香祝)을 받들고 수원으로 갔다. 다음은 작헌례를 거행하라는 대왕대비의 교서이다.

---

53) 정해득, 「華寧殿의 건립과 제향」『朝鮮時代史學報』 59, 2011, 152~156면.

54) 정조의 회갑이 되는 1812년 9월 22일에는 정조의 駙馬인 永明尉 洪顯周가 파견되어 화령전의 탄신 제향을 주관하였다. 홍현주는 1836년에 헌관으로 파견된 홍석주의 동생이었다(『純祖實錄』 권16, 純祖 12년 9월 丙戌(17일) ; 9월 辛卯(22일)).

〈표 8〉 수원 유수 서유구의 화령전 관리 일지

시기	1836				1837			
	酌獻	大奉審	奉審	日次奉審	酌獻	大奉審	奉審	日次奉審
1. 1		春大奉審 연기				春大奉審 연기	焚香	
1. 15							분향 兼令	
1. 20								日次
1. 25								일차
2. 1		春大奉審				春大奉審		
2. 5				日次				일차
2. 10				일차				일차
2. 15			焚香				분향	
2. 20								일차
2. 25								일차
3. 1			분향				분향	
3. 5								일차
3. 10	登極周甲		兼衛將					
3. 15			분향				분향 겸령	
4. 1			겸위장				분향 위장	
4. 15		夏大奉審 연기	兼掌令			夏大奉審 연기	분향 위장	
5. 1		夏大奉審					분향 겸령	
5. 5				일차				일차
5. 10				일차				일차
5. 15			분향			夏大奉審		
5. 20								일차
5. 25				일차				일차
6. 1			兼令				분향	
6. 5								일차
6. 15			겸령				분향 겸령	
7. 1			殿令				분향 겸령	
7. 15		秋大奉審 연기	겸위장			秋大奉審 연기	분향 겸령	
8. 1			겸장령				분향 겸령	

8. 5				일차				
8. 10				일차				
8. 15		秋大奉審				秋大奉審		
8. 20								일차
9. 1			겸장령				분향 위장	
9. 15			분향				분향 겸령	
9. 20				일차				일차
9. 22	誕辰祭享				誕辰祭享			
9. 25				일차				일차
10. 1			분향				분향	
10. 5				일차				일차
10. 10				일차				
10. 15		冬大奉審				冬大奉審 연기	분향 겸령	
10. 20				일차				
11. 1			분향				분향 위장	
11. 5				일차				
11. 15			분향			冬大奉審		
11. 20				일차				일차
11. 25				일차				일차
12. 1			분향					
12. 10	臘享祭享							
12. 15			분향					
12. 20				일차				
12. 25				일차				

이해 이날은 우리 정종대왕께서 어극(御極)하신 주갑(周甲)으로, 망극한 아픔과 애절한 생각이 미칠 곳이 없다. 3월 10일의 화령전 작헌례에 마땅히 대신을 보내 섭행할 것이므로 해방(該房)은 모두 알아야 한다. (중략) 화령전 작헌례에는 좌의정이 나아가라.[55]

55) 『華營日錄』 1836년 3월 9일 ; 『憲宗實錄』 권3, 憲宗 2년 3월 甲申(1일).

작헌례가 진행되는 동안 서유구는 겸위장 김상우(金相宇), 영화찰방 오치건(吳致健)과 함께 전정(殿庭)의 서반에 참여하였으며, 제례를 마친 후에는 호피를 상으로 받았다.

다음의 〈표 9〉는 이날 제향을 거행한 참석자의 명단이다. 이를 보면 작헌례 제관은 수원부 판관이 전사관으로 참석한 것을 제외하면, 모두 서울에서 파견된 관리가 주도하였음을 알 수 있다.

〈표 9〉 정조의 등극 주갑일 제례 참석자(1836. 3. 10)

分掌	관직	이름
獻官	左議政	洪奭周
典祀官	水原判官	李敏榮
執禮	司僕寺正	趙在慶
大祝	弘文館 修撰	權溭
祝史	司僕寺 僉正	李奎秀
齋郎	副司果	李玄五
贊者	義盈庫 直長	姜渚
謁者	氷庫 別檢	鄭琓容
祭監	司憲府 監察	徐有隅

정조가 등극한 지 60주년이 되는 날 화령전에서 특별한 작헌례를 거행한 것은 정조가 영조에게 거행한 의례를 모범으로 한 행사였다. 1784년(정조 8)에 정조는 영조의 등극 60주년을 기념하여 진전에 참배하고 선왕 영조의 심법과 정치를 본받겠다고 선언하였다. 1836년에 화령전 작헌례에 헌관으로 참석하였던 홍석주는 서울로 복귀한 후 헌종에게 정조의 사례를 소개하면서 정조의 심법을 계승하여 학문에 힘쓰고 백성을 사랑할 것을 건의하였다.[56]

56) 『承政院日記』 憲宗 2년 4월 5일(丁巳).

예전에 우리 정묘(正廟, 정조)께서 갑신년(1784) 8월 영종대왕(英宗大王)께서 즉위하신 구갑(舊甲)일에 진전(眞殿)을 전배(展拜)하고 윤음(綸音)을 선포하여 다음과 같이 말씀하셨습니다. '내가 오늘 힘써야 하는 것은 오직 선대왕의 심법(心法)을 계승하고, 선대왕의 제도를 준수하며, 선대왕의 조신(朝紳)을 보호하고, 우리 선대왕의 백성들을 편안하게 하는 데 달려 있다.' 지금 전하께서 힘써야 하는 것도 우리 정묘의 심법을 계술(繼述)하는 데 있지 않겠습니까? 우리 정묘의 성덕(盛德)과 홍렬(洪烈)은 역사서에 다 쓸 수가 없고, 모훈(謨訓)과 정령(政令)은 모든 일의 모범이 되지만, 현재의 감법(鑑法)으로 가장 친절한 것은 '전학(典學)'과 '애민(愛民)' 두 가지에 있을 뿐입니다. 오늘 정신(廷臣)이 예전의 일을 직접 목격한 것으로 말하면, 만기(萬機)의 여가에 독서를 과제로 하여 성현(聖賢)의 경전(經傳)을 좌우에서 떨어지지 않게 하고, 자주 근신(近臣)을 만나 예전 일을 토론하기를 밤에서 낮까지 이어지도록 권태로움을 보인 적이 없으니 그 전학이 이와 같았습니다. 여항의 고통은 작은 일이라도 살피지 않음이 없고 주린 자를 구휼하고, 폐단을 제거하는데 미치지 못할 듯이 하였으며, 비가 내리거나 해가 뜨거나 밤낮으로 서성거리며 민사(民事)에 관계된 것은 잠시도 지체하지 않았으니, 그 애민이 이와 같았습니다. 성덕(聖德)이 백왕의 으뜸이었고, 정치 교화가 만세토록 의지하게 된

"粵昔我正廟, 當甲辰八月英宗大王踐祚之舊甲, 展拜眞殿, 誕宣綸音. 若曰, '予今日所當勉者, 惟在於紹我先大王心法, 遵我先大王制度, 保我先大王朝紳, 安我先大王黎庶.' 今殿下所當勉者, 又豈不在於仰述我正廟心法乎? 我正廟盛德洪烈, 史不勝書, 謨訓政令, 動垂典則, 而目下鑑法之最親且切者, 惟'典學''愛民'二者耳. 惟以今日廷臣所逮覩於昔年者言之, 萬機之暇, 讀誦有課, 聖賢經傳, 不離左右, 頻接近臣, 討論往古, 夜以繼日, 未嘗示倦, 其典學也如此. 閭里疾苦, 無微不燭, 賙饑祛瘼, 如恐不及, 一雨一暘, 宵旰憧憧, 民事所關, 晷刻無滯, 其愛民也如此. 聖德之卓冠百王, 治化之萬世永賴, 實由於斯. 殿下, 試以昔年春坊日記及政院記注, 奉考屢數十年之間, 曾未有一兩日不接臣隣之時, 則亦可以仰想遺範矣."

것은 실로 이 때문이었습니다. 전하께서 시험 삼아 『춘방일기(春坊日記)』와 승정원 기주(記注)에서 수십 년간의 기록을 살피시면, 하루나 이틀 동안 신린(臣隣)을 만나지 않은 것이 없으니, 남기신 모범을 우러러 상상할 수 있으실 것입니다.

홍석주가 헌종에게 이 건의를 올렸을 때, 서유구도 같은 자리에 있었다. 이를 보면 화령전의 작헌례는 조선 왕실이 선왕 정조의 정치를 기억하고 그 업적을 계승할 것을 다짐하는 계기가 되었다.

2. 현륭원 관리

현륭원(顯隆園)은 정조의 생부인 장헌세자를 모신 묘소로 1789년 10월에 정조가 수원에 조성하였다. 정조의 묘소인 건릉은 1800년 9월에 현륭원 인근에 조성되었다. 서유구는 수원에 부임하고 이틀 만에 건릉과 현륭원에 가서 봉심하고 정자각과 비각도 살펴보았다.[57] 수원 유수의 업무를 시작하는 시점에서 건릉과 현륭원을 둘러본 것이다.

수원 유수가 주관하는 현륭원 봉심은 대봉심과 봉심으로 구분되었다. 대봉심은 건릉과 현륭원을 동시에 살피는 것으로, 봄가을에 한 번씩 1년에 두 차례 거행되었다. 춘대봉심은 한식 제향이 있는 날 거행되었고, 추대봉심은 추석 제향이 있는 날 거행되었다.[58] 서유구는 대봉심이 있는 날 다음의 사항들을 확인하여 장계로 보고하였다.[59]

---

57) 『華營日錄』 1836년 1월 29일.

58) 春大奉審은 2월 20일과 3월 2일에, 秋大奉審은 8월 15일에 거행되었다.

59) 『華營日錄』 1826년 2월 20일.

1) 건릉의 정자각과 비각

2) 현륭원의 정자각과 비각

3) 현륭원의 수목과 화소(火巢)는 능원관(陵園官)에게 살피게 함

4) 만년제(萬年堤) 저수지의 안

5) 앵봉(鸎峰) 부석소(浮石所) 봉표(封標) 내를 적간, 편비(偏裨)를 파견하여 살핌

현륭원의 봉심은 매월 1일과 15일에 거행하는 것으로, 현륭원을 관리하는 영이나 참봉이 살펴본 후 첩정(牒呈)으로 수원 유수에게 보고하고, 수원 유수는 이 사실을 장계로 보고하였다.

현륭원의 제향에는 1월 1일의 정조(正朝) 제향, 한식에 거행하는 한식 제향, 5월 5일의 단오 제향, 장헌세자의 기일인 5월 21일에 거행하는 기신 제향, 8월 15일의 추석 제향, 혜경궁의 기일인 12월 15일에 거행하는 기신 제향이 있었다. 현륭원은 장헌세자와 혜경궁이 합장된 묘였기 때문에 매년 두 차례의 기신 제향이 있었다. 현륭원의 기신 제향에는 중앙에서 제사를 감독하고 원소를 봉심할 규장각 각신이 파견되었고, 기신 제향의 헌관은 수원 유수가 담당하였다. 현륭원 제향이 있으면 서유구는 하루 전날 향축을 받들고 원소로 나가 재사에 머물렀고 이튿날 새벽에 제향을 거행한 후 관아로 복귀하였다. 한편 건릉의 제향은 정조, 한식, 단오, 추석에 거행되었고 헌관은 중앙에서 별도로 파견되었다. 건릉의 헌관과 현륭원의 헌관이 구분된 것은 국왕의 능과 세자의 원에 위상의 차이를 두었기 때문이다.

다음의 〈표 10〉은 수원 유수 서유구가 현륭원을 봉심하고 제향을 거행한 일지를 정리한 것이다.

수원 유수 서유구는 건릉 제향에 직접 관여하지 않았으나 현륭원과

〈표 10〉 수원 유수 서유구의 현륭원 관리 일지

시기	1836			1837		
	酌獻	大奉審	奉審	酌獻	大奉審	奉審
1. 1				正朝祭享		원령
1. 15						참봉
2. 1			參奉			원령
2. 15			園令			원령
2. 20	寒食祭享	春大奉審				
3. 1			원령			참봉
3. 2				寒食祭享	春大奉審	
3. 15			참봉			원령
4. 1			참봉			참봉
4. 15			원령			원령
5. 1			원령			참봉
5. 5	端午祭享			端午祭享		
5. 15			참봉			원령
5. 21	忌辰祭享			忌辰祭享		
6. 1			원령			원령
6. 15			원령			원령
7. 1			참봉			참봉
7. 15			참봉			참봉
8. 1			원령			원령
8. 15	秋夕祭享	秋大奉審		秋夕祭享	秋大奉審	
9. 1			원령			참봉
9. 15			원령			참봉
10. 1			원령			원령
10. 15			참봉			원령
11. 1			원령			참봉
11. 15	冬至祭享					원령
11. 25				冬至祭享		
12. 1			원령			
12. 15	忌辰祭享		원령			

건릉의 관리는 주관하였다. 현륭원이나 건릉 일대에 소나무나 잡목을 보식(補植)하는 일이 있으면, 현륭원령과 건릉령은 서유구에게 보고하고, 서유구는 이를 국왕에게 보고하였다. 현륭원이나 건릉 일대의 수목을 보식하는 작업은 매년 연례적으로 진행되었고,[60] 정자각 월대와 같이 시설물의 보수가 필요하면 즉시 시행되었다.[61]

1837년 4월 10일에 서유구가 대왕대비에게 직접 보고한 사안도 현륭원과 건릉의 관리에 관한 것이었다. 관천고(筦千庫)는 정조가 현륭원을 조성한 후 화소 안의 민전을 구입하여 마련한 것이다. 이곳의 물자는 현륭원의 정자각 및 비각의 수리, 홍전문(紅箭門) 내외의 공해(公廨)를 관리하는 비용으로 사용되었다.[62] 이에 비해 건릉의 관리는 탁지(호조)에서 비용을 지급하였으며, 이를 집행하는 시간이 걸려 불편하였다. 서유구는 건릉을 관리할 때 현륭원처럼 관천고의 비용을 사용할 것을 요청하여 대왕대비의 허락을 받았다.

> 서유구 : 현륭원을 천봉(遷奉)한 후 화소 안의 민전(民田)을 비용을 주고 사서 매년 세입을 관천고에 비축하고, 정자각 이하를 수리할 때 이 비용으로 거행하는 것을 영식(令式)으로 정하여 지금까지 거행하였습니다. 그런데 건릉의 수개(修改)는 다른 능침(陵寢)의 사례를 따라 탁지(度支, 호조)에서 거행하므로 공역이 있을 때마다 왕복하며, 날짜가 소비되어 끝내 관천고처럼 아침에 명령하여 저녁에 준비하는 것만 못합니다. 또한 같은 국(局) 내에서 능(陵)과 원(園)의 사례가 다른 것은 마땅하지 않습니다. 지금부터 제릉(齊陵) 후릉(厚陵)

60) 樹木을 補植하는 작업은 1836년 2월 19일, 1837년 2월 28일, 9월 29일, 10월 10일에 보고되었다.

61) 현륭원 丁字閣의 월대 礡石을 수리하는 작업은 1836년 5월 5일, 13일, 19일에 보고되었다.

62) 『正祖實錄』 권42, 正祖 19년 4월 乙未(15일).

을 수개할 때 개성부(開城府)에서 거행하고, 헌릉(獻陵)을 수개할 때 광주부(廣州府)에서 거행하는 사례를 따라, 건릉의 수리는 도감(都監)을 설치하는 대역사를 제외하고 소소하게 수리하는 일은 모두 관천고에서 거행하면 일의 형편도 편하고 정리(情理)에도 맞습니다. 사체(事體)가 막중하니 대신들에게 물어 처리하는 것이 어떻겠습니까?

대왕대비 : 대신들의 뜻은 어떠한가?

박종훈(朴宗薰) : 관천고는 본래 현륭원을 수리할 비용을 위해 설치한 것인데, 능과 원의 사체에는 다름이 없습니다. 또한 근거가 되는 기왕의 사례가 있으므로 화성유수가 아뢴대로 시행하는 것이 좋을 것 같습니다.

대왕대비 : 그대로 시행하라.[63)]

또한 팔달문에서 현륭원에 이르는 어로(御路)는 1789년(정조 13)에 처음 조성되었고, 1825년(순조 25)에 벽산보(碧山洑)에 남둔(南屯)을 설치하면서 동쪽 언덕 위로 신작로를 옮겨 만들었다. 그러나 얼마 후 남둔의 수문에 문제가 생겨 보에 물을 가두지 못하자, 행인들은 멀리 돌아가는 신작로 대신 옛길을 이용하는 상황이었다. 이에 서유구는 옛길을 보수하여 어로로 사용하고, 신작로 지역은 개간을 허락하여 이곳에서 나오는 세입

---

63) 『承政院日記』 憲宗 3년 4월 10일(丁巳).

"有渠曰, '顯隆園遷奉後, 火巢內民田, 給價買取, 每年稅入儲置筦千庫, 丁字閣以下修補之節, 專綰擧行, 著爲令式, 行之至今. 而健陵修改, 猶循他陵寢例, 自度支擧行, 每當功役之作, 往復費日, 終不如該庫之朝令而夕備. 且於一局之內, 陵·園不宜異例. 自今依齊·厚陵修改之自開城府擧行, 獻陵修改之自廣州府擧行之例, 健陵修理, 除設都監大役外, 小小修葺之役, 一體自該庫擧行, 則事勢旣便, 情理亦叶, 而事體莫重, 下詢大臣處之, 何如?' 大王大妃殿曰, '大臣之意, 何如?' 宗薰曰, '筦千庫, 本爲園寢修改所需而設, 陵·園事體, 宜無異同. 且有可援之已例, 依華留所所奏施行, 似好矣.' 大王大妃殿答曰, '依爲之.'"

을 관천고에 넣자고 제안하였다.

서유구 : 본부(本府, 수원부)의 팔달문 밖 어로(御路)는 기유년(1789)에 읍을 옮기던 처음에 측량하여 건설한 것입니다. 상유천(上柳川)으로부터 벽산보(碧山洑)를 지나 하유천(下柳川)을 거쳐 대황교(大皇橋)에 이르게 됩니다. 을유년(1825)에 처음 남둔(南屯)을 벽산보에 설치할 때, 어로는 동쪽 비탈진 언덕 위로 옮겼습니다. 얼마 있다가 남둔의 수문에 탈이 나서 처음에는 물을 저장하지 못하였고, 왕래하는 행인들이 신작로(新作路)가 조금 멀리 돌아간다는 것을 알고, 다시 옛길을 따라 길을 내었습니다. 금지해도 되지 않고 지금까지 10여 년이 되자 큰 길이 되었으며, 신작로는 밟고 다니는 것이 드물어 풀이 해마다 무성하니 봄가을로 수리를 하느라 민력(民力)만 허비할 뿐입니다. 지금 옛길을 다시 통하게 하면 조금만 수리해도 행행(幸行)할 때 연로(輦路)를 갖출 수 있으며, 신작로는 백성들에게 경작으로 허용하여 매년 세입을 관천보에 붙이면, 일이 매우 편리하고 대소 인민들도 하나같이 이것을 원합니다. 그러나 처음에 길을 옮길 때 이미 장계로 알리고 거행한 일이니 감히 함부로 편리한 대로 하지 못하고 앙달(仰達)합니다.

대왕대비 : 옛길로 하라.[64)]

---

64) 『承政院日記』 憲宗 3년 4월 10일(丁巳).

"有榘曰, '本府八達門外御路, 卽己酉移邑之初, 尺量設始者也. 自上柳川, 過碧山洑, 歷下柳川, 以達大皇橋矣. 乙酉年間, 設始南屯於碧山洑時, 移路於東偏陂坨之上. 旣而南屯水門有頉, 初不得貯水, 而往來行人, 以新作路之稍覺迂廻, 復從舊路側作路. 禁之不得, 于今十餘年, 仍成大路, 而新作路則跋涉旣罕, 草蕿茂盛, 春秋修治, 徒費民力. 今若復通舊路, 略加葺治, 以備幸行時輦路, 而新作路則許民耕墾, 每年稅入, 付之筦千庫, 則事甚便宜, 大小人民, 一辭願此. 而當初移路, 旣是狀聞擧行之事, 有不敢擅便, 敢此仰達矣.' 大王大妃殿答曰, '以舊路爲之.'"

이상에서 보듯 이날 서유구가 올린 건의는 모두 즉석에서 해결되었다.[65] 이는 그가 수원 유수인 동시에 규장각 제학으로 조정에서의 논의에 직접 참여했기 때문에 가능한 일이었다.

제3절 인사 관리

1. 소속 관리의 포폄

조선시대 관리의 포폄(褒貶)은 매년 6월과 12월 두 차례 실시하도록 규정되어 있었다. 수원부에 소속된 관리들은 원래 경기 관찰사가 포폄을 하였다. 그러나 1793년(정조 17) 이곳에 경관 정2품의 유수부가 설치된 이후 수원 유수는 예하 관리들의 포폄을 담당하였다.[66] 조선시대의 경관은 소속 관청의 당상관이 직접 포폄을 하였기 때문이다.[67] 수원 유수는 처음 설치되었을 때 비변사 제조와 장용외사(壯勇外使), 행궁정리사(行宮整理使)를 겸하고, 1801년에는 화령전 제조까지 겸하게 되었다. 그러나 1802년 수원에 설치되었던 장용영 외영이 혁파된 후 장용외사와 행궁정리사는 없어졌고, 그 대신 총리사(摠理使)를 겸하게 되었다.[68] 따라서 1836년에 서유구의 직책은 수원 유수이면서 총리사를 겸하고 있

65) 『華營日錄』 1837년 4월 10일.

66) 『大典會通』 권1, 吏典, 正二品衙門, 「水原府」.
"(補)掌治華城. (原)都護府. 正宗癸丑, 置留守, 今移錄."

67) 『大典會通』 권1, 吏典, 「褒貶」.
"(原)京官, 則其司堂上官提調, 及屬曹堂上官, 外官, 則觀察使, 每六月十五日, 十二月十五日, 等第啓聞."

68) 『水原府邑誌』(古915.12 Su93g) 「官職」 留守一員.

었다.

서유구는 1836년 6월 12일과 1837년 6월 12일에 춘등(春等)과 하등(夏等)의 포폄, 1837년 12월 12일에는 추등(秋等)과 동등(冬等)의 포폄 등제를 결정하여 중앙 정부에 보고하였다. 서유구가 포폄한 관리는 수원부에 소속된 판관(判官, 蔭官 종5품)과 검율(檢律, 蔭官 종9품), 중군(中軍, 무반 정3품)과 종사관(從事官, 판관 겸직), 화령전을 관리하는 겸령(兼令, 판관 겸직)과 겸위장(兼衛將, 중군 겸직)과 겸수문장(兼守門將, 종9품, 五司哨官 2員)이 있었고, 별오사(別五司) 파총(把摠)[69], 협수(協守) 겸파총, 척후장(斥候將), 독산(禿山) 겸파총, 둔아병(屯牙兵) 파총 등이 있었다.[70] 이 중 별오사 파총은 진위 현령(前司), 과천 현감(後司), 용인 현령(左司), 안산 군수(右司)가 겸직하고, 협수 겸파총은 시흥 현령, 척후장은 영화도(迎華道) 찰방, 둔아병 파총은 평신진(平薪鎭) 첨사가 겸직하였다. 이들은 모두 수원 유수의 포폄 대상이긴 하나 임명 대상은 아니었다. 수원부에 소속된 중군과 판관, 지방관이면서 파총이나 척후장을 겸한 관리는 모두 중앙에서 임명한 관리였기 때문이다. 다만 화령전의 겸수문장은 수원 유수가 직접 임명하였다.

다음의 〈표 11〉은 수원 유수 서유구의 포폄 내역을 정리한 것이다.

이를 보면 서유구는 별후사 파총을 맡은 과천 현감 정만교(鄭晩敎)와 생질 간이 되어 상피를 하느라 3차례 모두 포폄하지 않았다. 또한 서유구가 포폄한 내용을 보면 모두 '상' 등급을 주었다. 다만 1836년 6월의 포폄에서 서유구는 중군 김상우(金相宇)의 등급을 '상'으로 평가하였다가 병조로부터 너무 높게 평가하였다는 지적을 받아 '중'으로 낮추었다.[71]

---

69) 五司는 前司, 後司, 左司, 右司, 中司를 가리킨다.

70) 『水原府邑誌』(古915.12 Su93g) 「殿宇」 華寧殿 ; 「官職」.

71) 『華營日錄』 1836년 6월 24일.

〈표 11〉 수원 유수 서유구의 포폄 내역

연도	1836						1837		
구분	春夏			秋冬			春夏		
직위	이름	題辭	等	이름	題辭	等	이름	題辭	等
華寧殿 兼令	李敏榮	肅敬以將	上	李敏榮	一念敬勤	上	金漢淳	敬謹以將	上
兼衛將	金相宇	恪勤拱衛	상	朴著會	小心拱護	상	朴著會	殫誠衛護	상
兼守門將	洪時榮 金遠浩	守鑰靡懈 勤於供職	상 상	洪時榮 金遠浩	已報仕滿 守鑰恪勤	상 상	金遠浩 徐鎬豊	奉職恪勤 守鑰惟謹	상 상
判官	이민영	倉察欠斛 案無滯牘	상	이민영	方喜糴完 遽惜瓜熟	상	김한순	一念圖酬 隨事殫竭	상
檢律	卞學秀	頗解律例	상	卞學秀	律例頗鍊	상	卞學秀	律例頗嫺	상
從事官	이민영	恬約成規 贊佐何有	상	이민영	民方惜去 軍亦同惜	상	김한순	吏治戎政 相須相濟	상
中軍	김상우	言須踏實 猛必濟寬	상→중	박시회	不煩不撓 盜戢逋完	상	박시회	簡不至弛 綜不過刻	상
別前司把摠 振威縣令	吳勤常	崔科心勞	상	南興中	愆納極督	상	朴長馣	崔科宜勉	상
別後司把摠 果川縣監	鄭晚敎	舅甥 相避	–	鄭晚敎	舅甥 相避	–	鄭晚敎	舅甥 相避	–
別左司把摠 龍仁縣令	李瀰	何適不宜	상	金芸淳	軍民胥悅	상	李鐘允	初政修擧	상
別中司把摠				金魯學	久而益勤	상	金魯學	一何沈屈	상
別右司把摠 安山郡守	金原淳	曠禮非故	상	李俊秀	來固屬耳	상	李俊秀	軍民無怨	상
協守兼把摠 始興縣令	李鳴遠	斗邑硎刃	상	李鳴遠	前評無改	상	李鳴遠	久益播譽	상
斥候將 迎華道察訪	吳致健	獘驛幾完	상	吳致健	可矯獘邑	상	吳致健	材優字牧	상
禿山兼把摠	김상우	分糴稱平	상	박시회	糴政就緖	상	박시회	糴精糶均	상
屯牙兵把摠 平薪鎭僉使	朴允默	稅納無愆	상	朴允默	催撫兩得	상	朴允默	稅納不愆	상

이때 병조에서는 각 도의 유수나 관찰사, 병마사가 보고한 무반의 포폄에 엄명(嚴明)하지 않은 곳이 있어 경책(警責)할 필요가 있다고 하면서 상고(上考)를 받은 3인을 중고(中考)로, 중고를 받은 3인을 하고(下考)로 낮추자고 건의하여 국왕의 허락을 받았다.[72)]

수원 유수 서유구가 직접 포폄한 대상은 16개 관직에 불과하고 그중 대부분은 겸직이었다. 그러나 서유구가 전라 관찰사로 포폄한 대상은 70개 관직에 이르렀다. 전라 관찰사의 예하에 직속된 중군과 도사, 판관, 심약(審藥), 검율(檢律), 전주부에 위치한 조경묘와 경기전을 담당하던 관리, 53개 부·목·군·현의 지방관이 대상이었기 때문이다. 전라 관찰사 서유구가 포폄한 등급을 보면 대부분 상이지만 중이나 하도 상당수 있었다.[73)] 따라서 서유구는 전라 관찰사로 있을 때보다 수원 유수로 있을 때의 포폄이 더 후하였다고 할 수 있다.

"中軍金相宇褒貶等第, 以居中施行事, 自兵曹草記. [草記] 卽見水原留守徐有榘褒貶啓本, 則本營中軍金相宇, 以'言須踏實猛必濟寬'爲目, 當置諸中考, 而置之上考, 殊無嚴明殿最之意. 中軍金相宇, 以居中施行, 該守臣推考警責, 何如? 傳曰允."

72) 『承政院日記』 憲宗 2년 6월 23일(乙亥).

"又以兵曹言啓曰, 拆見諸道褒貶啓本, 則水原留守徐有榘啓本中, 中軍金相宇, 以言須踏實, 猛必濟寬爲目. 全羅監司金興根啓本中, 中軍李文奎, 以縱無緊管, 且宜殫誠爲目. 黃海兵使趙運永啓本中, 大峴別將李枝蕃, 以孤城弊局, 何以振刷爲目. 則俱宜置諸中考, 而置諸上考. 黃海兵使趙運永啓本中, 長壽別將李元會, 以財當遠嫌, 杖宜的罪爲目. 平安兵使李惟秀啓本中, 黿洞權管金利見, 以盍勉謹愼, 曠擅宜警爲目. 乾川權管盧鎭泰, 以盍察橫侵, 有欠詳明爲目. 則俱宜置諸下考, 而置諸中考. 殊無嚴明殿最之意, 各該守臣及道帥臣, 竝推考警責. 水原中軍金相宇, 全羅監營中軍李文奎, 大峴別將李枝蕃, 竝中考施行. 長壽別將李元會, 黿洞權管金利見, 乾川權管盧鎭泰, 竝下考施行. 何如? 傳曰, 允."

73) 『完營日錄』 권1, 癸巳六月十五日 ; 권2, 癸巳十二月十五日.

2. 문사와 무사의 선발

서유구는 수원부의 문사(文士)와 무사(武士)를 선발하는 시험을 주관하였다. 먼저 서유구는 문사를 선발하기 위해 공도회(公都會)를 개최하였다. 공도회는 관찰사나 유수가 관내 유생에게 보이는 과거 시험으로, 생원진사시의 초시에 해당하며, 시험 과목에는 제술과 강서가 있었다. 공도회는 해당 지역에서 매년 시행되고, 선발된 유생은 식년에 거행되는 생원진사시의 복시에 바로 응시할 수 있는 자격을 주었다. 서유구가 활동할 당시 수원부에 배당된 인원은 제술 6인, 강서 2인이었다.[74)]

서유구는 1836년 12월에 수원부 유생을 대상으로 한 공도회를 개최하였다. 서유구는 한 해 전인 을미년(1835)에 공도회가 열리지 않은 것을 고려하여 2년 치의 공도회를 한꺼번에 열었고, 참시관(參試官)은 연서(延曙) 찰방 전제현(田齊賢)이었다. 공도회는 12월 2일부터 4일까지 연속 3장(場)이 열렸으며, 부와 시를 대상으로 한 제술에 응시하여 제출된 시권은 각각 309장, 303장, 230장이었다. 그러나 수원부에서 강서에 응시한 유생은 한 사람도 없었다. 이에 서유구는 강서에 배당된 2인을 제술에 추가하여 2년 동안 16인을 선발하였고, 선발된 인원의 명단, 성적, 생원시와 진사시 중 희망하는 시험, 선발자의 부친 이름을 정리하고, 수석을 차지한 시권을 베껴서 규장각에 보고하였다.[75)]

다음의 〈표 12〉는 수원 공도회의 시제(試題)와 3일 동안의 성적으로 정리한 것이다, 이를 보면 시간이 흐를수록 응시자 숫자가 줄고 성적도

---

74) 『大典會通』 권3, 禮典, 「諸科·公都會」.
"○製述同陞補. ○講書同四學講.[各道都事, 兩道留守, 每年試取, 赴式年生進覆試.] (補)水原府, 製述六人, 考講二人."

75) 『華營日錄』 1836년 12월 5일.

점차 하락하는 경향을 보였다. 응시자가 줄어든 것은 1차나 2차 시험에서 성적이 좋지 않았던 사람이 다음 시험에 응시하지 않았기 때문으로 이해된다. 공도회의 성적을 보면 삼하(三下)와 차상(次上)만 있고, 두 점수 간 비율은 부는 1:3.4이고 시는 1:2.4 정도로 나타난다.

〈표 12〉 수원 공도회의 시제와 성적(1836)

월/일	試券	賦題	詩題	賦		詩	
				三下	次上	三下	次上
12/2	309장	鷄犬識路	使聖人壽富多男子	21	54	17	39
12/3	303장	避正堂舍蓋公	安知蓋公不往來於其間	12	42	22	54
12/4	230장	居士殆將隱	伊水別墅見簑笠牽蓮艇白衣與衲僧泝流吟嘯歎高逸之情莫及	9	13	8	20

다음의 〈표 13〉은 1836년 공도회 시험에서 합격한 16인의 신상 내역과 성적을 정리한 것이다. 이를 보면 합격자의 나이는 29세~63세로 매우 다양하였고, 세 차례 시험의 성적은 합격자 모두 삼하 2회와 차하(次下) 1회를 받아 도합 2푼반(分半)의 점수를 받았다.

다음으로 무사의 선발에는 별효사(別驍士)와 열교(列校)의 도시(都試), 별군관 도시가 있었다. 먼저 별효사와 열교를 선발하는 도시는 매년 춘등과 추등을 시험하는 것으로, 수원 유수가 시험을 주관하며 수석과 몰기자(沒技者, 만점을 받은 사람)는 무과 전시에 바로 응시하고, 다음의 성적은 무과 회시에 응시할 수 있는 특전을 주었다. 시험 과목은 철전(鐵箭), 유엽전(柳葉箭), 편전(片箭), 기추(騎芻), 편추(鞭芻), 조총(鳥銃)이었다.[76]

---

76) 『大典會通』 권4, 兵典, 「試取·水原別驍士列校」.
"[都試] (補)[留守每年春秋試取, 狀聞. 居首者, 沒技者, 直赴殿試. 之次, 直赴會試.] 鐵箭[百步]. 柳葉箭. 片箭. 騎芻. 鞭芻. 鳥銃."

〈표 13〉 수원 공도회 합격자 명단(1836)

年條	합격자	나이	성적	1場	2場	3場	희망	부친
을미 1835	幼學 李又新	29	賦 2分半	3하	3하	次上	생원시	學生 李運翼
	유학 洪雨周	40	부 2푼반	3하	3하	차상	생원시	進士 洪性謨
	유학 金在龜	39	부 2푼반	3하	차상	3하	진사시	유학 金箕燦
	유학 金鐘爀	58	부 2푼반	3하	차상	3하	진사시	通德郎 金致聖
	유학 李雲驥	51	詩 2푼반	차상	3하	3하	진사시	통덕랑 李昇鎭
	유학 沈永奎	32	시 2푼반	차상	3하	3하	진사시	통덕랑 沈憲祖 景慕宮令 沈尙祖
	유학 任希濂	45	시 2푼반	차상	3하	3하	진사시	학생 任喆中
	유학 鄭基奭	39	시 2푼반	차상	3하	3하	생원시	학생 鄭濬容 유학 鄭循容
병신 1836	유학 申衡模	43	부 2푼반	3하	차상	3하	진사시	학생 申用祿
	유학 徐縈輔	33	부 2푼반	차상	3하	3하	진사시	유학 徐幼星
	유학 尹致萬	63	부 2푼반	차상	3하	3하	생원시	贈좌승지 尹衡烈
	유학 曹錫建	48	시 2푼반	3하	3하	차상	진사시	僉知事 曹始振
	유학 曹昌年	36	시 2푼반	3하	3하	차상	진사시	학생 曹萬榮
	유학 李濟翊	44	시 2푼반	차상	3하	3하	진사시	통덕랑 李錫龜
	유학 金奎應	58	시 2푼반	3하	차상	3하	진사시	학생 金希星 학생 金希理
	유학 崔昌來	34	시 2푼반	차상	3하	3하	진사시	유학 崔悳鎭

서유구가 부임하였을 때 수원 별효사와 열교의 도시는 문사를 선발하는 공도회와 마찬가지로 1835년에 개최되지 않은 상황이었다. 이에 서유구는 1836년 10월에 1주일 동안 2년 치 선발을 하였고, 1837년 9월에는 이틀 동안 1년 치를 선발하였다. 수원부의 무사를 선발하는 시험이 치러진 장소는 화성의 동장대였고, 중군, 종사관, 영화 찰방이 참관하였다.

다음의 〈표 14〉는 별효사와 열교 시험의 수석으로 합격한 사람의 명단이다. 1836년 추등에서 선발된 한량 윤지환(尹志煥)은 편전 성적만 나오는데, 편전에서 만점을 받아 바로 선발되었기 때문이다. 합격자들은 모두 무과 전시에 응시할 특전을 받았다.

〈표 14〉 수원 별효사·열교 도시의 수석 합격자(1835~1837)

시기		직위	이름	나이	父	거주(面)	鐵箭	柳葉箭	片箭	騎芻	鞭芻	鳥銃	合
1835	春等	左列別驍士	李命夏	20	李春寬	南部	111步 120보 110보	貫 2中 邊 1중	변 1中	1중	1中	2중	10矢 2分
1835	春等	列校 守牒官	金基錫	31	金洛天	南部	110보 106보 112보	변 2중		3중	2중	변 1중	11矢
1835	秋等	右列別驍士	金守哲	25	金得信	晴湖	106보 104보 105보	관 2중 변 2중		1중		1중 변 1중	10矢 3分
1835	秋等	列校 守牒官	金祥浩	26	前虞侯 金廷煥	北部	112보 111보 111보	변 3중		1중	2중	1중	10矢
1836	春等	右列別驍士	李東秀	33	李仁德	振威	111步 110보 118보	貫 2中 邊 1중	관 1中	2중	2中	1중	12矢 3分
1836	春等	列校 旗牌官	張翼斗	18	出身 張啓福	南部	112보 108보 114보	관 2중 변 1중		1중	2중	1중	10矢 2分
1836	秋等	左列別驍士	卞文圭	31	卞光瑋	北部	128보 116보 125보	변 2중	관 1중 변 1중	1중	2중	1중	11矢 2分
1836	秋等	列校 別武士	金聲達	28	金濟元	南部	106보 106보 110보	관 1중 변 3중	변 1중		2중		10矢 1分
1836	秋等	左列別驍士	尹志煥	25	尹龍祿	南部			관 1중 변 2중				
1837	春等	左列別驍士	李守業	37	李泰得	日用	108步 107보 108보	貫 1中 邊 1중	貫 1中		1中		8矢 2分
1837	春等	列校 守牒官	姜周成	33	姜得範	晴湖	106보 108보 108보	변 1중	변 2중		2중	변 2중	10矢
1837	秋等	右列別驍士	曹源振	31	前五衛將 曹允恒	梅谷	120보 124보 122보	관 1중 변 1중	관 1중	2중	2중		10矢 2分
1837	秋等	列校 守牒官	李世煥	32	李德文	安寧	108보 108보 113보	관 1중 변 2중		2중	2중		10矢 1分

다음의 〈표 15〉는 별효사와 열교를 선발하는 시험에서 차점으로 합격한 사람의 명단이다. 이들은 수원부에서 상을 주고 무과 회시에 응시할 자격을 주었다. 이를 보면 '차점 합격자[之次]'란 분야별로 2등과 3등에 해당하는 사람을 의미하였다.

〈표 15〉 수원 별효사·열교 도시의 차점 합격자(1835~1837)

시기		순위	직위	이름
1835	春等	2등	右列別驍士	閑良 鄭孝源
		3등	左列別驍士	한량 鄭煥榮
		列校 2등	守堞軍官	한량 林光祿
		열교 3등	別武士	한량 金祥浩
	秋等	2등	左列別驍士	閑良 卞文圭
		3등	左列別驍士	한량 洪聖文
		列校 2등	守堞軍官	한량 宋鉉圭
		열교 3등	旗牌官	한량 張翼斗
1836	春等	2등	右列別驍士	閑良 李東珪
		3등	左列別驍士	한량 卞文圭
		列校 2등	守堞軍官	한량 李世煥
		열교 3등	旗牌官	한량 朴在觀
	秋等	2등	右列別驍士	閑良 金順榮
		3등	左列別驍士	한량 李命夏
		列校 2등	守堞軍官	한량 鄭時浩
		열교 3등	討捕軍官	한량 龍永在
1837	春等	2등	左列別驍士	閑良 金聲鍾
		3등	右列別驍士	한량 鄭龍錫
		列校 2등	旗牌官	한량 金仁詳
		열교 3등	別武士	한량 洪秀民
	秋等	2등	左列別驍士	閑良 金聲鍾
		3등	右列別驍士	한량 李德良
		列校 2등	守堞軍官	한량 崔東臣
		열교 3등	旗牌官	한량 金仁詳

서유구가 주관한 무사의 선발에는 별군관 도시도 있었다. 당시 수원부에는 100명의 별군관이 배치되어 있었고,[77] 이들을 대상으로 매년 두

차례(春夏等, 秋冬等) 수석 합격자를 선발하여 중앙에 추천하는 제도였다. 별무관 도시는 수원 유수가 주관하고 종사관이나 중군이 입회하였다. 서유구는 1836년 11월 25일에 추동등(秋冬等) 도시를 거행하여 좌열별군관(左列別軍官) 최현정(崔顯鼎)을 선발하고, 1837년 5월 16일에는 춘하등(春夏等) 도시를 거행하여 좌열별군관 최홍원(崔弘元)을 선발하였다. 이들의 시험 과목은 철전, 유엽전, 편전, 기추, 편추, 조총으로 별효사와 열교를 선발하는 시험과 같았고, 수석 합격자의 성적도 10시(矢) 1푼과 10시 2푼으로 나타나 별효사와 열교의 수석 합격자와 비슷한 수준이었다.

이상에서 보듯 수원부에는 수원 유수 주관으로 매년 문사와 무사를 선발하는 시험이 시행되었다. 수원부에는 도성을 방위하는 유수부가 있고, 국가적 상징물인 화령전과 현륭원을 관리하는 임무가 있었으므로 국가에서 특별하게 부여한 혜택이었다.[78)]

3. 군사 훈련

1836년 1월 26일, 수원 유수 서유구는 경기감영을 방문하여 경기 관찰사 김도희(金道喜)와 교귀례를 거행하였다. 김도희는 수원 유수를 겸하고 있던 인물이었다. 이때 서유구가 가진 인신(印信)은 발병부(發兵符) 우1척(隻), 수원유수인신(水原留守印信) 1과(顆), 수원부판관(水原府判官) 발병부(發兵符) 좌1척, 5읍 발병부 좌5척이었다. 그리고 수원부에 소속

77) 『水原府邑誌』(古915.12 Su93g) 「將官」. "○別軍官一百員."

78) 수원부의 위상을 높이려고 수원 유수 주관으로 陞補試와 公都會를 실시할 수 있게 한 사람은 최초의 수원 유수였던 蔡濟恭이었다. 김준혁, 「번암 채제공의 화성신도시 기반조성과 화성축성」 『번암 채제공의 생애와 활동』, 수원화성박물관, 2013, 96~97면.

된 5읍은 용인, 진위, 안산, 시흥, 과천이었다.[79)]

수원부의 방어체제로 수원에 있는 장용영 외영을 본영으로 하고 주변의 5개 읍이 이를 협수하는 제도가 마련된 것은 정조 대였다. 1795년(정조 19)에 정조는 용인, 안산, 진위에 있던 속오군을 수원부에 소속시키고, 1797년에 시흥과 과천의 속오군을 추가하면서 수원 주변 5읍의 수령들이 파총을 겸하게 하였다.[80)] 그 결과 수원은 안산, 용인, 진위, 시흥, 과천의 중앙에 있으면서 주변의 5개 읍이 수원의 사방을 감싸면서 방어하는 체제가 구축되었다.[81)] 그러나 1802년(순조 2)에 수원에 있던 장용영 외영이 혁파되고 총리영이 설치되면서, 수원 유수는 총리사를 겸하게 되었다.[82)] 또한 수원부에 소속되어 있던 5읍의 속오군은 훈련도감이나 수어청으로 이속되어 수원 유수가 직접 지휘하는 군사 규모가 크게 줄어들었다.

수원 유수 서유구가 주관한 군사 훈련에는 춘조(春操)와 추조(秋操)가 있었다. 수원 유수 지휘로 수원의 총리영 본영과 5개 속읍의 군사를 집합시켜 마병, 보병, 병마의 숫자를 점검하고 훈련을 하는 것이었다. 그러나 서유구가 수원 유수로 근무한 2년 동안 춘조와 추조가 제대로 거행되지 못했다. 조선 전역에 농정이 제대로 시행되지 못하여 흉년이 잦았고, 수원과 5개 속읍의 군병은 제언을 준설하거나 방축(防築)하는 일에 동원되는 일이 많았기 때문이다. 이에 서유구는 각 지역 관아의 진문(鎭

---

79) 『華營日錄』 1636년 1월 26일.

80) 『正祖實錄』 권47, 正祖 21년 9월 庚寅(24일).

81) 장필기, 「정조대의 화성건설과 수도방위체제의 재편」 『조선후기의 수도방위체제』, 서울학연구소, 1998, 184~186면.

82) 『純祖實錄』 권4, 純祖 2년 2월 戊申(7일).
심승구, 「19세기 전반 군영의 변동과 수도방위체제의 변화」 『조선후기의 수도방위체제』, 서울학연구소, 1998, 202~208면.

門)에 군병을 모아 숫자만 확인하는 관진문(官鎭門) 취점(聚點)이나 공사 현장에서 군병 숫자만 확인하는 이점(移點)으로 훈련을 대신하였다.

다음은 서유구가 수원 유수로 있는 동안 비변사에서 도신(道臣)과 수신(帥臣)에게 전달한 국왕의 명령이다.

> 힐융(詰戎, 군대를 다스림)의 중요한 업무를 완전히 포기한 지 이미 수십 년이 되었다. 편안할 때 위태로움을 잊지 않는다는 뜻은 매우 소홀하게 되었으나 지금 거행하는 것을 용납하지 않는다. 생각건대 상토비예(桑土備豫, 재난을 당하기 전에 미리 대비함)의 도리는 민력을 아끼는 것이 근본이다. 지금 동북(강원, 함경) 지역이 모두 흉년을 겪고, 양서(황해, 평안) 지역은 공억(供億, 음식물을 준비하여 접대함)에 피곤하며, 기전(畿甸, 경기)과 삼남(경상, 충청, 전라) 지역은 곡식이 익을 희망이 있으나 비바람에 재난을 입어 가을 수확을 아직 판단하지 못한다. 이런 때 농민들에게 징조(徵調)의 역(役)을 다그치면, 실로 품어서 보호하고 너그럽게 구휼하는 뜻이 아니다. 이번 가을에 팔도(八道)와 삼도(三都, 개성, 수원, 광주)의 수군 및 육군의 조련, 순력(巡歷)과 순점(巡點)을 모두 정지한다. 관진문(官鎭門) 취점(聚點)은 비록 정조(正操)와 차이가 있으나 뜻을 두어 강행(講行)하면 연융이무(鍊戎肄武, 군대를 훈련시키고 무예를 익힘)의 절도에 보탬이 되는 것이 있을 것이다.[83)]

> 국가에서 소중한 것은 힐융보다 더한 것이 없지만 여러 해 훈련을 정지한 것이 곧 항식(恒式)이 되었다. (중략) 생각건대 사도(四道)에 진휼을 설치한 것이 양남(영남, 호남)에는 전수(轉輸)하는 수고로움을 더하게 되었고, 서로(西路, 평안, 황해)는 소강(小康)이라 하나 지금 사객(使客, 사신)이 연속되어 공억

83) 『華營日錄』 1836년 10월 25일.

(供億)이 복잡하다. 기읍(畿邑, 경기)의 시세도 차이가 없으니 이런 때 징조(徵調)를 의논하기 어렵다. 금년 가을에 팔도와 삼도(三都)의 수군 및 육군의 조련, 순력과 순점을 모두 정지한다. 관진문 취점에 있어 대오를 충당하고 무기를 수선하는 일은 거듭 약속을 밝혀 한낱 문구(文具)로 보지 않게 신칙(申飭)하는 효과가 있게 하라. 제언이 있는 곳에서는 이점(移點)하게 하라.[84]

이를 보면 조선 정부는 흉년을 만나 민력을 아끼는 것이 급선무라는 명분으로 오랫동안 군사 훈련을 하지 않고, 관진문 취점이나 제언을 수축하는 현장에서 이점할 것을 지시하였다. 이에 서유구는 수원부의 군병은 현장에서 직접 파악하고, 5개 속읍의 군병은 각 지방관이 보고한 내용을 이문(移文)하는 방식으로 대응하였다. 가령 1837년 10월에 있었던 추조의 경우, 서유구는 수원의 마보군병을 직접 취점하고, 안산, 용인, 진위, 시흥의 군병은 해당 지방관이 제방을 수축하는 곳에서 이점하며, 과천 군병은 과천 현감이 취점하여 보고하였다.[85]

군사 훈련을 대신하여 관진문에서 취점하거나 제언을 수축하는 곳에서 이점하는 방식은 서유구가 전라 관찰사로 있을 때의 사정도 다르지 않았다. 서유구가 전라 관찰사로 근무한 1834년과 1835년에 비변사에서는 관진문 취점이나 이점을 권장하였다. 군병들이 제언을 수축하는 공사에 동원되어 있어 군장(軍裝)이나 복식을 갖추기 어려운 사정을 참작하였기 때문이다.[86] 이를 보면 19세기 전반의 지방군은 제언 수축을 비롯

84) 『華營日錄』 1837년 10월 25일.

85) 『華營日錄』 1837년 10월 25일.

86) 서유구가 전라관찰사로 있던 1834년 10월과 1835년 2월에도 官鎭門 聚點으로 군사 훈련을 대신하였다(『完營日錄』 권1, 癸巳九月二十一日 ; 癸巳十月初四日 ; 권3, 甲午正月十八日 ; 권4, 甲午二月二日).

한 공사에 동원되느라 군사 훈련을 제대로 진행하지 못하는 실정이었다.

제4절 민생 관리

1. 농형과 우택 보고

한 해 농사를 잘 관리하여 풍년이 들게 하고 국가 재정을 충실히 하는 것은 지방관의 가장 중요한 업무였다. 수원 유수 서유구도 이를 원만하게 수행하려고 노력하였다.

서유구의 농업 관련 활동 가운데 가장 눈에 뜨이는 것은 10일마다 한 번씩 농형(農形)을 보고하는 일이었다. 이는 수원부 판관이 현지 형편을 살펴서 첩정을 작성하여 올리면, 수원 유수는 첩정을 통해 현지 사정을 파악하고 장계를 작성하여 중앙에 보고하는 방식이었다. 따라서 서유구는 농사 현장을 일일이 확인하지는 못하고 판관의 보고를 통해 농사 형편을 수시로 파악하고 있었다.[87] 서유구가 열흘마다 올리는 농형 보고는 그해 농사를 시작할 때부터 수확할 때까지 계속되었고, 보고하는 작물 종류에는 봄보리[春麰], 가을보리[秋麰], 올벼[早稻], 늦벼[晩稻], 두태(豆太, 콩과 팥)가 있었다. 이 중 늦벼는 파종 방법에 따라 다시 건파(乾播)와 이앙(移秧)으로 구분되었다.

서유구가 전라 관찰사로 있는 동안 농형을 보고하는 방식은 이와 달랐다. 관찰사가 관리하는 53개 지역의 농형을 열흘마다 파악하기는 사

---

87) 서유구가 직접 현장에서 農形을 살피는 경우도 있었다. 1836년 8월 4일에 그는 安寧面과 章州面에 나가 농형을 관찰하였다.

실상 불가능하였기 때문이다. 전라 관찰사는 매년 한 차례씩 관할 구역을 순력(巡歷)하면서 각 지역의 농형과 민정을 살폈다. 1834년 8월에 전라 관찰사 서유구는 열흘 동안 관내 16개 읍을 순력하였고, 자신이 직접 방문하지 못한 지역은 편비(編裨)를 파견하여 현지 형편을 살피게 하였다. 순력을 마친 서유구는 지역별 농형과 재해 상황을 종합하여 정리한 환영(還營) 장계를 올렸으며, 농형의 경우 벼는 조도(早稻)와 만도(晩稻)로 구분되고, 만도는 조이(早移)와 만이(晩移)로 구분되었다. 또한 전곡으로는 서속(黍粟)과 두태를 언급하였고, 목면의 상황도 보고하였다.[88] 수원 유수가 관할하는 지역과 전라 관찰사가 관할하는 지역은 넓이가 달랐으므로 농형을 보고하는 방식도 달랐다.

서유구는 중앙 정부에 농형을 보고할 때 판관이 파악한 내용에 자신의 견해를 덧붙였다. 다음은 서유구의 판단에 해당하는 것으로, 그는 가뭄이나 폭염으로 농사에 차질이 생기는 것을 몹시 우려하였다.

> 이앙하는 절기는 점차 늦어지고 한 차례의 비도 오지 않아 눈앞의 민사(民事)는 더욱 황망하고 민망합니다. (1837. 5. 18)

> '동풍(東風)이 한 달을 넘기고 가뭄과 폭염 때문에 가뭄에 심어 수근(水根)이 있는 곳은 물이 마르지 않으나 원야(原野)의 높고 건조한 땅에는 전답(田畓)의 곡식들이 시들어 죽은 것이 많습니다. 하류의 연해(沿海) 각 면도 모두 건파(乾播)한 봉천(奉天)의 땅으로, 오랜 가뭄과 폭염 때문에 짠 기운이 솟아오릅니다. 따라서 나무뿌리는 타고 줄기는 메말라 열매 거두기를 기약하기가 어렵다.'고 합니다. 민사(民事)를 생각하면 진실로 민망하며 이즈음 소낙비가

88) 『完營日錄』 권1, 癸巳八月二十六日.

쏟아지기를 절실하게 바랍니다. (1836. 7. 27)

'이앙한 늦벼는 수원(水源)이 있는 곳에는 간혹 이삭이 피고, 바람과 가뭄에 시달려 흰 반점으로 시들어 죽거나 오그라들어 피지 않습니다. 콩과 팥도 꼬투리는 맺었으나 알이 매우 적다.'고 합니다. 이것은 동풍(東風)에 병들고, 끝내 가을 가뭄에 손상된 것이며, 절후는 점점 늦어지고 열매는 몇 개 없습니다. 바닷가 각 면은 작년에 해일이 일어난 곳은 짠 기운이 치솟고, 그루갈이가 모두 시들어 색사(穡事)를 생각하면 매우 민망합니다. (1836. 8. 7)

'가을이 된 후 하나같이 건조하여 전답에 손상을 입은 곡식들은 끝내 소생할 희망이 없다.'고 합니다. 동풍은 겨우 그쳤지만 때늦은 가을 햇볕이 계속되어 전답의 곡식들은 흰 반점이 들거나 시든 것이 대부분이고 실과(實顆)는 매우 적습니다. 민사(民事)를 생각하면 더욱 민망합니다. (1836. 8. 17)

일전에 한 보지락[犁]의 비가 내린 것은 흡족하지 못하여 간절히 기원하였습니다. 그런데 단비가 계속 내려서 높고 낮은 곳을 물론하고 관개하기에 충분하니 민사(民事)를 생각할 때 크게 다행입니다. 그러나 지금은 이앙하는 시기가 늦었고 봇물을 대는 것이 시급하므로, 서로 권하면서 보조하는 방도를 판관에게 감결(甘結)을 띄워 신칙(申飭)하였습니다. (1837. 5. 30)

서유구의 농형 보고를 보면 작물별로 일정한 성장 패턴이 있고, 여기에는 각 작물의 재배법이 반영되어 있었다. 서유구가 보고한 작물별 성장 패턴은 다음과 같았다.

春麰：畢耕 → 立苗 → 鍤役 → 向靑 → 苗長 → 胚胎 → 發穗 → 入實 → 向黃→ 刈取

秋麰：向靑 → 向茂 → 苗長 → 胚胎 → 發穗 → 入實 → 向黃 → 刈取

早稻：付種 → 立苗 → 向靑 → 初除草 → 再除草 → 三除草 → 胚胎 → 發穗 → 向黃 → 刈取

晩稻移秧：注秧 → 立苗 → 移秧/移揷 → 初除草 → 再除草 → 胚胎 → 發穗 → 向黃 → 刈取

晩稻乾播：始役 → 立苗 → 向靑 → 初除草 → 再除草 → 三除草 → 發穗 → 向黃 → 刈取

豆太：根耕 → 立苗 → 鋤役 → 起花 → 結顆

이를 보면 벼의 경우에는 올벼든 늦벼든 건파를 하면 세 차례 제초 작업을 하였고, 이앙을 하면 두 번의 제초 작업으로 마무리되었다. 또한 보리나 콩, 팥과 같은 밭작물은 제초 작업의 과정이 나타나지 않았다.

다음의 〈표 16〉은 서유구의 농형 보고 중에서 작물별 성장 상황을 정리한 것이다.

〈표 16〉을 보면 1837년은 1836년에 비해 농사가 10일에서 15일 정도 늦게 시작되고, 수확도 15일에서 18일 정도씩 늦어졌다. 같은 토지에서 농사 시기가 이처럼 달라진 것은 바로 강우량 때문이었다. 1837년에는 농사를 시작할 무렵 강우량이 크게 부족하여 농사 일정이 전반적으로 늦어졌다.

서유구의 농형 보고는 추수 후 한 해의 작황을 종합하여 보고하는 연분(年分) 장계로 마무리되었다. 수원부의 연분 장계는 2년 모두 9월 27일에 있었고, 강우량에 따른 농사 형편, 이앙한 벼의 작황, 연해 지역의 상황, 밭작물의 작황을 종합하여 보고하였다. 다음은 1836년의 연분 장계

〈표 16〉 서유구의 농형 보고(1836~1837)

시기	春麰	秋麰	早稻(付種)	晩稻	豆太 根耕	判官 牒呈
1836 2. 25	畢耕					李敏榮
3. 5	立苗 鍤役方張	向靑				〃
3. 15	向靑 鍤役了畢	向茂	付種方張	注秧及乾播 今方始役		〃
3. 25	向靑	茁長	付種了畢	注秧及乾播 方張		〃
4. 6	茁長	胚胎	立苗	注秧及乾播 已畢		〃
4. 16	胚胎 惱旱之餘 間多白颯	發穗	向靑	注秧及乾播 已盡立苗		〃
4. 26	發穗 惱旱白颯	向黃	初除草方始	注秧及乾播 向靑 有水根處 移秧		〃
5. 6	向黃	間間刈取	初除草方張	乾播 初除草方始 水根沓 方張移秧		〃
5. 15	間間刈取	已盡刈取	初除草已畢	乾播 初除草方張 移秧 方張	方始	金相宇
5. 25	已盡刈取		再除草方始	乾播 初除草已畢 移秧 已畢	方張	이민영
6. 6			再除草方張	乾播 再除草方始 移秧 初除草方始	已畢	〃
6. 16			再除草已畢	乾播 再除草方張 移秧 初除草方張	立苗	〃
6. 26			三除草方始	乾播 再除草已畢 移秧 初除草已畢	鋤役方始	吳致健
7. 7			發穗	乾播 三除草方始 移秧 再除草方始	鋤役方張	〃
7. 17			間間向黃	乾播 三除草已畢 移秧 再除草已畢	鋤役已畢	이민영
7. 27			間間刈取	乾播 間間發穗 移秧 胚胎	起花	〃
8. 7			已盡刈取	水根處 間或發穗	間或結顆	〃
8. 17				已盡發穗	已盡結顆	〃
1837 3. 4	畢耕					朴蓍會

시기	春麰	秋麰	早稻(付種)	晩稻	豆太 根耕	判官 牒呈
3. 15	耕播差晩 米立苗 銛役方始張	下濕田 間或向靑				金漢淳
3. 26	早耕 漸次向靑	向茂	付種 今方始役	注秧乾播 今方始役		박시회
4. 6	漸次向靑	間或茁長	付種已畢	注秧及乾播 方張		〃
4. 16	漸次茁長	間或胚胎	間間立苗	注秧 間間立苗 乾播 已畢		김한순
4. 26	間或發穗 惱旱之餘 間多白颯	已盡發穗	已盡立苗	注秧 已盡立苗 乾播 間或立苗		〃
5. 8	已盡發穗	入實	初除草方始	注秧 間多乾涸 乾播 向靑		〃
5. 18	入實 間多白颯	向黃	初除草方張	乾播 初除草方始 水根沓 間或移秧		〃
5. 30	間間刈取	已盡登場	再除草方始	乾播 初除草方始 移秧 低下處向茂 高燥地移揷	方始	裨校
6. 10	方張刈取		再除草方張	乾播 再除草方始 移秧 高燥地移揷	耕播方張	김한순
6. 20			再除草已畢	乾播 再除草方張 移秧 初除草方始 晩移秧已畢	幾盡耕播	〃
7. 1			三除草方張	乾播 再除草已畢 移秧 初除草已畢	立苗	〃
7. 11			方張胚胎	乾播 三除草已畢 移秧 再除草已畢	鋤役方張	〃
7. 22			方張發穗	乾播 間或發穗 移秧 三除草已畢	鋤役已畢	〃
8. 2			向黃	乾播 發穗 移秧 胚胎	起花	〃
8. 13			方張刈取	乾播 發穗 早移秧 發穗 晩移秧 間間發穗	結顆	〃
8. 24			已盡刈取	乾播 向黃 早移殃 向黃 晩移秧 已盡發穗	入實	〃
9. 5				乾播 間或刈取 早移殃 間或刈取 晩移秧 已盡向黃	向黃	〃

이며, 서유구가 수원부의 농사 형편을 정확하게 파악하고 있었음이 잘 나타난다.[89)]

본부(本府)의 지형은 서남쪽이 바닷가로 척박하여 소금기가 많고, 동북쪽은 산에 의지하여, 관개(灌漑)가 매우 적습니다. 한 차례 가뭄이 있으면 재해가 매우 심해, 비록 풍년을 예상하는 해라도 곡식이 영글지 않는 해가 많았습니다.

금년은 농사를 시작하는 초봄에 비가 자주 내려, 논에 물 대고 파종하는 것은 기한을 어기지 않았습니다. 그러나 벼 싹이 자랄 무렵에 우택(雨澤)이 점점 줄어들어. 간혹 단비가 내렸으나 끝내 가뭄의 근심을 면하지 못하였습니다. 5월 중순쯤 다행히 큰비가 내렸으나 하지가 이미 지나 시급하게 물을 대는 것에 촌각을 다투었습니다. 이 때문에 판관에게 감칙(甘勅)하기를 밤을 가리지 않고 독려하여, 양식을 돕고 소를 빌려주어, 높은 곳이나 낮은 곳 없이 차례로 이삽(移揷)하여 큰 희망을 가졌습니다. 그러나 한 차례 비가 장마로 이어져 개인 날은 항상 적었습니다.

일찍 이앙한 벼는 싹이 빼어나지 않아 줄어들었고, 늦게 이앙한 벼는 피해가 더욱 심해 6월 20일 이후 3개월 동안 매우 가물고 동풍이 연이어 불었습니다. 이삭이 핀 것은 알맹이가 성글어 백삽(白颯)이 반을 차지하였고, 아직 이삭이 피지 않은 것은 땅에 달라붙어 시들고 쪼그라들어 열매가 거의 없는 것이 곳곳이 모두 그랬습니다. 연해의 각 면은 작년 여름 해일이 있었던 곳에 폭염이 내리쪼이고 짠 기운이 두루 퍼져 완전히 버려진 들녘이 많았습니다. 처음에 곡식이 익을 것이라 짐작하였던 곳은 겨우 흉년을 면하였고, 늦게 열매가 익을 것이라 기대하였던 곳은 그저 빈 껍질만 남았습니다. 타작을 해도

89) 『華營日錄』 1836년 9월 27일.

종자와 세금을 내기 부족하고, 들녘에 그냥 버려두기도 하여 끝내 처음의 생각이 크게 빗나갔습니다. 밭에 심은 곡식은 처음에는 장마로 인해 호미질의 때를 잃었고, 나중에는 가뭄으로 메말라 손상된 것이 반이 넘어, 꼬투리가 떨어지고 열매를 맺은 것은 매우 적습니다. 통틀어 논하면 전답이 모두 황폐하여 우열을 분간할 수 없습니다.

서유구는 농형 이외에도 우택(雨澤) 즉 비가 내린 상황을 일일이 보고하였다. 우택 보고도 농형과 마찬가지로 판관이 올린 첩정을 인용하였으며, 농형은 10일마다 정기적으로 보고하고 우택은 비가 내릴 때마다 수시로 보고하였다. 다만 작물의 수확이 끝나면 아무리 많은 비가 내려도 우택을 보고하지 않았다.[90] 이를 보면 지방관의 우택 보고는 강우량 자체보다 농사에 영향을 주는 강우량에 관심을 두었던 것으로 보인다.

서유구가 우택을 보고할 때는 비가 시작된 시간과 끝난 시간, 강우량, 수원부에 설치된 측우기로 측정한 수심이 들어 있었다. 그리고 강우량의 정도는 티끌적심[浥塵], 보지락[鋤], 호미자락[犁]을 단위로 사용하였다. 다음의 〈표 17〉은 서유구가 우택 상황을 보고한 내용을 정리한 것이다.

이를 보면 1836년에는 측우기로 5촌을 넘을 정도의 많은 비는 단 1회에 불과하고, 농사를 짓는 동안 우택을 보고한 횟수는 총 19회에 달해, 월별로 고르게 비가 내린 셈이었다. 1837년에는 우택을 보고한 횟수가 총 14회에 불과하나 5촌을 넘긴 경우가 많고 5월 26일부터 30일까지, 7월 25일부터 28일까지는 세찬 비가 내려 홍수가 발생하였다. 특히 1837년 7월에는 엄청나게 불어난 물 때문에 축만제(祝萬堤)의 서수문 양

---

90) 1836년 10월 4일의 경우 비가 반나절이나 내려 別驍士와 列校의 都試를 거행하기 어려운 상황이었지만 雨澤을 보고하지는 않았다. 이 해의 농사는 8월에 수확이 완료되었기 때문이다.

〈표 17〉 서유구의 우택 보고(1836~1837)

시기		부터	까지	강우량	測雨器 水深	判官 牒呈
1836	2. 5	4일 묘시	4일 오시	浥塵	3分	이민영
	2. 12	11일 술시	12일 진시	浥塵	3분	〃
	3. 1	29일 미시	30일 묘시	3犁	5寸 3분	金相宇
	4. 9	8일 오시	8일 신시	浥塵	3분	이민영
	4. 15	14일 신시	14일 묘시	1鋤	5분	〃
	4. 29	28일 오시	29일 신시	1犁	1촌 1분	〃
	5. 3	2일 신시	3일 묘시	1鋤	7분	〃
	5. 13	11일 신시	12일 유시	2鋤	1촌 2분	김상우
	5. 15	15일 인시	15일 오시	3犁	4촌 5분	〃
	5. 18	17일 유시		1犁	1촌 8분	〃
	5. 27	26일 해시	29일 묘시	2鋤	1촌 2분	이민영
	6. 1	29일 유시	1일 인시	2犁	3촌 1분	〃
	6. 6	4일 미시	5일 오시	2鋤	1촌 2분	〃
	6. 12	10일 유시	11일 오시	2犁	3촌 3분	〃
	6. 16	15일 묘시		1鋤	6분	〃
	6. 19	15일 미시	18일 미시	2犁	3촌 2분	〃
	6. 26	22일 묘시	25일 묘시	2鋤	1촌 1분	吳致健
	7. 12	10일 유시	11일 인시	浥塵	4분	〃
	7. 29	28일 신시	28일 유시	浥塵	5분	이민영
1837	3. 20	18일 술시	20일 진시	2犁	3촌 3분	金漢淳
	3. 28	27일 진시	27일 오시	1鋤	7분	朴蓍會
	4. 3	1일 술시	1일 축시	浥塵	4분	김한순
	5. 8	7일 신시		1鋤	6분	〃
	5. 27	26일 오시	27일 묘시	2犁	3촌	〃
	5. 30	29일 오시	30일 묘시		5촌 8분	〃
	6. 3	30일 묘시	2일 유시		8촌 8분	〃
	6. 10	8일 신시	9일 인시	1鋤	4분	〃
	6. 14	13일 묘시		1犁	1촌 5분	〃
	7. 11	9일 오시	10일 묘시	2犁	2촌 4분	〃
	7. 16	14일 술시	15일 묘시	2鋤	9분	〃
	7. 19	18일 신시		3犁	3촌 7분	〃
	7. 28	25일 해시	27일 묘시	川渠漲滿	7촌 7분	〃
	7. 29	27일 묘시	28일 인시		1촌 2분	〃

쪽이 깎여나가 수문이 무너질 정도였다. 그러나 이때에는 수문 아래에 만들어 놓은 물길이 넓어 물이 바로 빠져나갔으므로 전답의 피해는 크지 않았다.[91] 정조 대에 만들어진 제언 시설이 홍수에 제 기능을 하였기 때문이다.

서유구는 가뭄이 심각해지면 기우제를 지내기도 하였다. 가뭄으로 흉작이 예상되면 중앙 관리나 지방관이 주관하는 기우제를 지내는 것이 당시의 관례였다. 1837년에는 가뭄이 5월까지 계속되자, 수렴청정을 하던 대왕대비가 기우제를 지낼 것을 거론하였다.

> 오늘 차대(次對)에 나오게 한 것은 혹심한 가뭄 때문이다. 간혹 한두 차례 소나기가 내린 적은 있으나 이것으로는 밭을 갈고 김을 맬 수 없다. 봄보리는 처음에 조금 익었다고 하지만 가뭄이 하나같이 이와 같으니, 비록 여러 해 동안 풍년이 든 나머지라도 오히려 구제하기가 어려울 것이다. 날마다 비가 오기를 기다려도 아직 한 번도 흡족하게 내리지 않고 있다. 하지도 멀지 않았으니 기우제(祈雨祭)를 길일을 가리지 말고 속히 설행(設行)하는 것이 옳지 않겠는가?[92]

논의 결과 정부에서는 5월 14일에 삼각산, 목멱산(남산), 한강에서 기

91) 『華營日錄』 1837년 7월 29일.

"近尺之雨, 一時暴霪, 祝萬堤西水門兩邊內, 托爲漲水所衝嚙, 漸就剝落, 防遏無路. 水門左右潰決之體垌, 假量十餘把是乎旀. 垌底田畓段, 水門下水道, 本自深濶乙仍于, 雖於潰決之後, 水從舊水門直下, 堤底田畓之沈損汰覆, 不至夥多是如爲白乎所."

92) 『憲宗實錄』 권4, 憲宗 3년 5월 戊子(12일).

"今日次對之進定, 以亢旱之故也. 間或有二三次驟雨, 而此不可以鋤犂論. 春牟則初云稍登矣, 旱氣一直如此, 雖屢豐之餘, 猶難救濟. 而日日望霓, 尙靳一霈. 夏至且不遠, 祈雨祭, 不卜日設行, 可乎?"

우제를 지냈고,[93] 지방에서는 날짜를 가리지 말고 즉시 기우제를 지내라고 지시하였다.[94]

수원부에서는 5월 15일부터 기우제를 지내기 시작하였고, 3일마다 장소를 옮겨가며 기우제를 계속하였다. 기우제를 지낸 제단은 5월 15일에는 수원부의 사직단, 18일에는 광교산(光敎山), 21일에는 용연(龍淵), 24일에는 팔달산(八達山), 27일에는 축만제였다. 그런데 〈표 18〉에서 보듯 수원부에는 5월 27일에 비가 내렸고, 5월 30일에 큰비가 내렸으므로 이후로는 기우제가 중단되었다. 서유구는 다섯 번의 기우제 가운데 팔달산과 축만제에서 지낸 기우제를 주관하였고, 나머지 세 번은 수원부 판관과 영화도 찰방이 주관하였다.

다음은 1837년 5월 27일에 서유구가 축만제 기우제에서 사용한 제문이다.[95]

> 제방의 이름은 축만(祝萬)이니 무엇을 축하하나?
> 만억(萬億)에 천억이 되는 벼와 삼, 늦벼 올벼라네.
> 이 제방의 공역은 화합하고 윤택하게 하는 것이니
> 넘실대는 천경(千頃)의 땅을 수문 하나로 조절하네.

---

93) 『承政院日記』 憲宗 3년 5월 12일(戊子).

"禮曹, 祈雨祭不卜日設行事, 伏承慈敎矣, 初次祈雨祭不卜日, 今五月十四日, 三角山·木覓山·漢江, 遣堂下三品官, 虔誠設行事, 知委, 何如? 判付啓, 依所啓施行爲良如敎."

94) 『華營日錄』 1837년 5월 14일.

95) 『華營日錄』 1837년 5월 26일.

"堤名祝萬, 云何之祝, 萬億及秭, 禾麻穜稑. 維此堤工, 粤在協洽, 瀲灩千頃, 節以一閘. 坪曰大有, 渠云萬石, 於乎何忘, 先王肇錫. 遺老擊壤, 今三紀歷. …… 雨師風伯, 陰驅顯率, 濺泥一尺, 作霖三日. 以灌以漑, 澤此南國, 黍稷薿薿, 時萬時億. 顧名思義, 毋曠闕職, 同我衿紳, 來禱來索. 如響斯應, 庶不終夕."

들녘의 이름은 대유(大有)요 도랑 이름은 만석(萬石)이니
아 어찌 잊을까 선왕(정조)께서 처음 내려주신 것을.
유로(遺老)들이 격양가(擊壤歌) 부른 지 지금 36년이 되었네.
(중략)
우사(雨師)와 풍백(風伯)은 음기를 몰고 나타나
일 척(尺)의 비를 뿌리고 3일 동안 장마를 내려라.
물을 끌어들여 이 남쪽 나라에 혜택을 주면
서직(黍稷)이 무성하여 만도 되고 억도 되리니
이름을 보고 의리를 생각하여 이 직분을 병들지 말게 하라.
우리 사대부가 함께 와서 기도하고 찾으니
소리처럼 응답하여 이 저녁 넘기지 마소서.

이상의 제문을 보면 서유구는 정조가 축만제와 만석거를 쌓고 그 아래에 대유평(大有坪)을 조성하여 30년 이상 풍년을 누렸다. 그러나 이제는 가뭄이 들어 농사의 형편이 심각하므로 우사(雨師)와 풍백(風伯)에게 많은 비를 내려 주기를 기원하였다. 서유구가 기우제를 지낸 날 오후에 마침 비가 내렸고, 5월 30일부터 6월 2일까지 계속 비가 내려 가뭄이 완전히 해소되었다.

서유구는 이외에도 상강(霜降)이나 월식이 있으면 상황을 보고하였다. 상강을 보고하는 시기는 첫서리가 내릴 때였다. 서리가 일찍 내리면 미처 수확하지 못한 농작물에 피해를 주기 때문에 농사와 관련이 있는 보고였다.[96]

---

96) 『華營日錄』 1836년 8월 25일 ; 1837년 9월 19일.

늦가뭄이 이미 혹독한데 엄상(嚴霜)이 바로 내리니, 늦게 건파(乾播)하여 흰 반점이 들거나 마른 것은 끝내 다시 살아나 열매를 맺을 희망이 없습니다. 민사(民事)를 생각하면 더욱 민망합니다. (1836. 8. 25)

서유구는 현지에서 월식을 목격하면 일일이 보고하였다. 월식이 있으면 그는 판관과 함께 먼저 구식(救食) 행사를 하고, 월식이 일어난 시간과 변화한 시간을 보고하며 식체(食體)의 도형을 그려 첨부하였다.[97)]

이상에서 보듯 서유구는 수원부의 작물별 농사 형편을 10일마다 정기적으로 보고하고, 강우량이 있을 때마다 보고하였으며, 가뭄이 심각할 때는 기우제를 지냈다. 이는 수원 유수의 직무 가운데 농업을 진흥시키는 임무가 큰 비중을 차지하였음을 의미한다.

2. 권농과 제언 관리

서유구가 농업을 진흥시키는 활동에는 권농(勸農)하고 제언을 관리하는 것도 있었다. 서유구는 수원 유수로 부임한 직후 각 면에 권농 전령과 삼금(三禁) 전령을 내려 농사에 힘쓸 것을 특별히 당부하였다. 다음은 서유구가 부임한 직후에 내린 권농 전령이다.

본부(수원부)는 거듭 흉년을 만나 삼정(三政)이 모두 병들었으며, 백성들은 가난해질 우려가 있고, 땅에서는 농사를 그만두는 탄식이 있다. 도도한 폐단들이 모두 여기에서 생기니 오늘날의 폐단을 회복시키는 방도는 오직 유식(裕食, 식량을 넉넉하게 함)에 달려 있고, 유식은 오로지 권농(勸農)에 달려

97) 『華營日錄』 1836년 9월 15일 ; 1837년 3월 17일.

> 있다. 지금 춘분이 되어 봄 농사가 시작되니, 제보(堤洑)에 물을 가두는 절차와 가래 호미같이 사용하는 도구에 유의하여 혹시라도 때를 놓치면 안된다. (중략) 근래에는 우금(牛禁)이 해이해지고 우축(牛畜)에 손실이 생겨, 전호(佃戶) 중에 소를 기르는 사람이 열에 하나둘도 되지 않는다. 이 때문에 광농(曠農, 소홀하여 실속이 없는 농사)이 곳곳마다 그러하다. 춘경(春耕) 때나 이앙(移秧)하는 계절에는 반드시 이웃 마을에서 서로 빌려 혹시라도 기일을 넘겨 농사를 망치는 한탄이 없게 하라. 혹 여역(癘疫)으로 인해 경작하지 못하는 사람은 이웃 마을의 족친(族戚)들이 힘을 합치고 서로 도와 조그만 땅이라도 묵히는 폐단이 없게 하라.[98]

이를 보면 서유구가 부임한 수원은 흉년이 계속되어 어려운 상황이었고, 농사를 권장하여 식량을 넉넉하게 마련하는 일이 최우선 과제였다. 서유구는 한 해 농사를 시작하는 시점에서 미리 물을 관리하고 농기구를 준비하며, 춘경 때나 이앙할 때 소가 없는 집은 이웃에서 빌리고, 병 때문에 농사를 짓지 못하는 집은 인근의 친척이 대신하여 묵히는 땅이 없게 하라고 당부하였다.

서유구가 지적한 삼금은 우금(牛禁), 주금(酒禁), 송금(松禁)을 말한다. 우금은 논이나 밭을 경작할 때 소가 필수적이기 때문이었다. 그런데 수원에는 특히 우시장이 발달하여 관가의 허락 없이 사도(私屠)를 하거나

---

98) 『華營日錄』 1836년 2월 초1일.

"本府, 荐經歉荒, 三政俱病, 民有顚連之憂, 地有曠廢之歎. 滔滔百弊, 一皆由此, 爲今日蘇弊之方, 惟在裕食, 裕食之道, 專在於勸農是置. 見今春分已屆, 東作伊始, 堤洑貯水之節, 錢鎛資用之器, 預先留意, 毋或失時爲旀. … 近因牛禁解弛, 牛畜耗損, 佃戶畜牛者, 十未一二. 因此曠農, 在在皆然, 春耕之時, 移秧之節, 必須隣里相借, 毋或有愆期失農之歎爲旀. 或因癘疫不能耕作者, 隣里族戚, 併力相助, 俾無片土陳荒之弊爲乎矣."

관아에 세금을 내고 시장에서 매매하는 관포(官庖)가 많았다. 이에 서유구는 세금을 거두는 관포까지 금지하여 우금을 엄격하게 시행하였다.

> 관주(官廚)에 포(庖, 푸줏간)을 설치하는 것도 이미 법외(法外)의 일인데 하물며 장시(場市)에 있어서랴. 일전에 묘당에서 엄하게 신칙하여 이미 감결(甘結)에 써서 알렸듯이, 본부(수원부) 경내에서 장시에 포를 설치하는 폐단은 다른 지역에 비해 더 심하다. 세금을 납부하는 관포(官庖)라 핑계를 대고 어지럽게 매매하며 조금도 꺼리는 것이 없다고 하니, 무엄한 것은 그만두고 몹시 놀랍게 들린다. 이는 엄하게 금단하지 못하였기 때문이니, 어찌 영(營)이 있고 읍(邑)이 있다고 하겠는가? 이른바 세금을 납부하는 관포라는 것을 지금부터 일체 엄금한다.[99]

다음으로 주금은 술을 빚으면 곡식 허비가 많고 술 취한 사람들이 길거리에서 싸움이 붙어 인명까지 다치게 하므로 술을 금지한다는 것이고, 송금은 산의 나무를 함부로 베어내면 샘의 근원을 고갈시키고 제방을 무너뜨려 농사를 망치게 할 우려가 있으므로 금지하였다.[100] 결국 삼금이란 농사를 보호하고 농작물의 소비를 제한하는 조치에 해당하였다.

서유구는 우금을 엄격하게 시행하였으나 민간에서 불법적으로 도살하는 폐단이 완전히 근절되지는 않았다. 1836년 12월에 서유구는 우금

---

99) 『華營日錄』 1836년 2월 초1일.

"[牛酒松三禁傳令] 官廚設庖, 已是法外, 況旀場市是乙喩. 日前, 廟飭截嚴, 纔已謄甘知委是在果, 本府境內, 場市設庖之弊, 比他尤甚. 諉以納稅官庖, 狼藉行賣, 少無顧忌云, 無嚴除良, 駭聽極矣. 此不嚴加禁斷, 豈可曰有營有邑乎? 所謂官庖收稅, 自今爲始, 一切嚴禁爲去乎."

100) 『華營日錄』 1836년 2월 초1일.

을 강조하는 전령을 다시 각 면으로 내렸다.

> 우척(牛隻)을 몰래 도살하는 것은 삼금(三禁)의 하나로, 조정의 명령이 엄중하고 영칙(營飭)을 연달아 반복하였다. (중략) 우축(牛畜)은 농사 업무에 관계되는 것인데, 과연 어떻게 하였기에 호반(豪班)과 완민(頑民)이 법의 뜻을 잊고 함부로 범하기를 어렵게 여기지 않아 날마다 줄어드는가? 해마다 한 해의 경간(耕墾)을 축내고 매번 농시(農時)를 잃어 풍흉이 여기서 나눠지니 이것이 어찌 작은 일인가?[101]

수원 유수 서유구는 판관에게 수시로 권농하는 감결(甘結)을 보내, 풍헌(風憲)이나 권농 같은 면임배(面任輩)를 독려하라고 지시하였다. 다음의 사례에서 보듯, 서유구의 권농 감결은 비가 내릴 때 농시를 놓치지 말라고 독촉하고, 어려운 이웃은 힘을 합쳐 농사를 지으라고 당부하는 내용이었다.

> 한 달이 지나도록 가뭄을 걱정하던 나머지 여러 차례 단비가 내리니 어찌 천만다행이 아니겠는가? (중략) 지금 내린 비가 흡족하지는 않으나 먼저 수근(水根)이 있는 곳은 차례로 이앙하고, 수근이 없는 곳은 다시 우택을 기다렸다가 상황을 보고하라. 농민이 힘을 더는 길은 일제히 바쁜 것보다 나은 것이 없는데, 생각을 늦출 수 없는 것은 게으른 농부가 때를 잃고 곤궁해진 백성들이 농기구를 갖추지 못하는 것이다. 소와 양식이 없는 사람에게

---

101) 『華營日錄』 1836년 12월 17일.
"牛隻潛屠, 係是三苓之第一條件, 而朝令自來嚴重, 營飭繼以申複. …… 牛畜之關係農務, 果何如而豪班頑民, 罔念法意, 無難冒犯, 日就耗縮? 歲減一歲耕墾, 每患失時, 豊歉從以判焉, 此豈細故也哉?"

는 이웃을 잘 깨우쳐 서로 빌려주고 도우면서 시일이 지연되거나 절후(節侯)의 차질이 없게 하라. 혹 병으로 폐농(廢農)하는 사람이 있으면 이웃 마을이 힘을 합해 도우며 절대로 그냥 넘기지 말아야 한다. 면임(面任)은 두루 돌아다니며 면마다 감독하고 신칙하라. 초복 전후에 영문(營門)에서 적간(摘奸)하는 별기감찰(別岐監察)을 많이 내보낼 생각이다.[102]

지금 듣기에 본면 오산장촌(烏山場村)에 때를 놓쳐 폐경(廢耕)하는 집이 있었다. 그런데 그 동(洞)의 농민 40여 인이 서로 의논하고 도와서, 주앙(注秧)하는 사람은 소를 빌려서 모를 옮겨 심고, 부종(付種)하는 사람은 힘을 합쳐 김을 매었다고 한다. 이처럼 훈훈한 풍문이 들리므로 가상함을 이기지 못하고 청주(淸酒) 10선(鐥)과 정육(正肉) 3근을 보낸다. 면임은 즉시 해당 촌으로 가서 두두인(頭頭人)과 그날 부역한 전부(田夫)들을 모아 이런 뜻으로 고기와 술을 전하라. 다른 촌에서는 어떤가를 살피되 이에 반대되는 일이 있으면 이에 반하는 벌이 있어야 할 것이다.[103]

농상(農桑)을 권하는 것은 영문(營門)에서 평소에 고심하는 것이다. 봄과 여름을 지내면서 우택(雨澤)이 인색하여 물을 대어 심은 모[秧]는 쓸쓸히 그을리고, 육경(陸耕)한 밭에는 자기(鎡器, 호미)가 들어가지 않은 것이 한 달을 넘기니 간과 허파가 타려고 하였다. 다행히 초순 사이에 한 자가 넘는 비가 내려 높은 밭이나 낮은 밭에 흡족하지 않은 곳이 없으니, 민정(民情)을 생각하면 크게 다행함을 이길 수 없다. 이앙하는 계절이 조금 늦어 물을 대는 것이 시급하므로, 서로 권하고 돕는 방도를 일각도 허비할 수 없다. 일전에 감사(甘辭)로 특별히 신칙하고, 처음으로 편비(褊裨)를 나눠 보내어 면마다 적

102) 『華營日錄』 1836년 5월 초3일.

103) 『華營日錄』 1836년 5월 26일.

간(摘奸)하려 하였으나, 관인(官人)이 오래 외촌(外村)에 머물면 민폐가 적지 않으므로 우선 정지할 것을 신칙(申飭)한다.[104]

서유구는 농사를 권장하는 틈틈이 제방 관리에도 신경을 썼다. 서유구는 1837년에 수원부 내의 제방을 보완하고 물길을 준설하였으며, 홍수로 무너진 축만제의 수문을 개수하였다. 제방을 수리하는 비용은 수성고(修城庫)와 저치고(貯置庫)의 비축분을 사용하였고, 수리 작업은 3월부터 9월말까지 계속되었다. 서유구가 수원부 제방을 관리하는 작업은 다음의 다섯 가지로 구분할 수 있다.

첫 번째는 북둔(北屯)의 물길을 트는 일이었다. 북둔은 정조가 화성을 축성할 때 만들었으나 1832년과 1833년의 홍수로 모래가 덮여 저장된 물이 거의 없는 상황이었다. 서유구는 1837년 3월부터 춘조(春操)를 중지하고 군사를 동원하여 진흙이 막혀 뭍이 된 곳을 깊게 파내고 방죽이 무너진 곳을 완축하였다.[105] 그 결과 제방 안을 파내고 제동(堤垌)과 북쪽 제방을 보축한 길이가 220파(把), 넓이가 7파, 동쪽 제방을 신축한 것이 280파, 넓이가 4파에 이르렀다.

두 번째는 여의교(如意橋)의 좌우 석축이 태반이나 밀려난 것을 개축하는 일이었다. 이곳은 동쪽으로 물이 들어오는 것이 오래되어 찌꺼기가 쌓이고 백성들이 경작까지 하는 상황이었다. 서유구는 이곳을 개척하여 석축 20칸을 개건하게 하였다. 석축의 높이는 4척, 넓이 10척이었다.

세 번째는 화성 내의 개천을 준설하는 작업이었다. 화홍문에서 남수문에 이르는 개천에는 모래와 진흙이 쌓여 도로 높이와 같아졌으므로,

104) 『華營日錄』 1837년 6월 5일.

105) 『華營日錄』 1837년 3월 4일.

장마가 지면 동쪽과 서쪽이 물에 잠겨 인근 민호(民戶)가 침수되는 것을 걱정할 정도였다. 공사는 5월에 시작하여 하천에 쌓인 모래와 자갈을 파내고 방죽과 언덕을 보축하는 작업이었다.[106] 하천의 좌우 제방을 보축한 길이가 630파, 넓이가 20파였다.

네 번째는 축만제의 수문과 제방을 복구하는 일이었다. 수원부에는 1837년 7월 말에 나흘 동안 1척에 가까운 비가 내려 축만제의 서수문이 무너졌다. 이곳은 북둔에 비해 저장된 물이 많아 관개의 이로움이 가장 많았던 곳인데, 수문이 무너지면 저장된 물이 일시에 유실되어 방죽 아래 수십 리의 전답에 물을 댈 수가 없었다. 이때 물길에는 전석(磚石)만 사용하여 가로세로로 배열하고, 수갑(水閘)을 완성하여 흙을 쌓고 모래를 덮는 것으로 제방을 완전히 복원하였다. 그 결과 복원된 석문(石門)의 석주 높이는 15척 5촌이고, 좌우 석축의 길이는 28척, 높이는 5척이었으며, 전석으로 개포(改鋪)한 길이는 28척, 넓이 3척이었다. 또한 체동(體垌)을 개축한 길이가 35파, 넓이가 20파, 높이가 7파에 이르렀다.

다섯 번째는 두주방천(斗周防川)을 보축하는 일로 총 50칸을 보축하였다.[107]

이를 보면 서유구는 재임 후반기에 해당하는 1837년에 수원부의 제방 시설을 전반적으로 복원하고 정비하는데 진력한 것으로 이해된다.

3. 기민 구제와 재판

서유구의 민생 업무에는 기민(飢民)을 구제하는 일이 포함되었다.

106) 『華營日錄』 1837년 5월 9일 ; 5월 18일.

107) 『華營日錄』 1837년 10월 24일.

1835년에 수원부의 서해안 지역에 해일 피해를 본 기민이 발생하였다. 서유구는 부임하자마자 이들을 구급하기 위해 2월 27일부터 4월 27일까지 총 7차례에 걸쳐 미(米)와 태(太)를 나눠주었다. 해일 피해를 본 기민의 숫자는 736구(口)에서 771구에 이르렀고, 열흘마다 한 사람당 미 2승, 태 2승씩 정기적으로 식량을 제공하였다. 기민을 구제하는 식량은 수원부에 설치된 1창(倉), 6창, 7창, 9창의 비축분을 사용하였고, 1창의 감독은 예비(禮裨), 6창과 7창의 감독은 좌수(座首)가 맡았다. 9창의 감독은 영화 찰방, 공비(工裨), 좌열장(左列將), 우열장(右列將), 중사(中司) 파총이 돌아가며 담당하였다.

다음의 〈표 18〉은 1836년에 해일 피해를 본 기민들을 구제한 상황을 정리한 것이다.

〈표 18〉 1836년 수원부의 기민 구제

날짜	1倉	6倉 7倉	9倉	합
2. 27	禮裨 監分	座首 監分	迎華察訪 監分	747口 米 9石 14斗 4升 太 9석 14두 4승
	松洞 44口	土津 63구 五朶 31구 宿城 64구 浦內 58구 佳士 30구 玄巖 40구	長安 74구 鴨汀 109구 草長 49구 雨井 185구	
3. 7	禮裨 監分	座首 監分	工裨 監分	736口 米 9石 12斗 2升 太 9석 12두 2승
	松洞 44口	土津 63구 五朶 31구 宿城 64구 浦內 58구 佳士 30구 玄巖 40구	長安 74구 鴨汀 94구 草長 45구 雨井 188구	

3. 17	禮裨 監分	座首 監分	左列將 監分	771口 米 10石 4斗 2升 太 10석 4두 2승
	松洞 44口	土津 70구 五朶 32구 宿城 70구 浦內 66구 佳士 35구 玄巖 46구	長安 74구 鴨汀 99구 草長 45구 雨井 188구	
3. 27	禮裨 監分	座首 監分	左列將 監分	770口 米 10石 4斗 太 10석 4두
	松洞 44口	土津 70구 五朶 32구 宿城 74구 浦內 66구 佳士 35구 玄巖 46구	長安 73구 鴨汀 99구 草長 45구 雨井 188구	
4. 7	禮裨 監分	座首 監分	右列將 監分	770口 米 10石 4斗 太 10석 4두
	松洞 42口	土津 70구 五朶 32구 宿城 74구 浦內 66구 佳士 35구 玄巖 46구	長安 73구 鴨汀 99구 草長 45구 雨井 188구	
4. 17	禮裨 監分	座首 監分	右列將 監分	769口 米 10石 3斗 8升 太 10석 3두 8승
	松洞 41口	土津 70구 五朶 32구 宿城 74구 浦內 66구 佳士 35구 玄巖 46구	長安 73구 鴨汀 99구 草長 45구 雨井 188구	
4. 27	禮裨 監分	座首 監分	中司把摠 監分	769口 米 10石 3斗 8升 太 10석 3두 8승
	松洞 41口	土津 70구 五朶 32구 宿城 74구 浦內 66구 佳士 35구 玄巖 46구	長安 73구 鴨汀 99구 草長 45구 雨井 188구	

해일 피해는 1837년에도 발생하였다. 8월 17일에 서해안에 있던 15개 면이 해일 피해를 보았고, 서유구는 즉시 장리(將吏)를 파견하여 피해 상황을 확인하였다. 당시 피해는 1835년 정도에 미치지 못하나 논 90결(結)의 곡식을 수확하는 시기에 흉작을 만났다. 서유구는 해일 피해를 본 토지를 재결(災結)로 처리하고, 언답(堰畓)이 무너진 곳은 해당 리(里)에서 힘을 합쳐 수축하도록 판관에게 명령하였다.[108)]

서유구의 업무에는 수원부 노인을 우대하는 조치도 있었다. 1836년 12월 말에 그는 수원부 경내에 있는 90세 이상의 노인과 효행인에게 술 1병과 고기 2근씩 주어 문안하라고 면임(面任)에게 명령하였다.[110)] 연말에는 80세가 되어 노인직을 받을 사람과 30년간 용주사(龍珠寺)에 거주하여 첩가(帖加)의 혜택을 받을 승려 명단을 작성하여 보고하였다. 노인직을 받을 사람은 전임 정언(正言) 김약수(金若水) 한 사람이고, 1806년부터 30년 동안 용주사에 거주한 승려는 의감(義坎), 치기(致琦), 선찬(善贊), 도균(道均), 최열(最悅) 등 5명이었다.[110)]

서유구가 수원부에 근무하는 동안 사망 사건의 제사(題辭)를 작성한 것은 세 번이었다. 살인 사건이 2건이고 자살 사건이 1건이었다.[111)] 이는 서유구가 2년 동안 전라 관찰사로 근무하면서 96건의 살인 사건을 처리한 것과 비교하면 큰 차이가 있었다.[112)] 전라 관찰사는 전라도 전역에서 발생한 사건을 다뤘지만, 수원 유수는 수원부에서 발생한 사건만

---

108) 『華營日錄』 1836년 8월 2일 ; 1837년 2월 13일 ; 12월 9일.

109) 『華營日錄』 1836년 12월 24일.

110) 『華營日錄』 1836년 12월 26일.

111) 『華營日錄』 1836년 12월 24일.

112) 전라관찰사 서유구의 살인 사건 처리에 대해서는 김선경, 「1833~34년 전라도 지역의 살옥 사건과 심리: 『완영일록』의 분석」 『역사교육』 122, 2012를 참조.

다뤘기 때문이다. 1837년 5월에 형조에서 미처 녹계(錄啓)하지 못한 죄인을 심리하라고 하였지만, 수원부에는 해당자가 없다고 보고하였다.[113] 수원부는 상대적으로 사건 사고가 적은 지역이었다.

지금까지 서유구가 2년 동안 수원 유수로 있으면서 활동한 양상을 규장각 제학으로서의 활동과 수원 유수로서의 활동으로 구분하여 살펴보았다.

서유구는 수원 유수로 근무한 시간의 절반 정도를 서울에 머물면서 규장각 제학으로 활동하였다. 이보다 앞서 그는 전라 관찰사로 있을 때도 규장각 제학을 겸하였으나 그때는 서울 출입이 드물었다. 서유구의 서울 활동이 빈번했던 이유는 서울과 수원이 가깝고, 순조가 사망하고 헌종이 즉위한 초기라 왕실 행사가 많았기 때문이었다. 규장각과 친밀한 인연은 서유구 가계의 특징이기도 하였다. 조부인 서명응은 정조가 규장각을 설립할 때 제학을 맡았고, 부친인 서호수와 중부인 서형수를 거쳐 서유구까지 그의 집안에는 정조 대의 규장각에서 활동한 사람이 많았다. 19세기에 들어와서도 이런 전통이 계속되어, 서유구는 『열성어제』에 순조와 익종의 어제를 추가하거나 『순조실록』과 『열성지장』을 편찬하는 작업, 순조의 국장, 순조와 익종의 부묘례, 헌종의 가례와 같이 왕실의 중요한 의례에 참석하였다. 또한 서유구는 어린 나이에 즉위한 헌종의 경연에 참석하여 학문에 전념할 것을 당부하였다. 서유구가 생애의 만년까지 국왕을 만나는 고위 관리로 활동한 것은 『임원경제지』의 편찬에 일정한 영향을 끼쳤을 것으로 보인다.

---

113) 『華營日錄』 1837년 5월 14일.

"因秋曹關, 本府無未錄啓罪人, 可以審理事, 封啓."

수원 유수로서의 활동은 화령전과 현륭원의 관리, 인사 관리, 민생 관리로 구분하여 검토하였다. 수원에 있는 화령전과 현륭원은 19세기 국왕의 직계 선조인 사도세자와 정조를 대변하는 국가적 상징물이었다. 정조가 1793년(정조 17)에 수원부를 유수부로 격상시킨 이유가 현륭원을 수호하는 막중한 임무가 있었기 때문이고,[114] 정조가 사망한 후에는 정조의 어진을 모신 화령전이 수원부 관아 인근에 건립되었다. 따라서 수원 유수에게는 화령전과 현륭원을 정기적으로 살피고 제향을 거행하는 일이 매우 중요한 임무였다. 서유구는 수원에 도착한 후 화령전과 현륭원을 방문하는 것으로 업무를 시작하였고, 이곳의 봉심과 제향을 규정대로 진행하였다. 평상시 화령전의 제향은 서유구가 주관하였다. 그러나 정조 등극 60주년을 기념하는 1836년 3월 10일의 제향은 좌의정 홍석주가 파견되었고, 현륭원 인근에 있던 건릉의 제향은 국가에서 주관하였으나 그 관리는 서유구의 업무였다. 수원 유수가 현륭원과 화령전의 관리와 제향을 주관하는 것은 매우 특별한 임무에 해당하였다.

수원 유수의 인사 관리에는 소속 관리를 포폄하고, 현지의 문사와 무사를 선발하며, 군사 훈련을 주관하는 활동이 있었다. 또한 수원 유수의 민생 관리에는 농형과 우택을 보고하고, 농사를 권장하고 제언을 관리하며, 기민을 구제하고 재판을 주관하는 활동이 있었다. 이러한 활동은 농업을 장려하여 민생을 안정시키는 데 집중되어 있었다.

서유구는 총리사로서 수원부와 주변 5읍의 속오군을 봄과 가을에 소집하여 정기적으로 훈련하는 임무가 있었다. 그러나 조선 정부에서는 흉년이 연속되어 민력을 아낀다는 명분으로 군사 훈련을 하지 않았고, 관

---

114) 『正祖實錄』 권37, 正祖 17년 5월 丙辰(25일).

"矧玆華城居留, 須看制置之意, 爲守護仙寢也, 爲整釐行宮也."

진문 취점이나 이점과 같은 인원 점검으로 훈련을 대신하였다. 지방군의 대부분은 농수 관리를 위해 제언을 수축하는 공사에 동원되었으므로 서유구가 수원 유수로 있는 동안 군사 훈련은 한 번도 시행되지 않았다. 서유구는 농사가 진행되는 동안에는 10일마다 작물별 농사 형편을 보고하였고, 비가 내리면 수시로 강우량을 보고하였다. 새해가 되면 사전에 농사지을 준비를 하라고 당부하고, 기다리던 비가 내리면 때를 놓치지 말고 농사에 전념하라고 독촉하였다. 서유구는 1837년 한 해를 수원부 일대의 제방 시설을 복원하고 정비하는데 진력하였다고 할 정도로 수리시설의 관리에 관심을 보였다.

마지막으로 서유구의 수원 유수 활동과 『임원경제지』의 상관관계를 생각해 보자. 『임원경제지』는 현달기였던 1827년경에 편찬이 일단락되고 수정 작업을 거쳐 은퇴기인 1842년경에 마무리된 것으로 이해된다.[115] 따라서 서유구가 수원 유수로 있을 때는 『임원경제지』를 수정 보완하는 작업이 진행되었고, 수원 유수로서의 경험이 반영될 여지가 있었다.

서유구가 2년 동안 근무한 수원부는 정조 대에 수리 시설이 집중적으로 정비되어 농사짓기에 편리한 지역이었다. 그러나 『화영일록』의 기록을 보면, 19세기 전반 수원부의 농사는 계절별 강우량에 큰 영향을 받았고, 정조 대에 축조된 수리 시설은 손상된 곳이 많았으며, 매년 흉년이 들 것을 걱정하며 해일 피해를 본 기민을 구제하는 조치를 해야 하였다. 이런 상황에서 서유구는 농업을 장려하여 민생을 안정시키는 데 최선을 다하였다.

서유구는 『임원경제지』의 예언(例言)에서 사람의 처세를 두 가지로

115) 曺蒼錄, 「楓石 徐有榘에 대한 한 研究 – '林園經濟'와 『樊溪詩稿』와의 관련을 中心으로」, 성균관대학교 박사학위논문, 2003, 74~85면.

구분하여, 관리가 되면 세상을 구제하고 백성들에게 혜택을 주어야 하며, 벼슬을 하지 않으면 힘써 일하여 먹으면서 뜻을 길러야 한다고 하였다. 그리고 『임원경제지』는 후자에 해당하는 책이라 하였다.[116] 『임원경제지』에서 농업을 다룬 「본리지」를 보면 토지 제도, 수리 시설과 기구, 농작물의 월령, 농사 지식과 기술, 곡식의 품종과 명칭 등 농사에 관한 방대한 지식이 망라되어 있다. 서유구의 발언을 따르자면, 이런 지식은 일하여 먹으면서 자신의 뜻을 기르는 지식에 해당할 것이다. 그러나 서유구가 수원 유수로 보여준 활동을 고려하면, 『임원경제지』의 지식은 개인적인 가정(家政)의 경영으로 끝날 일이 아니었다.

필자는 서유구가 오랜 시간을 두고 『임원경제지』를 편찬한 것은 개인 차원의 가정 경영과 세상을 구제하고 백성에게 혜택을 주려는 국가 경영자로서의 의지가 함께 반영되어 있다고 생각한다.

116) 『林園經濟志』 卷首, 「林園十六志例言」.
"凡人之處世, 有出處二道. 出則濟世澤民, 其務也. 處則食力養志, 亦其務也. …… 以林園標之者, 所以明非仕宦濟歲之術也."

결 론

서명응과 서유구 학문의 특징

서명응(徐命膺, 1716~1787)은 소론계 명가인 대구서씨의 후예로 태어나 영조와 정조 대에 고위 관직을 역임한 실무형 학자 관료이다. 그의 손자인 서유구(徐有榘, 1764~1845)는 서명응의 학문을 계승하여 정조와 순조, 헌종 대에 관리로 활동한 학자 관료이다.

서유구는 서명응의 친손자였다. 그렇지만 서유구가 서명응의 손자가 되는 데는 복잡한 입후(立後)의 과정이 있었다. 서명응은 서호수와 서형수라는 두 아들이 있었다. 그리고 서명응은 결혼하였으나 후사를 두지 못한 두 형제가 있었다. 이에 서명응은 맏아들 서호수를 형 서명익의 후사로 보내고, 둘째 아들 서형수를 막내아우인 서명성의 후사로 보냈다. 두 아들을 모두 양자로 보낸 서명응은 족형 서명장의 아들인 서철수를 후사로 맞았다. 그런데 서철수가 다시 아들을 얻지 못하자, 서호수의 둘째 아들인 서유구를 서철수의 후사로 맞았다. 이렇게 하여 서명응과 서유구는 할아버지와 손자가 되었다.

서유구는 만년의 서명응을 가까이에 모시면서 학문을 연마하였다. 1777년에 조부가 평안 감사로 있을 때는 평양에 가서 당송팔가의 문장을 익혔고, 1779년에 조부가 용주에 거처할 때는 3년간 모시면서 육예를 배웠다. 서유구는 조부가 마무리하지 못한 세계지리서인 『위사』의 편찬을 마무리하고, 농서인 『본사』의 뒷부분을 편찬하였으며, 조부의 문집인 『보만재집』과 『보만재총서』를 편집하고, 『보만재집』을 취진자로 인쇄하였다. 따라서 서명응의 학문은 손자인 서유구에게 계승되었다고 할 수 있다.

필자는 본서를 집필하면서 서명응과 서유구의 학문적 특징을 다음과 같이 파악하였다.

첫째, 서명응과 서유구의 학문에는 가학적 영향이 크게 나타난다. 서명응의 고조부인 서경주는 선조의 딸인 정신옹주와 결혼하여 달성위(達城尉)가 되었고, 조부인 서문유는 1704년에 사은 부사로 북경을 다녀오고 형조 판서와 예조 판서를 역임하였다. 부친 서종옥은 영조의 집권 전반기를 국왕의 측근에서 성실하게 보좌한 관리로, 서명응이 관리로 발탁되는 기반이 되었다. 서명응의 아우인 서명선은 세손 정조의 대리청정을 반대하는 홍인한과 정후겸 일파에 맞서 정조를 국왕으로 옹립하는 데 결정적으로 기여하였다. 1779년(정조 3)에 서명선은 영의정, 서명응은 홍문관 대제학과 규장각 제학을 겸하면서 당대의 학문 권력을 장악하였고, 1781년에 규장각의 인재 양성을 본격화하는 이문원 강의에는 서명응과 서명선 형제, 서명응의 아들인 서호수가 참여하였다. 여기까지는 서명응과 서유구의 정치적 기반이다.

서명응 집안의 학문적 영향력은 서명응과 그 후손에게 나타난다. 서명응 집안의 인물들은 청나라에서 도입되는 새로운 학문 정보에 빠르게 접근할 수 있었다. 서명응은 1755년과 1769년에 북경을 방문할 기회가 있었으며, 1769년에는 북경에서 500여 권에 이르는 천문 역법 서적을 구하여 왔다. 또한 1776년에 북경에 파견된 조선 사신단은 정조의 명을 받아 『고금도서집성』을 구하여 왔다. 이때 정사 이은은 서명응의 외사촌이고, 부사 서호수는 서명응의 아들이었다. 또한 정조가 말년에 주자 저서를 집대성한 『주자전서』를 편찬하려 할 때, 서형수는 그 실무자가 되어 북경에 가서 주자서 선본(善本)을 구하여 왔다.

이러한 학문 정보를 바탕으로 서명응은 물론이고 그 아들인 서호수와 서형수, 손자인 서유본과 서유구는 많은 저술을 남겼다. 서명응은 경사자집을 망라하는 저술을 남겼고, 서호수는 농업과 천문학에서, 서형수는 경학, 서유구는 농학에서 특별한 저술을 남겼다.

서명응의 저술과 문집의 정리에는 그의 아들과 손자가 공동으로 참여하는 경우가 많았다. 서명응의 문집은 서호수, 서형수, 서유본, 서유구가 공동으로 편집하였고, 『선천사연』은 4인이 공동으로 교열하였다. 또한 『천세력』은 서명응과 서명선이 공동으로 편찬하였고, 『위사』의 편찬에는 서호수, 『본사』의 편찬에는 서유구가 참여하였다. 서유구의 『임원경제지』는 이러한 가학을 집대성한 것이라 할 수 있다. 『임원경제지』의 인용서목을 보면 서명응의 『고사십이집』, 『기자외기』, 『위사』와 서호수의 『해동농서』를 제시하고 있다.

둘째, 서명응과 서유구의 학문은 정조가 건립한 규장각과 밀접한 관련이 있었다. 서명응은 정조가 세손 시절부터 특별한 인연을 맺었고, 서명응은 정조의 교육을 위해 여러 교재를 만들었다. 『역학계몽집전』, 『계몽도설』, 『자치통감강목삼편』, 『주자회선』은 서명응이 정조를 위해 편찬한 교재이다. 정조가 국왕이 된 이후 규장각을 창설하였고, 서명응은 초기 규장각의 기구를 정비하고, 규장각에서 진행하는 편찬 사업의 핵심 실무자가 되었다. 그는 규장각의 운영 경비를 마련하고, 서적 간행을 위한 활자를 주조하였으며, 『규장각지』, 『규장총목』, 『영조실록』, 『국조보감』, 정조의 어제와 악서를 편찬하였다.

정조는 서명응과의 특별한 인연을 강조하여 '보만(保晩)'이란 호를 지어주고, 서명응의 문집을 열람한 다음 어제시를 지어주었다. 정조의 어제시는 『보만재집』의 제일 앞에 편집되었으며, 영의정 서명선과 우의정 이복원이 그 발문을 지었다. 이복원은 아들 이만수가 서명응의 딸과 결혼하여 서로 인척이 되었다. 또한 정조는 서명응의 저술인 『역학계몽집전』, 『중정사서집석』, 『주자회선』, 『자치통감강목신편』, 『남한지』, 『국조시악』, 『시악화성』, 『규장운서』 등에 서문을 지었다.

서명응과 규장각의 인연은 그 후손에게 이어졌다. 서호수는 규장각 직제학을 역임하고, 서형수는 규장각 초계문신이 되었으며, 서유구는 규장각 초계문신을 거쳐 규장각 직제학을 역임하였다. 규장각과의 인연은 국가적 편찬 사업으로 이어졌다. 서명응과 서호수는 『규장각지』와 『규장총목』을 공동으로 편찬하였고, 『규장총목』의 범례는 서형수가 작성하였다. 서명응과 서호수는 『송사전』, 『국조보감』의 편찬에 참여하였으며, 서형수와 서유구는 정조의 경사강의(經史講義)를 정리하였다. 서유구는 초계문신으로 정조의 책문에 대한 대책문을 작성하였고, 정조가 편찬을 주도한 『향례합편』, 『육주약선』, 『주자서절약』, 『육영성휘』의 편집과 교정에 참여하였다. 또한 서유구가 편찬한 『누판고』는 『규장총목』을 보완하는 책이었다. 19세기에 서유구는 수원 유수가 되어 정조와 인연이 있는 화령전과 현륭원을 관리하였다.

셋째, 서명응은 선천학의 복원에 학문적 목표를 두고, 이를 통해 삼대의 제도를 복원할 수 있는 조선의 문화와 자신의 학문에 자신감을 가졌다. 이에 비해 서유구는 송학과 한학의 성과를 종합하는 『십삼경전설(十三經傳說)』을 편찬하여 학습 교재로 삼자고 하였다.

서명응은 하도(河圖)에서 기원한 복희의 선천학은 선천(先天)과 구고(句股)로 구성되어 체용 관계에 있었으며, 이는 우왕을 거쳐 공자에 이르기까지 제대로 전수된 것으로 보았다. 또한 낙서(洛書)에서 기원한 우왕의 홍범학은 기자를 거쳐 무왕에게 전수되었고, 주공은 구고법을 『주비산경(周髀算經)』으로, 홍범학을 『주례(周禮)』로 정리한 것으로 보았다.

그런데 공자 이후 선천학과 구고법이 분리되었다. 공자의 『주역』 「계사전」으로 정리된 선천학은 위백양, 진단, 주렴계, 소옹을 거쳐 주희에게 계승되었다. 여기서 선천학의 핵심인 선천사도는 계승되었으나 이를 해석하는 방법은 제대로 전해지지 않았다. 한편 『주비산경』으로 정리된 주비(周髀)의 수법은 공자 이후 서양에 전해졌으며, 명나라 말기에 서양 선교사에 의해 중국으로 돌아왔다.

서명응은 공자 이후 분리되어 전해진 선천학과 주비 수법을 합하여 삼대의 제도를 복원하는 것을 자신의 과업이라 생각하였다. 그의 역학 연구는 선천학의 본원을 밝히는 작업이고, 『상서』 연구는 홍범학을 밝히며, 『황극일원도』와 『천세력』은 소옹의 상수학을 연구하였다. 또한 『도덕지귀』와 『참동고』는 도가 서적인 『도덕경』과 『참동계』에 담긴 선천학을 해석하고, 지리서인 『위사』와 천문학 서적인 『비례준』과 『선구제』는 서양에서 전해진 주비 수법을 선천학과 다시 결합하여 삼대의 제도를 복원하는 연구였다.

서명응은 주희의 학문을 긍정하면서 그 한계도 지적하였다. 공자 이후 주비의 수법은 서양에만 전해졌으므로, 주희와 제자들은 삼대의 제도를 해석하는 데 취약점이 있었고, 송학의 장점인 이학(理學)에 제도적 측면을 보완하는 것은 자신의 임무라고 생각했다. 그는 송학에서 정호와 정이에서 주희로 이어지는 성리학보다 소옹에서 주희로 이어지는 상수학을 강조하였다.

서명응은 우왕의 홍범학이 기자에 의해 조선에 전해졌고, 은나라와 주나라의 토지제도인 정전이 평양에 남아 있다고 보았다. 그는 은 문화의 핵심인 기자의 홍범과 정전, 백이와 숙제의 절의가 조선에 고스란히 전해졌다고 하여, 조선 문화의 우수성과 학문적 전통을 강조하였다. 그리고 공자 이후 갈라진 선천학과 주비 수법을 합하여 삼대의 제도를 밝힌 자신의 학문에 자신감을 가졌다.

한편 서유구는 한나라, 당나라 이후의 경설(經說)을 집대성한 책을 만들어 학습 교재와 관리 선발의 과목으로 활용하려 하였다. 그는 송학의 주석이 수록된 『사서오경대전』을 주교재로 하는 당대의 학문 풍토를 비판하고, 십삼경 전체를 익히되 그 해석은 한학과 송학의 학설을 아울러야 한다고 보았다. 그는 『시경』의 교재는 주희의 학설을 위주로 하면서 한학의 주소(注疏)는 전편으로, 송학의 전설(傳說)은 후편으로 편집하자고 하였다. 그러나 십삼경을 포괄하는 『십삼경전설』에서는 고증학의 성과를 대폭 수용하고, 한나라 당나라 이후의 경설을 종합한 교재를 만들자고 하였다. 서유구의 학문에서 주자학은 상대화되는 결과를 가져왔다.

넷째, 서명응과 서유구는 청나라에서 들어오는 학문 성과를 수용하였고, 여기에는 서학도 포함되었다. 이들이 청나라 학문과 서학을 적극 수용한 것은 새로운 경세 방안을 마련하기 위해서였다.

서명응은 선천학을 복원하는 과정에서 '서양 천문학의 중국기원설'을 수용하였다. 이는 정밀한 수학에 바탕을 둔 서양의 천문학, 역법, 지리학은 삼대 이후 중국에서 서양으로 전해졌다가 서양 선교사에 의해 중국으로 되돌아온 것이라는 해석이었다. 17세기 후반에 청나라 학자가 주장한 이 설은 조선으로 유입되어 많은 학자가 동조하였고, 서명응도 그 중 한 사람이었다.

서명응은 서학의 천문학, 역법, 지리학은 뛰어난 점이 있으며, 이는 주나라가 쇠퇴한 이후 서양으로 전해진 『주비산경』에 근거하여 그 계산법을 더욱 정밀하게 만들었기 때문으로 보았다. 서명응은 주공의 『주례』와 『주비산경』은 복희의 선천역에 바탕을 두었으므로, 이를 선천역으로 회통시켜야 삼대의 제도를 복구할 수 있다고 보았다. 따라서 그는 서학의 천문학, 역법, 지리학을 수용하고, 이를 선천역으로 회통시켜 삼대의 제도를 회복하는 것을 학문적 목표로 삼았다. 서명응은 세계지리서인 『위사』에서 서학서인 『직방외기』와 『곤여전도』를 많이 활용하였고, 새로운 지역이 발견되어도 자신이 선천역을 해석하여 만든 5대 기후대에 모두 수용할 수 있다고 자부하였다.

서유구는 정조의 윤음에 호응하여 조선의 현실에 적합한 농서를 편찬하기 위해 국내외의 서적을 두루 열람하였고, 그 성과를 현실에 응용할 수 있기를 희망하였다. 서유구는 중국을 농정 개혁의 모범으로 상정하고, 청나라 제도를 적극적으로 도입하자고 주장하였다. 그는 중국에서 토지 면적을 계산하는 방법, 농업 종자, 농기계, 말과 양의 종자, 수차, 방적기를 도입하자고 하였으며, 토지 면적을 계산할 때는 『기하원본』이나 『수리정온』 같은 서학의 성과를 참고하자고 하였다. 서유구는 청나라에서 수입된 제도는 서울에서 먼저 시험하고, 뚜렷한 성과가 있으면 이를 전국으로 보급하는 방법을 제안하였다.

서유구는 전라 감사로 있으면서 새로운 감저(고구마) 종자를 구하여 관내에 보급하고, 그 재배법을 알리기 위해 『종저보』를 편찬하였다. 서유구가 편찬한 『종저보』는 조선과 중국에서 나온 서적을 참고하였으며, 여기에는 서광계의 『감저소』도 포함되었다.

서명응 집안의 인물은 청나라 학문과 서학을 수용하여 새로운 경세 방안을 제시하는 데 관심을 두었고, 특히 농학 분야에서 주목할 성과를 거두었다. 서명응은 중국과 서양의 자료를 다양하게 수용하여 『본사』라는 농서를 편찬하였다. 그는 농서를 편찬하는 목적이 유학의 취지에 부합하고, 일반 백성이 농법을 쉽게 이해하여 현실에 이용하게 하기 위해서라고 하였다. 그 아들인 서호수는 『해동농서』를 편찬하였다. 서호수 역시 조선과 중국의 농서를 다양하게 참고하면서 조선의 풍토에 적합한 농법을 찾으려 하였다. 서유구는 농서이자 농정 정책서인 『임원경제지』를 편찬하였다. 이 책에서 그는 개인 차원의 가정을 경영함과 함께 세상을 구제하고 백성에게 혜택을 주려는 국가 경영자로서의 의지를 보였다.

서명응과 서유구의 학문은 18~19세기 조선 지식인이 가진 학문 정보의 범위와 학문적 목표, 새로운 경세 방안을 잘 보여주는 사례라고 생각한다.

참고문헌

글의 출처

찾아보기

| 참고문헌 |

1. 자료

1) 경서 및 사서

『周禮注疏』

『尙書』

『尙書正義』

『詩經』

『周易本義』

『孟子集註大全』

『論語』

『春秋左氏傳』

『史記』

『漢書』

『明史』

『宋史筌』

『東國通鑑』(徐居正)

『朝鮮王朝實錄』

『承政院日記』

『日省錄』

2) 서명응 저술

『保晩齋集』

『保晩齋叢書』

『保晩齋剩簡』

『保晩齋年譜』

『洪範五傳』

『箕子外紀』

『尙書逸旨』

『詩樂妙契』

『大學直指』

『中庸經緯』

『先天四演』

『先句齊』

『髀禮準』

『疇史』

『緯史』

『本史』

『洪範五傳』

『箕子外紀』

『皇極一元圖』

『千歲曆』

『詩樂和聲』

『元音鑰』

『道德指歸』

『參同攷』

『資治通鑑綱三編』

『兩漢詞命』

『攷事新書』

『攷事十二集』

『方言集釋』

『國朝詩樂』

3) 서호수·서형수 저술

『燕行記』

『海東農書』

『私稿』

「明皐全集」

4) 서유구 저술

「楓石全集」

「楓石鼓篋集」

「金華知非集」

「鏤板考」

「華營日錄」

「完營日錄」

「林園十六志」「林園經濟志」

5) 문집

徐居正, 「筆苑雜記」

崔岦, 「簡易集」

李廷龜, 「月沙集」

趙翼, 「月沙先生集附錄」

正祖, 「弘齋全書」

蔡濟恭, 「樊巖集」

黃胤錫, 「頤齋亂藁」

李家煥, 「錦帶殿策」

成海應, 「研經齋全集續集」

6) 기타

「奎章閣志」

「奎章總目」

「奎章全韻」

「國朝寶鑑」

「英宗大王實錄廳儀軌」

「國朝寶鑑監印廳儀軌」

「大典會通」

「東國文獻備考」

「增訂文獻備考」

「列聖御製」

『實錄廳題名記』
『列聖朝繼講冊子次第』
『箕子志』
『箕田攷』
『平壤志』
『平壤續誌』
『水原府邑誌』
『重訂南漢志』(洪敬謨)

7) 중국 문헌

『天運紹統』
『易學辨或』
『啓蒙圖說』
『說苑』
『論衡』
『淮南鴻烈解』
『四庫全書總目』
『職方外紀』
『南軒先生文集』(張栻)
『晦庵先生朱文公文集』(朱熹)
『周易參同契考異』(朱熹)
『易學辨惑』(邵伯溫)
『欽定四庫全書』
『欽定春秋傳說彙纂』
『欽定詩經傳說彙纂』
『欽定書經傳說彙纂』

2. 번역서

寥名春 著, 沈慶昊 譯, 『주역철학사』, 예문서원, 1994.
서유구 지음, 안대회 옮김, 『산수간에 집을 짓고』, 돌베개, 2005.

3. 저서

金文植, 『朝鮮後期 經學思想 硏究』, 一潮閣, 1996.

김문식, 『정조의 경학과 주자학』, 문헌과해석사, 2000.

김문식, 『정조의 제왕학』, 태학사, 2007.

김문식, 『정약용의 경학과 경세학』, 단국대학교 출판부, 2021.

金容燮, 『增補版 韓國近代農業史硏究』, 一潮閣, 1984.

金容燮, 『朝鮮後期農學史硏究』, 一潮閣, 1988.

문중양, 『조선후기 水利學과 水利담론』, 집문당, 2000.

宋芳松, 『韓國音樂通史』, 一潮閣, 1984.

송지원 외, 『정조의 예술과 과학』, 태학사, 2000.

송지원, 『정조의 음악정책』, 태학사, 2007.

유봉학, 『燕巖一派 北學思想 硏究』, 一志社. 1995.

유봉학, 『조선후기 학계와 지식인』, 신구문화사, 1998.

유봉학, 『실학과 진경문화』, 신구문화사, 2013.

이태진, 『奎章閣小史』, 서울대학교 규장각, 1990.

정명현 외, 『임원경제지 - 조선 최대의 실용백과사전』, 씨앗을 뿌리는 사람들, 2012.

鄭亨愚, 『朝鮮時代 書誌史硏究』, 韓國硏究院, 1982.

4. 논문

김문식, 「18세기 후반 서울 學人의 淸學認識과 淸 文物 도입론」 『奎章閣』 17, 1994.

김문식, 「弘齋全書 해제」 『국역홍재전서』 1, 민족문화추진회, 1998.

김문식, 「『保晩齋叢書』 해제」 『保晩齋叢書』 1, 서울대학교 규장각한국학연구원, 2006.

김선경, 「1833~34년 전라도 지역의 살옥 사건과 심리: 『완영일록』의 분석」 『역사교육』 122, 2012.

김영진, 「『海東農書』 해제」 『海東農書』 Ⅰ, 농촌진흥청, 2008.

金容燮, 「新·舊農書의 綜合과 그 農學思想」 『朝鮮後期農業史硏究』 Ⅱ, 一潮閣, 1970.

金容燮, 「18, 9世紀의 農業實情과 새로운 農業經營論」 『增補版 韓國近代農業史硏究』 上, 一潮閣, 1984.

金侖壽, 「徐命膺의 『參同攷』와 『易參同契詳釋』」 『韓國道敎와 道家思想』, 亞細亞文化社, 1991.

김준혁, 「번암 채제공의 화성신도시 기반조성과 화성축성」 『번암 채제공의 생애와 활동』, 수원화성박물관, 2013.

文重亮, 「朝鮮後期의 '水利學'」, 서울대학교 박사학위논문, 1995.

문중양, 「18세기 朝鮮 水利學의 등장과 그 推移」『韓國思想史學』 9, 1997.

문중양, 「18세기 조선 실학자의 자연지식의 성격 – 象數學的 우주론을 중심으로」『한국과학사학회지』 21, 1999.

박권수, 「徐命膺(1716~1787)의 易學的 天文觀」『한국과학사학회지』 제20권 제1호, 1998.

박성래, 「西洋宣教師의 科學」『中國科學의 思想』, 서울 : 전파과학사, 1978.

朴仁鎬, 「朝鮮後期 歷史地理學 硏究 – 文獻備考 輿地考를 中心으로」, 한국학중앙연구원 박사학위논문, 1996.

박지현, 「『周易參同契考異』 小考」『藏書閣』 6, 2001.

배우성, 『조선후기 蝦夷 인식과 서구식 세계지도의 신뢰도에 관한 연구』『朝鮮時代史學報』 28, 2004.

배우성, 「조선후기의 異域 인식」『朝鮮時代史學報』 36, 2006.

宋日基, 「奎章總目考 – 特히 徐命膺·徐浩修 父子의 活動을 中心으로」, 중앙대학교 석사학위논문, 1982.

송지원, 「徐命膺의 國朝詩樂」『문헌과 해석』 5, 문헌과해석사, 1998.

송지원, 「徐命膺의 音樂관계 著述 硏究」『韓國音樂硏究』 27, 1999.

송지원, 「『詩樂妙契』를 통해 본 徐命膺의 詩樂論」『韓國學報』 100, 2000.

송지원, 「佾舞 그 상징과 함의 – 서명응의 해석을 중심으로 –」『문헌과 해석』 11, 2000.

심경호, 「『임원경제지』의 문명사적 가치」『임원경제지 연구의 문명사적 의의』, 전북대 쌀·삶·문명 연구원, 2008.

심승구, 「19세기 전반 군영의 변동과 수도방위체제의 변화」『조선후기의 수도방위체제』, 서울학연구소, 1998.

安大會, 「林園經濟志를 통해 본 徐有榘의 利用厚生學」『韓國實學硏究』 11, 2006.

廉定燮, 「조선시대 農書 편찬과 農法의 발달」, 서울대학교 박사학위논문, 2000.

염정섭, 「18세기 후반 정조대 농정책의 시행과 의의」『농업사연구』 5 – 1, 2006.

柳聖泰, 「徐命膺의 道家思想」『韓國道教와 道家思想』, 亞細亞文化社, 1991.

尹熙勉, 「韓百謙의 學問과 「東國地理誌」 著述動機」『震檀學報』 2, 1987.

李康洙, 「徐命膺의 老子理解」『東方學志』 62, 연세대학교 국학연구원, 1989.

이동철, 「동아시아 유서편찬과 『임원경제지』의 특성」『임원경제지 연구의 문명사적 의의』, 전북대 쌀·삶·문명 연구원, 2008.

李離和, 「奎章閣小考 – 奎章閣志를 중심으로 본 개관」『奎章閣』 3, 1979.

李林起, 「『保晩齋叢書』에 나타난 徐命膺의 四分法始源論」『書誌學硏究』 2, 1987.

任侑炅, 「徐命膺의 『保晩齋叢書』에 대하여」 『書誌學報』 9, 1993.

장필기, 「정조대의 화성건설과 수도방위체제의 재편」 『조선후기의 수도방위체제』, 서울학연구소, 1998.

鄭求福, 「韓百謙의 『東國地理誌』에 대한 一考」 『全北私學』 2, 1978.

鄭萬祚, 「正祖代 『奎章總目』의 編纂과 그 特徵」 『同大史學』 1, 1995.

정 민, 「石洲 權鞸 年譜」 『韓國學論集』 20, 1992.

정병설, 「서명응의 『동방아악도서』」, 『문헌과해석』 22, 2003.

鄭玉子, 「奎章閣 招啓文臣 硏究」 『奎章閣』 4, 1981.

鄭昌烈, 「『華營日錄』에 대하여」 『華營日錄』, 경기도박물관, 2004.

정해득, 「華寧殿의 건립과 제향」 『朝鮮時代史學報』 59, 2011.

曹蒼錄, 「楓石 徐有榘에 대한 한 硏究-'林園經濟'와 『樊溪詩稿』와의 관련을 中心으로」, 성균관대학교 박사학위논문, 2003.

조창록, 「日本 大阪中之島圖書館本 『林園經濟志』의 引과 例言」 『韓國實學硏究』 10, 2005.

조창록, 「풍석 서유구의 삶과 행적」 『문헌과해석』 34, 2006.

조창록, 「풍석 서유구의 『擬上經界策』에 대한 일 고찰-그의 文藝論과 治財觀의 한 면모」 『韓國實學硏究』 11, 2006.

조창록, 「『임원경제지』의 찬술 배경과 類書로서의 특징」 『『임원경제지』의 종합적 고찰』, 진단학회, 2009.

韓永愚, 「高麗~朝鮮前期의 箕子認識」 『韓國文化』 3, 1982.

| 글의 출처 |

제1부 서명응의 학문 활동

제1장 「徐命膺의 생애와 奎章閣 활동」 『정신문화연구』 75, 1999.

제2장 「徐命膺의 생애와 奎章閣 활동」 『정신문화연구』 75, 1999.

제3장 「徐命應 著述의 種類와 特徵」 『韓國의 經學과 漢文學』, 李篪衡敎授停年紀念論叢, 1996.

제4장 「18세기 후반 徐命應의 箕子認識」 『韓國史學史硏究(趙東杰敎授停年紀論叢)』, 1997.

제5장 「18세기 후반 徐命應의 세계지리 인식」 『韓國實學硏究』 11. 2006.

제2부 서유구의 학문 활동

제1장 「楓石 徐有榘의 학문적 배경」 『震檀學報』 108, 2009.

제2장 「「擬上經界策」에 나타난 徐有榘의 地域認識」 『韓國實學硏究』 18, 2009.

제3장 「수원 유수 서유구의 활동 양상」 『풍석 서유구 연구』 1, 사람의무늬, 2014.

| 찾아보기 |

ㅇ

ㅈ

ㅊ

ㅍ

ㅎ

역사문화연구총서 24

서명응과 서유구의 학문 활동

초판 1쇄 발행 2024년 9월 30일

지은이 김문식
펴낸이 김길준
펴낸곳 (학)신구학원신구문화사
디자인 은디자인

등 록 1968. 6. 10. 제1－205호
주 소 경기도 성남시 중원구 광명로 377 우촌학사 1층
전 화 031-741-3055~6
팩 스 031-741-3054
이메일 shingupub@naver.com
홈페이지 www.shingubook.com

ISBN 978－89－7668－284－0 93910

* 값은 뒤표지에 있습니다.